동북아 공동체: 평화와 번영의 담론

제주평화연구시리즈 3

동북아 공동체: 평화와 번영의 담론

제주발전연구원, 동아시아재단 공편

연세대학교 출판부

| 일러두기

I. 이 책의 외국인 집필진들의 한글 번역 성명 표기는 다음과 같은 기준으로 구분하였다.

1. 일본과 중국의 필자들은 통상 성(姓)을 앞에, 이름을 다음에 쓰는 용례(用例)에 따라 한글 표기는 성(姓), 이름 순으로 쓴다. 괄호 안의 영문표기도 성을 앞에, 이름을 뒤에 쓴다. 이 경우 영문 성은 전체를 대문자로 표기하였다.
   예) 일본 → 와다 하루키(WADA Haruki)
   중국 → 장윈링(ZHANG Yunling)

2. 미국, 러시아 등 서구의 필자들은 이름을 앞에 쓰고 성(姓)을 뒤에 쓴다. 괄호 안의 영문표기도 같은 순서로 쓰며, 성은 대문자로 표기하였다.
   예) 도널드 그레그(Donuld GREGG)
   가레긴 토스니안(Garegin TOSUNYAN)

II. 이 책의 국내외 필자들의 소속 및 직책이 국제회의의 개최시점과 이 책 발행 시점 사이의 기간 때문에 일부 필자들의 경우 변경이 있을 수 있는 바, 기본적으로는 국제회의 개최 당시의 직책과 직위를 기준으로 하였다.

이 연구시리즈는 제주특별자치도와 동아시아재단으로부터 연구비를 지원받아 간행하였습니다

머리말

이 책은 2005년 6월 9일부터 11일까지 제주 신라호텔에서 개최된 제3회 제주평화포럼에서 발표되었던 논문과 발표문의 일부를 수정·편집하여 엮은 것이다. 2001년에 1회 포럼이 개최된 이래 2년에 한 번씩 개최되고 있는 제주평화포럼은 동북아시아와 전 세계의 정치, 경제, 언론과 학계 지도자들을 참여시키면서 가장 영향력 있고 정례화된 한국의 국제회의 중 하나로 성장하였다.

제주평화포럼은 지역 내 주요 인사들의 인적 네트워크를 구축하여 공동 아젠다를 제기하고 공동체적인 지혜를 증진시킴으로써 동북아시아 지역의 평화, 안보와 번영을 조망하는 것을 목표로 한다. 본 포럼은 이제 "세계평화의 섬"과 "국제자유도시"라는 두 가지 목표를 지향하고 있는 제주도의 새로운 브랜드로 자리잡았다.

"동북아시아의 공동체 건설"이라는 큰 주제하에 열린 제3회 제주평화포럼은 평화와 안보, 경제협력, 제주도의 국제화라는 3개의 중심 테마로 구성되어 있다. 이 책은 이 세 가지 테마와 관련된 논문들과 논평을 모은 결과물이다. 제3회 회의는 지난 회의에 비하여 자유무역지대, 은행 및 금융업무, 에너지 안보, 유통 및 물류와 같은 경제적 이슈에 대하여 더 많은 부분을 할애하였다. 그 이유는 본 포럼의 후원사인 현대자동차와 동아시아재단(East Asia Foundation)의 회장(이사장)인 정몽구 회장이 지난 2003년 제2차 포럼에서 지역 내 경제문제의 중요성을 강조하였기 때문이기도 하다. 제3회 제주포럼은 2005년 1월 27일에 한국 정부가 제주도를 "세계평화의 섬"으로 공식 지정한 이후 열리는 첫 회의이기 때문에 그만큼 시의적절하고 의미가 더 크다고 할 수 있다.

제주평화포럼이 이처럼 큰 성공을 거둘 수 있기까지는 많은 분들의 노력과 도움이 있었다. 도움을 주신 모든 사람들의 이름을 다 기록할 수는 없겠지만, 책의 출판에 앞서 다음 분들과 기관들에 대하여 특별히 감사의 말씀을 전하고자 한다.

우선 제주평화포럼의 조직위원장인 김태환 제주도지사와 제주도청 공무원들의 헌신적인 후원이 아니었으면 이 행사는 결코 성공적으로 개최될 수 없었을 것이다. 제주발전연구원의 고부원 원장과 직원들도 본 포럼의 성공을 위해 많은 도움을 주셨다. 재정적인 면과 정신적인 면에서 후원을 아끼지 않은 외교통상부, 대통령 자문 동북아시대위원회, 제주국제자유도시개발센터, 김대중 도서관, 동아시아재단, 태평양세기연구소의 관계자 여러분들께도 감사의 말씀을 드린다.

제3회 제주평화포럼이 이처럼 성공적으로 끝날 수 있었던 데에는 여러 국제기관들의 협력이 잘 이루어졌기 때문이기도 하다. 한국 연세대학교의 국제학연구소, 일본 게이오대학교의 동아시아연구원, 중국 사회과학원의 아태 연구소와 인민대학교, 러시아 과학원 세계경제-국제관계연구소, 미국 존스홉킨스대학교의 에드윈 라이샤워 동아시아 연구센터는 본 포럼의 아젠다를 선정하고 수많은 참석자를 초대하는 과정에서 매우 중요한 역할을 해주었다. 이 모든 기관들의 건설적인 도움과 참여에 깊이 감사를 드린다.

이제 제3회 제주평화포럼의 결과물을 앞서 발간된 영문책 2권— Building a Northeast Asian Community(Vol. I): Toward Peace and Prosperity; Building a Northeast Asian Community(Vol. II): Economic Cooperation and the Role of Jeju Island — 에 이어, 다시 국문으로 된 한 권의 책으로 발간하면서, 작지만 큰 꿈을 품고 있는 우리의 노력에 참여해주신 모든 분들께 깊은 감사의 마음을 전하고자 한다. 이 분들의 헌신적이고 순수한 도움이 아니었다면 이 같이 수많은 사람들이 참여한 작업과 노력이 결실을 맺기는 힘들었을 것이다.

마지막으로 이 책이 완성되는 과정에서 동아시아재단의 홍형택 국장과 윤대엽, 제소희, 서주희 간사가 많은 수고를 해주었다. 이 분들의 끊임없는 수고와 노력에 감사를 표하는 바이다.

제주평화포럼이 앞으로도 평화와 공동번영 그리고 공유된 지역 정체성을 기초로 하는 동북아시아 공동체를 건설해나가는 데 필요한 지식과 정책 그리고 합의를 이루어내는 지적인 협조망의 중심(hub) 역할을 계속 해나갈 것임을 확신한다.

2006년 6월 30일
제3회 제주평화포럼 조직위원회

차례

제1부

동북아시아의 평화와 안보협력: 도전과 비전

2000년 남북정상회담 회고와 한반도 평화 안보에 대한 함의

임동원
|세종연구소 이사장

평양에서 개최된 2000년 남북정상회담은 한반도 분단 역사의 전환점이 된 역사적인 사건이었다. 정상회담에서 채택된 남북공동성명은 한반도에서 냉전을 종식시키고 평화정착의 출발을 알리는 것이었다.

2000년 6월 13일, 김대중 대통령은 한반도 분단 이후 처음으로 평양에 도착했으며, 북한의 지도자 김정일은 다음과 같은 기억될 만한 말로 김 대통령을 맞이했다.

> "두려움 없이 김 대통령께서 용감하게 평양을 방문해주셨습니다. 전방에선 남북한 군인들이 서로 총을 겨누고 있습니다만, 오늘 김 대통령께서는 인민군 의장대를 사열하셨습니다. 이게 얼마나 극적인 모순입니까, 그렇지 않나요?"

사실 언제라도 전쟁이 일어날 가능성이 있는 군사적 대치 상황에서 남한의 군 최고통수권자인 김 대통령이 북한의 수도를 방문하고 북한군 의

장대를 사열한다는 것은 모순이라고 할 수 있다.

한국전쟁이 끝난 지 반세기가 지난 후인 지금도 170만 명의 군인들이 정전체제가 희미하게 남아 있는 휴전선을 사이에 두고 여전히 대치하고 있다. 정상회담 1년 전 서해상에서의 남북한 함정 간 교전은 정전 후 최대 규모의 충돌이긴 했지만, 한반도 긴장상황은 주로 잦은 북한 특수부대의 침투에 의해 야기되어 왔다.

미소 간의 냉전이 종식된 지 10년이 지났지만, 남북한은 상호 불신감과 적대 감정을 극복하지 못하고, 이에 따라 제로섬게임(zero-sum game)을 지속해오고 있다. 따라서 김대중 대통령은 이런 한반도 모순을 완화시키고자 평양을 방문한 것이다.

남북한정상회담은 북한이 남북공동번영을 추구할 정책과 관련된 개혁과 개방을 시도할 수 있도록 환경과 조건을 제공하는 긍정적인 게임(positive game)을 위한 전환점이 마련된 것을 의미한다.

2000년 남북정상회담은 김 대통령이 남북 간 화해와 협력을 목표로 한 햇볕정책을 꾸준히 추진한 결실이라고 할 수 있다. 햇볕정책은 미국, 중국, 러시아와 일본을 포함한 수많은 국가들에 의해 적극적으로 지지되고 수용되었다. 비참한 경제환경에 직면하고, 생존전략을 추구하고 있던 북한도 이 햇볕정책에 대해서는 우호적이었다.

정상회담은 한미 간 대북정책 조율에 있어 협력의 정점을 이루었다고 할 수 있다. 클린턴 정부는 한국정부와 협력을 통해 북미관계를 개선할 수 있도록 적극적으로 나섰다. 바꿔 말하면, 북한에 대한 미국의 적극적인 개입정책이 남북정상회담 실현에 기여한 것이다.

I. 남북정상회담의 중요성

정상회담의 가장 중요한 이슈일 뿐만 아니라 가장 우선순위에 있었던 협상 항목은 한반도에 평화를 구축하고 전쟁의 위험성을 제거하자는 것이었다.

흔히 양국 지도자들 간의 부정확한 정보, 오해, 오판, 오산과 상호 불신 등이 전쟁의 원인이라고들 한다. 만약 지도자들이 정확한 정보 교환, 특정 오해의 제거, 잘못된 개념의 정정, 올바른 판단, 그리고 정치적 신뢰를 위한 기제를 구축할 수 있다면, 지도자들은 분명히 전쟁을 예방하고 긴장을 완화할 수 있을 것이다.

사흘 동안의 회담을 통해, 남북지도자들은 서로 진솔한 논의를 가졌다. 두 지도자들 모두 전쟁이 남북한 공멸의 유일한 원인이라는 사실을 인식했고, 따라서 남북 어느 쪽도 상대방을 침략하지 않을 것에 합의했다. 그들은 또 한반도 통일을 위한 선택 가능한 대안으로 '남한의 공산화' 또는 '북한 흡수'와 같은 방식은 가능하지 않다는 점에 동의하고 이와 같은 통일을 추구하지 않을 것에 합의했다.

두 지도자들은 파괴적인 행위와 상대 비방을 상호 종식시킴으로써 상대방을 존중하기로 합의했다. 결과적으로 북한은 휴전선 일대에서 대남 비방 확성기 방송을 중지했고, 남한도 바로 다음 날 같은 조치를 취했다.

또한 두 정상은 1992년 한반도에 비핵화 공동선언과 1994년 북미 간 기본합의서를 준수하여 한반도에 비핵화가 실현하도록 노력하겠다는 데 합의하였다. 평화와 안정을 이룩하기 위해, 북한은 미국 및 일본과의 관계 증진을 위해 노력해야 하고 한국은 이 문제에 관해 북한을 적극적으로 지원할 것이다.

김 대통령은 한반도의 지정학적 위치로 인해, 주변국들의 협력과 지원 없이는 평화달성이 불가능하기 때문에 한반도는 폐쇄적 독립국가보다 개방된 국가여야 한다는 사실을 강조했다. 또한 김 대통령은 동북아시아의 안보 및 협력의 중요성을 강조하고 한반도의 안정을 위해 주한미군이 계속해서 주둔하는 것이 바람직하다고 강조했다.

주한미군의 지위와 역할이 조정된 상태에서, 북한은 미군의 한반도 주둔을 균형자 및 안정자로서 바라보던 미군의 한반도 주둔에 대한 용인 의사를 표시했으며, 이런 북한의 입장은 1992년 초 미행정부에 직접 통보되었다.

전쟁예방을 목표로 한 양측간 신뢰가 구축되면서, 남북관계는 안보위협을 근본적으로 제거하고 한반도 평화를 굳건히 구축하는 방향으로 진전되기 시작했다. 남북정상회담 이후 남한과 북한 사이의 긴장이 실제로 감소되기 시작한 것이다.

두 번째, 남북한은 통일에 관한 공통된 인식을 공유하게 되었다. 남한의 공산화 또는 북한흡수 모두 가능한 통일 대안이 아니라는 전제하에서, 통일을 어떻게 이뤄야 할 것인가에 대한 해답으로, 두 지도자들은 통일을 평화원칙과 목표 및 절차로서 인식하고 교류, 협력을 통한 점진적 통일을 추구한다는 데 합의했다.

한국의 통일방안은 교류와 협력을 통해 두 사회를 먼저 통합하고 향후 장래에 민족적 통합을 달성한다는 것이다. 연방구성은 실질적(de facto) 통합이 법적(de jure) 통합에 선행되는 평화적 통일로 현재의 분단 상태를 이끌어 가도록 하는 목적을 갖고 있다.

북한의 지도자는 통일이 하룻밤 사이에 달성될 수 없고 남북한이 상호 평화 공존을 통해 장기간 시간을 두고 통합 과정을 통해 서로 노력해야 한다는 점을 또한 알고 있었다. 따라서 그는 남한의 통일 방안이 타당하고 현실적이라고 생각하고 있었다.

통일은 모든 가용한 수단을 통해 즉각적으로 이뤄져야 한다는 통일지상주의 및 신념을 가진 일부 한국인들이 상당 기간 동안 존재해 왔다. 그러나 두 지도자는 이것이 비현실적라고 인식했고, 우선 평화를 구축하는 과정을 통해 통일에 접근해야 한다는 점을 확실히 했다.

세 번째, 남북한 정상회담은 남북 간 교류 협력에 활력을 불어넣음으로써 상호 신뢰 구축의 길을 열었다.

남북관계에서 가장 큰 장애물은 반세기 동안 지속된 뿌리 깊은 상호불신이다. 두 지도자들은 신뢰할 만한 관계구축이 최우선이라는 사실에 공감했다. 이는 말이 아닌 행동을 필요로 한다. 남북정상은 합의된 사항을 행동으로 옮김으로써 신뢰를 구축할 것에 합의했다.

두 지도자들은 이산가족 상봉, 남북 간 단절된 도로 및 철도의 연결, 남한의 자본과 기술력에 북한의 노동력을 결합하여 공동이익을 달성할 수 있는 산업단지 건설, 경제 협력, 사회 및 문화 교류, 그리고 남북대화 증진과 같은 실행 가능한 문제들에 대해 합의했다. 이런 사항들은 정상회담 이후 거의 곧바로 실행에 옮겨졌다.

정상회담 이후 지난 5년 동안, 비록 모든 사항이 다 만족스러운 것은 아니지만, 한반도에서 몇몇 중요한 변화들이 이뤄졌다. 남한과 북한의 영공과 영해가 개방된 것에 이어, 비무장지대를 통과하는 철도와 도로가 연결되었다. 개성공단이 건설되고 있고 동해안 평화 회랑을 따라 금강산 관광 사업이 시작된 것처럼, 공단 내 공장이 이미 가동되었다.

남북 간 군사적 신뢰구축에 있어서도 진전이 있었다. 양측의 군대는 철도 및 도로를 연결하고 인적·물적 자원 교류를 감독하는 데 있어 긴밀하게 상호 협력하고 있다. 군사적 신뢰구축이 이뤄지고 있고 남북 군사기지 사이에 핫라인(hotline)이 이미 개통되어 운용 중이다.

남북관계의 발전을 가져온 이러한 조치들로 인해, 상호 신뢰가 증진된 반면 냉전 대결 시기에 형성된 적대감은 완화되었다. 극단적 위기감이 감소되면서, 남북한 내부에서 바람직한 변화들이 생겨났다.

북한은 시장에 기초한 경제개혁을 단행했다. 현재 북한은 사회주의 체제를 뒷받침하는 배급체제를 단계적으로 폐지하고, 시장 강화 및 분배에서 평등원칙이 사라지는 등 중요한 변혁을 겪고 있는 중이다. 이러한 변혁은 해외로부터의 자본 및 기술의 유입으로 한층 가속화될 수 있을 것이다.

II. 한반도 평화구축 절차

두 지도자들은 상호 평화 공존하면서 점진적으로 통일을 추구하는데 합의함으로써, 남북관계 발전의 길을 열었다. 정상회담 이후, 남북은 정치, 군사, 경제, 사회, 문화 분야에서의 교류 및 협력을 통해 한반도에서의 냉전을 종식시키기 위한 평화 절차에 착수했다.

그럼에도 불구하고 남북관계 개선 노력만으로는 한반도의 모든 문제들을 해결하기는 어렵다. 이런 노력들은 외부의 영향에 의해 도전받고 있기 때문이다. 한반도 문제의 특수성 때문에, 동북아시아의 평화와 번영을 위해 한반도의 냉전구조를 녹이기 위한 다차원적이고 포괄적인 노력이 이뤄져야 한다. 이 냉전구조는 많은 독립된 요소들로 이뤄져 있다. 그 몇 가지 예로, 남북 간 불신 및 대치, 북한의 폐쇄성과 경직성, 북미 간 적대성, 북한 핵문제, 그리고 동북아시아의 냉전 질서 등을 들 수 있다.

정전체제를 평화체제로 변환시키기 위해서는, 남북관계가 증진되어야 하고 북한이 개방과 개혁을 통해 상당한 변화를 추진해야 한다. 북한 핵문제가 해결되어야 하며, 북미관계는 정상화되어야 하고, 군비통제가 실현되어야 한다. 더 나아가 동북아시아의 안보 및 협력을 위해 작동하는 제도적 기제가 구축되어야 한다. 이러한 요소들의 발전이 모두 함께 이뤄져야 하는 것이다. 기복이 있었음에도 불구하고 남북관계는 정상회담 이후 진전되어 왔다. 남북 간 긴장이 완화되고 신뢰구축이 이뤄졌다. 북한은 시장경제에 기초한 개혁을 시도하고 있다.

사실 한때, 북미관계의 진전뿐 아니라 북한 핵문제 해결에도 실마리가 보였던 때가 있었다. 1994년 북미기본합의서를 채택함으로써, 클린턴 행정부는 북한의 핵활동 동결과 미사일관련 문제 해결 방안을 발견한 듯했었다. 2000년 북한과의 관계 개선을 위한 북미 간 공동발표문이 채택되었고 이어 클린턴 대통령이 북한을 방문하기로 계획된 적이 있었다. 만약 이 방문이 성사되었다면, 한반도의 운명은 오늘날과 달랐을 것이고, 동북아시아의 평화와 번영을 위한 새로운 질서를 구축하는 데 도움이 되었을 것이다.

그러나 이러한 변화의 물결은 부시 행정부의 등장으로 변화되었는데, 미국은 대북강경노선을 선택했고, 북한을 '악의 축'으로 지칭하면서 체제변화는 물론 선제공격의 가능성까지 전제했다. 이어 미국의 강경정책에 따라 북한 핵문제가 다시 문제로 떠올랐다. 한반도의 안보위협이 한층 배가된 것을 목도하는 것은 실로 통탄할 만한 일이었다. 북한의 핵무기 개발은 용인될 수 없고 한반도는 반드시 비핵화되어야 한다.

미국이 '악의 축' 또는 '폭정의 전초기지' 등과 같은 수사어를 사용함으로써 북한을 불신하고, 혐오하고, 점점 대결구도를 만드는 것은 오히려 매우 쉬운 일이다. 그러나 이것은 문제를 해결하는 데 도움이 되지 않을 것이다. 쿠바와 이라크의 예에서 보듯이, 국가를 붕괴시키고 항복을 강요하는 압박과 고립을 통한 봉쇄정책은 단지 독재를 강화시키고 그 국가안에 살고 있는 무고한 시민들에게만 엄청난 고통을 가져다 줄 뿐이다.

북한 핵문제 해결과 관계 개선 과정에서, 미국은 체제변화를 통한 문제해결 노력보다는 오히려 북한의 변화를 유도할 수 있는 개입정책(engagement policy)을 사용해야 한다. 미국은 북한에 대한 개입정책을 통해 북한이 더 이상 핵무기 보유 및 개발의 필요성을 느끼지 않는 환경과 조건을 조성해야 한다. 이것이야말로 미국과 동북아시아 모두에게 평화와 안정을 가져다 줄 유익한 방안인 것이다.

더불어, 부시 행정부는 체제 전환보다는 핵 비확산의 목적에 부합하도록 협상노력을 성실하게 개진하면서, 주권국가로서 뿐만 아니라 협상 상대자로서 현재의 북한 정권을 받아들여야 한다. 부시 행정부는 외교, 안보, 경제, 그리고 무역분야에서 포괄적인 주고받기식 접근을 하는 것이 바람직할 것이다.

한반도 평화는 미국의 대 동북아시아정책에 의존하는 바 크다. 냉전질서를 유지하는 대신, 북핵문제의 평화적 해결과 북미관계 정상화를 위해 노력해야 한다. 또한 한반도의 군비통제를 실현하고, 견고한 평화체제로 정전체제를 변환시키는 과정을 통해 북한내의 변화를 촉진시킬 수 있을 것이다.

게다가, 미국은 중국이나 일본이 동북아 지역의 평화에 기여할 수 있도록 이 지역에서 균형자 및 안정자로서 중요한 역할을 할 필요가 있다. 미국은 동북아시아 안보 협력 기구 설립을 주도하고 동북아 전체뿐만 아니라 한반도의 평화와 번영을 추구하는 것이 최상의 국가이익이 된다는 점을 생각해야 한다.

한편, 한국은 남북관계 발전을 위해 보다 더 적극적인 노력을 해야 한다. 한반도문제는 북한 핵문제 해결을 우선시하고 그 후에 남북정상회담을 전제하는 식의 방법으로는 해결될 수 없다. 이 문제에 관한 사고의 전환이 반드시 필요하다고 생각된다. 북핵문제의 특수성과 다자적 성격 때문에, 북한 핵문제 해결은 상당한 시간이 소요되는 것이 불가피할 것이다. 그러므로 남북관계를 교착시키기보다, 북한 핵문제를 해결하는 데 도움이 될 수 있도록 남북관계 발전에 활력을 불어넣어야 한다.

남북정상회담을 통해 한반도문제에 관한 모든 문제를 포괄적으로 협상하고 남북 간 신뢰를 구축할 수 있는 하나의 장을 마련해야 한다. 남북관계 발전에 있어, 양측이 특사를 교환하여 의사소통 채널을 유지하면서 신뢰를 구축하는 것이 대단히 중요하다.

한반도의 평화와 남북관계 개선을 위해, 남북정상회담은 정기적으로 개최될 필요가 있다. 2000년 남북정상회담을 통해, 남북정상이 얼굴을 마주보고 직접 대화에 참여하는 것이 변화를 가져올 수 있는 유일한 수단임이 확인되었다. 바로 이러한 정상회담이야말로 문제해결의 지름길인 것이다.

남과 북이 향후 직면할 그 어떤 난관과 도전에도 불구하고, 정상회담에서 채택한 공동성명을 준수하려는 노력을 다 해야 한다. 이런 노력을 통해, 남북경제공동체가 구축되어야 하고, 공동안보를 위한 군비통제가 실현되어야 하며, 남북연방 형성과 함께, 정전체제가 평화체제로 대체되어져야 하는 것이다.

북한 핵위기와 현 교착상태 해법 전략

찰스 L. 프릿차드(Charles L. PRITCHARD)
|브루킹스연구소 선임연구원

Ⅰ. 북한핵 위기의 기원

2002년 여름 부시 행정부는 대북한 정책 검토보고서 작성을 완료하고 미북관계 정상화를 이끌어 내기 위한 논의를 위해 국무부 차관보 제임스 켈리(James A. Kelly)를 대통령 특사로 임명하여, 평양에 파견할 준비를 했다. 미국의 대북정책 핵심은 "대담한 접근(Bold Approach)", 즉 북한을 근본적으로 변화시키고 미국의 안보 우려를 반영한 일련의 신속하고 과감한 조치들을 구체화한 것이다. 이에 대한 보상으로 미국은 상당량의 경제적 원조와 관계정상화를 위해 필요한 조치들을 취할 준비를 했다.

2002년 6월, 미국은 그해 7월 10일 켈리 차관보의 평양방문을 추진했다. 이러한 일정들을 논의하기 위해 뉴욕주재 유엔 북한대표부와 협상을 위해 특사의 파견이 필요했다. 이에 대한 북한의 승인을 기다리는 동안, 두 가지의 중요한 사건이 발생했다. 첫 번째는 미정보당국이, 북한이 비밀리에 핵무기개발을 목적으로 한 우라늄 농축 프로그램을 시작했다는 비밀 사항을 공개한 것이다. 미 행정부는 북한이 파키스탄이 제공한 원심분리기를 이용하여, 제한적인 우라늄 농축 연구개발 프로그램에 관여하고 있다는 것을 알고 있었는데, 2002년 6월 말 공개된 정보를 통해 북한이 비밀리에 대규모 핵무기 개발을 시도하고 있음이 분명해진 것이다.

행정부가 대응방안을 강구해 가면서, 7월 10일로 예정된 북한과의 대화에서 이 새로운 정보를 제기할 준비가 되어 있지 못하다는 것이 분명해졌다. 그렇다면 문제는 행정부가 북한에 고농축 우라늄(HEU) 문제를 제기할 준비가 될 때까지 어떻게 하면 그 접촉을 연기할 수 있을 것인가로 귀착되었다. 이에 대한 해답이 바로 6월 29일, 뜻하지 않은 남북한 초계정의 군사적 충돌 사건에서 얻어졌다. 이 사건 결과 한국의 초계정 한 척이 침몰되었고 여러 장병이 전사했다. 당시 한국은 북미 간 양자대화를 고대해 왔기 때문에, 서울 당국은 워싱턴 미 행정부가 남북초계정사건에 관계없이 예정대로 7월 10일 대화를 진행할 것을 권고했다. 그러나 미국은 북한이 대규모로 우라늄을 농축시키는 프로그램을 가동 중이라는 새롭게 발견된 정보를 한국과 공유하지 못한 상태였고 해상에서의 군사적 충돌이 발생한 상황에서 회담개최를 하는 것은 부적절하다는 이유를 들어 7월 10일 대화요구를 철회하는 조치를 취했다.

일단 행정부가 북한의 고농축 우라늄 개발 프로그램에 대응할 필요가 있다고 결정했기 때문에, 평양을 끌어들일 수 있는 새로운 기회가 만들어져야 했다. 그러나 개입정책의 이점에 대해 행정부 내 의견이 상당히 분열되어 있었기 때문에 이것이 쉬운 일이 아니었다. 결국 몇 가지 사건들을 통해 개입하는 쪽으로 정책이 결정되었다. 먼저 북한이 한국의 초계정이 침몰된 사건과 관련 인명손실에 대해 유감을 나타내는 성명을 발표한 것이다. 이것은 한국이 기대한 것과 같은 공개적 사과에 가까운 것이었고 압력이나 시간적 지체 없이 나온 성명이기 때문에 한국의 당국자는 이것으로 해상에서의 불행한 충돌 사건을 마무리하는 것으로 받아들였다. 그리고 나서 한국은 미국에게 북한에 대한 개입의 중요성을 강조했다. 여기서 한국이 여전히 북한의 고농축 우라늄 프로그램에 관련된 정보를 아직 받지 못한 상태였기 때문에, 한국은 미국이 북한에 대한 개입정책을 재개하면 7월 10일 회담 취소로 연기된 관계정상화 절차를 재개할 수 있는 것으로 생각했다.

미 행정부가 북한에 대해 개입정책으로 다시 돌아서게 된 두 번째 사건은, 부루나이에서 개최된 ARF 각료급회담에서 파월 국무장관이 북한의 외교상대인 외무상 백남순을 막간을 이용하여 예정에 없이 만난 것이다. 그 접촉은, 파월 장관이 한반도 에너지개발기구(KEDO) 미국 대표의 북한 금호(Kumho)지역 제2경수로 콘크리트 타설식 참가를 최종 승인한 직후에 이루어진 것이다. 두 사건 모두에서, 파월 장관은 이 문제들에 대해 행정부 내 다른 어느 누구와도 협의하지 않고 결정했다. 당시 행정부는 북한이 핵합의 내용을 위반하고 있다는 믿을 만한 정보를 갖고 있는 상황에서, 콘크리트 타설식에 참가하는 것이 혹시 북한에게 잘못된 신호(북미 간 핵합의와 경수로제공 프로젝트가 정상적으로 진행 중에 있고 이를 행정부가 지지하고 있다는)를 보내는 것이 아닌가 하는 우려가 있었다.

한반도 에너지개발기구 미국 대표는 국무부 서울 사무소에서 작성한 금호행사 연설문 초안을 비밀 우라늄 농축 프로그램에 대한 우려를 반영하기 위해 보다 강경한 어조로 수정했다. 심지어 미국 대표가 KEDO 위원들을 만나기 위해 서울을 최종 방문할 때 정부기관 간 상호 금호행사 연설문에 대한 점검이 계속적으로 이루어졌다. 국방부의 제안은 너무 지나쳐서 미 대표는 국방부 제안을 무시하기로 결정하고 전화를 통해 국가안전보장회의(NSC)의 비확산 국장과 직접 접촉하여 2002년 8월 금호 행사에서 발표할 연설문에 대해 수용가능하고 합리적인 문안을 만들어냈다.

연설문은 북미 간 핵합의문에 명시된 모든 요소가 중요하다는 점을 북한에 알릴 수 있도록 작성되었다. 연설문 서두에서 미 대표는 "합의문은 북미 간 정책의 중요한 요소다. 우리가 합의문의 조항에 동의했을 때 우리는 북한핵 프로그램에 대한 우리의 모든 우려가 *최종적으로 그리고 완전하게* 해결될 것으로 기대했었다. 행정부 관리가 여러 차례 언급한 것처럼, 미국은 북한이 합의문을 준수하는 한 약속을 지켜나갈 것이다. 우리는 북한이 합의문 내용과 합의 정신을 지켜줄 것으로 기대한다"라는 점을 전달했다. *강조된 부분*(*이탤릭체*)은 북한의 우라늄 농축프로그램과 관련한 미국의 우려를 반영하려는 의도를 담고 있었다. 그 행사에 대해 언론은 연설과 행사에 대해서만 간단하게 보도했고 이는 파월 장관을 안도케 했으며, 또 행정부가 북한의 우라늄 농축프로그램을 해결하기 위해 북한과 접촉하려는 결정을 내리기 위한 분위기를 조성했다.

2002년 9월 22일, 대북 특사가 뉴욕주재 유엔 북한 대표부와 만나 취소되었던 7월 10일 대화를 2002년 10월 3일~5일에 다시 개최할 것을 요구했다. 논의과정에서, 특사는 실제 대화목적과 관계없는 몇 가지 사항을 요구했다. 과거 미 행정부 관리들은(2000년 10월 평양을 방문한 매들린 올브라이트 전 국부장관을 제외하고) 한국내 비행장을 이용하기보다 일본의 요코타 공군기지에서 군용기를 탑승하여 여행하도록 지침 받고 있었다. 북한이 승인한 비행계획은 국제공항에서 비행기를 탑승하여 러시아 비행장으로 이동하여 그곳에서 다시 북한 비행장으로 이동 후 최종적으로 평양비행장으로 향하는 루트를 이용하는 것이었다. 그러나 특사는 서울에서 평양으로 미 군용기를 이용한 직항로를 요구했다. 이에 더하여 특사는 군용기에 탑승할 수 없는 미 대표단 2명이 자동차로 비무장지대를 통과하여 평양에 도착할 수 있도록 해줄 것을 요구했다. 그는 또 미 대표단이 누구를 만나고 싶어하는지와 회담의 순서를 구체적으로 제시했다. 이런 요구조건이 갖는 중요한 목적은 북한군과 미군 사이에 협조가 필요하다는 것이고 이런 협력이 이뤄지게 될 경우 적으나마 사용가능한 신뢰구축조치를 취할 수 있기 때문이다.

7월 10일 회담요구에 대해 북한의 반응이 지연되는 동안 발생한 사건들을 회고하면서, 유엔주재 북한대사는 신속한 응답을 약속했다. 17시간 후에 북한은 미국 특사가 요구한 모든 사안들이 승인되었다고 알려왔다. 2002년 9월 22~23일 접촉에 대해, 그리고 평양의 회담을 위한 여행의 승인 속도에 대해, 이처럼 자세히 언급하는 것은 북한이 2002년 10월 3~5일

대화요구가 예정되었던 7월 10일 회담을 재개하는 것으로 예상했다는 점 때문이다. 북한이 예상한 회담내용은 북한이 원했던, 미국과의 관계 정상화를 이끌어 낼 대통령의 "대담한 접근" 전략에 대한 미국측 설명이었던 것이다. 북한은 미국이 우라늄 농축문제를 제기할 것에 대해 어떤 암시도 갖지 못했던 것이다.

II. 2002년 10월 대립

10월 초 방북 결과에 대해서는 잘 알려져 있다. 여전히 회자되는 언론보도들과는 달리, 미 대표단은 북한 외무성 관리 또는 그 어느 누구에게도 미국이 우려하고 있는 고농축우라늄에 대한 "증거"를 제시하지 않았다. 회담에서 강석주 외무성 제1부상이 켈리 특사에게 북한의 고농축 우라늄프로그램에 대해 무례한 태도로 인정했다는 것은 미 대표단 전원의 의견이다. 북한이 2002년 10월 회담에서 말바꾸기를 한 사실에도 불구하고 — 애초 무례한 태도로 인정한 것에서, 핵무기 개발 권한 선언으로, 또 긍정도 부정도 하지 않는 것으로, 그리고 현재의 고농축우라늄 개발계획에 대한 부정으로 — 미국이 갖고 있는 정보는 신뢰할 만한 수준이라고 할 수 있다.

10월 평양에서의 회담 이후, 미국은 동맹국과 KEDO집행위원회 위원들에게 북한에게 더 이상의 중유공급을 계속할 이유가 없음을 알렸다. 1994년 핵합의에 의해 시작된 미국의 대북 중유 지원양은 50만 톤이었다. 핵합의는 간단하게 핵비확산에 관한 합의를 의미한다. 북미 양자간 합의된 사항임에도 불구하고 핵합의는 다자적 장치라고 할 수 있다.

1995년 초, 한반도 에너지개발기구가 최초 집행위원회 회원국인, 일본, 한국, 그리고 미국에 의해 설립되었다. 일 년 후 핀란드, 뉴질랜드, 호주, 캐나다, 인도네시아, 칠레 그리고 아르헨티나가 회원국으로 포함되었다. 이후 유럽연합이 집행위원회의 회원자격으로 최초 회원국인 3개국에 동참했다. 첫해 동안 모두 20개 국가가 KEDO에 8,400만 달러를 투입했다.

폴란드, 체코, 그리고 우즈베키스탄이 회원국에 가입함으로써 KEDO 회원국은 13개국이 되었다.

2002년 11월 14일, KEDO집행부는 뉴욕 KEDO본부에서 만나 12월에 선적을 시작할 대북지원용 중유의 선적을 중단하기로 합의했다. 11월 중유선적분은 이미 북한으로 항해 중이었고 집행부 회원국들은 중유선적 선박이 북한해역으로 진입하기 전에 다시 회항시키는 것에 대해 꺼려했다. 집행부는 북한의 핵개발계획이 모든 관련국들에게 중대한 도전이라는 비난 성명을 발표했다.

북한의 첫 반응은, 2002년 11월 25일 북한 노동신문 사설을 통해 나왔다. 이는 다자주의를 거부하고 미국과의 배타적인 관계를 통한 해결을 강조한 내용이었다. 그 사설에서 다음과 같이 주장한 바 있다. "북미 핵합의 서명 당사자는 KEDO가 아니라 미국과 북한이다. 미국은 KEDO를 주도하고 있다. 전술한 사실은 미국 정부가 먼저 우리에게 중유지원 중단을 결정했고, 그리고 나서 KEDO를 이용하여 그 결정을 발표했다는 사실을 보여준다. 미국은 소위 다자 의견이라는 미명하에 미국의 단독결정을 위장하려고 하고 있다."

북한은 12월 말 국제원자력기구(IAEA) 감시요원들을 추방하고 영변 핵시설에 설치되었던 IAEA 감시 장비들을 제거하는 조치를 취했다. 2003년 1월 10일 북한은 핵확산금지조약(NPT)을 탈퇴하고 영변에 플루토늄 재처리 시설의 재가동을 시작했다.

미국은 우선 2003년 1월 22일 북한에 다자대화를 제안했다. 최초 제안은 유엔 상임이사국 5개국과 북한, 한국, 일본, 호주, 유럽연합이 참여하는 P5+5형태였다. 그러나 3일 뒤 북한은 "우리는 다자 대화를 거부하며 P5+5 대화에 결코 참여하지 않을 것이다"라고 발표함으로써 이 제안을 거부했다. 그러나 북한이 P5+5대화에 관한 반대 메시지는 미국과 북한 간 직접 대화가 다자대화의 맥락속에서 가능할 수도 있음을 암시하는 것이었다.

파월 국무장관이 한국의 노무현 대통령 취임식에 참석하기 위한 방문길에 중국을 방문했을 때, 중국이 미국, 중국, 일본, 북한, 한국을 포함한 다자대화를 조직하고 개최하는 데 유리한 위치에 있음을 제의했다. 파월 장관의 제안에 중국은 곧바로 반응을 보이지 않았지만 첸 지첸(Qian Qichen) 부총리가 북한을 방문한 3월 초 그 제안을 전달했음이 분명했다.

북한이 중국의 5자대화 제의를 거부하자 첸은 그 자리에서 자신의 제안을 수정하여 3자회담을 제안했다. 북한은 뉴욕채널을 통해 북미 간 양자대화를 요구했다. 4월 둘째 주경까지, 뉴욕채널과 중국-북한 채널을 통한 밀고 당기기가 지속되었고, 4월 말 베이징에서 3자회담을 하기로 합의함으로써 이것이 끝났다.

중국이 3자회담 과정에서 북-미 간 양자대화가 가능함을 강하게 제안했기 때문에 북한이 3자 대화에 합의했다고 보는 것이 타당할 것이다. 그러나 북미 간 양자회담은 개최되지 않았다. 미 대표단은 북한과 어떠한 양자적 접촉도 갖지 말라는 분명한 지침을 받은 상태였기 때문이다.

베이징에서 첫날 환영 만찬이 진행되는 동안 리근(Li Gun) 북한 수석대표는 미측 수석 대표인 켈리와 한쪽 구석에서 북한의 핵능력에 관해 개인적인 몇 마디를 나누었을 뿐이다. 북한이 양자간 회담을 갖자고 제안하자 미국은 이를 거부했고 회담은 그것으로 끝이 났다.

III. 6자회담 과정

4월 회담이 실패로 돌아가고 난 직후, 중국은 3자회담과 같은 맥락의 다자대화 추진을 시도했다. 이 당시 미국은 향후 회담이 한국과 일본을 포함해야 한다고 주장했다. 미국은 첫 3자회담이 개최되기 전에 이미 한국과 일본이 배제되는 것에 대한 동의를 받았지만, 가급적 빠른 시일 내에 한국과 일본을 포함한 다자 대화로 확대시키는 것에 대해 공감대를 형성하고 있었다. 러시아의 회담 참여 요구가 있자, 미국은 재빨리 러시아를 대화참여국 명단에 포함시켰다.

2003년 1월 말 파월 장관과 협의를 통해 중국 다이 빙구어(Dai Bingguo)

외교부부장은 5자회담 또는 6자회담에 참가하지 않겠다는 북한의 주장에 동조하여 미국이 3자회담 제의를 수용할 것을 촉구했다. 타협과정을 통해 그리고 중국의 중재노력을 통해 미국은 3자회담 후 곧 이어 6자회담이 가능하다는 조건하에 3자회담을 수용할 수 있을 것이라고 제의했다.

이 당시 파월 미 국무장관은 북한과 다자적 맥락 속에서 미 대표단이 북한과 직접 접촉해도 좋다는 승인을 받았다. 8월 1일 북한중앙방송(KCNA)은 베이징에서의 대화재개 제안에 대해 다양한 방식의 반응을 보였다.

얼마전 미국은 다자대화 틀속에서 북미 간 양자대화가 가능함을 3자회담을 통해 북한에 알린 바 있다. 최근 북미접촉에서 북한은 3자회담 없이 곧바로 6자회담을 갖고 여기서 북미 간 양자대화를 갖는 새로운 제안을 제시하기도 하였다. 결국, 두 차례에 걸친 별 성과 없는 6자회담이 2003년 8월과 2004년 2월에 개최되었다. 그러나 제3차 6자회담에서 이전과 다른 결과를 낼 수 있었고, 이를 통해 당시 교착상태를 극복할 수 있는 대화의 기초를 마련했다.

IV. 제3차 6자회담

2004년 6월 말 열린 제3차 6자회담은 중요한 전환점이 되었다. 한국은 나름대로 북한과 대화를 진전시켰고, 일본 고이즈미 총리은 두 번째 평양을 방문했으며, 중국은 미국의 대북정책이 보다 유연할 필요가 있다는 공식 논평을 발표했다.

만약 6월 6자회담이 이전의 대화 행태를 답습했다면, 다자대화는 그대로 끝날 수 있었다. 그러나 계속된 국제 비난여론에 대해 미국 행정부 내 우려와, 북한이 미국 대선에서 이슈가 될 수 있다는 전망, 그리고 가장 중요하게는 2004년 6월 초 조지아주 시아일랜드(Sea Island)에서 개최된 G8 정상회담 기간 동안, 고이즈미 일본 총리와 부시 대통령이 개인적으로 만나 미국이 제3차 6자회담에서 북핵 위기를 해결하기 위해 첫 번째로 구체적인 제안을 했다는 것이 제3차 6자회담이 이전의 회담과는 다른 성과를 낼 수 있었던 요소였다.

북한이 결과적으로 미국의 제안 중 특정 사안을 거부했지만, 3차 6자회담은 처음으로 긍정적인 진전이 있었음을 발표했다. 미 상원 외교분과위원회 증언에서, 켈리 차관보는 미국의 제안이 북한 핵개발 계획을 해체 및 제거하기 위한 전략을 수립하는 과정이 3개월에 불과한 짧은 준비기간 동안 이루어진 것이라고 기술했다.

이 초기 단계에서 켈리 차관보에 의하면 북한은 모든 핵활동 리스트를 제공하고 핵활동을 완전히 중단하며, 핵분열물질의 안전조치를 취하고 그리고 원심분리기 핵심 부품에 대한 공개하며 가시적인 폐쇄조치를 허용했을 것이라고 한다. 켈리 차관보는 북한의 발표는 우라늄 농축계획과 이미 만들어진 핵무기를 포함할 필요가 있음을 강조했다. 이런 제안에 의해 다른 회담 당사국들은 북한이 의무를 이행하는 바에 상응한 조치를 취할 예정이었다. 북한을 곤경에 빠뜨린 미국의 여러 가지 제안 중 하나는 켈리와 북한이 합의했던 북한에 대한 중유 제공에 대해 미국의 참여가 배제되었다는 사실이었다.

이 부분에 대해 북한은 대변인 성명을 통해 "한반도 비핵화"가 우리의 궁극적인 목표임을 분명히 하면서, 우리는 미국이 구체적인 행동을 통해 우리에 대한 적대적 정책을 포기한다면, 우리는 우리의 모든 핵무기 관련 프로그램을 투명하게 포기할 것임을 다시 한번 분명히 밝히는 바이다. 우리는 미국이 CVID (완전하고, 검증가능하며, 불가역적인 해체)요구를 철회하고 핵동결에 대한 우리의 보상 요구가 받아들여진다는 전제하여 핵동결에 관한 구체적인 계획을 제안하는 바이다"라고 논평하였다. 3차 6자회담은 미국과 북한 모두 각자의 제안을 하는 선에서 끝이 났고, 어느 것에 대해서도 심각한 논의는 이뤄지지 않았다.

V. 교착

3차 6자회담에서 당사국 모두는 2004년 9월 말 4차 회담을 갖기로 합의했다. 그러나 북한은 미국의 대선이 본격화되자 자신의 책임을 다하지 않기 시작했다. 8월, 부시 대통령은 선거유세에서 이틀 동안 김정일을 폭군으로 언급했다. 많은 사람들이 이 언급이 북한이 다음 6자회담을 11월 대통령 선거 후까지 연기시키는 구실을 주게 되었다고 생각했다.

그러나 북한은 자국이 6자회담에 복귀하는 데 있어 극복되어야 할 가장 큰 장애물은 미국이 6월 회담에서 나온 약속을 지키지 않는 태도를 고치는 것이라고 주장했다. 북한은 회담에 대해 처음으로 긍정적이라고 선언하게끔 만들기 위해 미국이 3자회담 동안 의도적으로 CVID라는 용어 사용을 중단했다고 믿었다. 그러나 3자회담 후 미국관리가 이 용어를 다시 공개적으로 사용하자, 북한은 9월 회담개최 합의의 토대가 더 이상 존재하지 않는다고 주장했다.

2004년 12월 북한은 "우리는 2기 부시 행정부가 설정한 정책을 인내심을 갖고 따를 의향이 있다. 구체적인 결과의 도출이 없이 수백 차례 회담만 갖는 것은 소용없다. 만약 미국이 이런 잘못된 입장을 지속할 경우 대화 재개는 어려울 것이다. 미국은 정책 전환을 통해 신뢰성 있는 태도를 취해야 하고 이것이야 말로 핵문제 해결을 위한 열쇠가 될 것이다"라고 언급했다. 북한이 다시 회담에 복귀하기로 한 신호는 1월 14일 북한중앙방송의 6자회담 복귀선언을 통해서 나왔다. 여기서 북한은 불쾌한 과거를 반복하는 대신 미국과의 양자관계를 개선하기 위한 미래 지향적 접근의 필요성을 강조했다.

그러나 북한 외무상이 2기 부시 행정부의 개각이 진행되는 중에, 대통령 및 라이스 장관의 발언과 미 행정부가 품은 진짜 의도는 북한의 체제 변화라고 결정한 것에 대한 성명을 발표하면서 사태는 반전되어 악화되었다. 그 성명서는 북한이 무기한 6자회담에 참여하지 않겠다는 것과 북한이 핵무기를 생산했다는 내용을 포함하고 있다. 이 발표 후 중국의 고위 관리인 왕 자루이(Wang Jiarui) 대외연락부장이 평양을 방문했다. 왕 부장은 평양 방문 며칠 후 중국 주석 후진타오의 메시지를 김정일에게 전달했다. 왕 부장 방문 마지막 날, 그는 김정일 위원장을 만난 자리에서 우회적으로 조건이 갖춰질 경우 북한이 6자회담 복귀할 것이란 말을 들었다. 김 위원장은 또 북한은 6자회담을 결코 반대하지 않고 또 회담에서 철수하지도 않을 것임을 간접적으로 말했다.

3월 3일, 북한 외무상은 미국의 "적대적 정책"에 대한 북한의 불만사항을 상세하게 밝힌 비공식서한을 전달하고 북한이 6자회담에 복귀하는 데 갖춰져야 할 조건들을 알려왔다. "북미 간 핵문제 해결에 기본적으로 필요한 것은 핵위기가 부시 행정부의 극단적 정책의 결과이기 때문에 미국이 적대적 정책을 포기하고 북한과 평화적 공존 정책으로 전환하는 것이다." 그 서한은 또 미국이 북한을 "폭정의 전초기지"라고 부른 것에 대해 사과할 것을 요구했다. 북한 외무상은 "우리는 그러한 조건들이 충족되고 대화재개를 위한 명분이 섰을 때만이 미국과 협상할 수 있다. 우리 북한은 우리가 요구한 조건들을 무시하고 그것의 파괴를 일삼는 국가와는 대화할 수 없다"라고 선언했다.

2004년 6월 3차회담 말미에 다음 회담개최 상황이 복잡하고 더 어렵게 된 것은 3월 31일 북한 외무성 대변인의 성명 발표 때문이었다.

> 만약 한반도가 비핵화된다면, 한반도 내에서 또한 한반도 주변에서 미국의 핵위협은 중단되어야 한다. 미국의 핵위협은 우리로 하여금 핵개발을 하게 한 근원이고, 북한과 관련 주변국 간 신뢰관계 형성의 동인이 되었다. 특히 부시 행정부는 북한에 대해 공개적으로 핵위협을 가했기 때문에 우리는 전쟁을 예방하고 체제와 생존을 보장하기 위해 핵개발을 하지 않을 수 없었다. 만약 한반도 비핵화가 실현된다면, 남한 내 존재하는 미국의 모든 핵무기를 제거하고 또한 남한이 핵무기를 개발할 수 있는 모든 요소들을 제거할 필요가 있다.
>
> 물론, 여기에는 반드시 검증조치가 뒤따라야 한다. 북한과 미국은 실제적으로 전쟁상태에 있고 남한이 미국의 핵우산하에 있다는 점을 감안할 때, 우

리가 보유한 핵무기는 한반도에서 전쟁을 예방하고 위에서 밝힌 요구 조건들이 충족될 때까지 중요한 억제력으로 작용할 것이다.

6자회담도 마찬가지다. 6자회담은 주고받기 식의 문제해결이 아니라 근본적이고 공정하게 한반도 비핵화를 실현하기 위한 포괄적 접근의 토대가 되어야 한다. 그러나 6자회담이 핵동결 조치의 대가로 보상을 주는 주고받기식 접근을 취했기 때문에 시간만 낭비하였다. 이제 우리는 완전한 핵무기 보유 국가가 되었으며, 6자회담은 관련국들이 동등한 입장에서 군축을 위한 회담이 되어야 한다.

만약 6자회담이 성공적으로 그 역할을 다 한다면, 미국의 핵위협과 한반도와 그 주변에서 핵전쟁위험을 예방하기 위해 노력하는 그러한 장으로 전환되어야 할 필요가 있다.

이때까지 6자회담의 초점은 북한의 핵무기 개발계획을 해체하는 것이었다. 북한의 2월 10일 공개적 선언과 뒤이은 3월 31일 외무성 대변인 발표는 군축문제에서 군비통제문제로 상황을 전환시켰다. 북한은 더 이상 핵개발 포기에 대한 보상을 추구하지 않았으며, 오히려 핵능력을 보유한 국가로서 동등한 지위를 추구하고 있었다. 이런 변화를 꾀하면서, 북한은 논의의 핵심을 북한 그 자체에서, 북한이 핵무기를 보유하게 된 원인은 미국이며 북한의 핵무기 보유는 미국의 위협에 대한 보호조치였음을 부각시키는 것으로 전환시켜 나갔다.

VI. 교착상태 해결 전략

당시 6자회담 당사국들은 회담성과의 미진함과 북한의 2월 10일과 3월 31일 발표로 인해 지쳐 있었고, 심지어 현재의 위기 상황이 협상에 의해서는 평화적으로, 그리고 신속한 해결이 불가능하다고까지 생각하기도 했다. 이런 우려의 근저에는 부시 행정부가 지난 2년 동안 내부적으로 제기해 왔던 질문, 즉 북한이 협상을 통해 핵개발계획을 버릴 것인가에 대한 회의가 깔려 있었다. 2004년 6월 마지막으로 6자회담이 개최된 후 1년

이 지났을 때, 부시 행정부의 인내력은 결국 회의와 실망으로 바뀌어갔다. 2005년 4월 21일 콘돌리자 라이스 국무장관은 6자 군축회담을 포기하거나, 북한 핵문제를 안보리에 회부할 계획은 갖고 있지 않다고 말했다.

라이스 장관은 리투아니아 빌니우스(Vilnius)에서 가진 폭스 뉴스채널과의 인터뷰에서 "우리는 적절한 시간에, 현재 대화의 틀 속에서 해결 가능성이 없다고 믿을 때, 안보리에 북한 핵문제를 회부할 의지가 있다"고 말했다. "우리는 우리의 동맹국과 6자회담 관련국들과 논의했을 때 언제가 그렇게 해야 할 시점인지에 대해 알게 될 것이다." 이런 발언은 2004년 6월 대화 1주년 시점이 바로 비공식적 마감시한임을 암시하는 것이었다.

교착상태를 타개하는 방법에 6자회담이 실패했다고 선언하는 것과 유엔 안보리가 북한에 대한 제재를 부과하는 것이 포함되지 않는다고 할 때, 문제의 핵심은 외교적 해결 방안에 달려 있을 수밖에 없다. 이 점을 강조하기 위해 외교에 초점을 맞추고 유엔제재라는 선택안을 택하는 데 앞서지 말아야 할 필요가 있었다. 유엔주재 중국대사인 왕 광야(Wang Guangya)는 유엔 안보리를 통한 그 어떠한 북한 제재 시도는 결국 6자 핵 군축회담을 "파괴"할 것이며 이 문제의 해결을 더 요원하게 만들 것이라고 경고했다.

2005년 4월 12일 『볼티모어 선』(*Baltimore Sun*)지에의 기고에서 마이클 오한론(Michael O'Hanlon)과 나는 부시 행정부가 현재 대북 정책에서 네 가지 근본적으로 잘못된 가정을 하고 있다고 썼다.

> 먼저, 2003년 행정부가 만든 6자회담이 기본적으로 우리에게 유리하게 작용한다는 가정이다. 우리 모두에게 영향을 주는 북한 핵문제를 다루기 위해 중국, 일본, 러시아, 남북한, 그리고 미국을 포괄하는 협상회담에 대해 많은 논의가 있었다. 그러나 그런 대화틀이 공산국가인 북한을 고립시킬 것이라고 하는 최초의 논리가 작동하지 않았다. 한반도 비핵화에 대한 공감대는 있지만 어떻게 이것을 달성할 것인가에 대한 합의가 부재한 상태다.
>
> 일본을 제외하고, 다른 국가들은 부시 행정부가 북한에 대해 충분한 인센티브를 제공하고 있지 않다고 믿고 있다. 그들 역시 부시 행정부의 선제공격

독트린을 감안하여 북한의 전략적 입장에 대한 최소한의 동정심을 갖고 있다. 미국이 북한 핵무기에 대한 이해가 없는 한, 그들은 "악의 축"에 포함된 국가들이, 특히 미국의 이라크 침공 이후, 핵무기 보유의 이점에 집착하는 이유를 이해한다.

두 번째, 회담 참가국들이 북한 핵프로그램에 대한 우리의 정보를 신뢰할 것이란 가정이다. 그러나 이라크의 경험은 이를 모호하게 만들었다. 미국이 과거 북한이 리비아로 우라늄을 선적한 역할이 과장되었다는 최근 중국과 한국 관리의 브리핑 역시 마찬가지다. 불행하게도, 북한의 반발이 우리의 의도한 대로 나타나고 있다고 했을 때 우리의 신뢰성은 의심을 받고 있었다.

세 번째, 북한이 진지하게 협상에 임하도록 중국이 계속해서 새로운 당근과 채찍 전략을 구사해줄 것이란 가정이다. 원칙적으로는 중국이 회담에서 더 큰 역할을 담당하는 데 문제가 될 것은 없었다. 그리고 이론적으로, 중국은 북한에 대한 원조와 무역을 축소하는 위협을 할 수도 있다. 그러나 이런 방식들은 결국 중국이, 미국은 자국의 이웃 우방인 북한의 불안정을 막아줄 수 있게 북한과의 협상과정에서 충분히 신뢰감을 주고 있지 못하다고 생각하게 만들기 때문에 받아들여질 수 없는 것들이었다.

이와 대조적으로 미국은 북한에 대해 무역제재조치 해제, 세계은행과 국제금융기구(IMF)의 대출승인, 안보조약 체결, 그리고 외교관계 수립 등과 같은 훨씬 더 많은 지원을 해줄 수 있다. 그런 지원을 무조건적으로 해줘서는 안 되지만 미국의 이 같은 지원책들이 북한의 핵문제 포기, 다른 안보문제와 국내개혁 등에 대한 보상으로 분명하게 제공된다는 표시가 없는 한 북한은 전혀 움직이지 않을 것이다.

마지막으로, 부시 행정부는 "사담 후세인 제거"가 북한을 위협해서, 결국 북한이 미국에 대해 보다 우호적인 태도를 취할 것으로 가정하고 있다. 그러나 북한 지도자는 미군이 얼마나 긴장하고 있는지 또 한국이 현재 조건하에서 한반도 내 미군의 사용을 얼마나 심하게 반대할 것인지에 대해 잘 알고 있다.

부시 행정부는 새로운 대북전략이 필요하다. 최근 이란에 대해 효과적으로 사용했던 전략과 마찬가지로 북한에 대해 융통성 있는 접근이 필요하다. 미국은 만약 북한이 핵무기 개발을 포기하고 25년 전 베트남이 취했던 것과 비슷한 개혁정책을 취할 경우, 구체적이고 상당한 이익을 제공해야 한다. 그리고 나서도 회담이 실패한다면, 미국은 비난받지 않을 것이고, 북한의 터무니 없는 행동에 대해 스스로 더 많은 대가를 지불하도록 하는 데 있어 핵심 국가들의 지지를 얻을 수 있을 것이다.

현재의 교착상태를 해결하기 위한 전략 수립에서 중요한 것은 6자회담에 참가하고 있는 국가들의 국내정치적 제약에 대해 이해하는 것이다. 이 논문의 목적상, 중요한 행위자들은 미국과 북한 그리고 "다른 모든 국가들"이 해당된다. "다른 모든 국가들"의 범주에서 중국은 후진타오 주석의 성공적 방문을 위한 외교적 준비과정에서 자연스럽게 나올 수 있는 것 이상으로 북한에 대해 회담으로 복귀하도록 유도할 수 있는 거의 유일한 국가이다. 중국외교관들은 후진타오 주석의 평양방문 전, 방북의 여건이 조성되었음을 북한의 파트너들에게 잘 설명할 것이다. 물론 이런 적절한 환경은 곧 김정일의 6자회담 복귀를 의미하는 것이라고 할 수 있다. 만약 이것이 실패한다면 이것은 북한과 중국 모두를 당황스럽게 하는 것으로 두 국가 모두 피하고자 하는 선택이 될 것이다. 그러나 정상외교 채널을 이용하는 것이 곧 전략을 의미하는 것은 아니다.

북한과 관련해서 알려지지 않은 중요한 사항은 북한이 자신의 핵무기 개발 프로그램을 포기할 의도가 있는가 하는 점이다. 많은 사람들이 북한이 2003년 7월 시작한 경제개혁조치가 국제협력과 지원을 필요로 하는 것이고 이것이 없이는 체제의 생존 자체가 위협받을 수 있기 때문에 현재 핵위기는 협상을 통해 잘 해결될 것이라고 믿고 있다.

또 다른 사람들은 북한이 제네바 핵합의에 서명한 후에 그 조건에 불만족해서 고농축우라늄을 이용한 핵개발을 추진한 것에서 알 수 있는 것처럼, 북한이 결코 완전히 핵개발 계획을 포기하지 않을 것이라고 믿고 있다. 그러나 불행하게도 6자회담의 휴회기간과 북한의 대화 철회 및 복귀 조건들에 대한 이유 등이 단지 북한이 영구 핵무기 보유국가가 되기 위한 구실을 만들어 내기 위한 것이었다는 믿음을 부추기고 있다.

미국 행정부 내에서 북한 핵문제를 단기간에 해결해야 한다는 강경파 목소리가 있다는 견해에 대한 언론의 보도 역시 부정적 역할을 한다. 이들 입장은 미국의 지원없이도 북한이 자연스럽게 붕괴할 것이란 점에 기초해 있다. 결국 이들은 미국이 북한의 핵개발계획 포기를 위한 협상 결과 경제적으로 또 정치적으로 엄청난 지원을 해주게 되어 오히려 북한 정권의 수명을 연장시켜줄 것이란 우려를 하고 있는 것이다. 그러나 만약 북한이 영구 핵무기 보유국이 되겠다는 전략적 결단을 포기하게 만들기 위해 부시 행정부가 협상타결을 위한 여러 지원들(정치적·경제적)을 하지 않기로 전략적 결정을 내린다면, 핵문제에 대한 성공적 결과(비핵화된 안정된 한반도 구축)에 대한 전망은 매우 어려울 것이다.

부시 행정부는 지금까지 미국이 상당한 융통성을 발휘해 왔으며, 2004년 6월 마지막 6자회담에서의 제안에 대해 북한의 반응이 없는 것에 대해 논쟁에 빠져 있기 때문에, 더 이상의 추가적인 융통성은 불가능하다고 주장한다. 이것은 정상적으로 교착상태를 극복하기 위해 사용가능한 수단을 제한하고 6자회담 참여국과 미 행정부에게 실망을 가져왔다. 공개성명과 대안적 전략은 두 가지 목적을 가진다. 그것은 미국의 인내력이 한계에 봉착했고, 실제적 진전이 이뤄지지 않고 있으며 결국 미국이 북한문제를 유엔 안보리에 회부하는 것에 대해—이에 대해 북한은 그러한 조치들이 결국 전쟁선포와 같은 것이라고 계속적으로 위협하는 것에 상관없이—진지하게 고려하고 있음을 전달하는 하나의 수단이 된다.

2005년 4월 28일 기자회견에서 부시 대통령은 김정일에 대한 공격기회 모색을 포기하는 것처럼 보였다. 비록 기자회견에서 새로운 원칙을 깨지는 않았지만, 이것은 당시 새롭게 임명된 회담대표인 차관보가 6자회담 당사국들의 지지를 받기 위해 아시아를 처음으로 공식 방문 중에 나온 것으로 그의 입지를 약화시키는 것이었다. 대통령의 발언이 외국에 대한 외교적 신호로서 나온 것이 아니라 국내 미국 청중에게 전달된 것이란 점에서 큰 의미가 있기 때문에 대통령의 발언을 검토해볼 필요가 있다.

부시:. 괜찮다면 북한문제에 대해서 얘기해볼까요? 그게 여러분의 질문이겠죠?

질문: 네, 하세요
(웃음)

부시: 전 여러분이 그 질문을 하지 않아서 놀랐습니다. 보세요, 김정일은 아

주 위험한 인물입니다. 그는 자신의 국민들을 굶주리게 하고 있고 거대한 정치범 수용소를 유지하고 있습니다. 그리고 데이비드(David)가 올바로 지적한 것처럼, 북한의 핵무기 능력에 대한 우려가 있습니다. 우리는 북한이 핵무기를 사용할 수 있을지 없을지 잘 모릅니다. 그러나 저는 김정일과 같은 폭군을 대화상대로 하려면 북한이 그럴 수 있다고 가정하는 것이 최상의 방책이라고 생각합니다. 바로 이런 이유에서 저는 이 문제를 다루는 최상의 방법이 외교적으로 다른 국가들을 포함시켜 그들이 더 다양한 지렛대 역할을 할 수 있도록 하는 방안이라고 생각합니다.

그것이 이제껏 우리가 북한을 다루어온 방식입니다. 그리고 모든 사람들은 김정일이 북한 주민들을 공포로 몰아넣을 때 우리 미국이 가서 그것을 바로 잡아야 한다고 말하고 있습니다. 그러나 저는 그런 방식이 통하지 않을 것이라 생각합니다. 바꿔 말하면, 북미 간 양자대화는 성공하지 못한다는 것입니다. 그는 어떤 조치를 취하겠지만 먼저 그것을 하지는 않겠다고 말합니다.

저는 그래서 김정일을 다룰 컨소시엄에 인접 국가들을 포함시키는 것이 더 나은 접근이라고 생각합니다. 특히 중국이 포함되도록 하는 것이 중요합니다. 중국은 북한에 대해 많은 영향력을 행사하고 있는 국가입니다. 우리는 장쩌민 주석과 함께 크로포드에서 회동하면서 한반도 비핵화를 위해 서로 노력할 것이란 공동성명을 발표했었습니다. 때문에 얼마전 김정일이 자신의 핵의도와 핵무기에 대해 발표했을 때, 그것이 그동안의 중국의 대북정책에 모순을 가져오는 것이었기 때문에 분명 중국의 관심을 끌었습니다.

북한 역시 나름대로 국내의 주민들에 대한 조치들을 취했다. 그러나 북한의 국내 주민들이란 개념이 우리가 일반적으로 의미하는 주민의 개념과는 다르다. 김정일에게 있어, 주민은 군대이며 정부 엘리트를 의미하는 것이다. 우리가 알고 있는 것처럼 북한은 대내적 메시지와 대외적 메시지를 전달하는 기제가 각기 따로 존재한다. 대외 창구를 통해 외국에 알려지는 메시지의 경우 반드시 북한 국민들이 알 수 있도록 번역되어 전달되는 것은 아니다. 북한의 최고인민회의 상임위원장인 김영남은 정부관리들에게 북한을 고립시키고 억합하는 미국에 대항할 수 있도록 북한이 핵 억지력을 강화해야 한다고 말한 바 있다. 또 국방위원회 위원이면서 북한군 총참모장이기도 한 북한군 차수 김영춘은 "북한 군대와 인민이 미국의 고립 압살정책에 수동적 방관자가 되어서는 안 되며 군사적 침략에 대응하기 위한 자위책으로 핵 억지력을 꾸준히 강화해야 한다"고 말했다.

만약 미국과 북한 모두가 자국민에 대한 수사, 행동 등을 통해 다음 6자회담 개최가 어렵게 될 경우, 통제불능의 상태로 또 최악의 상황으로 치닫기 일보 직전인 현재의 교착상태를 풀기 위해 가장 실행가능한 전략은 무엇인가? 지금의 교착상태를 극복하는 가장 확실한 방법은 후진타오 주석의 북한 방문과 같은 자연스러운 외교적 교류를 통해 해결하는 것이다. 그것은 곧 북한이 4차 6자회담에 참여하는 것으로 해석될 수 있다. 그러나 단순히 회담에서의 만남 그 자체가 곧 교착상태의 해결을 의미하는 것은 아니다.

부시 행정부에 의해 채택되지도, 북한에 의해 지지받지도 않겠지만, 다음과 같은 해법을 생각해 볼 수 있다. 먼저, 북한이 후진타오 주석의 평양 방문에 대한 존중과 감사의 표시로 차기 6자회담으로의 복귀 날짜를 정하는 것이다.

두 번째, 미 국무성 동아시아 담당 차관보이자 협상대표인 크리스토퍼 힐이 후진타오 주석의 방북을 통해 자신이 일단의 미국 대표단을 이끌고 다음 6자회담 개최 이전에 평양을 방문하여 북한의 우려에 대해 듣겠다는 메시지를 전달하는 것이다. 이 방법을 통해 힐은 실제적인 회담을 더 잘 준비할 수 있을 뿐만 아니라 자신의 협상 파트너인 김계관 북한 외무성 부상을, 위협과 압력이 없는 상태에서 만날수 있을 것이다.

세 번째, 북한은 힐이 방북하면 그 기간 동안 미국의 안보 우려(고농축 우라늄문제 포함)에 대한 모든 문제들을 비공식적으로 논의할 의지가 있는지에 대해 후진타오 주석 방문단을 통하든지 아니면 직접적으로 유엔주재 대사(뉴욕채널)를 통하든지 해서, 힐의 예비교섭에 대한 반응을 보여야 한다.

네 번째, 미 대표단은, 그들이 평양에 머무르는 동안, 뚜렷한 대응요구 없이 협상이 중단되었던 지난 1년 동안의 기간을 회복하기 위해, 2004년 6월 제안의 필요성에 대해 보다 상세하고, 보다 융통성있게 여러 차례에 걸쳐 주장해야 한다.

다섯 째, 베이징에서의 4차 6자회담 본회의 기간 동안 미국은, 평양이 제시했던 2004년 6월 제안을 반복적으로 다루고 논의에 필요한 진전을 이루어야 한다. 미국의 제안에 대해 북한이 공식적인 반응을 하기에 앞서, 미국과 북한 대표단은 북한의 반응이 사전 점검되어지고 본회의에서 북한의 반응을 사전 점검할 수 있고, 모든 혼란스러움을 명쾌하게 확인할 수 있는 본회의 이전의 예비적 확대회담에서 먼저 양자접촉을 해야 한다.

확대회담에서 북미 간 양자접촉이 가능한 6자회담의 틀을 이용하면 미국은 중국과 한국, 일본, 러시아 역할의 중요성을 유지하면서도 북한이 편안하게 수용할 수 있는 환경을 제공하고 또 미국 역시 자신이 요구한 다자적 틀을 회복할 수 있는 기초를 마련할 수 있을 것이다.

동북아시아, 그리고 일본과 북한

아카시 야스시(AKASHI Yasushi)
|전 유엔 사무차장

오늘 제3회 제주 평화 포럼에 참석하여 “동북아시아, 그리고 일본과 북한”이라는 주제로 발표하게 된 것을 매우 기쁘고 영광스럽게 생각합니다. 동북아시아 주변국가와 인접해 있는 이 아름다운 섬 제주에서, 관련 주제에 대해 탁월한 전문지식을 가지신 분들과 함께 자리할 수 있기 때문입니다. 특히 동북아시아의 협력문제뿐만 아니라 북한관련 문제에 대하여 평화적이면서, 즉각적이고, 상호 수용할 수 있는 해결책을 호소하는 전세계적 관심사안인 이번 포럼의 논의 주제가 매우 시의적절한 것이라고 생각합니다. 관련 당사국 모두가 만족할 수 있는 해결책이 부재할 경우, 우리는 현재의 지역안정, 경제적 풍요, 그리고 온갖 형태의 다양한 국가 간 교류에 말할 수 없는 부정적 결과를 가져올 끔찍한 군사적 분쟁에 직면해야만 할 것입니다.

무엇보다도 먼저, 저는 남북한, 미국, 일본, 중국, 그리고 러시아가 참여하고 있는 6자회담의 틀이, 관련 당사국들 모두의 노력—특히 중국의 노력 — 에도 불구하고, 한반도의 안정과 비핵화로의 평화적 이전을 가져올 것이란 기대만큼 그다지 효과적으로 기능하지 못해 왔다는 사실에 약간 실망했음을 고백하지 않을 수 없습니다. 북한이 미국, 한국, 일본 등과의 군사적 대결구도를 종식하고 개혁과 개방경제체제로 전환하며 다른 다섯 개 국가와 안정되고 상호 유익한 관계를 구축할 수 있도록 할 수 있는, 포괄적이고도 점진적이며 투명한 절차에 합의하기 위해, 관련 6개국이 지속적으로 함께 노력할 것을 강력하게 희망합니다.

이런 점에서 현재 뉴욕에서의 북-미 간 접촉은 교착상태에 빠진 북-미 간의 양자협상에 대한 희망을 주었으며, 이는 기본적으로 6자회담의 틀과 모순되지 않습니다. 일본만이 핵무장한 북한을 용인할 수 없는 것이 아닙니다. 우리는 미국, 한국, 중국, 그리고 러시아가 모두 이 문제에 관해 같은 시각을 갖고 있다고 믿습니다. 사실 평화적 해결을 위한 우리의 제안은 상당한 시간적 제한을 받고 있습니다. 향후 북한의 상황은 어떻게 전개될까요? 물론 북한이 리비아처럼 자발적 핵포기를 수용하든가, 아니면 미국이 북한의 요구를 전적으로 수용한다면 평화체제가 도래할 수 있을 것입니다. 그러나 이 두 가지 시나리오 모두 현 상황에서 실현 가능하지 않다는 데 문제가 있습니다.

그렇다면 미국과 북한 간 전쟁은 피할 수 없는 것일까요? 우리는 한국뿐만 아니라 중국도 그런 극단적 시나리오가 가져올 엄청난 결과 때문에 강력히 반대한다는 것을 알고 있습니다. 일본 역시 심각한 불안감을 갖고 있습니다. 따라서, 우리가 생각할 수 있는 가능한 전망은, 전쟁도 진정한 평화도 아닌 다음과 같은 상황이 될 수 있을 것입니다: 1)명쾌한 해결 없이 간헐적인 회담만을 갖는 외교적 교착상태의 지속, 2)미국과 다른 국가들이 핵물질과 핵관련 기술이 북한으로 이전되는 것에 대한 금지를 강화하는 것, 3)중국과 한국이 북한에 대해 제한된 무역과 인도적 지원을 계속하면서, 북한이 외부 세계에 대해 좀 더 개방되고 역동적인 관계를 갖도록 부추기는 것입니다.

교착상태가 지속되고 협상의 진전이 없을 경우, 미국과 그 동맹국은 유엔 헌장 제7조에 명시된 대로 경제제재를 포함한 다른 제재조치를 통해 북한을 좀 더 강하게 압박하기 위한 방법으로 북한문제를 유엔 안보리에 이관할 수도 있습니다. 그러나 이는 거부권을 가진 중국과 러시아, 그리고 한국의 거부감을 살 수 있습니다. 그럴 경우, 동북아에서의 불확실성이 만연하게 될 것이며 따라서, 모두가 우려하는 비관적 전망이 심화될 수 있습니다. 결과적으로 북한은 더 많은 핵무기와 운반수단을 확보하게 될 것이고, 미국은 북한에 대해 갖고 있는 최악의 의혹을 확신하게 될 것입니다.

일본의 고이즈미 총리은 현재의 대결 구도를 지속하는 것보다, 핵을 포기할 경우 북한이 더 많은 이익이 될 것이란 점을 설득해 왔지만 소용이 없었습니다. 일본은 식민지 역사에 대한 성실한 사과와 한일 간 외교정상화 당시 합의된 사항과 비슷한 정도의 풍족한 경제지원 등에 토대를 두고 있는 1995년 무라야마 성명에 기반을 두고, 북한과의 외교정상화를 위해 노력했지만, 일본인 납치라는 극도로 감정적인 문제에 봉착해 심각한 타격을 받았습니다. 이 문제는 양국간 관계에 짙은 먹구름을 드리워 고이즈미 총리과 김정일 위원장이 회담에 대해 가졌던 기대를 저버렸습니다. 일본은 현재 북한과의 관계정상화가 원만하게 진행될 수 없다는 점으로 인해 깊은 실망감을 느끼고 있으며, 또 김정일 위원장의 의도에 대해서도 의심을 가지지 않을 수 없게 되었습니다. 북한이 협상기간을 더 많은 핵무기 축적을 위한 시간으로 사용하고 있기 때문에, 이것이 한반도 비핵화를 더 어렵게 하고, 또 이것이 비핵화 3원칙을 성실히 지키려고 하는 일본을 딜레마에 빠지게 하기 때문입니다. 결국 교착상태가 연장되는 것은 일본의 안보에 대단히 위험한 것으로 인식되고 있습니다.

많은 일본인들은 6자회담이 재개되어 한반도 비핵화의 일부로서 북한의 비핵화에 대해 유익하고 구체적인 결과가 나오기를 원하고 있습니다. 일본은 6자회담이 동북아 지역에서 다자협력을 위한 제도적 장치의 핵심이자 장차 항구적이고 필수적인 제도로 발전되기를 원합니다. 이런 하부지역(sub-region) 기제는 공존할 수 있을 뿐만 아니라, 궁극적으로는 장차 어떠한 구성체가 될지는 분명하게 예측할 수는 없지만 보다 포괄적인 구성원을 가진 동아시아 공동체의 출현을 촉진할 것입니다. 많은 일본인들에게 동북아의 이웃인 남한, 북한, 중국, 그리고 러시아와의 관계를 강화하는 것은 안보리를 포함한 유엔의 적극적이고 건설적인 일원이 될 뿐만 아니라 현존하는 미국과의 동맹관계를 유지하는 것과 완벽하게 일치합니다. 분명히 일본의 평화와 안보정책은 일본을 안보를 보장하는 다음과 같은 다층적 토대에 기초해야 합니다. 1)미국과의 긴밀한 동맹, 2)유엔과 NPT를 통한 다자주의 추구, 3)그리고 동시에 동북아 국가들을 포함한 아시아 국가들과의 역동적이고 신뢰성 있는 관계를 위한 노력이 그것입니다. 이런 점에서 저는 일본, 한국, 그리고 중국이 유엔 안전보장이사회 개혁에 대한 상이한 입장을 가진 것에 대해 유감스럽게 생각하면서, 가능하다면 이들 국가들이 합의점 도출을 위해 함께 노력할 것을 희망하는 바입니다.

지금부터 저는 일본이 1945년 제2차 세계대전에서 패한 이후 일본의 광범위한 변화를 주변국들이 제대로 인정하지 않는 것 같아 이에 대해 몇 가지 언급을 하고자 합니다. 전쟁에서 완전히 패했고 또 미국의 점령으로 인한 긍정적인 영향으로 인해 전후 일본은 국민의 생활면에서 광범위한 민주주의 발전을 경험해오고 있습니다. 민주주의는 전쟁 이전에도 의회민주주의의 경험으로 촉진된 바 있었지만 1930년대 극단적 민족주의와 군국주의에 의해 짓밟혀진 바 있습니다. 그러나 전후 일본은 평화주의와 반군사주의를 새로운 신념으로 삼게 되었습니다. 민주주의와 평화주의가 최근 어느 정도 수정되는 동안, 민주주의에 대한 확신과 평화주의적 감정이 오늘날 일본에 깊이 뿌리박게 되었으며 따라서 설령 평화헌법 9조가 전쟁 잠재력 보유 및 교전 금지에 대한 언급을 삭제하는 방식으로 개정된다 하더라도, 일본인들 속에 내재된 이런 동인들이 변질될 것이라고 생각하지 않습니다. 평화헌법 9조 2항은 너무 이상주의적이고 심지어 유토피아적이기까지 하다는 것에 많은 이가 공감하고 있습니다. 많은 일본인들은 기본적인 평화주의적 속성을 가진 현재의 헌법을 굳이 바꾸고,

일본이 국제사회의 명예로운 일원이 되려는 소망의 필요성을 느끼지 못하고 있습니다.

1945년 이후, 일본 국민들의 힘은 전쟁으로 철저히 파괴된 국토를 재건하는 데 집중되었으며, 대체적으로 이와 같은 목표들은 성공적으로 달성되었습니다.

일본의 전후 평화주의는 군사우위, 외부 팽창에 대한 단호한 부정, 자위원칙 그리고 비핵화 3원칙 — 핵무기 보유, 생산, 반입 금지 — 의 굳건한 믿음을 의미해 왔습니다. 이러한 평화주의적 감정은 1945년 8월 히로시마와 나가사키에서의 비극에 근간하는 것이며, 일본은 국가안보를 유지하기 위한 새로운 방법으로서 유엔에 의존하게 되었습니다. 또, 미일안보조약은 유엔이 일본 지역에서 국제 평화와 안보를 유지할 수 있게 될 때까지 효력을 갖는다는 점이 중요하다고 할 수 있습니다(10조). 물론 그 시점은 멀지 않은 장래 — 분명히 우리 시대에는 아닌 — 에 올 것 같지는 않습니다. 한국인들과는 달리, 일본인들은 냉전으로부터 보호되어 왔고 그래서 군사적 안보에 대한 필요성에 대해 관심을 가지지 않아 왔으며 안보를 미국 정부의 수중에 의탁할 수 있었습니다. 일반적으로 국민들은 수동적이었고 경제문제가 아닌 다른 외교정책에서 두려움을 갖기까지 했습니다. 이는 기존의 출판된 여러 서적에도 나타나고 있습니다.

1990년대 중반 심각한 경제 불황으로 일본인들은 일본 내부를 들여다볼 수 있게 되었고 1990년대 중국의 놀라운 부상과 관련하여, 급속히 증가된 국방비 — 그 상당부분은 여전히 감춰져 있는 — 를 가진 비민주적 세력을 부상에 대해 시기와 불안이 섞인 경외심을 갖고 보게 되었습니다. 또한 유엔에 대해서는 일본이 유엔에 대해 평화유지예산뿐만 아니라 전체 일반 예산의 19.5% — 이는 영국, 프랑스, 중국, 그리고 러시아의 기여를 합친 것보다 많은 액수 — 라는 엄청난 재정적 기여를 하면서도 안보리의 정책결정에서는 목소리를 낼 수 없다는 사실에 대해 실망감을 가지고 있습니다.

많은 일본인들은, 일본이 아시아의 불확실성, 특히 북한 또는 양안 위기에 대응하기 위해 미국과의 동맹관계를 강화시켜야 한다고 생각합니다. 동시에 일부 일본인들은, 미국을 약간만 힘을 투사해도 무고한 시민과 약소국들에게 강력한 영향력을 발휘할 수 있는 초강대국으로 인식하기도 합니다. 비극적인 9·11사건 이후, 미국사람에 대한 동정과 위로, 그리고 테러리즘의 위협과 싸우려는 미국의 짐을 함께 나누려는 희망이 쏟아졌었습니다. 그러나 미국 행정부내 일방주의와 탈냉전 이후 불안정에 대처하기 위한 군사적 조치를 선호하는 신보수주의자들의 성향은 다소 극단적으로 단순해서 복잡한 분쟁상황의 원인을 찾는 데 있어 반드시 적절한 것으로만 보여지지 않습니다. 지난 달 어떤 결론을 도출하기 위해 소집된 NPT 검토 회의가 실패한 것은 부분적으로 유엔을 통한 다자적 제도 구축보다 "의지의 연합"을 선호하는 워싱턴 정가의 강경파들에게 그 원인이 있다고 하겠습니다.

일본은 한국뿐만 아니라 떠오르는 강국 중국과의 공존 및 협력을 위해 노력하는 것 외에는 다른 대안이 없다고 생각합니다. 우방인 한국은 깊이 만족하고 있는 것처럼 느껴집니다. 부상하고 있는 중국이 대결적인 중국보다 낫다고 생각됩니다. 동시에, 일본은 최근 반둥회의 50주년 기념식에서 고이즈미 총리의 사과를 포함한 여러 번 사과를 했음에도 불구하고, 주변국들이 습관적으로 일본의 전쟁책임론을 들먹이는 것에 대해 염증을 느끼는 경향이 있습니다. 저는 한국과 중국인들이 현재 일본의 역사교육에 대해 심히 우려하고 있다는 사실을 잘 알고 있습니다. 저는 보다 분명하고 상호 신뢰할 수 있는 우리의 공유된 미래를 위해 이 문제에 있어 일본이 더 많은 노력을 해야 한다는 데 전적으로 동감하는 바입니다. 제 견해로는, 일본은 근대역사에 대한 학교교육에서 더 신중을 기해야 합니다. 젊은 세대들이 우리 선조들에 의해 자행된 잘못된 행동에 대해 보다 더 잘 알아야 할 필요가 있습니다. 그러나 역사교육과 특정 교과서 채택은 민족의 문화와 민주주의 구조를 이루는 핵심적인 것으로 대단히 민감한 사안입니다. 따라서, 제 생각에는 덕망있는 일본 지방교육위원회가, 각 지방에서 사용할 교과서 채택에 대해 논의하고 결정토록 하는 것이 최상의 방안이라고 생각됩니다. 일본에는 범국가적인 교과서가 존재하지 않기 때문입니다.

몇 년 전 일본 천황이 일한 간의 기본적인 유사성을 강조하면서, 황족 혈통에 한국인의 피가 섞여 있음을 언급한 것은 주목할 만한 것입니다. 자유무역협정(FTA)을 체결하기 위해 진행되는 현재 협상과 함께, 우리의 과거사에 대한 견고하며 상호 공유된 이해의 토대를 구축하려는 노력을 함으로써, 역동적인 미래를 준비해야 합니다.

2002년 한국과 일본이 월드컵 경기를 공동개최한 이후, 한국에 대한 일본인들의 태도에 큰 변화가 있어 왔습니다. 많은 일본 여성들이 최근 흥행하고 있는 한국 영화의 인기때문에 일본 남자들보다 한국 남자들이 오히려 더 낫다고 생각하고 있습니다. 제 자신을 포함해서 일본 남자들은 이런 현상에 대해 별로 유쾌하지 않습니다.

큰 틀에서 동아시아를 보면, 우리는 아세안+3(ASEAN+3)와 아세안지역 포럼(ASEAN Regional Forum)의 예에서 보는 것처럼 긍정적인 지역협력 발전을 목도하고 있습니다. 오는 12월에 우리의 지도자들이 말레이시아에서 동아시아 공동체(East Asian Community)를 구축하는 것을 논의하기 위해 모일 것이며, 이는 더디고 아주 조심스러운 접근에서 대담하고 급진적인 것으로 전환된 것입니다. 지역 협력은 유엔 헌장 — 유엔헌장 8조, 유엔 자체의 일반적인 노력을 보완하는 것으로서 — 에 의해 이해되고 수용된 활동임을 기억해야 합니다.

이런 시대적 조류는 전체적으로 우리 지역을 위해 필요한 반면, 동북아시아에 여전히 한반도의 분단, 중국본토로부터 해협을 사이에 두고 분리된 대만의 존재 등과 같은 냉전의 부정적인 유산이 여전히 남겨져 있다는 사실은 대단히 큰 불안요소입니다. 이 지역에서 지속적으로 현대화되고 증강되고 있는 대규모 병력 및 군비 집중은 국제 평화와 안보를 붕괴시킬 수 있으며 또 우리의 역동적 경제를 순식간에 마비시킬 수 있습니다. 우리는 군사적 충돌, 오판이나 단순한 사건에 의한 확전을 막기 위해 가능한 모든 대책을 강구해야만 합니다.

긍정적인 안보 대화를 통해, 각국가의 지역 경제는 모두가 공유하는 이익의 토대 위에 교역을 보다 증대시킬 수 있을 것입니다. 다른 포괄적인 동반자 협정뿐만 아니라 역내에서 점점 더 많은 국가들 간에 진행되고 있는 자유무역협정(FTA)은 모두에게 번영을 가져다 줄 것이고 과거에 우리가 꿈꾸지 못했던 정도의 번영을 가능하게 해줄 것입니다.

일본은 내재된 제약, 국민의 보수적 경향, 그리고 리더십의 결여 때문에 이런 흥분되는 새로운 도전에 대해 대응하고 조정하는 것에 대해 망설여 왔습니다. 그러나 일본은 마침내 동아시아 국가들이 개방화, 세계화된 경쟁적 경제체제—변화가 하나의 존재 방식이 된—를 선택하는 것 외에 다른 선택이 없다는 사실을 깨닫게 되었습니다. 자유로운 경제적 상호교류는 궁극적으로 안보의 개념 자체를 바꾸어 기존의 각기 별개의 민족 국가의 존재라는 전통적 세력균형의 토대로부터, 진보된 국가이익과 공유된 인간안보를 위한 협력안보의 개념으로 변화시킬 것입니다.

결국, 경제적·재정적·문화적 행동 방식의 변화는 우리의 자기 인식과 정체성뿐만 아니라 우리 서로를 바라보는 방식까지도 궁극적으로 변화시킬 것입니다. 우리는 민족, 인종, 종교, 그리고 성에 관계없이 각각의 그리고 모든 개인의 자기실현을 목표로 해야 합니다. 우리는 우리 삶의 확장된 지역에서 상호의존을 인식하면서, 인간의 존엄성과 각 국가의 독립을 인정하고 수용해야 합니다. 기존의 틀이 우리에게 대단히 편리한 것이 사실입니다만, 우리는 우리의 이웃 국가들이 단순화되고 볼품없는 풍자만화거리로 전락되지 않도록 삼가야 합니다.

동북아시아는 세계의 다른 어느 곳에서보다 폭발의 위험이 훨씬 큰 곳입니다. 동시에, 이것은 우리 모두의 국가에 전례 없는 성장에 대한 잠재력이 있다는 사실을 의미하기도 합니다. 저는 이런 위험이 극복될 수 있으며, 우리의 공통된 비전과 냉철한 판단, 그리고 모두의 결단을 통하면 그 기회를 발견할 수 있다는 것에 대해 말씀드리는 바입니다. 우리 모두 현명한 선택을 함으로서 우리의 미래가 우리 모두를 위해 보다 나은 안보체제를 갖추고 보다 더 나은 삶이 될 수 있도록 합시다.

중국의 부상과 동북아의 평화와 안보

쳉비친(ZHENG Bijian)
|중국개혁개방포럼 주석

오늘 이곳 아름다운 제주도에서 국제평화포럼에 참석하게 되어서 대단히 기쁘게 생각합니다. 여러분도 아시는 것처럼, 중국의 부상이 아시아와 세계평화에 도움이 될지 해가 될지에 대한 문제가 국제적인 핫 이슈가 되고 있습니다. 이런 점에서, 오늘 저는 "중국의 부상과 동북아의 평화와 안보"라는 주제를 통해 네 가지 점에 대해 여러분과 의견을 나누려고 합니다.

I. 심각한 도전과 전략적 선택

1970년대 말 개혁과 개방정책을 채택한 이후, 중국은 발전방안을 탐색해 왔으며 평화적 부상의 길을 택하였습니다. 즉, 중국은 발전을 위해 평화적인 국제적 환경을 모색할 것이며 중국의 발전을 통해 세계평화 유지에 기여할 수 있는 방안을 추구할 것입니다. 그것은 본질적으로 경제적 세계화와 동떨어지려는 것이 아니라 이에 동참하고, 중국식 사회주의를 구축하는 발전 과정이라고 할 수 있습니다. 중국의 개혁개방정책은 이제 25년이 되었고 금세기 중반까지 45년이 남아있습니다. 중국은 이 시간 동안 기초적인 근대화를 이룰 것이며 초보적인 선진국 수준에 도달할 것입니다. 이것이 바로 우리가 목표로 하는 평화적 부상인 것입니다.

우리는 13억 내지 15억의 인구를 가진 국가가 부상하는 것이 결코 쉬운 과제가 아니라는 것을 잘 알고 있습니다. 이것은 우리가 "발전의 황금기"와 "심각한 모순적 기간" 모두에 직면한 것이고, 21세기 전반부에 있어 특히 사실이라고 할 수 있습니다. 이 모순에 대해 말하자면, 경제 및 사회발전영역에서 세 가지 근본적인 도전들이 있습니다.

첫 번째 도전은 자원, 그중에서도 에너지 문제입니다. 중국은 1인당 자원보유의 기준에서 뒤처져 있습니다. 동시에 빠른 성장과 낮은 기술 수준, 노하우로 인해 높은 자원 소비율을 보이고 있습니다.

특히 총량적 소비량과 단위소비량 모두에 있어 생산에서 차지하는 에너지 소비율이 높습니다. 중국으로 국제 제조업이 대규모로 이동함에 따라 "에너지 소비의 이동" 또한 가져오게 되었습니다. 이것은 결국 자원부족, 특히 에너지 부족사태를 야기했고 중국의 평화적 부상에 커다란 장애물이 되었습니다.

두 번째 도전은 생태계에 대한 도전입니다. 급속한 산업화와 근대화의 결과 나타난 끔찍한 환경오염, 생태계 파괴, 자원소비의 저효율성 그리고 낮은 자원 재활용률 등이 중국의 지속적 성장에 장애가 되고 있습니다. 바로 이것이 중국 지도부가 발전에 대한 과학적 개념을 지지하는 것에 대해 반대하는 배경이 되고 있습니다.

세 번째 도전은 계획된 경제발전과 사회발전에서 나타난 일련의 모순들입니다. 예를 들면, 우리의 국내총생산(GDP)은 빠른 성장률을 유지해야 하며 이에 맞춰 사회적 책임 역시 높아져야 합니다. 기술성장과 산업수준의 향상이 이뤄져야 하고 고용도 증가되어야 합니다. 동부지역에서의 강력한 성장모멘텀이 유지되어야 하며 중부지역과 서부지역에서의 발전 역시 증진되어야 합니다. 도시화가 강화되어야 하며 또한 지방 역시 발전의 혜택을 입어야 합니다. 도시와 지방 간 격차를 줄이기 위한 재분배가 이뤄져야 하며 또한 투자구조가 최적화되어야 합니다. 이를 위해 기술확보를 위한 시장교류가 지속되어야 하지만 우리 스스로의 혁신 역시 중요한 문제입니다. 개혁은 모든 분야에서 심화되어야 할 필요가 있지만 무엇보다 사회적 안정이 유지되어야 합니다. 시장경쟁원리가 지지되어야 하지만 경제적 빈곤층의 생계 역시 관심을 가져야 하는 문제입니다. 균형 잡히지 않은 접근 방식으로는 이러한 모순된 문제들을 해결할 수 없습니다. 대신에, 급속하고 건전한 성장을 이루기 위해 일련의 협조된 대책들이 필요합니다.

21세기 전반부에 있어 우리가 직면한 이 세 가지 큰 도전들은, 제 생각으로는, 중국정부가 해법을 강구할 때 세 가지 전략에 의해 극복될 수 있습니다.

첫 번째 전략은 기존의 산업화의 낡은 방식을 넘어서 새로운 방식으로 산업화를 이루는 것입니다. 산업혁명 이후 세계 15억의 인구가 산업화된 사회로 접어드는 데 무려 250년이 걸렸지만, 우리는 1949년에 새로이 수립된 중국이 똑같은 숫자의 인구로 2050년까지 산업화의 목표를 달성하려면, 단지 100년이 남아 있을 뿐입니다.

중국은 거대한 인구를 가진 국가로서 이제 세계 문명화의 발전에 보조를 맞춰 나가고 있습니다. 그러나 높은 에너지 소비와 공해문제를 야기하는 낡은 산업화 방식 또한 피할 수 없습니다. 따라서 중국은 첨단 기술 투입, 높은 경제효율성, 낮은 에너지 소비, 저공해, 그리고 인적 자원의 이점을 충분히 살릴 수 있는 새로운 방식의 산업화를 추진하기로 결정하였습니다.

두 번째 전략은 과거 강대국이 근대 역사에서 취했던, 그리고 이데올로기에 의해 냉전의 속성이 규정된 것과 같은 전통적 발전 방식을 뛰어넘어 경제적 세계화에 지속적으로 동참하는 것입니다. 중국은 제1차 세계대전 당시 독일과 제2차 세계대전 당시 일본과 같이 무력으로 자원을 약탈하고 세계적 패권을 추구하는 방식을 취하지 않을 것입니다. 또한 중국은 전후 시기의 특징인 지배를 위한 대결과 경쟁의 궤적을 따르지 않을 것입니다. 우리는 낡은 산업화 방식의 필연적 결과인 자원 확보경쟁과 평화거부, 이데올로기 대립에 기초한 발전과 협력의 냉전기 속성을 모두 극복할 수 있습니다. 우리는 과감하게 개혁과 개방정책을 채택해 왔으며 이는 우리가 경제적 세계화에서 이탈하려고 하지 않고 그 과정에 적극 동참하고 있고, 인류문명화를 통해 배우고 있고 이득을 얻고 있으며, 또한 중국식 사회주의 구축과 평화적 부상이라는 우리의 목표를 점차적으로 실현하고 있다는 것을 의미합니다.

세 번째 전략은 구태의연한 사회관리방식을 뛰어넘어 조화로운 사회주의 사회 건설을 지속하는 것입니다. 중국이 직면한 새로운 문제들은 경제적 활력과 무질서, 균형 잡힌 효율성과 불균형과 같은 것들을 모두 포함합니다. 이 같은 모순된 문제들을 해결하기 위해 중국 지도부는 정부의 통제 기제들과 사회 협력 기제를 연결하고 정부의 행정기능을 사회의 자기조절기능으로 보완하며 정부관리능력을 사회조정능력과 결합시키는 사회적 연계망 구축에 초점을 두고 있습니다. 이는 통치와 사회 관리 향상을 목적으로 하고 있는 것입니다. 최근 중국 정부기능은 점차 변하고 있으며 인구이동 촉진, 합리적인 이자율 조정, 안정된 사회 안보 제공, 효과적인 불안감 완화 등에 필요한 기제들을 구축하고 있는 중입니다. 더구나 과학적 통치, 민주적 통치 그리고 법치가 강화되고 있으며 따라서 균형 잡힌 사회가 형성되고 있습니다.

전술한 21세기 전반부 중국의 세 가지 전략은 평화와 조화—외부적 평화와 내적 조화—를 유지하는 것으로 요약될 수 있습니다. 중국의 목표는 13억 내지 15억 중국인이 성실한 노력을 통해 보다 나은 삶을 영위하고 다른 국가들과의 상생하는 협력을 통해 위험과 도전에 대항하여 인류에 기여하는 것입니다. 이것이 바로 우리가 이해하고 있는 중국의 평화적 부상정책이고 또한 중화민족의 커다란 활력을 의미하는 것입니다.

II. 현실과 미래

중국이 이 세 가지 도전을 성공적으로 다루기 위해서, 그리고 평화적 부상의 실현을 위한 세 가지 전략을 효과적으로 실행하기 위해서는 5년, 10년, 또는 심지어 20년 이상이 소요될 것입니다. 바꿔 말하면, 주목할 만한 결과를 만들어내는 것이 금세기 중반 이전까지는 어려울 것입니다. 중국 정부는 21세기 전반부에 실행할 세 단계의 발전 전략, 즉 2010년까지 2000년 GDP의 두 배, 2020년까지는 네 배 수준에 도달하고 1인당 GDP를 3천 달러 수준으로 향상시키며, 10억 이상의 인구가 혜택을 볼 수 있는 높은 수준의 발전적인 사회를 구축하는 전략을 계획해 왔습니다. 그러한 토대 위에서 금세기 중반까지 남은 기간 동안 열심히 일한다면 우리는 기본적인 현대화 실현과 번영하고 민주적이며 문화적으로 앞선 사회주의 국가를 이룰 수 있을 것입니다.

이러한 전략들을 실행함에 있어, 많은 중국 정부 기관과 연구기관들이 어떻게 하면 자립과 자원절약을 통해 직면한 도전들에 대처해 나갈 것인가에 대한 대응방안과, 균형 잡힌 사회를 구축하는 방안에 대해 집중하여 연구하고 있습니다. 이들의 연구는 다양한 분야, 특히 에너지, 환경, 인구, 그리고 인구고령화에 대한 단기, 중기, 장기적 차원의 발전 전략들이 포함되고 있습니다. 에너지를 예로 들면, 지난 20년 동안 중국은 GDP는 네 배 증가한 반면 에너지 소비는 두 배 증가하는 데 그쳤으며 국내 에너지 수급균형은 맞추어졌습니다. 다음 20년 안에 중국의 GDP는 네 배 정도 증가할 것입니다. 경제발전과 에너지 수요 간 균형을 맞추는 방법은 무엇인지, 자원을 어떻게 하면 절약할 수 있는지, 그리고 자원을 효율적으로 사용할 수 있는 경제발전 방안은 무엇인지 하는 이런 문제들이 바로 우리가 절실하게 해결해야 할 과제인 것입니다.

이 같은 목표 수립과 장기적 계획에 대한 연구는 중국이 현재 갖고 있는 장점과 경제적 토대에 기초한 것입니다. 중국의 장점과 토대에 대해 말씀드리면서, 저는 21세기 전반부 경제적·사회적 성장에 여러분의 관심을 유도하고자 합니다.

먼저, 중국의 동부해안을 따라 경제활동이 활발한 도시들이 밀집되어 있지만 중부 및 서부지역에서도 역시 경제발전의 중심적인 도시들이 출현하고 있다는 것입니다. 그러한 도시들은 앞으로 중국의 빠른 경제성장을 위한 추동력이 될 것이고, 제조업과 국제 노동분업과 경쟁에 동참하는 다른 국가들이 국제적 노동 분업과 경쟁에 참여할 수 있도록 하는 제조업과 물류서비스의 중심이 될 것이고, 또한 지방의 풍부한 노동력을 흡수하면서 진보된 생산 기술, 문화, 국제적 경험이 모이는 중심축이 될 것입니다. 국내외적으로 수요의 증가와 중산층의 확산이 바로 이런 도시들에서부터 나올 것입니다.

두 번째, 지방의 방대한 노동력은 가난을 떨쳐낼 것입니다. 그들은 중국 제조업의 여력일 뿐 아니라 산업화로 인한 지방 황폐화를 대체할 수 있는 새로운 활력소입니다. 앞으로 훈련과정을 거쳐 매년 천 만 명 규모가 도시지역으로 이동하여 도시지역 발전을 위한 노동력을 제공하고 새로운 수요를 창출할 것입니다. 동시에 이들은 지방의 모습을 극적으로 변화시킬 것입니다.

세 번째 중국의 개혁·개방정책으로 방대한 노동력, 지식, 기술, 경영, 자본과 발전을 위한 다른 요소들이 자유로워졌습니다. 중국은 사회주의 경제체제를 채택하고 있으며 이는 기본적으로 국가소유와 공동발전에서 다자 소유 방식에 의존하는 형태입니다. 이것은 국가 자본의 활력을 가져오고 지속적으로 발전된 새로운 형태의 집단적이고 협력적 경제를 촉발시키는 역할을 합니다. 뿐만 아니라 이러한 경제체제는 중국 본토의 사적 자본과 홍콩, 마카오, 그리고 대만 등을 포함한 국내외의 매력적인 투자자들을 끌어 모으고 이를 통해 중국 내 기업활동을 촉진하고 생산성과 고용증가를 가져오는 기업-생산 기제를 구축할 수 있도록 해줍니다. 또 다른 장점으로 성장일로에 있는 일군의 높은 수준의 기업과 모든 분야에서의 첨단 기술, 고도로 숙련된 재능 등을 들 수 있습니다.

마지막으로 중국의 번영과 21세기 평화적 부상을 담보하는 중단 없는 추동력인 혁신의 중요성을 언급하려고 합니다. 이론, 기술, 제도, 문화 그리고 다른 모든 영역에서의 혁신이 바로 이것에 포함된다고 하겠습니다.

III. 국제 경험과 중국적 특징

후발 산업국가로서 중국은 평화적으로 부상하려는 시도에서 국내적, 장기적, 그리고 객관적 필요가 무엇인지 연구해야 할 필요가 있고 국제적 경험을 통해 도움을 받아야 합니다.

동시에 중국은 평화적 부상과 13억 내지 15억 인구의 현대화된 생활을 형성하는 과정에서 자원, 환경문제뿐만 아니라 지방의 노동력 이탈과 같은 어려운 문제들을 해결하는 것을 포함해서 대부분의 문제들을 혼자 힘으로 해결해야 합니다. 다시 말해 중국의 현대화는 중국적 특징을 가져야 한다는 것입니다.

먼저, 에너지 문제에 관한 것입니다. 중국인은 중국적 특징을 가진 에너지 효율을 달성하기 위한 방법을 찾아내기 위해 노력해야 합니다. 현재 미국의 연간 일인당 유류소비량은 25배럴인 반면 중국은 단지1.5배럴에 불과합니다. 만약 우리가 우리의 현재 상태를 생각하지 않고 순진하게 “아메리칸 드림”을 추구한다면, 우리의 에너지 수요는 생각할 수 없을 정도로 증가되고 결국 우리자신에게 또 전 인류에게 커다란 짐과 고통이 될 것입니다.

두 번째, 지방의 잉여 노동력 유입문제입니다. 중국은 점차적으로 중국적 특징을 갖는 도시화를 추진할 것입니다. 향후 20년 안에 5억 명에 달하는 지방 노동력 가운데 2억 명 이상의 지방잉여 노동력이 도시로 유입될 것입니다. 우리 중국은 “유러피언 드림”을 추구해서는 안 됩니다. 근대 역사에서 6천만 명 이상의 유럽인들이 전 세계를 누비며, 식민지를 건설하고 세계지도를 바꾸어 왔습니다. 만약 중국이 그들의 전철을 답습한다면 우리 중국은 정말 "황화(Yellow Peril)"가 될 것입니다. 21세기 초입에 살고 있는 우리 중국인들은 이 같은 세계계급의 문제를 단지 우리영토 안에서만 해결할 수 있습니다. 이 해결방법은 바로 도시와 지방 발전의 조화, 엄청난 지방의 잉여 노동력이 자신의 터전을 잃지 않으면서 도시와 지방을 오가며 조화롭게 운용하는 것에 달려 있습니다.

세 번째, 노동력을 훈련시키는 문제입니다. 우리는 엄청난 지방 인구에 고용훈련을 제공하는, 이른바 중국적 특징이라고 할 수 있는 살면서 배우는 그런 사회를 점차적으로 구축할 것입니다. 우리는 지방의 수억 명에 달하는 사람들에게 보다 향상된 직업훈련을 부단히 제공할 것입니다. 특히 젊은이들을 훈련시켜 그들이 도시에서 직장을 구하거나, 또는 그들이 자신의 사업을 할 수 있도록 도울 것입니다. 각기 다른 지역 간 경제발전 협력에 관해, 우리는 각 지역의 발전을 조정하는 중국적 특징을 갖는 발전 지향적 사회 구축을 모색할 것입니다. 다시 말씀드리자면, 동부해안지역의 3개 주요 도시지역의 경제활력을 지속적으로 유지하면서, 우리는 동북지역과 중·서부지역의 경제발전을 위해 노력할 것입니다.

요약해서 말씀드리면, 중국은 후발 산업국가로서 국제사회의 경험을 배울 필요가 있으며, 그러면서도 우리 자신의 상황에 대해서도 직시해야 한다는 것입니다. 우리는 중국적 특징이라고 하는 것을 정의하기 위해 우리시대의 상황을 고려해야 합니다. 우리식을 고수하면서, 우리는 다음과 같은 네 가지 행동을 거부할 것입니다: 먼저, 우리는 다른 국가의 자원을 약탈하기 위한 전쟁과 같은 야만적 행위를 답습해서는 안 됩니다. 두 번째, 우리는 사상과 가치의 수출과 같은 냉전적 속성을 모방하지 않을 것입니다. 세 번째, 우리는 산업화과정에서 재생 불가능한 희소자원의 막대한 소비와 같은 약탈적 행위를 답습하지 않을 것입니다. 마지막으로 우리는 해외 이주민을 수출하고 이를 통해 해외식민지를 건설하는 팽창주의적 행위를 따라하지 않을 것입니다. 우리 중국은 과거 100년간 엄청난 고통을 경험했습니다. 우리는 "다른 사람이 네게 하지 않기를 바라는 것들을 다른 사람에게 하지 말라"라는 중국 속담처럼, 설령 그렇게 하는 것이 우리의 국익이 된다 해도 다른 국가에 해가 되는 행동을 하지 않을 것입니다.

여러분들은 아마도 제 연설을 통해 중국의 평화적 부상을 위한 발전 전략이 단순한 외교정책이 아니라 국내정치와 외교정책이 통합된 산물이란 점을 알 수 있을 것입니다. 그것은 경제성장에 관한 사항이면서 동시에 경제와 사회발전에 관한 것입니다. 그것은 또한 과학과 기술, 그리고 경제 구조의 혁신일 뿐만 아니라 성숙한 시민의식, 시장경제, 민주정치, 과학과 문화의 통합인 것입니다. 보다 구체적으로 중국의 발전 전략은 21세기 전반부 중국 사회에 대한 또 다른 개혁과 엄청난 변화를 가져올 것입니다. 이와 같은 위대한 역사적 과업을 달성하기 위해 중국 지도부는 유지될 것이며 향후 수십 년간 우리 인민들은 대단히 분주해질 것입니다. 우리는 이 과업을 달성하기 위해 우리의 모든 노력을 다 경주할 것입니다. 우리는 다른 나라를 위협할 힘도 없고 또 그렇게 할 의지 또한 갖고 있지 않습니다.

IV. 중국의 부상과 아시아의 기회

중국의 평화적 부상이 가져오는 중요한 결과는 13억 내지 15억에 달하는 엄청난 시장이 출현하는 것이라고 할 수 있습니다. 이는 전반적으로 아시아의 평화적 부상과 연계되어 있습니다. 이는 아시아 국가로서 중국이 다른 아시아 국가들, 특히 이웃한 국가들의 발전과 안정에 점점 긍정적인 역할을 하게 됨을 의미하는 것입니다. 중국의 부상은 동북아와 나머지 지역에 중요한 역사적 기회를 제공할 것입니다.

먼저, 지역안정과 발전의 기회입니다. 평화적 부상을 추구하는 중국은 동아시아와 동북아 지역에서 새로운 형태의 협력방식, 즉 상호 이익, 상호 지원, 상호 보완 같은 협력형태를 가져올 것입니다.

2001년과 2003년 사이 중국은 아세안(ASEAN)국가로부터의 수입이 33.1% 증가했고 일본으로부터는 27.3% 증가했습니다. 한중 양국간 교역은 매년 40~50%씩 증가했습니다. 한국의 중국 투자는 1992년 1억 2천만 달러 규모에서 현재는 62억 달러 규모로 증대되었습니다. 중국은 한국의 가장 중요한 무역 상대국이자 투자시장이 되었습니다. 오늘날 동아시아 경제권 내 핵심적 국가들인 "10+3"의 교역량은 전체 동아시아 국가 총 교역량의 54%에 달하는 것으로 이는 1980년 당시보다 20% 증가한 것입니다. 이 수치는 북미자유무역지역(NAFTA)내 교역량 — 동아시아 교역량의 46%에 해당 — 을 초과하는 것이며 유럽지역 — 동아시아 교역량의 64%에 해당 — 과는 보다 근접한 수치입니다.

두 번째, 지역안정과 안보를 위한 기회입니다. 1997년 이후 비재래식 안보위기에 대해 동아시아 국가 간 다자간 협력 형태를 보여준 것은 다양한 사회체제와 문화를 극복했고, 현재도 극복하고 있으며, 앞으로도 극복할 가능성을 보인 것입니다. 중국의 평화적 부상은 동아시아와 동북아에서 보다 균형된 틀을 형성하는 데 기여할 것입니다. 우리는 이러한 틀이 한반도 핵문제 해결을 위한 6자회담 구축에 또한 기여하고 있다고 말할 수 있을 것입니다. 이 지역에는 여전히 뜨거운 쟁점과 역사적 갈등의 유산이 남아 있긴 하지만, 그럼에도 불구하고 저는 동아시아 정치인들과 국민들이 이러한 문제들을 해결할 수 있는 지혜를 갖고 있다고 믿고 있습니다.

추가적으로, 중국의 평화적 부상은 중국, 한국, 일본과 미국이 상호이익을 촉진할 뿐만 아니라 상호간 교류와 이해를 위한 조건들을 형성한다고 할 수 있습니다. 겨우 10년 전만 해도 한국은 보통의 중국인들 눈에는 신비한 국가로 인식되었었습니다. 그러나 이러한 인식이 지금은 중국과 한국인 사이에 이제껏 없었던 친밀감으로 바뀌어졌습니다. 상당수 한국인들이 베이징의 왕징(Wangjin) 거주지에 거처를 마련하고 있고 그곳에서 "코리아 타운"을 형성하고 있습니다. 한국 영화와 텔레비전 시리즈물들이 중국에서 "한류(Korean vogues)"를 만들어 내고 있습니다. 저는 이와 같은 우호감이 미중 간, 그리고 중일 간에도 점차적으로 나타날 것이라 믿고 있습니다. 이러한 감정적 결속의 공유는 동북아의 평화와 안보를 담보하는 최고의 조건들이 될 것입니다.

물론 중국의 평화적 부상이 이 지역에서 어느 정도의 경쟁을 가져올 것이란 점을 부인하진 않습니다. 그러나 이것은 우호적이고 협력적이며 상호 호혜적인 경쟁이라고 할 수 있으며 결과적으로 모두 윈-윈 할 수 있는 시나리오가 될 것입니다. 이것은 절대로 군비경쟁이나, 세력권 혹은, 패권 확대를 위한 경쟁을 의미하지 않습니다. 그 누구도 전략적으로 이 문제에 관해 오판을 해서는 안 됩니다.

여러분 감사합니다.

푸틴 행정부와 러시아의 동북아 평화안보 전략

니콜라이 스파스키(Nikolay SPASSKIY)
|러시아안보회의 부서기장

의장님과 포럼에 참석하신 귀빈들께

1

아시아-태평양의 향배는 러시아 외교정책에 있어 가장 중요한 요소 중의 하나입니다. 이를 뒷받침하는 많은 이유들이 있습니다. 누구나 세계의 정치와 경제에서 아시아-태평양 지역의 중요성이 점증하고 있다는 것 알고 있습니다. 오늘날 아시아-태평양 지역은 세계에서 가장 역동적으로 발전하고 있는 지역입니다. 이 지역은 협력, 특히 경제적 협력을 위한 엄청난 기회를 가지고 있습니다. 그러나 흔히 발생하는 것처럼, 테러리즘, 조직화된 범죄, 그리고 대량살상무기의 확산위협과 같은 과거의 안보위협과 새로운 안보위협 등이 더욱 악화되고 있습니다. 이러한 도전들은 반드시 적절하게 대응되어져야 하며 다자적 방식으로 해결되어져야 합니다. 그렇지 않으면 문제는 해결되지 않을 것입니다. 러시아는 이러한 공동의 노력에 참여할 준비가 되어 있습니다.

러시아는 세계적이고 유럽에 속할 뿐만 아니라 또한 아시아-태평양 국가이기도 합니다. 러시아 영토의 삼분의 이 이상이 아시아에 위치하고 있습니다. 수세기 동안 우리는 아시아 문제에 적극적으로 참여했습니다. 16세기까지 거슬러 올라가는 시베리아와 극동지역 개발에 관한 러시아의 전략적 정책은 우리의 내적인 사회경제적 발전 논리뿐만 아니라 우리의 아시아-태평양지역 이웃 국가들과 상호 호혜적 교류에 적극적으로 참여하고자 하는 의지의 반영인 것입니다.

러시아의 이런 전략적 노선에 대한 증거는 수없이 많습니다. 20세기 초반의 가장 거대한 경제적 사업은 아마 중국-동방 철도(China-Eastern Railway) 건설과 70년 후 바이칼-아무르 철도(Baikal-Amur Railway) 건설일 것입니다. 또 다른 예는 동북으로의 통로 개척을 위한 강력한 쇄빙 함대(ice-breaking fleet)의 건설입니다. 지도상에 항구적으로 표시된 태평양과 인근 해역에 대한 연구는 러시아 선원들의 덕분이라고 할 수 있습니다. 이러한 것들이 과거 러시아가 아시아-태평양 지역에 참여했던 예라고 할 수 있습니다.

현재에 대해 말하자면, 총 설비투자 220억 달러를 예상하는 사할린 1, 2(Sakhalin-1, 2) 에너지 프로젝트를 들 수 있습니다. 또 다른 거대한 프로젝트는 2007년에 사할린에 최신기술의 액화천연가스(LNG) 플랜트를 건설하는 것인데, 이것은 100억 달러의 비용이 소요될 것이며 연간 9,600만 톤의 액화천연가스를 생산할 것입니다. 환상적인 또 다른 사업으로, 타이셰트(Taishet)와 태평양을 잇는 원유송유관을 건설하는 것입니다. 이 송유관은 총 연장 4,180km에 이르고 연간 8,000만 톤의 원유를 공급할 수 있는 능력을 구비할 것입니다. 이러한 사업계획들은 이것들 외에도 더 계속될 수 있습니다. 따라서 지정학적, 역사적, 사회경제적 우선순위와 러시아인의 심성, 대중의 태도 등을 감안할 때 러시아가 스스로를 아시아-태평양 지역의 일부라고 생각하는 것이 결코 놀라운 일은 아닙니다. 이런 맥락 속에서, 러시아는, 특히 지난 10년간, 지속적으로 현재의 아시아 통합을 위한 연합(association)과 정책 협력을 추진해 왔습니다. 이 점에서 최근 실행된 간략한 정책목록은 다음과 같습니다.

2

우리 러시아가 아세안(ASEAN) 국가들과의 관계 발전을 중요하게 생각하는 것은 놀라운 일이 아닙니다. 이 기구는 일종의 선구자적인 것이고 아태지역 통합과정의 핵이며, 국제정치의 중요한 요소라고 할 수 있습니다.

러시아는 1996년 아세안 대화협력자(dialogue partner)가 되었습니다. 2004년 11월 비엔티엔(Vientiane)에서 아세안 정상회담이 열리는 동안 러시아는 공식적으로 지역내 기본적인 법적 장치 중 하나로 1976년 체결된 동남아시아 우호 협력 조약(Treaty of Amity and Cooperation in the South- East Asia)을 지지했습니다.

러시아 외무장관은 '10+10', '10+1'과 같은 형태의 대화 협력자(dialogue partner)로 매년 아세안 확대 외무장관회의에 참석하고 있습니다. 차관급 수준에서 정치문제에 관련된 고위 관료 정기 모임이 개최되고 러시아-아세안 협력 합동위원회(joint committee)가 작동하고 있습니다. 활발히 작동하고 있는 중요한 대화 기제로, 과학기술과 상업경제 협력을 위한 두 개의 그룹이 개설되어 있습니다.

최근에 러시아-아세안 간 상호교류를 통해 이 지역의 취약점들이 드러났다는 사실은 주목할 만한 것입니다. 러시아는 아세안 지역 포럼(ARF)에서 안보문제에 관한 설립국 가운데 하나이며 또한 적극적 참여자이기도 합니다. 러시아는 1998~2000년 비상사태 예방 및 제거, 그리고 2003~2004년 테러리즘과 초국가적 범죄에 대응하기 위한 ARF 회기간 모임에서 공동 의장국 역할을 수행한 바 있습니다.

테러에 대응하기 위한 협력방안인 러시아-아세안 공동 선언이 지난 2004년 7월 자카르타에서 조인되었습니다.

이를 위해 첫 번째 러시아-아세안 정상회담이 2005년 12월 쿠알라룸푸르에서 개최될 제11차 아세안 정상회담과 연계되어 준비 중에 있습니다.

이번 정상회담은 새로운 도전에 대처하고 구체적인 경제협력계획을 증진시키기 위해 러시아와 아세안 간 실제적인 상호관계를 강화하는 데 초점을 두기로 양측간 이해가 확립되어 있습니다. 우리는 이번 첫 정상회담이 상호 협력을 이끌어내는 데 새로운 출발점이 되기를 희망하고 있습니다. 우리는 이번정상회담이 실질적인 회담이 되도록 열심히 노력하고 있습니다. 우리는 지구적 또 지역적 차원의 중요한 문제들에 대해 우리들의 공통된 접근기반을 반영하기 위해 러시아와 아세안 지도자들의 정치적 성명을 정교히 하는 것이 필요하다고 믿습니다.

러시아와 아세안 간 상호관계를 보다 강화하는 데 있어 이러한 전통적 틀로 우리 스스로를 제한시키지 않는 것이 대단히 중요합니다. 우리는 이미 알려진 것처럼 상하이협력기구(Shanghai Cooperation Organization: SCO)의 강화를 지지하고 있습니다. 우리는 그 기구가 엄청난 잠재력을 갖고 있다고 확신하는 바입니다.

엄밀히 말하자면, 상하이 기구는 지리적으로 아태지역의 영역을 벗어나는 것이 사실입니다. 그러나 이 기구의 엄청난 자원을 감안하면 그 문제는 그리 심각한 것은 아닙니다. 더구나 이 기구의 두 회원국인, 러시아와 중국이 태평양 국가들이라는 사실입니다. 바로 이런 이유에서 우리는 상하이협력기구(SCO)와 아세안(ASEAN) 간 협력을 제도화하는 문제를 지지하고 있는 것입니다.

지난 4월 자카르타에서 상하이협력기구 의장과 아세안 의장 간의 양해각서 조인은 바로 이런 협력의 첫 단계라고 할 것입니다. 2004년 7월 상하이협력기구의 정상회담에서 채택된 선언문은 향후 협력을 위한 보다 흥미로운 아이디어들을 담고 있습니다. 거기에는 아태지역 내 회원국 간 교류 및 접촉 기회를 제공하는, 다자 협의체의 협력자적인 네트워크(partnership network)를 구축하고 이를 발전시켜 결국 그러한 다자협의체들을 컴퓨터 네트워크와 같이 긴밀한 관계로 연결하는 문제에 대해 강조하고 있습니다.

3

잘 아시는 것처럼, 러시아-아세안 관계는 잘 구축되어 있습니다. 우리에게 있어 아세안은 특별하지만 아태지역의 안보를 보장하는 유일한 협력자는 아닙니다. 러시아는 상호성을 갖는 모든 기구들과 관계를 맺고 협력을 위해 노력하고 있습니다.

따라서, 러시아는 지난 4월 아시아협력회의(Asian Cooperation Dialogue: ACD)에 참여하였습니다. 아시아협력대화 장관급 회의에서 채택된 이슬라마바드(Islamabad) 선언과 이슬라마바드 구상 등에서 우리는 아시아협력회의 틀 안에서 경제프로젝트에 적극적으로 참여할 준비가 되어 있다는 것을 보여 주었습니다. 특히 첫 단계로서, 우리는 올 하반기에 개최될 아시아협력회의 에너지 포럼에 참석할 것입니다.

우리는 아시아-유럽 정상회의(Asia-Europe Meetings: ASEM)와 2005년 12월 쿠알라룸푸르에서 첫 정상회담이 개최될 예정인 동아시아공동체(East-Asia Community)에 참여함으로써 러시아의 국가이익이 무엇인지 명백히 표현하였습니다.

4

러시아는 아태지역에서 1998년부터 아시아태평양경제협력회의(Asian-Pacific Economic Cooperation: APEC)에 참여하는 정책을 추진하는 것에 대해 자부심을 갖고 있습니다.

블라디미르 푸틴 러시아 대통령은 2003년 10월 『월스트리트저널』에 발표한 글에서 다음과 같이 표현한 바 있습니다. “우리가 APEC 회원국 지위를 살려 이미 포럼 내에서 작동하고 있는 경제통합기제에 대해 러시아 동부의 잠재력을 개발하려는 것은 지극히 당연한 것입니다. 건전한 실용주의에 기초하여, 우리는 한편으로는 아태지역이 직면한 문제들을 해결하는 데 더욱 적극적으로 참여할 것이며 또 한편으로는 시베리아와 러시아 극동지역 발전이라는 이익을 위해 지역적 다자협력을 활성화시킬 것입니다.”

아시아에서 엄청난 잠재력을 가진 우리 러시아는 — 특히 에너지와 통신분야에서 — 세계화 시대 아태지역이 직면한 주요 문제들을 해결하는 데 있어 건전한 기여를 할 수 있다고 믿습니다. 지금 즉시 해결해야 할 문제 중 하나는, 아태지역에 에너지 자원을 중단됨 없이 공급하는 것입니다. 에너지 자원의 주요공급원인 우리 러시아는 이 문제를 해결하기 위해 다른 국가들과 협의할 준비가 되어 있습니다. 우리는 아태지역, 특히 동아시아에서 새로운 에너지 공급 형태를 제안한 바 있습니다.

그런 새로운 공급형태로의 전환은 아태지역 에너지 수급국가들이 에너지 공급원을 다변화하고 그들의 안보를 보장하는 데 기여할 것입니다. 이 계획의 핵심적인 아이디어는 원유와 가스 파이프라인을 러시아 동부지역으로부터 확장하거나 또는 선박에 의해 액화천연가스(LNG)를 공급하려는 것입니다. 이 문제는 양자적 수준에서는 이미 협의를 마쳤습니다. 이제는 이를 다자적 수준으로 협의 수준을 끌어올려야 할 시점이라고 생각합니다. 아시아-태평양경제협력회의(APEC)는 이를 위한 이상적인 포럼이라고 할 수 있습니다. 또한 우리는 비철금속에 관한 APEC 협의 시작에 관한 구상을 현재 고려하고 있습니다. 이에 관한 첫 반응은 긍정적이라고 할 수 있습니다.

경제영역의 협력과 동시에, 러시아는 새로운 도전들에 대응하기 위한 APEC의 활동을 강화하는 것을 지지합니다. 여기서 가장 중요한 문제는 바로 테러에 대항하기 위한 협력을 강화하는 것입니다. 테러리스트의 위협 속에서 아태지역의 사회 경제적 발전 속도를 유지한다는 것은 어려운 일입니다. 특히 아태지역의 세부적인 사항들을 감안할 때, 우리는 테러리스트들에게 유입되는 자금원을 차단하고 정보체계뿐만 아니라 무역 및 수송로에 대한 안보를 제공하는 것에 대해 제안하고 있는 것입니다. 정치, 경제, 금융, 정보 및 군사적 영역에서의 안전을 위해 예방대책이 수립되어져야 합니다.

21세기 현실에서 APEC 참여의 맥락에서 우리는 반부패에 관한 사안과 자연재해와 인재, 견착식대공미사일(MANPAD) 이전 및 확산 통제, 해

상보급로 안전에 관한 정보교류의 증대, 그리고 문화협력을 위한 사안들을 의제에 포함시키는 것을 지지하는 바입니다.

우선적으로, 우리는 융통성 있고 효과적인 대응을 위해 필요한 사항들을 생각해 보아야 합니다. 예를 들면, 올 11월 부산에서 개최될 APEC 정상회의에서 다뤄야 할 새로운 주제 가운데 하나로, 지난해 12월 남아시아와 동남아시아에서 발생했던 쓰나미(Tsunami) 피해의 경험에 비춰봤을 때 재난관리협력을 제안하는 바입니다.

5

이것과 연계해서, 저는 러시아가 이런 끔찍한 재난 피해를 극복하기 위한 국제적 노력에 매우 적극적으로 개입하고 있다는 점을 말씀드리고 싶습니다. 참사 바로 다음날 러시아 연방민방위부(Civil Defense)와 응급상황 및 자연재난제거반(Emergencies Situations and Elimination: EMERCOM)의 항공기와 전문가들을 참사 현장에 파견하였으며, 참사구호를 위해 3,000만 달러 이상을 지원하였습니다.

우리는 미국의 지원하에 유네스코(UNESCO) 정부 간 지리위원회(geographic committee) 안에 존재하는 지구관측체계(Global Earth Observation System of System: GEOSS)를 발전시키려는 미국의 제안뿐만 아니라, 유엔사무총장이 제안한 세계재난조기경보체제구축(Disaster Global Early Warning System) 구상을 지지합니다.

러시아는 동시에 두세 개의 긴급상황에 동시에 대응할 수 있도록 응급상황 및 자연재난제거반(EMERCOM)에 기반을 두고 강력한 국가위기관리센터를 만들 것이고 이는, 유엔 인도주의문제조정위원회(UN Office of the Co-ordinator for Humanitarian Affairs)의 상황실과 연결될 것입니다.

6

다시 반복됩니다만, 정치, 경제, 문화, 그리고 다른 영역에서의 협력 심화에 대해 현재 진행되고 있는 아태지역 내 여러 가지 절차들의 통합은 우리들의 역사적 운명이라고 할 수 있습니다. 이런 마음가짐으로, 우리는 현재의 그러한 교류기구들에 참여하고 있으며, 러시아, 중국, 인도 간 협의체와 같은 새로운 기구들의 설치를 시도하고, 유엔 안보리와 G-8 내에서 아시아 문제를 접근하고 있습니다.

아태지역 안보 및 협력문제는 지역 내 국가들뿐만 아니라 우리의 협력동반자들과의 양자간 협의에서 항상 의제로 다뤄져 왔습니다. 대서양국가이면서 태평양국가이기도 한 미국과의 협의는 좋은 예가 될 것입니다.

러시아는 필연적으로 여러 가지 국제기구들과의 협의와 상호교류에 참여하면서, 개방되고 정직한 접근을 선택할 수밖에 없습니다. 우리는 다른 국가들을 비방하거나 강압하지 않습니다. 우리는 특정 국가에 대항하여 폐쇄적인 동맹관계를 구축하지 않을 것입니다. 우리는 결코 아태지역에서 다른 국가를 배제하는 데 관심을 쏟지 않을 것입니다. 아태지역의 미래에 대한 우리의 생각은 상호 이익에 기초한 가능한 최대한의 협력을 목표로 하는 것입니다.

아태지역은 과거 영토문제와 같은 고통스러운 기억을 갖고 있는 과거의 유산과 새로운 도전에 취약한 구조를 가진 복잡한 환경을 갖고 있으며, 이런 상황에서 위와 같은 협력을 조정하기란 대단히 어려운 문제입니다. 바로 그렇기 때문에 정치적 의지와 인내, 그리고 새로운 아이디어들이 필요한 것입니다.

7

그것이 바로 우리가 아태지역에서 안보 및 협력을 논의하기 위해제주평화포럼과 같은 비공식적 협의 기제활동을 환영하는 이유인 것입니다. 이런 포럼을 통해 정치인들과 외교관들이 추진하는 구상이나 아이디어를 보완하는 데 대단히 유익한 기여를 할 것입니다.

감사합니다.

제2부

동북아시아 안보공동체 구축을 위한 다자간 협력

동북아시아 다자 안보협력: 한국의 시각

김원수
| 외교통상부 정책기획실장

참석자 및 내·외빈 여러분. 발표에 앞서, 먼저 본 포럼을 훌륭히 조직해주신 조직위원회 관계자 분들과 따뜻하게 환영해주신 제주 도민 여러분들께 감사의 말씀을 드리고자 합니다.

I. 동북아 전체 안보지도 제시

2년 전, 제2차 제주 평화 포럼이 개최된 이후, 동북아시아 지역에는 긍정적·부정적 의미의 환경변화가 있었습니다. 긍정적인 측면으로는, 역내의 경제적 활력과 역동성이 유지됨과 동시에 상품·인적 이동의 측면에서 상호 의존이 증대되었다는 점을 들 수 있습니다. 또한, 역내 강대국의 관계 역시 때로 기복을 보인 몇몇 양자관계에도 불구하고, 상대적으로 안정을 이루어 왔다고 할 수 있습니다.

그러나, 역내 안정에 있어 부정적 양상 또한 전개되었습니다. 냉전과 심지어 2차 세계대전·식민지 유산은 여전히 우리가 미래 지향적 관계를 만들어 나가는 데 커다란 장애가 되고 있는 것입니다. 상당 기간 동안의 경제 성장은 힘의 배분 변화라는 부정적 영향을 가져왔고, 이는 역내 민족주의의 발흥과 복합적으로 작용하여 역내질서의 유지에 큰 어려움을 안겨주고 있는 것이 사실입니다.

이러한 배경하에서, 우리가 직면하고 있는 도전은 분명합니다. 우리는 긍정적 변화를 가속화시키고, 부정적 변화가 이를 압도하지 못하도록 해야 합니다. 그러나, 이를 어떻게 성취하는가 하는 것은 역내·외 국가들의 협력과 노력이 필요한 매우 어려운 과제라 할 수 있습니다. 이러한 노력을 더욱 어렵게 만드는 것은 협력적 안보를 위한 지역적 기제가 부재하다는 것입니다. 역사를 반추해 보더라도, 동북아시아 역내 국가들이 다자적 혹은 복수적인 지역협력 질서를 구축한 적이 없었다는 것은 자명한 사실로 보입니다.

II. 안보적 도전에 대응하는 두 제도적 접근

동북아시아 지역은 현재, 이중의 안보 위협에 직면하고 있습니다. 동북아 역내 국가들은 전통적 안보 위협과 테러리즘, 초 국경적 범죄, 환경오염, 에너지 부족과 같은 새로운 위협 모두에 대응해 나가야 합니다. 따라서, 다자적 안보 메커니즘의 필요성은 그 어느 때보다 높다고 할 수 있습니다. 그러나, 이러한 메커니즘의 창출을 위한 기반은 아직 무르익지 않은 것으로 보이며, 이러한 제안을 진전시키는 것은 시간을 요하는 작업으로 보입니다. 이러한 필요와 선결 조건 사이의 괴리를 메우는 일은 하루 아침에 이루어질 수 있는 일은 아니지만, 가만히 관망할 수 있는 일 또한 아닙니다.

이러한 공동의 안보 위협에 대응하여, 이론적으로는 첫째, 가장 어려운 장애요소를 먼저 제거하는 것 둘째, 쉬운 이슈부터 협상해 나가는 점진적 방식의 두 가지 접근이 가능합니다. 동북아시아 국가들은 현재 이 두 가지 방식 모두를 취하고 있습니다. 2년 전, 동북아시아 역·내외 국가들이 직면하고 있는 가장 심각한 위협인 북한 핵문제의 외교적 해결을 위하여 6자회담이 개시되었습니다. 또한, 또 다른 궤도에서는 과거 10년간, '동북아시아 협력 대화(Northeast Asia Cooperation Dialogue: NEACD)'가 정부-민간의 중간 단계를 의미하는 1.5의 수준에서 6개국 간의 대화 채널을 제공하고 있습니다. 정부 관료 역시 본 대화에 참여하기는 하지만 이는 개인 자격의 참여이며, 정부-민간 간의 비공식적이고 보다 자유로운 토론을 위하여 협상의제는 상대적으로 느슨하게 짜여 있습니다.

이 두 가지 접근 중, 어느 것이 먼저 결실을 맺게 될 것인지는 아무도 알 수 없습니다. 그러나 이 둘 모두 가치 있는 실험이라 할 수 있으며, 개인적으로도 두 가지를 순차적으로 시도하는 것보다는 동시에 진행하는 것이 낫다고 믿습니다.

현재, 6자회담은 핵문제 하나에만 초점을 맞추고 있는 것이 사실입니다. 그러나, 핵문제가 협상을 통해 성공적으로 해결된다면, 그 파급효과로 인해 6자회담은 다른 많은 이슈들에 있어 포괄적 안보협력을 가능케 하는 기제로 작용할 수 있을 것입니다. '동북아시아 협력대화'와 같이, 정부-민간 중간 단계의 대화 채널이 정부 간 대화 채널로 발전하는 데에는 상당한 시간이 소요될 것입니다. 그러나, 이러한 1.5 단계의 채널이 안보대화의 관행을 성숙 시키는 데에는 보다 우호적인 형태라고 생각됩니다.

이러한 점에서, 지난 4월, 서울에서 열린 동북아 다자회담에서 최초로 각국 외무부처에서 파견된 참가자들이 공동이해가 걸린 이슈에 대해 개별 회담을 가졌다는 것은 주목할 만할 일입니다. 이는, 일견 미미한 진전으로 보이나 개인적으로는 역내 정부 간 안보협력 메커니즘의 창출을 위한 긍정적 발전으로 생각합니다.

III. 북한 핵문제

이제 북한 핵문제에 대해 말씀드리고자 합니다. 지금, 우리는 북한 핵문제와 관련하여 중대한 기로에 놓여 있기 때문에 이 문제를 제가 언급하지 않는 것은 직무 유기에 해당하는 일일 것입니다.

제3차 6자회담이 개최된 지 거의 1년의 시간이 흘렀습니다. 문제의 긴박성을 고려하여 당사국들은 회담을 재개하고자 최선의 노력을 경주하고 있습니다. 한국은 내일 이 문제에 대해 미국과 정상회담을 가지며, 열흘 내에 일본과의 정상회담도 예정되어 있습니다.

그러나, 한국은 두 가지 긴박한 임무를 가지고 있습니다. 우선, 절차적 측면에서 급선무는 북한을 협상 테이블로 다시 나오게 하는 것입니다. 이는 궁극적으로 북한의 선택에 달려 있는 것이지만, 우리가 지나치게 비관적 전망을 할 필요는 없다고 생각합니다. 한국은 다른 당사국과 마찬가지로 북한이 더 이상의 지연 없이 협상 테이블로 복귀할 것이라고 기대합니다. 현 북한의 행태와 같이 협상이 이루어지기 이전에 조건을 제시하는 것은 좋은 접근이 아니라고 봅니다. 북한은 미국과의 양자 협상을 포함한 그 어떤 당사국과의 대화도 6자회담의 틀 내에서 가능하다는 것을 잘 이해할 필요가 있습니다.

두 번째로, 고려해야 할 요소는 본질적인 문제로서, 회담의 재개 그 자체가 목적이 될 수 없다는 것입니다. 회담이 재개되면 모든 당사국들은 실질적 결과를 도출하기 위해 최선의 노력을 기울여야 할 것입니다. 이러한 실질적 진전은 북한 핵문제의 평화적·외교적 해결을 위해 필수적입니다. 이러한 맥락에서, 지난 날 개최된 남-북 차관급 회담은 매우 고무적인 신호입니다. 남-북 차관급 회담은 6자회담과 한 번도 연계된 적이 없지만, 6자회담과 같은 기간 동안 개최가 미루어지고 있었습니다. 남-북 간 대화의 재개는 남북 간 화해뿐 아니라 평화롭고 비핵화된 한반도라는 공동 목표의 실현에 기여할 것으로 믿습니다.

IV. 동북아시아에서 한국의 역할

다음은 동북아시아에서 한국의 역할에 대해 말씀드리겠습니다. 한국은 세계 열한 번째 경제대국이며, 다방면의 연성권력을 소유한 강국이 되었습니다. 그러나, 국제관계에서 보다 중요한 적실성을 갖는 것은 다른 국가들과의 '상대적 권력'이라고 할 수 있습니다. 한국은 세계 4대 초 강대국에 둘러싸여 있습니다. 그러나, 동시에 한국이 이러한 상황에서도 많은 역할을 할 수 있다는 것을 부정할 수는 없습니다.

이러한 관점에서, 한국이 직면하고 있는 지정학적 현실과 이것이 어떻게 한국에 유리하게 작용할 수 있는지 지적하고자 합니다.

한국이 직면하고 있는 첫 번째 현실은 지리적 위치와 역사에서 비롯되는 것입니다. 한반도를 둘러싸고 있는 4대 강국은 한국보다 크고 강성한 국가였고, 한반도에 중요한 영향력을 행사해 왔습니다. 역사적 관점에서 볼 때, 한국은 이웃 국가들의 세력 변화와 이에 따른 경쟁질서의 첫 번째 희생물이었습니다. 따라서, 한국은 한 번도 지역질서의 변화를 도모할 만할 위치에 있지 못하였습니다.

이러한 현실은 종종 패배적 결정론에 빠지게 만드는 위험을 지닌 것이었습니다. 한국인은 시대 변화의 조류에 적응할 수 있는 탄력성을 입증하였고, 지금은 지정학적 도전을 역사적 기회로 삼을 충분한 역량을 지니고 있습니다. 저는 한국이 역내 평화와 번영을 위해 이러한 현실을 이용할 시기가 도래하였다고 믿습니다.

첫째, 한국은 지리적 위치를 이용할 수 있습니다. 역내 국가들이 대립각을 세운다면 그때, 한국은 가장 먼저 이의 피해자가 될 수 있습니다. 그러나 동북아시아 국가들이 공동의 평화와 번영을 추구할 때, 한국은 아시아와 태평양을 잇는 필수적 교량국가의 역할을 할 수 있습니다. 이러한 역할을 위한 조건은 한반도의 분단상황을 차치한다면, 이미 무르익은 상태라 할 수 있습니다. 남북 화해가 북한 핵문제의 외교적 노력과 병행됨에 따라 역사적인 기회가 만들어지고 있다고 할 수 있습니다.

한국이 가지고 있는 두 번째 이점은 세력 배분의 관점에서 보았을 때는 역설적인 것입니다. 한국은 초강대국에 둘러싸인 중강국(middle- power)이므로, 한·중·일 간 삼각적 협력 관계를 증진시킬 수 있는 유일한 위치에 있습니다. 한국이 제시하는 제안은 역내 다른 강국에 의한 같은 제안보다 타 강국이 보다 쉽게 수용할 가능성이 높습니다. 타 강대국의 제안에 대해서는 다른 강대국이 숨겨진 동기에 보다 우려할 가능성이 높은 것입니다. 저는 이를 약소국이 가지는 이점이라 부르고 싶습니다. ASEAN 국가들이 동아시아 협력의 증진을 위해서 역내 강대국을 회담에 초대하고 제도화된 기제 속으로 편입시키려 유도하는 것 또한 하나의 유추로 원용될 수 있습니다.

세 번째로 한국은 지난 수십 년간 빠른 경제성장 경험이 주는 힘을 이용할 수도 있습니다. 한국은 성공적으로 정치적으로는 다원적이며, 경제적으로는 건실한 시장 경제체제로 이행해 왔습니다. 이러한 점에서 한국은 선진국과 개발도상국을 연결하는 유리한 위치에 있다고 할 수 있습니다. 저는 이것이 후발주자가 가지는 이점이라고 생각합니다. 한국은 민주주의와 시장경제의 확산에 극도로 불리한 환경에서 이를 결국 성공적으로 이루어 냈다는 도덕적 기반을 가지고 있는 것입니다. 이는 한국에 상당한 연성권력(soft power)을 부여하는 요소라 할 수 있습니다.

이러한 세 가지 이점을 활용하면, 한국은 역내 평화와 번영을 촉진하는 역할을 할 수 있습니다. 그 누구도 평화를 갈망하는 한국의 진정성을 의심하지 않을 것이며, 한-미 동맹의 건실한 조력 없이 한국의 이러한 역할이 효과적이지 못하다는 사실을 의심하지 않을 것이라 봅니다. 유럽의 경험이 가르쳐 주는 교훈은 다자안보의 구축 노력은 군사 분쟁의 억제를 가능케 하는 효율적 동맹체제의 조력 없이는 그 결실을 맺기 힘들다는 것입니다. 이러한 점에서, 오는 한·미 정상회담이 보다 역동적이고 포괄적 파트너십의 구축을 위한 양자동맹 강화의 계기가 될 것임을 말씀드리게 되어 더없이 기쁘게 생각합니다. 한·미 동맹은 지난 50년간 양국 공동의 이해를 위해 지난 50년 동안 훌륭하게 작동해 왔고, 저는 현재 양국이 기울이고 있는 노력에 의해 향후 50년 동안에도 이러한 관계가 지속될 것으로 봅니다.

존경하는 내·외빈 여러분. 저는 한반도의 평화와 번영을 위해 굳건한 지지를 표명해준 참가자 모두와 한국의 국민들에게 감사의 뜻을 전하며, 말씀을 마치고자 합니다.

우리는 우리 앞에 놓인 길이 결코 순탄하지 않다는 것을 알고 있습니다. 우리의 여정은 가로 놓인 수많은 장애들로 인해 종착지에 이르기 전, 상당한 인내와 끈기를 요구하는 것입니다. 그러나, 저는 여러분들이 주시는 도움과 격려에 의해 우리가 마침내 종착지에 도달할 것임을 믿어 의심치 않습니다.

귀 기울여 주셔서 감사합니다.

6자회담, 기회인가? 장애물인가?

제임스 굿비(James GOODBY)
|브루킹스연구소 동북아정책연구센터 연구원

I. 주요 논지

미국과 동북아시아 국가들의 장기적 목표는 안보 공동체의 형성이다. 미국 학자 칼 도이치(Karl Deutsch)가 정의한 바와 같이, 안보 공동체는 상호 간의 관계에 있어 무력이 분쟁 해결의 방법으로 사용되지 않는다는 신뢰가 존재하는 국가 간 체제를 말한다. 일찍이, 칸트는 민주주의 가치의 공유를 포함하는 평화연합의 개념을 제시하였는데, 앞으로 수년간 동북아시아 지역 전체 국가가 민주화 되리라는 기대는 그 실현 가능성이 떨어지므로, 민주적 가치의 공유에 중점을 둔 점만 제외한다면, 안보공동체의 개념은 칸트의 평화연합 개념과도 크게 다르지 않다고 할 수 있다.

협력의 경험을 축적하는 것은 공동 행동을 위한 제도화의 방법으로서, 그리고 안보 공동체의 발전을 위하여 매우 유용하다. 동북아시아의 협력은 지역 안보와 협력을 증진시키기 위하여 광범위한 방향에서 진행되어야 한다. 장기적으로 지정학적 경향과 북핵 위기에서 파생되는 단기적 전략 역시 이를 뒷받침한다. 안보와 협력증진을 위한 다자적 메커니즘이 창출된다면, 이는 중국·일본·북한·한국·러시아·미국을 포함하는 것이어야 하며, 그 임무는 다음과 같은 것이어야 한다.

- 분쟁의 평화적 해결·
- 오해의 해소와 오판 방지
- 역내 국가들의 상호관계에 있어 투명성 증진
- 세계경제의 보다 큰 틀 내에서 지역 경제협력 증진
- 역내 인민들의 삶의 질을 선진국 수준으로 향상
- 인적, 정보, 사상의 자유로운 교류 촉진
- 상호 역사와 문화에 대한 상호 이해 증진

새로운 조직은 갑자기 생겨나는 것은 아니다. 리더십을 발휘할 수 있는 위치에 있는 사람이, 국제기구의 지원과 함께 여러 문제와 도전을 해결하려는 결단을 해야 한다. 현재, 역내 국가 간의 관계는 과거보다 유동적이므로 다자체제를 구축할 수 있는 기회는 보다 가까이 있다고 할 수 있다. 동북아시아의 평화와 안보는 이러한 기회가 온전히 주어지느냐 아니냐에 달려 있다고 보여진다.

최고의 해결책은 핵문제를 조기적으로 종결하고, 6자회담의 틀을 보다 넓은 이슈로 확장하는 것이다. 그러나, 회담은 현재 큰 진척을 보이지 못하고 있으며, 동북아시아 안보 공동체 건설의 경로에, 북핵문제 해결이라는 현실적 장애가 가로놓여 있다고 볼 수 있다. 북핵문제는 매우 긴급하고, 그 해결의 실패하면, 동북아시아뿐 아니라 세계적으로 엄청난 악영향이 초래될 것이다. 6자회담의 성과가 어떠하든지 간에 더 이상의 인위적인 지연이 이루어져서는 안 된다. 그러나, 북한으로 하여금 핵프로그램을 포기하도록 설득해 왔던 5개국은, 북한이 포함되는 것과는 상관없이, 다양한 이슈에 대한 체계적 협력을 한 경험으로 이득을 보게 될 것이다. 이들 국가들은 북핵문제 해결 이전에 그러한 노력을 하지 않았고, 또 이런 회담에서는 이와 관련하여 의미있는 논의가 있었다.

그러나, 북한이 핵무장에 성공한다면 이는 5개국 간 통합이 아닌, 엄청난 분열을 가져올 것이다. 북한이 5개국 간 협력을 가로막는 거부권을 가지는 것은 5개국은 물론, 북한 스스로의 이익에도 부합되지 않는다. 따라서, 관련 5개국들은 역내 평화 안보 증진을 위하여 6자회담과 동반한 조직적 틀을 만들어 나가는 것이 필요하다. 5개국은 설령 6자회담이 소용없어지더라도 북한 없이 이들 국가 간의 협력을 지속하기 위해 준비해야 한다.

새로운 조직적 구조가 형성되든지 않든지 간에, 협력은 필요하며 따라서 이미 현존하는 동북아시아 역내 협력을 진작시킬 수 있는 선택적 협력 프로그램의 창출이 중요하다. 이는 지체없이 진행되어야 하며, 교통·에너지 인프라 개발과 동시에 이루어져야 한다. 협력 위원회와 같은 다자적 장치의 결합은 장기적 목표를 다시금 상기시키는 효과를 가져 올 것이다. 장모네의 통합 유럽에 대한 비전은 경제적 효율뿐 아니라 유럽석탄철강연합이라는 현시적인 조직의 창출을 가져왔다.

지금 세대의 국가경영은 현재 동북아시아의 항구적 평화를 위한 기반을 만들었는가 아닌가에 따라 그 성패가 판단될 것이다. 특히, 미국은 이의 주도적 역할을 하고 있으며, 동북아시아 국가들과의 관계는 수세기 동안의 돌이킬 수 없는 역사에 의해 형성되었다고 할 수 있다. 미국의 외교는 준비와 장기적 목표가 결합되었을 때 가장 효율적으로 작동하며, 미국은 동북아시아에서 그 지위를 공고화할 때 많은 기대이익을 가지고 있다. 그러나 이는 동북아시아 국가들과의 협력에 의해서만 가능하며 그 에너지는 지역 내부에서 발생되어야만 한다.

II. 문제 해결과정에서 도출되는 해결책?

안보·협력을 위한 지역 포럼에 대한 아이디어는 수년 동안 당위론적 과제로 남아 있었다. 한국은 상당한 정도의 일관성 있는 외교를 통하여, 무관심과 회의 속에서도 이러한 아이디어를 살려 나갔다. 때때로, 일본, 러시아, 중국, 미국의 관리들은 이에 우호적인 발언을 하기도 하였으나, 불행하게도, 이것이 각기 다른 시기에 쏟아져 나왔다. 이들의 이해관계는 시들해져 갔으며, 이러한 생각들을 현실화하기 위한 어떤 공동의 노력도 취해지지 못하였다. 한국을 제외하면, 각국의 정상들은 동북아시아 안보공동체의 형성을 위한 시간적 여유나 정치적 자산을 보유하지 못하였으며, 그 결과 세계 다른 지역과 달리 동북아시아는 평화·번영의 진작을 위한 어떠한 지역기구도 가지지 못하게 되었다. 냉전과 2차 대전시 형성된 대립적 국가관계가 여전히 동북아시아를 지배하고 있는 것은 결코 우연이 아니다.

1991~92년, 남북 간 화해와 불가침 및 교류 협력에 관한 합의서 체결과 한반도 비핵화 선언은 역사의 물꼬를 바꿀 수 있는 중요한 사건이었다. 그러나, 불행히도 두 합의서에 규정된 목표는 한 번도 현실화되지 못하였다. 더욱이, 이것이 동북아시아가 가지고 있는 유일한 실패의 경험도 아니다. 강력한 적대감의 조류가 여전히 지역을 지배하고 있으며, 공동체 형성의 아이디어는 순진하고 비현실적인 것으로 보인다.

매우 민감한 사안에 대하여 압도적 힘을 가진 국가가 양자적으로 문제를 해결하는 전통 역시 안보·협력에 관한 중요한 문제를 다루는 다자포럼의 구축에 악재로 작용하였다. 동북아시아에서 두 개의 안보 축이라고 할 수 있는 미-일, 한-미 안보조약은 냉전의 위협에 맞서 매우 잘 기능하였다. 미국은 한국과 일본에 미군기지, 해군력, 핵우산 등을 제공하여 심각한 외부 군사적 위협에 대처할 수 있도록 하였다. 중국과 러시아는 여러 문제에서 견해 차이를 보였으며, 북한은 위기가 발생하지 않는 이상, 두 국가에 크게 의존하지 않는 모습을 보였다. 매우 흥미로운 것은 한·

미·일 세 나라의 관계인데, 일-소 간 2차 대전 종전조약이나 53년 휴전 조약을 대체하는 평화조약이 없어도 이 삼국의 관계에 큰 영향을 미치지 않은 것으로 보인다.

경제 분야에서 미국은 오랫동안 일본의 제1교역국이었으며, 한국에게 있어 일본과 미국과의 관계는 매우 중요한 성장동력이었다. 구소련, 러시아와 동북아시아 국가 간의 교역규모는 매우 느린 속도로 증가하였다. 역내 경제적 기반은 국제적 관심사로부터 벗어나 있고, 원유·가스 파이프라인과 마찬가지로 교통 네트워크는 개별 주권 국가의 관심사였다. APEC과 같은 경제협력 기구는 시장 개방과 자유무역 확산을 진작시켰다.

이러한 환경에서, 왜 국가지도자들은 역내 문제들을 다루기 위하여 다자적 기구를 필요로 하는가? 안보와 협력의 증진을 위한 항구적 기구의 창출은 원론적으로 매우 좋은 아이디어이지만, 이를 위한 필요의 공동인식과 풀뿌리 수준의 요구는 부재해 온 것이 사실이다.

III. 협력의 과도기

오늘날 동북아시아를 보면, 지역협력을 위해 우호적으로 보이는 몇몇 구도들이 그렇게 유리한 조건을 제공해 주지는 않고 있다. 중국은 동북아시아 구도에 획기적인 형태로 등장하여, 일본의 제1교역국이 되었으며 북핵문제의 해결에 있어 외교적 리더십을 발휘하고 있다. 러시아의 극동지역 역시 잠에서 깨어나 일본, 중국과 활발한 협력사업을 펼치고 있으며, 한국은 리더십의 세대교체기를 지나고 있다. 세계경제는 국가 간 관계의 패턴에 있어 큰 영향을 미치고 있으며, 북한을 제외한다면, 동북아시아 전체가 세계경제에 잘 통합되고 있다 할 수 있다.

오늘날, 미국을 제외한다면 그 어떤 국가도 도전받지 않는 압도적 힘을 행사한다고 할 수 없다. 중국은 이러한 위치에 오르기를 원하지만, 이에 도달하지 못하였고, 5개국 간 이러한 지위를 향한 다툼은 지역세력 균형을 더욱 복잡하게 만들고 있다. 일본은 중국의 부상을 막기 위해 더욱 미국에 의존하는 모습을 보이고 있고, 한국과 중국은 많은 부분에서 견해차를 보이는 동시에 북한문제와 같은 몇몇 민감한 사항에 대해 유사한 시각을 공유하고 있다. 러시아는 중국과 일본에 대항하여 그 이익을 수호하기 위하여 기동성을 발휘하고 있으며, 중국은 군사력 증강과 동시에 지역적·세계적인 역할 증대를 모색하고 있다. 양안 관계에 관련된 긴장 역시 긴장의 고조와 안정을 반복하여, 때로 중국과 미국·일본 간의 갈등의 진원지가 되고 있다.

미국이 과연 40, 50년대와 마찬가지로 이 지역에 지배적 영향력을 행사할 수 있는 행위자인가? 정답은 "그렇다" 이나 워싱턴의 영향력은 과거에 비해서는 상당히 축소되었다. 한국과 일본을 예로 들면, 양국 모두 이라크 파병을 통해 부시정권에 하나의 빚을 안겼지만, 주한미군의 규모는 축소될 예정이며, 미국은 일본에 대해서는 미-일 동맹의 틀 내에서 보다 적극적인 역할을 할 것을 종용하고 있다. 미국과 중국 간 정치·안보 문제는 마찰을 빚어내고 있는 반면, 양국의 무역규모는 엄청나게 확대되고 있다. 한·중·일 동북아시아 세 경제 강국은 외화보유에 있어 달러 의존도를 낮추어 이를 다양화하는 방안을 논의함과 동시에 세 국가는 모두 아시아 국가들의 무역 블록 형성을 숙고하고 있다.

IV. 국제 체제의 관리

현재 체제는 강력한 힘을 가진 국가들이 자국행위의 자유를 극대화하면서 경쟁국이 타국에 대해 영향력을 확대하는 것을 막으려 한다는 점에서 19세기와 여러 모로 유사하다고 할 수 있다. 이러한 상황은 러시아의 확장을 막기 위해 일본을 지원하였던 시어도어 루즈벨트의 전략을 떠오르게 한다. 나폴레옹 전쟁 이후, 이의 처리를 위해 만들어졌으나, 단명한 '유럽협조체제(Concert of Europe)' 역시 느슨한 체제하에서 국가들이 어떻게 협력하는지를 보여주는 예이다. 이의 목표는 체제 내 국가 간 관계를 부드럽게 하고 정책의 조화를 도모하는 데 있었다. 그러나, 영국의 전통적 고립균형정책은 항구적인 개입을 요하는 이러한 체제의 종식을 불러왔다. 비록 몇몇 이들이 미국의 전략 역시 영국형의 균형자 형태여야 한다고 주장하나, 이는 미국의 독특한 문화가 형성한 외교 노선과 상충된다고 할 수 있다.

또 다른 해답은 19세기 비스마르크가 전개하였던 중첩적 동맹과 협약에 의거한 비스마르크 체제인데, 이것이 작동하기 위해서는 스스로의 억제가 요구된다. 헨리 키신저를 비롯한 많은 학자들이 지적하는 바와 같이, 복잡한 관계를 잘 조정한 비스마르크가 없었다면 이 체제가 성공하기 힘들었을 것이며, 또 그의 실각과 함께 유럽 국가들은 1차 대전으로 치닫고 말았다. 그러나, 이런 형태의 외교는 영국의 '위대한 고립(splendid isolation)'과 달리 많은 부분에서 개입을 요한다는 점에서, 하나의 대안으로 고려될 수 있다.

21세기 동북아시아는 다른 시·공간에서 얻을 교훈이 그렇게 많지는 않을 것이다. 역사, 지리, 문화는 국가가 발전하고 행위하는 매우 독특한 환경을 형성한다. 그러나, 국민 국가가 국제 체제의 기본단위인 이상, 이 단위인 국가의 행위는 그리 급격하게 변할 것으로 보이지는 않는다. 역사는 타국의 이해를 무시하는 강대국의 자율적 행위가 재난으로 이어진 않은 경우를 증명한다. 이러한 역사로부터 얻을 수 있는 추론은 암묵적인 것이든 명시적인 것이든 국제관계 내에서 자기 구속과 정책 수용을 위한 메커니즘이 만들어져야 한다는 것이다.

안보조약에 의해 상호 연계되어 있는 한·미·일 삼국은 대북 정책의 협력이라는 제한된 틀 내에서 안보정책 협의를 위한 삼자 메커니즘을 만들어 냈다. 북핵문제라는 오직 한 가지 이슈에 대해 6개국 모두가 공동 정책의 달성을 위한 노력에 관여해 있다. 이러한 근시안적 태도는 국가 간 경쟁과 적대적 관계를 영속화할 뿐이다. 만약, 역내 국가들이 빠르게 변화하는 국가 체제에 대한 통제를 원한다면, 지금은 배제와 이탈이 아니라 포용과 개입정책을 추진할 때이다.

냉전기에 만들어진 안보 메커니즘이 꼭 폐기되어야 하는 것은 아니며, 보다 큰 틀의 포괄적 형태로 강화될 필요가 있을 뿐 아니라 양자적, 다자적 방식으로 체결되는 국가 간 비 국가 간 협정에 의해 보강될 필요도 있다. 그렇지 않으면, 냉전기 평화유지를 위해 매우 잘 기능해 왔던 안보체제가 분열과 분쟁의 도구로 전락할 우려도 있다. 안보는 포괄적 협력프로그램의 한 요소가 되어야 하지만, 경제와 개개인의 잠재력 실현과 같은 다른 영역 역시 협력프로그램에 포함되어야 한다. 안보 공동체는 결국, 내부 안보적 우려가 완화되고 인류의 삶을 윤택하게 하는 이슈들에 대해 공동체가 자유롭게 대화할 수 있는 공동체를 의미한다.

V. 북한 핵문제의 해결

이러한 전략적 비전이 선거에서 승리해야 하는 각국 지도자들에게 그다지 큰 매력을 지니지 못한 것이라면, 지도자들은 계속되고 있는 북핵 문제의 위협을 해결할 수 있는 방법론으로서의 다자 협력을 고려해야 한다. 6자회담은 현재까지 문제해결에는 실패하고 있으며, 이의 책임은 참가국, 특히 북한에 돌려질 수 있으나, 이러한 협상의 틀 자체가 직면한 도전에 대응하기에는 여러 제약요소를 노정하는 것이기도 하다. 1991년, 1994년 두 차례에 걸쳐 한반도 비핵화에 관한 합의가 이루어진 바, 전자는 남-북한 간, 후자는 미-북 간에 이루어진 제네바 합의(Agreed Framework)이다. 둘 모두 협상당사국의 관계개선을 이끌 것으로 기대되었으나, 이러한 기대는 실현되지 못하였다. 협상 후, 각 국가들의 이탈을 고려하면, 각 당사국들이 이러한 협정들이 맞게 되는 압력을 견딜 만할 정치적 지지를 도출하는 데에 실패하였다거나, 협상의 범위나 초기의 이행 과정이 협상의 한 부분이 실패했을 때 안전망을 제공할 수 있을 정도로 포괄적이지 못했다고 평가할 수 있다. 현재 분명한 사실은 두 개의 합의가 이행되지 못한 것이,

현재의 6자회담이 개시된 이유라는 것이다. 이러한 협상의 결과로 등장한 제네바 합의(Agreed Framework)는 지난 8년간 지속되어온 북한 플루토늄 개발의 동결을 가져오는 성과를 이루었으나, 곧 붕괴되고 말았다.

북한은 이러한 협정들로 시간을 끌고 있을 뿐이며, 핵무기 보유를 위한 과정은 방해 없이 진척될 수도 있다. 그렇다면 다른 모든 국가의 관계 개선은 김일성과 김정일의 계획 밖에 있는 것이었을 수도 있다. 그러나, 만약 김정일의 정권의 생존가능성이 핵무기를 포기할 때 커진다고 믿는다면 이러한 상황의 전개는 일어나지 않을 것이다. 이러한 시나리오가 장점을 지닌 것이라면, 과거 역사의 교훈은 한반도 문제에 대한 탁월한 해결책과 북한과 강대국 간 관계의 보장장치는 비핵화 협정에 있다 할 것이다.

만일, 김정일이 어떠한 비용을 치르고서라도 핵무기를 보유하려고 의도하여, 이러한 가정이 빗나갈 경우 협상에 임하는 5개국은 적어도 협력의 필요성을 확신시키는 기제를 창출하여야 한다.

다양한 형태의 회담을 가능케 하는 다자 포럼은 한국전쟁의 처리 문제가 미국을 포함한 이웃 다른 국가의 참여를 요한다는 점에서도 필수적인 요건이라 할 수 있다. 자유무역, 안보 보장, 경제협력, 에너지·교통 협력을 위하여 모든 당사자의 참여가 필요한 반면, 한국전쟁 종전을 위한 평화조약의 체결은 이보다 적은 수의 국가 참여에 의해서도 가능할 것이다.

한반도 평화 조약 이외의 이슈를 고려하는 다자적 포럼이 포괄적 조약에 대한 협상을 전개할지 정치적으로 구속력 있는 합의의 형태를 띨지, 혹은 양자가 병행될지는 이러한 대화와는 직접적 관련이 없는 문제이다. 또한, 현 6자회담이 본고가 지지하는 포괄적 협상으로 이어질지 혹은 새로운 포럼이 탄생되어야 할지 역시 마찬가지이다. 기본적 입장은 한반도 핵문제는 매우 광범위한 아젠다를 동시에 다루는 다자적 포럼의 틀 내에서만 해결될 수 있다는 것이다.

한반도의 항구적 위기를 종식시키기 위하여 장기적인 지정학적 경향을 보든 단기적 필요를 보든 광범위한 다자적 틀은 해결책의 하나이다.

그러나, 한반도에 초점을 맞춘 현 포럼의 틀이 항구적인 것이어야 하는가? 아니면 현 이슈 해결에 요구되는 틀을 넘어 보다 광범위한 틀이 요구되는가? 만약 현재의 틀이 작동하고, 지정학적 경향이 계속된다면 보다 포괄적인 이슈를 다루는 항구적 기구의 필요성이 자명해질 것이며, 6자회담의 공식은 "항구적 동북아시아 안보협력기구의 대안" 부분에서 다루는 바와 같이, 하나의 도약대로서 많은 이점들을 가지고 있다.

VI. 국제기구의 역할에 대하여

몇몇 국제기구들은 동북아시아 지역에서 기능하고 있다. 이러한 메커니즘 중 그 어떤 것도 동북아시아에 초점을 맞춘 항구적 다자기구로서는 적당하지 못하다. 그러나, 다른 기구들은 지역 다자 메커니즘의 창출을 위하여 중요한 교훈을 제공해 줄 수 있다. 부록-1은 '한반도에너지개발기구(Korean Energy Development Organization: KEDO),' 아시아-태평양 경제협력기구(Asia-Pacific Economic Cooperation: APEC), 동남아시아국가연합(Association of Southeast Asian Nations: ASEAN), 아세안 지역 포럼(Asian Regional Forum: ARF), 아세안+3, 상하이 협력 기구(Shanghai Cooperatio n Organization), 유럽안보협력기구(Organization for Security and Cooperation in Europe: OSCE)에 대한 기본적인 정보를 담고 있다. 이에 대한 코멘트를 달고자 한다.

한반도 에너지개발 협력기구의 경험은 이와 유사한 사례, 혹은 그 스스로가 동북아시아에 산재한 고도의 기술성·복잡성을 띠는 문제들을 감독하고 다자적 협력을 증진할 수 있다는 것을 보여준다. 정치 수준의 기구의 실행 조직으로서, 이러한 기구들은 경제 인프라 향상 프로젝트의 집행을 지휘할 수도 있다. KEDO의 매우 흥미로운 모습은 아시아-태평양 역외국가에도 그 멤버십이 개방되어 있다는 점이다. 경제적 영역에서, 이는 유럽연합과 동북아시아가 연대할 수 있는 유용한 방안이 될 것이다. 유럽과 동북아시아 간 철도 연결사업은 동북아시아와 유럽 모두에게 이득이 되는 프로젝트의 대표적 사례라고 할 수 있다.

ASEAN 모델은 동북아시아에 수립될 공동체와 비슷한 모습들 띠고 있다 할 수 있는 바, 우호와 협력에 관한 조약을 바탕으로 동남아시아 국가들이 핵심 그룹을 이루고 있다. ARF(Asian Regional Forum)은 많은 역외 국가들을 포함하며, 안보문제를 포함한 많은 이슈에 대해 논의할 수 있는 권한을 부여받았다. 그러나 그 힘은 문제 해결을 위한 확고한 프로젝트보다는 연대의 구축과 아이디어의 확산에 있다고 할 수 있다.

ASEAN+3은 발전의 모멘텀을 맞이하고 있으며, 아시아-태평양 지역에서 가장 영향력 있는 국제기구로 발전 가능성을 가지고 있다. 일련의 양자적 협정들이 ASEAN+3의 틀 내에서 협의 중에 있으며, 아시아 지역은 점차 이러한 방식으로 연대가 심화될 것으로 보인다. 동시에, 이러한 그룹의 활동은 자유무역의 증진을 확산시키고 안보는 암묵적으로 논의의제를 일부를 구성할 것이다.

유럽 안보협력기구(Organization for Security and Cooperation in Europe: OSCE) 역시 하나의 방법론적·절차적 모델이 될 수 있으며, 나아가 이행 프로그램의 세부적 내용에서도 참고할 부분이 많다. 한국과 일본이 OSCE 옵서버의 지위를 유지하고 있는 것도 이러한 이유에서이다. 사실, OSCE는 국제기구 설립을 구상하고 있다면 이는 다음과 같은 점에서 누구나 참고할 만한 가치가 있는 사례라 할 수 있다.

- 협정이 협상 당사국 간 매우 상이한 동기와 이해관계에도 불구하고 매우 성공적으로 체결되었다는 점
- 조약문의 형식이 아닌 정치적 효력을 지니는 합의임에도 불구하고, 50년이 넘는 세월 동안 유럽-미국 간의 관계에 상당한 영향을 미쳐왔다는 점
- 1975년부터 1990년까지 항구적 조직을 필요로 하지 않았던 절차들이 정기적 고위급 회담과 항구적인 지원조직을 필요로 하는 구조로 변모되었다는 점

- 정부활동의 대부분을 포괄할 뿐 아니라 이러한 정부의 시민들의 권리를 보장한다는 점
- 동북아시아에서 합의의 모델로 기능할 수 있는 군사적 신뢰구축, 경제 등에 관련된 구체적 규정

VII. 위임: 광의인가 협의인가?

다자조직의 규정이 광범위한 초점을 가질 것인지 협의의 초점을 가질 것인지, 고정된 형태로 있어야 하는지 확대 가능성을 열어두어야 하는지 등에 관련된 문제는 보통 이를 둘러싼 환경이 결정한다. APEC의 규범은 경제적 영역에 제한되어 있는 반면, ASEAN은 정치적인 동시에 경제적 기구이며 몇몇 안보적 이슈를 다루고 있고, 유연성과 확산가능성에 있어서도 높은 점수를 매길 만하다. 한반도 에너지개발기구는 이행 감시 기구이며, 확고한 규정을 가지고 있어 멤버십을 확장하는 것이 불가능하다. 상하이 협력기구는 군사적 신뢰구축이라는 협의의 포커스에서 시작하여 모든 종류의 협력에 개방된 우산합의로 기능하고 있다. 유럽 안보협력기구는 매우 광범위한 규정으로 시작하여, 명확한 형태로 발전되어 나갔으나, 초기 헬싱키 협의의 형태를 충실히 지키고 있다고 할 수 있다. 물론, 냉전체제와 소련의 붕괴에 의해 안보관련 의제가 적실성을 상실한 반면, 권위주의에서 민주정부로의 전환하는 관련부분은 보다 높은 절실성을 가지게 되었다고 할 수 있다.

동북아시아의 경우, 헬싱키 의정서의 초기 안과 같이 보다 광범위한 규정이 적합한 것으로 보인다. 무역, 투자, 금융 협력은 이러한 국가 간 관계의 주요 동력이라 할 수 있으며, 비록 그 의제가 무역 장벽 철폐에 집중되어 있기는 하지만 ASEAN+3과 APEC은 이미 이러한 주제를 다루고 있다. 동북아시아 에너지·교통 인프라 협력과 같이 다양한 분야에서의 경제협력으로 상호간 이익을 도모할 수 있으며, 특히 에너지의 경우

역사적으로 국가 간 마찰의 원인이 되었다는 점을 고려할 때 협력 증진을 위한 중요한 원동력이 될 수 있을 것으로 보인다. 교통 연계망 형성, 특히 철도의 연결은 지역경제 성장을 촉진할 것으로 보인다.

기타 광범위한 의제에는 안보문제가 포함될 것이다. 한반도 문제와 무관하게 반 테러리즘, 반 확산, 군사적 투명성 제고, 위기시 대화 증진과 같은 많은 의제들에 대해 상호협력이 필요하다. 만약, 협력의 경험에 의하여 신뢰가 증진된다면 탄도 미사일 조기경보시스템, MD체제 구축과 관련한 협력 등 보다 민감한 문제가 협력안보 프로그램의 틀 안에 포섭될 수 있을 것이다. 인도적 관심과 문화적 활동 역시 이에 포함되어야 한다. 이는 공공보건, 마약류 밀매 차단, 범죄 퇴치 프로그램, 가족 상봉, 인권, 문화·교육 교류 등을 포함한다.

이러한 모든 활동의 목표들을 연계하면, 헬싱키 최종 의정서의 형태로 발전시킬 수 있을 것이다. 이의 내용은 86년 CSCE 스톡홀름 선언의 문언에서 찾을 수 있는 구성국 상호간의 무력 위협·사용 금지, 군사적 신뢰조치 등을 포함하는 것이어야 한다.

VIII. 동북아시아 안보협력기구의 대안적 방안

안보 공동체 조직 구조를 실현하기 위해서 다음 세 가지의 전략이 가능할 것으로 보인다.

1. 6자회담을 기반으로 발전시켜 나가는 방안
2. 광범위한 협력 프로그램을 포함하는 새로운 구조의 창출. 6자회담의 내용을 이러한 구조에 흡수시킴.
3. 협력 활동네트워크의 축적을 통하여 분야별로 점진적 발전을 추구해 나가는 방안. 가까운 시일 내에 이의 실행을 위한 협의 메커니즘을 마련할 수 있음.

〈전략 1〉 6자회담을 기초로 발전시키는 방안

이러한 접근은 한반도의 비핵화, 안보 보장, 북한의 지역 및 세계경제로의 통합을 돕기 위한 지원 프로그램 등 이미 의제가 정의되었다는 점에서 상당한 이점을 지닌다. 한반도 에너지협력기구의 경우, 동북아시아 지역에너지 협력과 인프라 개발에 대한 임무 감시를 위해 충분히 활용될 수 있을 것으로 보인다.

그러나 (1)2004년 6월 이미 합의된 기조에 바탕하여 합의를 도출하는 것과 (2)핵문제 해결에 앞서 회담의 범위나 목적을 변경하기 위해 절차적 틀에 기대는 형식과는 차별성이 주어져야 한다. 시한폭탄과 같은 북핵 문제가 가지는 긴박성을 고려하였을 때 전자의 경우가 보다 바람직하다고 보여진다. 이에 대한 대안적 접근은, 6자회담의 기반 위에 경제·인권 등 보다 다양한 논의를 형성해 가는 것이다. 이러한 회담 틀은 현재의 회담과 같이 보다 거시적인 기구의 한 요소가 될 것이다.

6자회담의 결과가 성공적일 경우, 새로이 형성될 조직의 핵심의제는 북한 경제 지원 문제와 연계된 안보 문제, '정상' 외교 관계를 위한 몇몇 선결 조건에 관한 문제 등일 것이다. 이러한 기본노선은 확대 가능성을 내포하는 것이며, 북한 핵문제에 대해서만 배타적으로 초점을 맞추는 것은 동북아시아 지역 전체의 평화진작과 경제발전을 위해서는 지나치게 협소한 것이라 할 수 있다.

만약, 6자회담이 진전을 보이기 시작한다면 동북아시아 안보와 협력을 위한 항구적 제도 역시 뒤를 이을 것이며, 이는 가장 적은 저항을 수반하는 길이라 할 수 있다. 그러나 6자회담이 좌초된다면, 당사국들은 이러한 틀 자체를 완전히 포기해 버릴 것이다. 이는 북한이 핵무기 실험에 들어간다면, 가장 개연성이 높은 시나리오라고 할 수 있다.

6자회담의 모든 당사국들이 이러한 경우에도 이러한 틀을 유지하고 보다 큰 틀로 승화시키려는 정책을 전개한다면, 보다 포괄적인 포럼의 등장도 상상해 볼 수 있다. 다른 시나리오는 당사국들이 회담의 구조를 재조정하여, 다른 성격을 부여하고 동북아시아 안보·협력의 구축을 목표로 하는 것이다. 전술한 조건을 고려하였을 때, 이는 그다지 개연성이 높은 시나리오라고 보기 어렵다.

〈전략 2〉 새로운 포괄적 기구의 창출

이 전략은 동북아시아 안보협력기구의 창출을 위한 첩경이자 가장 합리적인 방안이라고 할 수 있다. 비록 이러한 새로운 구조의 창출이 다른 지역 기구의 창출 이후에 오는 것이라 할지라도 이는 여전히 유효하다고 볼 수 있다. 이러한 방식에 의한 동북아시아 제도적 구조창출의 장점은 6자회담에 기반한 기구보다 균형 잡힌 포커스를 유지할 수 있다는 점이다. 이 경우 논의되는 의제는 북한 문제의 집중 보다는 주요 강국 간 경제협력이 될 전망이며, 조직 구조는 한반도 문제 해결을 위한 구조 개혁보다는 안보, 경제협력, 인권 문제가 될 것이다.

이는 동북아시아 안보·협력을 위한 항구적 메커니즘의 창출을 위한 가장 확실한 방법이 될 것이나, 동시에 여러 난점을 안고 있는 것이다. 첫째, 북한 핵문제라는 현안 문제의 해결에서 비껴나는 것일 수 있다. 둘째, 이러한 구조의 창출이 당사국들이 바라는 바가 아닐 수 있다. 셋째, 중국과 한국은 북한을 압박할 소지가 있는 광범위한 규모의 협력 프로그램을 꺼려할 가능성이 있으며, 러시아 역시 이와 유사한 입장을 취할 가능성이 있다. 이러한 입장은 북한을 포함하지 않는 기구의 탄생과 발전에 대해서는 이들 국가가 계속 반대 의사를 개진할 가능성이 있음을 의미한다.

마지막 포인트는 보다 높은 정도의 숙고를 요하는 것이다. 첫째, 동북아시아 협력 문제에 있어 북한에게 일종의 거부권을 부여하는 것은 지역 경제 발전을 지연시키고 북한에 대한 경제 지원규모를 축소시킬 수 있다는 점에서 북한의 이익에도 반하는 것이다. 둘째, 유럽연합을 포함하여 동북아시아에 관심을 가지고 있는 국가들이 열성적으로 경제협력 프로그램을 조직할 수 있다면, 북한은 이에 참여할 것이다. 셋째, 중국, 한국, 일본은 북한이 불참하여 북한을 부분적으로 고립할 수 있는 가능성이 있다 하더라도 ASEAN+3 참가에 어떠한 유보적 입장도 가지고 있지 않다.

만일, 어떤 시점에서 6자회담이 모든 수단들을 소멸하였을 경우, 5개 국가들은 북한이 특정조건을 충족시키면, 이에 참여할 수 있도록 문호를 개방해 두어야 한다. 물론 이는 매우 암울한 논평임에 틀림이 없으나, 국가의 경직성이 그들로 하여금 협력을 막는다면 우선 5자 사이의 협력이라도 추진해야 할 것이다.

〈전략 3〉 형성과정의 촉진

다자적 메커니즘에 대해 정부들의 직접적 압력이 이루어지지 않고, 6자회담이 교착 상태에 빠질 경우, 협력 프로그램의 네트워크를 형성하는 것이 문제해결의 촉진을 위한 보다 직접적인 방안일 것이다. 이 경우 굳이 만장일치를 위해 기다릴 필요는 없을 것이며, 경제적 영역에서 실질적 진전을 이루는 것이 나름의 매력을 가지고 있다 판단할 수 있다. 실증적인 예를 들자면, 유엔 개발계획의 두만강 개발 프로젝트, 경의선 연결공사, 개성공단 건설사업 등을 들 수 있다. 또한, 북한의 참여 혹은 불참이 큰 문제가 되지 않는 다음과 같은 잠재적 협력분야도 있다.

- 북한의 노동력이 일정부분 공헌을 할 수 있는 시베리아 개발 프로그램과 같은 경제 분야협력
- 교통과 에너지 협력을 증진할 수 있는 프로그램
- 특정 역사적 사건의 해석에 관한 긴밀한 협력을 증진하는 문화적 프로그램
- 반 확산 프로그램, 반테러 활동과 같은 안보 프로그램

이러한 개별 프로그램이 지역 조정 협의회의 지침에 따라 지역협력의 구조에 녹아들 수 있을 것으로 보인다. 여기에는 물론 제약도 존재한다.

우선, 북한 핵문제의 해결하지 않는다면, 미국을 비롯한 많은 국가들이 북한에 경제적 이익을 제공하는 데 반대할 것이다. 사실, 미국은 북한에 이러한 협력을 제공하는 것을 막으려 들 것이다.

부분적 협력 노력이, 근본적인 '국익과 목적'을 다루기 위한 진정한 제도적 틀로 발전되기 위해서는 체계적이고 일관적인 정책 혹은 적어도 미래에 대한 확고한 비전이 필요하다. 동북아시아 국가들이 역내 협력을 가능케하는 공동체 형성을 향해 나아가지 못한다면, 부분적 협력프로그램은 비록 가치있는 것이기는 하지만 실질적 변화를 가져오는 것이지는 못할 것이다. 이러한 문제점들에 대한 해결책은 동북아시아에서 경제 및 다른 분야의 협력을 위하여 다자적 "개척 중심지(clearing house)"를 만드는 것이다. 이는 협력과 공동체 이익의 증진을 위한 조정 위원회 역할을 하며, 역내 국가들로 하여금 역내 안보 공동체의 장기적 목표를 상기하게끔 하는 역할을 할 것이다.

IX. 이해관계에 대한 회의론

동북아시아의 각국 혹은 잠재적 당사국들이 다자적 메커니즘에 참여하는 것이 실익이 있다고 판단하기 전까지는 어떠한 형태의 다자 메커니즘도 형성되지 못할 것이다. 동북아시아에 이런 기구들이 없는 것보다는 있는 것이 낫다는 주장은 역내국가들 모두 공통의 혹은 중첩하는 이익들을 가진다는 의미가 아니다. 예를 들어, 헬싱키 의정서에 합의한 CSCE 유럽 35개국 중, 가장 핵심적 행위자인 미국-소련은 그 어떤 공동의 이익도 가지고 있지 않았다. 양국은 단지 합의의 장기적 결과에 대한 기대에 대해 오직 역사만이 답해줄 것이라는 일종의 도박을 하였을 뿐이다. 이러한 틀의 개시를 위해서는 각 행위자가 참여에 의한 순이익을 기대할 수 있게 만드는 것뿐이다. 현재 동북아시아 각국의 입장은 다음과 같이 정리될 수 있다.

중국: 중국은 동북아시아의 항구적 다자기구에 대하여 관심을 표명하였으며, 6자회담에 기반한 기구의 발전을 선호하는 것으로 보인다. 중국은 이러한 메커니즘을 확산하여 동북아시아 전반의 문제를 다루는 역할을 하게 할 것을 희망한다. 이러한 특수 동기는 항구적 다자 기구의 건설에 있어 다른 국가들의 전망과 공유하는 부분이 많으므로 고정적 입장이라고 할 수는 없다.

일본: 최근 일본은 중국에 대한 의심으로 인해 항구적인 다자 기구의 형성에 이전보다 관심이 식었다고 볼 수 있다. 그러나, 일본은 과거에 이러한 구성을 지지하였고, 현재에도 이를 거부하지는 않고 있다. 만약 6자회담의 성공을 기반으로 다자적 메커니즘이 형성되어 미국의 승인이 있을 경우, 일본 역시 이를 지지할 개연성이 높다. 일본의 유엔 안전보장이사회 상임이사국 진출에 대한 중국의 반대는 이 경우 완화될 수 있다. 동북아시아 안보기구의 성립은 유엔 안보리의 기능과도 양립할 수 있으며, 일본의 양측 모두에의 참여는 상호 긍정적인 효과를 불러올 수 있다. 동북아시아 기구는 헌장 8장에 따른 국제연합의 지역 기구의 역할과 지역의 1차 법원의 기능을 담당할 것이다.

한국: 한국은 동북아시아의 항구적 다자기구에 대해 오랫동안 열성적인 지지의사를 표명하고 있다. 한국의 주요 관심사는 6자회담의 성공적인 종결에 있다 할 수 있다. 한국은 중국과 마찬가지로 북한을 다자적 틀에서 고립시키지 않기를 원하여, 이는 북한을 최소한 중립적 위치로 유도하거나 고립의 종식을 도모하는 한국의 정책에도 부합하는 것이다.

러시아: 러시아는 북한 없는 다자 기구는 동북아시아의 가장 중요한 현안을 빠뜨리게 된다는 논리하에, 시작부터 북한이 동북아시아 다자 포럼의 구성원이 되어야 한다는 한국과 중국을 지지하는 것으로 보인다. 그러나, 러시아는 다른 당사국의 동의를 전제하여, 점진적으로 동북아시아 포럼을 추진해 나갈 것으로 보인다.

미국: 미국은 6자회담이 항구적 포럼으로 발전해 나가는 것에 대해, 기본적으로 지지의 입장을 가지고 있다. 과거 수년간, 미 행정부는 동북아

시아의 항구적 기구에 대하여 지지 의사를 표명하였으나, 이의 추진을 위하여 실질적인 영향력을 행사하지는 않았다. 전술한 바와 같이, 동북아시아의 평화와 협력을 증진해 나가려는 노력은 6자회담의 성공에 달려 있는 것으로 본다. 또한, 특정 조건에서는 북한을 배제한 5자 간의 회담에도 상당한 관심을 가지고 있다.

북한: 김정일은 아마 일정조건이 충족될 경우, 동북아시아 다자 메커니즘에 참여할 것이다. 이러한 조건은 안보 보장, 무역 제재 중단, 에너지 지원을 포함할 것이다. 그러나, 가입의 조건이 핵보유의 금지를 포함하는 것이라면 문제는 달라지며, 이는 다자 포럼의 핵심적 이슈 중 하나가 될 것이다. 비록, 다자안보기구에서 북한의 불참은 이의창출을 위해 장애요소로 작용하겠지만, 이것이 넘지 못할 정도의 것은 아니다.

이러한 각국의 입장은 항구적 다자기구의 전망은 6자회담의 결과에 달려 있음을 보여준다. 그러나, 우호적 환경하에서, 각국의 잠재적 이익이 일치하여 이러한 구상을 추진할 수 있는 계기가 형성될 수도 있다. 아마 중국, 한국, 러시아는 북한을 의도적으로 배제하지 않는 이상, 이러한 다자 기구의 형성을 지지할 것이다.

일본은 현재 이러한 구상에 대해 우려하고 있는 면이 없지 않지만 과거 이를 지지하는 입장을 보여 왔다. 미국이 공언한 정책 정향을 살펴볼 때, 동맹국이 강하게 반대하지 않는 이상 이러한 메커니즘을 주도해 갈 것으로 보인다. 미국이 이러한 동북아 안보공동체의 형성을 주도한다면, 매우 많은 일들이 가능할 것이며, 미국은 동북아시아에서 자신의 입지를 공고화 하는데 이익을 가지게 될 것이다.

X. 때는 지금이다

동북아시아 현재 상황에 대한 논리는 매우 오랫동안 안정세를 보였던 지역적 기반이 약화되고 있다는 것이다. 이러한 기반은 군사적 힘뿐 아니라 매우 광범위하게 공유된 가정에 기반하고 있다. 동북아시아에 대한 미국의 군사적 공약은 이라크 문제와 군사전략의 변화에도 불구하고 전혀 약화되지 않았다.

더욱이, 현재, 모든 국가들이 동북아시아의 장에서 각기 새로운 역할을 하고 있고, 공유되었던 낡은 가정들은 의문시되고 있을 뿐 아니라, 때로 폐기되기까지 하고 있다. 움직일 수 없다는 지정학적 사실은 때로 보다 유연한 상황대처를 가능하게 하여, 닉슨 대통령의 데탕트 외교 이후로 가장 유연한 관계가 형성되고 있다.

지금은 각국 정부들이 미래를 위한 환경을 조성할 때이다. 그렇지 않으면, 각국의 의사에 반하여 애매모호한 수사들만이 이러한 역내국가 간 관계를 규정할 것이다.

• 감사의 글

Desaix Anderson, John Endicott, Donald Gross, Robert Hathaway, Markku Hiskanen, Masako Kegami, Jack Pritchard 등 많은 분들이 주신 조언에 감사드린다. 또한 이 글을 쓰는 동안 필자가 재직한 Woodrow Wilson International Center for Scholars에게도 감사의 말을 전하고 싶다.

러시아와 동북아시아 다자 안보협력

노다리 시모니아(Nodari SIMONIA)
|러시아 학술원(Russia Academy of Science) 원장

동북아시아 지역 안보시스템의 제도화에 대한 논의는 최근 아시아-태평양 국가들 사이에서 매우 활발하게 논의되고 있다. 이는 이러한 지역 안보시스템 형성의 필요가 이미 성숙하였다는 증거이자 아시아 국가들의 정치 공동체의 외교정책 방향에 대한 변화의 요구가 수용된 결과라고 할 수 있다.

이러한 모든 변화와 영향력은 학자와 정치가의 신중한 분석을 요하는 것이며, 동북아시아 지역 안보시스템의 발전에 상당한 영향을 줄 것이다. 2000년대에 아시아-태평양 국가에 일어난 이런 변화는 국가 간 관계에도 심대한 영향을 미쳤으며, 이것이 우리가 지난 5년간에 대해 숙고해야 하는 이유이다.

I. 동북아시아 국가들에서 일어난 긍정적 변화와 지역 안보시스템의 형성에 미친 영향

동북아시아 협력의 가시적 성과에 공헌한 가장 결정적인 세계 수준의 요인은 사회주의-자본주의 국가 간 이념적 대립이 소멸된 것이며, 이러한 우호적인 환경은 무역, 투자 등 지역 간 경제 연계에 긍정적으로 기능하였다. 다시 말하면, 미래 지역 안보시스템의 구축 과정은 이러한 연계 없이는 매우 취약하고 위험할 수밖에 없음을 의미한다. 이 과정에서 가장 큰 영향을 미친 것은 중국의 급속한 경제성장과 한국·일본 간의 협력 증진이라고 할 수 있다.

2004년에 중국은 5천억 달러의 무역흑자와 해외 직접투자 600억 달러, 기타 자본 유입은 1천 290억 달러를 기록하였다. 한 예측에 따르면, 2005년에는 무역 흑자 규모가 작년 대비 3분의 2가 증가한 1,000억 달러에 이를 것으로 보인다. 외환 보유고는 올해 8천억 달러에 이를 것으로 보이며, 이러한 추세대로라면 2006년에는 1조 달러를 돌파할 것으로 보인다. 현재 기준으로, 중국의 외화 보유고는 이미 국내 총생산의 40%에 달하며 대부분 미국 재무성에 위탁되어 있다.

동시에, 중국은 투자액에 있어서도 엄청난 신장을 보이고 있다. 국내 총생산의 40%에 달하는 고정 투자는 여타 거대 규모의 국가가 이루지 못한 수치이다.[1] 이러한 성과로 말미암아, 35%나 증가한 중국의 수출액은 5,930억 달러에 달하여, 일본을 제치고 미국, 독일에 이어 세계 3위로 부상하였다. 그러나, 보다 중요한 사실은 작년 한국과 일본의 제1교역국으로서 미국을 제쳤다는 것이다.[2] 이의 결과로 동북아시아 하부 지역 간 엄청난 교역증대가 이루어지고 있다. 90년대 초반, 한국·중국·일본 간의 교역은 총 교역량의 20%를 차지하였으나, 2003년에는 30%로 뛰었으며, 이는 오

---

1) *Business Week* (April 4, 2005), pp.76-77; *Foreign Policy* (Jan./Feb, 2005), p.51.
2) *Vedomosty* (April 15, 2005).

랜 통합의 과정을 밟아오고 있는 ASEAN 국가들이 20%에 불과하다는 점을 고려하면, 매우 고무적인 현상이라고 할 수 있다.[3] 명백히, 경제적 관점에서 보면, 국내 총생산액의 합계가 6조 달러에 이르는 동북아시아라는 하부지역의 존재는 이에 맞는 제도화를 정당화시키는 것으로 보이며, 이는 이들 국가 간 지역주의를 주장하는 지지자들의 주장이기도 하다.

2000년 역사적인 남북정상회담 이후, 남-북 간에 다양한 협의와 협력이 확산·발전되고 있으나, 이러한 과정에 어려움이 없는 것은 아니다. 그러나, 중요한 것은 2002년 말 이후, 중단된 미-북 간의 교류에도 불구하고, 남-북 간의 협력은 강화되고 있다는 점이다. 남·북한은 고속도로 복구공사 프로젝트에 합의하였고, 그 실행에 들어갔다. 한국의 현대 아산은 1993년 최초로 금강산 여행을 시작하고, 남한 기업이 북한의 값싼 노동력을 이용하기 위해 만들어진 개성공단 건설에 착수하여, 무려 12억 달러를 쏟아 부었다. 몇몇, 주방용품과 같이 이미 생산에 들어간 남·북 합작 기업도 있다.[4] 이러한 사업은 남·북 사이의 긴장완화에 엄청난 도움을 주지만, 보다 중요한 사실은 북한의 지도자 김정일이 지난 몇 년간 한시적인 시장개혁에 착수했다는 사실이다.

2002년 여름 이후, 배급제가 포기되어 가격과 교환가가 치솟았다. 평양에 열 군데를 포함해서, 전국적으로 300여 곳의 식품상·의류상이 세워졌다. 비록, 모든 곳에 해당되는 이야기는 아니지만, 식당·소매상 등 자영업을 시작할 수 있는 자유가 생기고 있다고, 2004년 4월 북한을 방문한 샐리그 해리슨은 전한다. 그는, “지금 북한에서 일어나고 있는 변화들은 82년 무렵의 중국 초기 경제 개혁과 비슷한 모습을 띠고 있다”라고 중요한 결론을 짓는다. 해리슨은 북한이 정부의 통제력 상실 없이, 경제를 훌륭하게 개방하고 있는 중국과 베트남 모델을 따라가고 있다고 본다.[5] 따

---

3) *APEK Economic Outlook* (2003. Singapore), pp.19-21, 145, 164, 173, 179, 189, 246, 252.

4) *The Moscow Times* (July 6, 2004).

5) *The Wall Street Journal Europe* (April 27, 2004).

라서, 이헌재 부총리가 아시안 월 스트리트 저널과 2004년 4월 23일 가진 인터뷰에서, "한국은 북한의 미래 발전에 대해 우려하지 않는다. 김정일은 여전히 경제에 대한 강한 통제력을 지니고 있는 동시에 또한 변화하고 있다"[6]라고 언급한 것은 결코 놀랄 만한 일이 아니다.

김정일의 진정성은 개방에 대해 반대의사를 밝힌 고위급 관리의 해임 사실에서도 확인되었다.[7] 최근, 북한을 방문한 많은 전문가들도 개방을 향한 김정일의 의지를 확인하고, 북한 정권을 궁지로 몰아넣기보다는 개입정책을 전개해 나가는 것이 좋다는 견해를 피력하였다.[8] 마지막으로, 북한이 중국이라는 창을 통해 사실상, 반 개방 정책으로 나가고 있는 지금의 순간에 주목해야 한다. 사실, 이미 최근 몇 년 동안, 조-중 국경을 통하여 자유로운 인적·물적 교류가 이루어지고 있다. 수만의 북한인들이 중국에 왕복여행이나, 구직을 위해 넘나들고 있으며, 정보 차단 시스템은 사실상 무너져, 한국의 패션, TV 드라마 등이 중국 채널을 통해 북한 인민들에게 알려지고 있다.[9] 전술한 사실을 종합해 볼 때, 북한이 이전의 고립에서 벗어나 개방으로 나아가고 있다고 결론지을 수 있다. 우리는 이미 다른 아시아 국가들에서 이러한 현상을 목도하였고, 이러한 환경은 미래에 북한을 지역 기구에 참여시킬 수 있는 기회를 제공해 주는 것이다.

동북아시아의 지역주의 프로젝트가 성공하기 위한 중요한 전제조건은 지난 5년간 러시아에서 일어난 변화에서 찾을 수 있다. 러시아는 우선, 러시아 국가의 붕괴 가능성을 막기 위해 노력하였고, 이러한 노선은 옐친 시기에 힘을 얻었다. 러시아 국가성의 공고화는 여러 어려움에도 불구하고, 성공적으로 이루어졌고, 이는 푸틴 대통령으로 하여금 시베리아와 러시아 극동지역에까지 통합의 전략을 추구할 수 있게 하는 기반이 되었다. 2003년 이후, 동 시베리아와 극동의 천연자원 개발이 강조됨에 따라, 이

---

6) *The Wall Street Journal of Europe* (April 27, 2004).
7) *Izvestiya* (April 14, 2004).
8) *The Japan Times* (January 27, 2005).
9) *Expert,* No.46 (December 6-12, 2004), p.96.

에 대한 외자 유치가 이루어졌고, 동북아시아 국가들에게 전혀 새로운 시각의 관계가 열렸다고 할 수 있다. 러시아 지역의 대규모 에너지 자원은 수입자원에 의존해야 하는 동북아시아 국가들에게 지역주의 아이디어의 "두 번째 바람"을 불어다 주었다. 동북아시아 국가의 주요 원유 공급지가 될 수 있는 극동의 극도로 불안정한 상황을 고려해보았을 때, 러시아의 개발 프로젝트는 특히 큰 중요도를 지닌다고 할 수 있다.

러시아는 따라서, 전술한 문제들의 해결에 큰 관심을 가지고 있으며, 역내 사회·경제적 발전을 가져올 자극제 창출에 힘쓰고 있다. 이미, 중국, 한국, 일본의 정부와 유수기업들이 러시아와의 에너지 협력에 큰 관심을 보이고 있음을 알 수 있다. 2004년 마지막 날, 러시아 총리는 타이셰트-나홋카(Taishet-Nakhodka) 간 송유관 건설에 사인하였으며, 기업 "트랜스네프(Transneft)"는 해외투자 없이도 준공할 준비가 되어 있음을 선언하였다. 오늘날, 러시아 정부는 원유 판매로 축적된 안정화 기금에 의해 이러한 프로젝트를 추진할 여력이 있는 것이다. 2004년 9월, 노무현 대통령의 방문 중, 양국은 에너지 부문의 협력에 서명하였다. 한국석유공사(KNOC)와 러시아 국영기업 로즈네프(Rosneft)는 캄차카 반도와 사할린의 베니스크 석유 시추에 합의하였다. 비록, 두 프로젝트에서 로즈네프는 자사 보호지분을 보유하기로 하였으나, 유공 역시 캄차카 프로젝트의 40%, 사할린 프로젝트의 25%를 가지기로 합의하고 지리탐사와 개발 단계에서 소요되는 일체의 경비를 부담하기로 하였다.[10)]

또한, 러시아의 티트네프트와 LG 기계·건설 간에 매우 중요한 합의가 이루어진 바, 송유시설, 새로운 정유시설 건설, 30억 달러에 이르는 석유화학 단지 건설, 석유 기업 연합과 삼성그룹과 하바로프스크 정유 공장 재건축 합의 등이 그것이다. 이러한 프로젝트 덕분에, 하바로프스크 공장에서 생산된 25%의 원유가 동북아시아 국가에 공급될 예정이다. 협상과정에서 양측은 러시아 가스의 구입, 한국의 우주 개발 프로젝트에 대한

---

10) *Kommersant* (November 4, 2004).

러시아의 지원 등 많은 부분에서 대화가 있었다.[11] 따라서, 노무현 대통령의 방문에 의해 한국과 러시아 관계가 "상호신뢰의 광범위한 파트너십"으로 발전하게 된 것은 결코 우연이 아니다. 이러한 파트너십에 의해 동북아 국가들 간에 지역주의 구조가 형성될 것임을 강조하고 싶다.

2003~2004년에는 지역수준에서 다자적 대화체제가 형성되었다. 이는 중국·북한·미국·남한·일본·러시아를 포괄하는 다자적 대화틀이며, 북한 핵문제 하나만을 다루는 것이다. 더욱이, 아직 구체적 성과를 낸 것도 아니며, 필자는 6자회담의 여러 문제점을 지난 1월 서울에서 여당인 열린우리당이 개최된 회의에서 지적한 바 있다. 이 때 보고서에서, 필자는 6자회담이 물론 매우 유용한 틀이지만, 미국과 북한 사이의 양자회담을 대체할 수 없다는 점을 지적하였다. 북한 역시, 6자회담을 그 안에서 양자회담이 이루어질 수 있는 틀이라는 전제하에서 이를 받아들였고, 이것이 바로 지난 세 차례의 6자회담의 효율성을 저해하는 요인이라고 할 수 있다. 다자적 구도는 합의를 진작시키는 방향으로 전개되어야 하지만, 분쟁의 주요 두 당사자 사이의 일방적 해결의 장이 되기는 힘들며,[12] 따라서 필자는 여전히 양자적 해결에 무게를 두고 있다.

그러나, 필자는 현재 6자회담의 역설이 북한핵문제 해결이라는 협의의 관점에서 보았을 때 다자적 틀은 단지 보조적인 수단일 뿐이지만, 동북아시아 지역의 제도화의 측면에서 보았을 때 이는 보다 큰 중요성을 지닌다는 것을 지적하고 싶다. 6자회담은 역사적 관점에서 보았을 때, 지역안보협력기구의 초기 단계라고 볼 수 있다. 어찌되었든, 현재의 단계에서 6자회담의 틀은 지역안보건설이 계속되는 가운데 여러 부수적인 긍정적 효과들과 함께 이러한 과정을 저해하는 부정적 요인들 또한 드러날 것이다.

그리고 또 다른 중요한 점은, 러시아·중국·한국에 의해 제안된 '패키지' 해결책이 북한의 사회·경제 발전의 진작 수단으로 경제·에너지 협

11) *Izvestiya* (May 5, 2005).
12) "Main Security Problems In NSA and ways of solving them," pp.10-12.

력 문제들을 포함한다는 것이다. 따라서, 6자회담의 협상 형태는 보다 광범위한 지역안보문제를 포괄하는 것이라 할 수 있다.

2004년 9월, 한국-러시아 간 정상회담에서 협력에 관한 대화가 이루어졌을 때, 푸틴 대통령은 기자 회견을 통해 한국과의 우호관계를 유지하고 있는 에너지와 교통 협력을 포함한 경제적 이익창출에도 관심을 가지고 있음을 밝혔다.

물론, 가장 우선적 관심사는 남-북 철도를 시베리아 횡단철도와 연결하는 것이며, 북한 영토를 거쳐 한국으로 통하는 파이프 라인 건설문제 역시 논의되었다. 이러한 프로젝트가 한국 정부가 추진하고 있는 대북 포용정책의 성공에 도움을 주고, 한반도의 평화·안정에 공헌하며, 실용적이고 성공적인 지역협력의 본보기가 될 것임은 자명한 일이다.

II. 지역 안보시스템의 제도화의 장애물

이와 같은 성과에도 불구하고, 동북아시아 지역 안보시스템의 구축을 위한 필수조건은 현재 국내적, 역내적, 역외적 등 다양한 장애물에 직면해 있는 것이 사실이다.

여러 장애물 중에서도 각기 상이한 사회-경제적, 정치적 그리고 전반적인 역사 발전을 들 수 있다. 지역 각국 간의 관계는 냉전의 잔해뿐 아니라, 이러한 역사의 기억에 의해서도 크게 제약받고 있다. 최근 일부 인사들은 동북아시아의 지역주의 형성을 논하면서도 유럽의 역사적 경험을 고려하는 데에 실패하고 있다. 유럽의 역사가 웨스트 팔리아 시스템 형성 이전의 수세기 동안의 봉건 영주 간 전쟁으로 점철되었고, 민주화 이행기에도 1·2차 대전을 겪었을 뿐 아니라, 냉전 종식 이후에야 이러한 역사적 기억을 떨쳐 버리고 유럽 지역주의의 원형을 만들어 갈 수 있다는 사실을 기억할 필요가 있다. 또한, 유럽은 1951년 유럽석탄·철강 공동 연합(ECSC), 57년 유럽경제공동체(EEC), 93년 유럽연합(EU)의 단계적 발전 과정을 밟았다는 사실을 상기할 필요가 있다. 그러므로, 유럽공동체 건설은 우선 공동체 운명의 이해에 기반한 심리적 환경의 조성, 그 이후 경제적 토대 마련한 이후에, 그리고 유럽공동체의 벽과 지붕(지붕에 해당하는 유럽 헌법은 미래에 지어져야 하는 것이다) 건설에 착수하였다.

이러한 유럽의 역사적 경험에 비하면, 동북아시아에서의 지역주의의 아이디어는 아직 미숙한 편이라고 할 수 있다. 따라서 필자는 이의 현실화는 상당한 시간이 필요할 것으로 본다. 현대 세계라는 시간적 특징은 세계화에 기반한 역사발전 과정의 역동성과 가속화라고 정의할 수 있는데, 심리적 변혁 없이 경제적 변혁이 가능하지 말라는 보장도 없긴 하지만, 이것이 심리적 통합의 필요성이 완전히 무시될 수 있다는 의미는 아니다. 프린스턴 대학의 교수로 재직 중인 로즈만(Gilbert Rozman)은 최근 그의 저서에서 몇몇 이상주의자들이 경제통합의 힘을 믿고, 무역과 투자의 계속된 연계가 지역주의로 이어질 것으로 예상한다고 지적하였다. 그는, "놀라운 경제통합 속도에도 불구하고, 아직 분노가 줄어들지도, 신뢰가 달성된 것도 아니다. 경제적 연계의 증대는 소중한 자산으로 작용할 수 있지만 이것만으로 충분한 것은 아니다··· 양자적 관계와 연결된 국가 정체성의 충돌은 지역주의의 형성을 가로막는 중요한 장애요소로 작용하였다"라고 쓰고 있다.[13)]

국가 내부적 요인을 살펴보자. 오늘날 상당수의 동북아시아 국가들이 다양한 수준에서 국민국가의 건설 과정 중에 있다고 할 수 있다. 한반도는 남과 북으로 나뉘어져 있고, 중국은 대만이 빨리 중국에 통일되기를 바라고 있으며, 세계 제2의 경제대국인 일본은, 전술한 사실들과 국제사회에서의 역할 사이에 존재하는 모순에 대해 숙고하고 있다. 또한, 러시아는 시베리아와 극동지역을 완전한 경제권역으로 통합하려는 목표를 가

---

13) G. Rozman. *Northeast Asia's Stunned Regionalism. Bilateral Distrust in the Shadow of Globalization* (Cambridge, UK: Cambridge Univ. Press, 2004), p.356.

지고 있다. 이러한 모든 요인은 국가 정체성과 국민국가가 역사적으로 형성되는 것이라는 인식하에 민족주의가 자랄 수 있는 토양을 제공해 주고 있다. 그러나, 개별 국가의 주관적·지정학적 아이디어가 국가 목표의 해결과 뒤섞인다면, 과거 역사의 부정적 유산을 극복하려는 노력의 결실은 늦추어지거나 중단될 것이다. 동북아시아의 부정적 민족주의의 확산은 영토분쟁의 확산과 함께 심화되고 있는 실정이다.

일본의 경우, 러시아와 북방영토로 불리는 사할린 지역, 중국과 센카쿠 열도, 한국과 독도 등에서 나머지 동북아시아 국가 모두와 영토분쟁에 휘말려 있는 상태이다. 올 3, 4월에는 공식적 항의와 길거리 시위를 동반한 관계의 심각한 악화 계기가 있었다. 일본 총리가 정기적으로 250만의 전사자뿐 아니라, 14명의 A급 전범이 합사된 야스쿠니 신사를 방문한 것은 일본주변국들과의 관계에 커다란 악재로 작용하였다. 이는 한국·중국 등 아시아 국가들에게 일본이 과거의 잘못을 사죄하지 않는다는 상징처럼 여겨지는 것이었다. 올 4월 초, 2차 대전시 일본의 잔혹행위에 대해 잘못 기술하고 있는 교과서의 채택에 반대하여 대규모 반일 시위가 중국의 몇몇 대도시에서 일어나 시위참가자들은 일본상품의 불매운동을 벌였고, 한국에서도 이에 대한 항의 시위가 일어났다. 격렬한 길거리 반일 시위 이후, 공식 항의서한이 주한 일본대사와 외무장관에게 전달되었다.[14] 노부타키 마츠무라 일본 외무장관의 베이징 방문은 상호 비방전이 되어 버렸고, 한·일 관계는 "독도(다케시마)는 일본 고유의 영토"[15]라고 한 일본의 "외교 지침서"로 인해 악화 일로를 걸었다. 이러한 환경은 부정적 의미의 민족주의를 부추기며, 경제적 상호의존의 증대가 지역주의의 발전에 이어지지 못하게 하는 장애요소로 작용하였다. 이러한 상황의 개선을 위해서는 민족주의적 관점의 전환이 요구된다.[16]

---

14) *The Wall Street Journal Europe* (April 11, 2005); *International Herald Tribune* (April 11).

15) *Kommersant* (April 19, 2005).

16) 동북아시아 민족주의와 관련해서는 다음의 글이 흥미로운 시각을 제공해

현재 단계에서 동북아시아의 풀리지 않은 에너지 안보 문제는 성공적 지역주의의 등장을 저해하고 있다. 사실, 오늘날 도서 분쟁의 악화 원인에는 이 지역에 원유와 천연가스가 매장되어 있어, 각국들이 이의 개발에 상당한 관심을 가지고 있기 때문이다.[17] 중국 석유 공사는 영해에서 가장 가까운 유전개발에 착수하였고, 오는 8월에 이의 상업적 시추를 시작할 예정이다. 이 문제에 관한 일본과 중국의 갈등은 아직 해결되지 않은 채로 남아 있다. 2005년 4월 1일, 일본 정부는 중국기업에 의한 이 지역의 개발이 일본의 배타적 경제수역을 침범하는 것이며, 일본측의 천연 자원의 상태에 영향을 미칠 수 있음을 천명 하였다. 일본 정부는 4월 13일, 일본 기업에게 천연자원의 채굴권을 허가하여 동중국해 지역에서 시추를 허가하였다. 이에 따라, 국가 인민위원회의 공식 대표는 분쟁 지역에서의 일본의 시추가 동중국해에서 분쟁상황을 보다 악화시킬 수 있음을 통보하였다.[18]

또한, 중국과 일본 간에는 2003~4년 소기의 성공을 거두었으나 아직 완성되지 않고 있는 러시아 원유 파이프라인인 앙가라스크(Angarsk, 나중에 타이셰트(Taishet)로 변경)-나홋카(Nakhodka, 나중에 프리보즈나야만(Privoznaya Bay)으로 변경)의 진로를 놓고서도 분쟁의 양상을 보였다. 이는 에너지 문제를 복합적이고 다자적인 지역적 기반하에 절실하게 풀 필요가 있다는 것을 입증하는 것이다. 에너지 문제에 있어 매우 영리하고 실용적인 해결책은 인도와 파키스탄에 의해서 입증된 것처럼, 이란에서 공급되는 천연가스 파이프라인이 파키스탄을 거쳐 인도에까지 공급된 것이다. 인도와 이란은 아주 오래 전부터 이러한 가스 파이프라인 건설에 대한 협상을 개시하였으나, 파키스탄에 대한 의존이 증대할 것이라는 우려로 인해 진척을 보지 못하고 있었다.

주고 있다. Byung-Joon Ahn in *Asia-Pacific Review,* Vol.11, No.2 (Novermber 2004), pp.18-35.

17) Ibid., pp.39-40.

18) *Vremya Novostei* (April 14, 2005).

그러나, 경제성장에 따른 에너지 자원의 수요 급증은 실용주의적 고려가 우선시되게 하였다. 더욱이, 인도는 이 파이프라인을 중국에까지 연장하는 방안을 제안하여, 지난 4월 원자바오 총리가 뉴델리를 방문하였을 때 논의되었다. 인도는 또한 중국에게 주요 석유기업들이 제3국에서 공동으로 원유·가스 개발에 착수할 것을 제안하였다.[19] 이에 따라, 전통적으로 적대관계에 있었던 중국과 인도는 갈등의 원천이었던 국경문제 대신 경제협력에 초점을 맞추게 되었다. 이의 결과로, 남아시아는 에너지 안보 문제의 해결에 있어, 중요한 선례를 제공해준다고 볼 수 있다.

동아시아 지역의 리더십 문제는 지역주의의 확대에 중요한 장애 요소로 작용하고 있다. 일본 국제문제 연구소의 마쯔오 와타나베씨는 동북아시아 지역 통합 문제에 대해 다음과 같이 기술하고 있다. "지역 통합은 독일과 프랑스가 그러했던 것처럼, 당사국의 다양한 이해관계를 조정할 수 있는 리더십을 필요로 하는 정치적 과정이다. 동아시아에는 어떤 국가가 이러한 역할을 해야 하는지에 대한 견해의 일치가 없는 상태이다. 비록, 일본과 중국이 지역의 리더자리를 놓고 경쟁 중에 있으나, 양국 모두 결정적 리더십을 맡기에는 부족하다.[20]

그러나, 문제는 이러한 '결정적' 리더십을 발휘할 수 있는 국가의 부재에 있는 것이 아니다. 유럽 연합의 성공 비결은 독일과 프랑스가 서로간의 경쟁의식을 털어 버리고, 분쟁의 과거를 역사 속에 묻고, 통합된 유럽을 향해 서로의 힘을 모아 나간 데 있다. 사실, 과거 독일과 프랑스의 관계가 현재 중국과 일본의 관계와 다를 바 없이 좋지 않았다는 것은 자명한 사실이다.

먼저, 엄청난 경제적 힘에 기대어, 동북아시아뿐 아니라 아시아 전체의 리더가 되려 했던 것은 일본이다. 신흥 공업국에서 일본형의 수출 주도산업의 성공과 동남아시아 국가들의 같은 방식에 의한 성공은 아시아 리더

19) *Vremya Novostei* (April 13, 2005).

20) *Asia-Pacific Review,* Vol.11, No.2 (Nov. 2004), p.14.

십을 위한 일본의 희망을 충족시키는 현실적인 증거로 보이기도 하였다. 동아시아 경제발전에 일본을 엄마 기러기로 상정하는 "기러기떼" 모델을 적용하는 시도 역시 이루어졌다. 일본은 동남 아시아 국가들에 이어, 인도와 여타 동남아시아 국가들이 뒤를 따를 것으로 기대하였다.

그러나, 오늘날 이러한 개념을 적용하는 이는 극히 드물다. 사실, 매우 성공적인 모델도 그 한계는 있으며, '일본적 아시아 모델'의 경우 후기산업사회로의 전환 과정에서 정체의 모습을 보였다. 그러나, 일본은 보다 중요한 요인에 의해, 지역 혹은 하부 지역 리더의 역할을 포기했는데, 그것은 바로 일본의 경제적 위상과 정치적 위상의 불일치 즉, 대부분의 국제문제에서 보이는 대미 종속성이었다. 이것이 바로 일본이 아시아 태평양 지역의 다자간 협력 제도화 과정에서 미국이 주도적 역할을 하도록 내버려 둔 이유였다. 그리고, 마침내 90년대 중반, 특히 1997년 아시아 외환위기 이후 일본이 이전의 노선에서 탈피하여, 아시아 통화기금이나 동북아시아 개발은행의 창설과 같은 구상을 내놓았을 때마저, 미국의 반대에 부딪혀 좌초해야만 했다.

이와 동시에, 중국의 엄청난 경제성장은 동아시아를 세계경제의 두 번째 동력으로 올려놓음과 동시에 일본의 지역 리더 역할 행사를 힘들게 만들었다. 그러나, 중국 역시 동북아시아 통합과정의 촉진자 역할을 하기는 힘들다. 하부 지역체제 내에서 협력의 성공과 함께 중국은 동아시아 하부 체제 내에 통합되기에는 너무나 크고 빠르게 성장하고 있다. 오늘날, 중국의 지도자들이 근대화 과제를 풀기 위해서는 세계 수준에서 세계화 문제에 대처함과 동시에 지역적, 특히 동북아시아라는 하부지역적 수준에서 대처해야 함을 깨닫기 시작하였다. 이러한 점에서, 4월 원자바오 총리의 인도방문은 상당한 의미를 띤다고 할 수 있다. 양국간의 "전략적 파트너십" 선언은 인도 싱 총리의 다음과 같은 말과 동반되었다. "인도와 중국이 함께라면 세계 질서를 바꿀 수 있다."[21)]

---

21) *Vremya Novste y* (April 12, 2005).

원자바오 총리는 방갈로에서 IT 기술자들에게 한 연설에서 "나는 우리가 손을 잡으면 IT 산업의 세계에서 새로운 획을 그을 수 있다고 확신한다. 함께라면, 우리는 리더의 역할을 할 수 있다"[22]라고 말했다. 원자바오는 재계와 가진 회담에서, "중국과 인도 간 상호이해의 증진은 세계 번영의 필요조건이며 아시아 신화의 시작이다"라고 말했으며 더욱이, 인도 총리와의 사적 담화에서 원자바오는 "중국은 인도의 유엔 안전보장이사회 가입을 모든 가능한 방향에서 환영한다"고 천명하였다.[23]

이는 비록 중국이 동북아시아 국가들과 통합과정 강화에 관심이 있기는 하나, 이와 동시에 중국의 인구와 경제규모를 고려하여 중국의 리더십이 세계화로 향하고 있음을 보여주는 것이다. 이는 중국이 동남아시아의 "열린지역주의" 공식을 고수할 것이라는 것을 말함과 동시에 이는 최근 중국-인도 정상회담과 미주개발은행(Inter-American Development Bank)에의 참여 사실에서도 드러난다. 미주개발은행의 멤버십은 중국이 이 은행에 의해 지원되는 프로젝트와 관련된 건설과 자재 공급 계약에 참여할 수 있음을 의미한다.[24] 또한, 중국은 동남아시아에 진출해 있는 화교들의 자금력 및 경제적 영향력을 십분 활용할 수도 있다. 최근, 오랫동안 지역경제리더로서 목소리를 높여온 중국과 일본은 영향력을 놓고 더욱 격한 경쟁을 벌이고 있다. 이러한 경쟁관계는 최근 양국이 동북아시아 국가와 자유무역협정을 맺으려는 노력에서도 확인된다.[25]

동북아시아에 경쟁하는 두 거인이 존재하는 이상, 자율적인 지역주의의 담론은 적실성을 가지기 힘들 것이다. 그리고 그러한 지역주의의 조건이 현실화되는 때에는, 일본과 중국이 민족주의적 감정을 극복하고 진실

22) *The World Street Journal Europe* (April 11, 2005).

23) *Kommersant* (April 14, 2005).

24) *Financial Times* (April 11, 2005).

25) *Asia-Pacific Review,* Vol.11 (November 2004), pp.1-3, 28-29; In the course of ASEAN+3 Summit in Vientiane (Laos, 29 November 2004); President Roh Moo-hyun and ASEAN leaders agreed to launch Free Trade Agreement negotiations next year, *Korea Now* (December 11, 2004), p.8 참조.

한 화해의 길을 걸으면, 현재 논의되고 있는 지역주의 필요성마저 사라져, 글로벌리즘의 담론 속으로 융화될 수 있을 것이다.

동북아시아의 역외적 변수는 미국이라 할 수 있다. 미국은 오래 전부터 8만 명의 미군을 동북아에 주둔시켜 오는 등 역내에서 지배적 행위자로 자리매김 하였다. 냉전 시기, 미국은 일본과 한국에 안보우산을 제공해주며, 긍정적 균형자 역할을 하였다. 그러나, 냉전 종식 이후에도, 냉전 시기에 형성된 구조가 여전히 잔존해 있다. 양극체제에서 연원하는 미-일, 한-미 동맹은 그 체제가 바뀌지 않았을 뿐 아니라, 미국은 오히려 이를 강화하려고 노력하고 있다. 미국은 양극체제하에 또 다른 대립각을 세우고 최근 흔들리고 있는 역내 패권적 지위를 유지하는 듯한 인상을 심어주고 있다. 전술한 글에서, 마쯔오 와타나베는 2003년 아브라모비츠와 브츠워츠의 글을 인용하며, 중국의 경제적·지정학적 부상이 미국이 역내 영향력을 잃어가게 하는 요인임을 지적하였다.[26]

우리는 인류의 역사로부터, 강대국은 쉽게 패권적 지위를 포기하려 하지 않는다는 것을 배워 왔으며, 특정 국가의 과거 특성이 현재에 완전히 반영될 수 없음 또한 알 수 있다. 미국의 지도자들 역시 여기에서 예외일 수는 없다. 양극 구조의 해체 후, 미국이 유일 초강대국이 되었다는 사실에 도취되어, 현재 우리 눈앞에 전개되고 있는 다극체제로의 전환이라는 현실을 도외시하고 있다. 이러한 현상은 아시아, 특히 동북아시아에서도 계속되고 있다. 확실히, 미국은 현재 동북아시아 국가들에게 가장 중요한 파트너이지만 무역수지는 동북아 국가들에게 훨씬 유리하게 전개되었다.

예를 들어, 중국과 미국 간 해외무역 거래총액은 2003년 1,260억 달러에 달하였으나, 미국은 586억 달러의 적자를 기록하였다.[27] 중국은 이러한 우호적인 무역 구조를 유지하기를 원하며, 이는 달러가치 변동폭에 고정되어 있는 위안화 때문만은 아니다. 미국 재무성은 이러한 무역구조 개

---

26) Op. cit., pp.7-8.

27) *Vremya Novostei* (February 10, 2004).

선을 목표로 달러화 평가절하를 시도하였으나, 큰 효과를 보지는 못하였다. 더욱이, 동북아시아 국가들은 어떤 의미에서는 미국의 재정력에 포박당해 있는 상태이다. 일본과 중국은 미국의 국가 채권을 보유하고 있는 주요 국가인데, 일본이 5,260억 달러로 가장 많고, 중국이 1,440억 달러, 기타 아시아 국가들이 860억 달러를 투자하여 미국 국채의 총 56%를 보유하고 있는 실정이다.[28)]

따라서, 동북아시아 국가들은 미국에 매우 특별한 영향력을 보유하고 있다. 특히, 미국이 만성적 재정적자, 무역수지 적자, 달러의 세계적 기축통화화 등의 부담을 안고 있는 것을 고려하면 동북아시아 국가들의 영향력은 더욱 커진다. 2004년 초, 일본 7,412억 달러, 중국 4,033억 달러, 홍콩 1,236억 달러, 대만 2,149억 달러, 한국 1,575억 달러 등 동북아시아 국가들은 금과 외환 보유의 형태로 2조 달러가 넘는 달러자산을 보유하고 있었다.[29)] 2003년 말, 미 행정부가 위안화 평가절하를 위해 압력을 행사하였을 때, 중국은 이 제안을 거절하였을 뿐만 아니라, 몇몇 언론에 의하면 더 이상 미 공채를 보유하지 않을 수도 있음을 암시 하였다. 이는 강대국의 압력에 대한 금융-경제적 대응의 본보기라 할 수 있다.

이러한 상황하에서, 미국은 동북아시아의 자율적 지역주의의 형성뿐 아니라, ASEAN+3과 같은 확고한 지역주의에 대해서도 반대의사를 표명해 왔으며, 이는 그다지 놀라운 일이 아니다. 사실, 아시아 통화기금 창설의 아이디어 자체는 유럽의 지원을 받은 미국의 반대로 무산되었으나, 2000년 태국 치앙마이에서 열린 ASEAN+3 국가 재무장관 회의에서 외환 보유고의 일시적 부족시 다른 국가의 여유 외환을 차입할 수 있게 하는 통화 스왑에 합의하여, 부분적으로 실현되었다고 볼 수도 있다. 이 치앙마이 구상의 결과로 총 규모 365억 달러에 달하는 16개의 양자적 통화 스왑 협정이 맺어졌다.[30)]

---

28) *Vedomosti* (February 12, 2004).

29) *Kommersant* (February 10, 2004).

30) *Asia-Pacific Review,* Vol.11, No.2 (November 2004), p.25.

2002년 ASEAN+3 정상회담에서 동아시아 연구 그룹(East Asia Study Group)은 2005년을 시작으로 하는 동아시아 연례정상회담을 제안한 바, 미국의 부정적 반응은 지역주의를 향한 노력을 좌절시키기보다는 오히려 촉진시킨 것으로 보인다. 그러나, 아시아 국가들이 현재 초강대국이자 IT 산업의 발전을 자랑하는 세계적 국가인 미국을 무시할 수는 없다. 이것이 아시아의 지역주의가 쉽게 제도화를 달성하지 못하고 있는 이유라 할 수 있다.

보다 협의의 정치적 측면에서, 동북아시아 지역 안보시스템의 발전에 장애요소로 작용하고 있는 것은 부시 행정부의 한반도 화해와 협력에 관한 접근방식이라고 할 수 있다. 미국의 대북정책은 겉으로 보이는 엄청난 우려에도 불구하고, 북한 핵개발 프로그램을 그리 우려하지 않으며, 전략적 결과에 관계없이 군사적 수단을 포함하는 해결방법을 동원하여 정권교체를 원하고 있다는 인상을 준다. 부시 행정부는 한국 정부의 대북 포용정책에 대해 이것이 무력사용을 막을 수 있는 유일한 대안이자, 느리지만 중대한 결과를 내어 놓고 있는 방식임에도 불구하고, 회의적인 자세를 보이고 있으며, 때때로 적대적이기까지 하다. 따라서 오늘날, 다음과 같은 개략적인 문제해결 계획을 세워볼 수 있을 것이다.

우선, 핵문제 해결의 열쇠는 미국이 쥐고 있으며, 이의 해결은 북한의 지역협력 프로세스 참여 등 참여 정책의 집행을 통하여 광범위한 기회를 제공해 줄 것이다. 따라서 이는, 동북아시아 지역 안보 체제 구축에 우호적인 조건을 제공해 주며, 역내 모든 국가들이 이의 실행을 가능케 하는 유일한 길이라 할 수 있다. 6자회담의 틀을 생각해 볼 때, 이것이 초강대국의 일방적인 정책의 장이 되어서는 안 되며, 양 극단 사이의 협의를 도출할 수 있는 지원을 위한 장으로서 기능하여야 한다.

III. 결론

현재, 동북아시아 지역 기구 형성 전망은 요원하기만 하다. 하지만, 역내 국가들은 미국에 지나치게 의존적인 경제적 문제들을 인식하기 시작하여, 동북아시아 국가들은 경제관계들을 다각화하려 노력하고 있고, 급속히 빠르게 확산되고 있는 아시아 국가 간 경제 대화를 촉진하려 하고 있다. 이는 이 지역 국가들을 지배하고 있는 경제적 실용주의의 힘이며, 전술한 장애요소와 적대감정에도 불구하고, 경제적 협력과 지역 무역의 발전이 이루어지고 있다. 반면, 정치적·심리적 문제들은 여전히 심각하며 경제적 지역주의의 조직적 집행에 심각한 장애요소가 되고 있다.

필자는 바로 이러한 요소들로 인해, 동북아시아 지역주의의 통합 경향은 ASEAN+3의 형태를 띨 것으로 예상한다. 그러나, 이 시점에서 지나치게 낙관적 견해를 가져 후일 실망하는 일은 없어야 한다. 12월 *Korea Point*의 사설은 다음과 같은 말로 시작한다. "13개 동아시아 국가들이 라오스 회담에서 다음해 쿠알라룸푸르 정상회담 개최에 합의하였을 때, 동아시아 판 유럽연합의 역사적 창조 과정을 개시한 것으로 보였다. 수년 전만 하여도, 동아시아 공동체 구상은 생각하기 힘든 것이었다."[31] 이러한 낙관론의 주장은 다음과 같은 논거를 기반으로 한다. 동아시아 13개 국가들은 세계 인구의 3분의 1인 20억 인구, 세계 총 생산량의 20%를 자랑하고 있으며, 세계 총 외환보유고의 절반을 차지하고 있다. 그러나 많은 국가와 인구가 존재하면, 문제 역시 많은 법이다.

*Korean Point*가 한국이 북핵 문제 및 다른 이슈의 해결을 위해 동아시아 공동체 구상을 약화시키고 있다는 비판을 제기하였을 때, 복잡한 정치적 문제의 해결 없이는 어떤 지역공동체도 강화될 수 없음을 상기할 필요가 있었다. 아직, 유럽 공동체 모델의 현실화는 갈 길이 멀다고 할 수 있으며, "아시아의 경제적 냄비", "수프"는 아직 요리 중에 있다고 할 수

---

31) *Korea Now* (December 11, 2004), p.4.

있으며, 이러한 요리의 최종 결과물이 나올지도 아직 미지수이다. 한 가지 확실한 사실은 우리의 눈앞에서 전개되고 있는 다자주의적 세계는 "단극적 세계" 개념의 지지자들이 보이는 회의에도 불구하고 더욱 발전할 것이며, 이 과정에서 21세기 아시아의 모델이 보다 중요한 역할을 할 것이라는 점이다.

북한 핵문제와 다자 협력에 대한 일본의 접근

와다 하루키(WADA Haruki)
|도쿄대학교 명예교수

일본은 북한과 양자적 문제와 동시에, 대북 문제에 관하여 동북아 지역 국가들과 다자적 이해와 우려를 공유하고 있다. 우선 일본과 북한 간 양자적 이슈를 보자. 일본은 한국과 지리적으로 가장 근접한 국가로서, 고대부터 밀접한 교류를 가져왔으나, 현재 일본은 남한과 북한 중 한국과만 수교하고 있는 실정이다.

현재 분단된 한국의 국민은 일본 식민지 통치하에서 엄청난 피해와 고통을 감내해야 했다. 1995년 8월, 무라야마 총리의 담화에서 일본은 식민지 통치기간 동안 한국 국민에게 안겨준 고통과 피해에 대해 후회와 사죄의 뜻을 표명하였으며, 1998년에는 한-일 양국 정부가 무라야마 담화의 내용을 확인하는 공동성명서에 서명하였다. 그러나, 한반도의 북쪽에 살고 있는 한국인들에 대한 적절한 사죄의 표시는 아직 이루어지지 않은 상태에 있다.

조선민주주의 인민공화국은 그 건국시기부터, 1930년대 항일 유격대의 리더였던 김일성에 의해 통치된 국가였다. 김일성과 일본 "반란 토벌군" 사이의 증오가 북한의 하나의 건국이념이 된 사실은 관계정상화를 위해서 일본측이 과거사에 대한 진솔한 사죄를 할 필요성을 더욱 높이는 사실이라 할 수 있다.

조선민주주의 인민공화국은 45년 광복 이후 탄생하였지만, 이는 결코 먼 역사적 사실만은 아니며, 오늘날의 대일관계에서도 상당한 중요성을 가진다. 1930년대 이후로, 적대적 관계는 지속되었고, 한국 전쟁은 유엔 안전보장이사회가 북한의 침공으로 정의한 것처럼, 북한이 무력으로 한반도를 통일하려는 기도에 의해 발발하였다. 미국이 남한을 지원하기 위해 참전하자, 일본은 자동적으로 미국의 군사적 활동을 위한 중요한 기지가 되었다. 일본의 국철, 해안 경비대, 적십자는 미국 편에서 전쟁수행을 도왔다.

일본의 항해사는 미 해병1사단의 인천 상륙을 이끌었고, 일본 해안 경비대의 기뢰 제거반은 미군의 원산 상륙을 위한 해로 확보에 큰 도움을 주었다. 전쟁 중, 미국의 B-29 폭격기는 일본의 요코다와 가네다에서 출격하여, 북한군, 마을, 댐, 기타 시설에 엄청난 폭격을 쏟아 부었다.

일본은 오로지 패전 점령국이라는 이유로 이러한 조력을 제공하였고, 무조건적으로 점령군의 명령에 따를 의무를 지니고 있었다. 따라서, 비록 일본 국민들은 한국 전쟁에 관여했다는 기억이 없을지라도, 북한의 관점에서 일본은 미국과 남한을 지원한 적성 국가였다.

정전(停戰) 후, 52년 동안, 평화 조약의 체결 없이 휴전만이 지속되었다. 미군 기지는 여전히 일본 내에 존재하며, 일본과 북한은 적대관계에 있다. 이 기간 동안, 북한은 미군과 일본자위대에 대한 정보를 입수하기 위해 간첩선과 위조여권을 소지한 공작원을 파견하는 등 일본 영토 내에서 불법적 행위를 자행하고 있다. 남파 공작원의 여권 획득을 목적으로 한 것으로 보이는 일본인 납치사건도 있었고, 합법적으로 대북 수출이 금지된 전략적·첨단 기술의 유출과 마약·흥분제가 일본으로 유입되는 사건도 있었다.

1990년대에는 노동 미사일의 개발·배치와 핵개발에 대한 의혹이 일본과 북한 양국관계의 긴장을 높였다. 1945년 미국의 원자탄 공격으로 엄청난 피해를 입은 일본국민들로서는 이웃국가가 핵무장을 시도한다는 것은 결코 용납할 수 없는 사실이었다.

만약 일본이 북한과의 관계정상화를 시도하려 한다면, 일본이 먼저 식민지 지배가 한국민에 안겨준 고통을 인정하고 사과·보상하는 것이 중요하다. 관계 정상화는 양국 모두에게 과거 50년간의 불안정하고 적대적이었던 관계를 종식하는 것을 의미하며, 북한에게는 50년 동안 자행한 불법행위를 인정하고, 앞으로의 재발방지를 약속하며 이의 결과로 일어난 피해의 보상을 요구하는 것이다. 세 번째는 양국간의 군사적 긴장을 완화해 나가는 것이다. 상대국 안보를 위협하는 무기의 개발·배치는 중지되어야 한다. 넷째, 양국은 지역적·세계적 협력과 안정에 공헌하도록 공동노력을 경유해 나가야 한다.

1990년 9월, 식민지배 종식 46년 후, 이 문제에 대한 양국의 협상이 개시되었다. 당시, 일본은 북한의 문을 두드렸고, 다케시타 노보루 수상의 개인 서한과 함께 가네마루 신 자민당 부총재와 다나베 마코토 사회당 당수를 주축으로 하는 사절단이 파견되었다. 이때, 자민당, 사회당, 조선노동당의 3당이 일본의 과거사에 대한 사죄와 식민통치에 대한 보상 그 이후 수교계획을 포함하는 관계정상화에 대한 선언을 채택하였다.

일본-북한 간 국교 정상화 회담은 1991년 1월에 개시되어, 1992년 5월 8차 회담을 끝으로 중단되었다. KAL기 폭파사건의 주범인 김현희에게 일본어를 가르친 것으로 보이는 이은혜라는 이름의 납북 일본 여성의 존재여부와 북한의 핵 개발 의혹 등이 회담의 진전을 막는 가장 큰 장애요인이었다.

2002년 9월 17일, 고이즈미 총리가 급작스럽게 북한을 방문하였다. 일본-북한 간 평양 선언이 채택되었는데, 이는 일본 외무성 아태국장인 다나카 히로시와 김정일 위원장의 신뢰를 받는 "Mr.X" 간의 매우 오랜 비밀협상의 결과물이었다. 이 협상에 참가한 사람은 극소수였고, 납북자 문제에 대해 강경노선을 걷고 있는 아베 신조 관방장관에게까지 철저한 비밀에 부쳐졌다.

일본-북한 정상 간의 9월 회담은 짧았지만, 매우 극적이었다고 평가할 수 있다. 두 정상은 양국의 관계 정상화를 위해 최선을 다하기로 합의하였다. 고이즈미 총리는 평양선언에서 식민 강점기에 한국민에게 안긴 엄청난 피해와 고통에 대해 "깊은 유감과 진심 어린사죄"를 표명하고, 관계 정상화 뒤에 북한측에 경제지원을 약속하였다. 양국은 상호적으로 1945년 8월 15일 이전에 발생한 원인에 따른 자국민의 재산권·청구권을 포기하기로 합의하였다. 동시에, 김정일 국방위원장은 1977년부터 1982년까지 13명의 일본인의 납치한 것과 일본 영해 내에 북한 간첩선을 파견한 사실을 인정하였다.

지금까지, 납치 문제는 의혹에 둘러싸인 문제였지만, 일본 정부는 7건, 총 10명에 대한 납치를 공식적으로 인정하였다. 현재 북한은 1명을 제외한 9명의 납북 사실과 요도호 사건 당시 납치범 3명의 납북 사실을 인정하였으며, 일본에는 알려져 있지 않았던 소가 히토미 씨의 납치 사실도 인정하였다. 북한 정부는 납치된 13명 중 5명이 생존해 있고, 8명이 사망하였다고 알려 왔다.

이러한 정보가 납치자 가족들에게 엄청난 충격과 깊은 상처를 준 것은 너무나 당연한 일이다. 이들의 슬픔을 보며, 일본 국민들은 이들에 대한 동정과 함께 북한에 대해 보다 격렬한 분노를 보였다. 이러한 상황에서도 피해자 가족들의 고통과 분노를 누그러뜨림과 동시에 합리적 외교노선을 걷는 것은 가능하고, 또 필요한 일이었다. 그러나, 북한 납치자 일본인 전국협회(National Association for the Rescue of Japanese Abducted by North Korea) 내에는 몇몇 급진주의자가 있었다.

예를 들어, 이 협의의 의장인 사토 카즈미 씨는 "김정일 정권이 존재하는 한, 납치자 문제를 처리하기 힘들다"라든지 "김정일 정권의 전복은 납치자 문제의 해결을 위한 절대적 필요조건이다"라고 공개적으로 발언하였다. 확실히, 김정일 정권이 납치문제에 대해 그렇게 명확하게 진실을 인정하리라고는 기대되지 않았다. 사실, 사토 씨의 주장은 이후 전개될 납치문제 해결책의 내용에 따라 설득력이 있을 수도 있는 것이었다. 그러나, 애초의 목적이 김정일에 의해 통치되는 북한과의 관계 정상화였다면, 우리는 김정일 정권의 전복을 시도할 수는 없으며, 이를 계획한다면, 관계 정상화는 불가능한 것이다.

일본 정부는 일본을 방문한 5명의 일본인 납북자를 일본에 남기고, 이들의 자녀 송환을 요구하기로 결정하였다. 그리고, 이들의 자녀에 대한 송환 스케줄이 명확해지지 않는 이상, 양국간 관계 정상화를 위한 더 이상의 협상은 없을 것이라고 하였다. 이에 대해, 북한 정부는 이는 양국간 약속의 위반이며, 5명의 북한 송환을 요구하여 협상은 교착상태에 접어들게 되었다.

정부 내 그의 막강한 지위를 점하고 있는 아베 신조 관방장관은, 북한은 빈곤과 기아로 인해 일본의 요구 조건을 수용할 수밖에 없을 것이라고 하였고, 11월 14일에는 일본에는 북한이 겨울을 나는 데 꼭 필요한 석유와 식량이 있으므로, 머지않은 시일 내에 굴복할 것이라고 주장하였다. 그러나, 북한은 굴복하지 않았고, 교착상태는 지속되었으며, 그로부터 2번의 겨울이 지났다.

일본에서는 새롭게 조직된 "납치자를 위한 조사·지원 위원회(Council for Investigation and Help for Specially Designated Missing Persons)"가 정황상 북한에 의한 납치와 관계가 있을 것으로 보이는 전국의 실종자 명단 작성에 착수하였고, 2004년 2월에는 대북 경제제재를 실행하기 위한 사전 포석으로, 자민당과 민주당 공동으로 대북 무역과 송금의 중단을 주요 골자로 하는 '대외 교류법(foreign exchange law)'과 '대외 무역법(Foreign Trade Law)'의 부분 개정안을 중의원에 제출·통과되기에 이르렀다.

대북 막후협상은 의원 연맹의 총 비서인 히라사와 가쯔에이가 담당하였고, 2004년 4월에는 총리의 측근이자 전 의원인 야마자키 타쿠가 히라와세와 함께 후속 회담의 조율을 위해 다롄(Dalian)을 방문하여 고이즈미 총리의 두 번째 평양 방문을 준비하였다. 2004년 5월 22일, 고이즈미는 평양을 방문, 김정일 위원장을 만나 양국간의 협상은 다시 정상궤도에 진입하게 되었다. 고이즈미 총리는 국교 정상화를 재개하기 위한 신뢰구축 단계를 밟고 있다고 할 수 있었다. 총리대신의 북한방문을 발표하면서, 호소다 히로유키 관방장관은 일본 정부는 "일-북 간의 신뢰를 회복하기 원한다"고 밝혔다. 고이즈미 총리 스스로도 5월 22일 평양 방문의 목적은 "현재의 비정상적인 일-북 관계를 정상화하고 현재의 적대적·대립적 관계를 우호적·협력적 관계로 만들어 나가는 것은 양국의 이익이다"라고 밝혔다.

고이즈미 총리는 평양에서 국교 관계 수립의 의지와 평양 선언이 지켜지는 한 대북제재조치는 취해지지 않을 것이라는 것을 재확인하였다. 총리는 인도적 지원을 재개하였고, 25만 톤의 식량지원과 천만 달러에 달하는 의료지원을 약속하였을 뿐 아니라, 조총련계 재일 한국인에 대한 차별을 시정할 것을 약속하였다. 이에 대한 화답으로, 북한측은 일본으로 귀환한 5명의 납북자의 영구귀환 인정을 고려하며, 이들 자녀들이 고이즈미와 함께 일본으로 돌아가도록 허락하고, 찰스 젠킨슨 씨와 그의 두 자녀, 부인 소가 히토미 씨가 제3국에서 만나도록 할 뿐 아니라, 신원이 불분명한 8명의 납북자에 대해서는 "진지한 재조사"를 실시하기로 합의하였다. 양측은 평양 선언의 기본 정신으로 복귀하여, 건설적 대화를 재개하기로 합의한 것이었다.

소가 히토미 씨는 베이징에서 그녀의 가족을 만나기로 되어 있었으나, 일본측은 장소를 인도네시아로 바꿀 것을 제안하였고, 북한은 이에 응하여, 젠킨슨 씨와 그의 두 딸이 인도네시아를 방문한 후, 다시 일본에 입국하는 것을 허용하였다. 일본에 도착하자, 젠킨슨 씨는 미군에 그간 북한에서의 경위를 신고한 후, 군법재판에 회부되었다가 곧 석방되었다. 기자회견에서 그는, 북한에서의 삶은 "개와 같은 것"이었다고 말하기도 하였다.

이 시점에서 관계 정상화를 위한 회담 재개의 다른 조건은 충족된 상태였으나, 신원불명의 다른 납북자 8명에 대한 "진지한 재조사"의 결과는 좀 더 시간을 요하는 일이었다. 북한측의 보고서는 11월 평양에서 양국

외무성 국장급 회담에서 제시되었다. 야부나카 아시아 대양주 국장은 일본귀국 후, 북한측 보고는 8명이 모두 사망하였으며 이에 대한 기록은 남아 있지 않다는 것이었으며, 소가 히토미의 어머니와 쿠메 유타카의 북한 방문은 성사되지 않았다고 발표하였다. 극히 적은 수의 문서만이 제공되었고, 이 사건과 관련된 몇몇 사람만이 인터뷰 대상이 되었는데, 가장 중요한 것은 요코타 메구미 씨의 남편인 김철준 씨가 건넨 것이었다. 김씨는 북한의 특별 공작담당 부서에서 근무하였으므로 사진이나 비디오 촬영을 거부하였고, 일본 대표단에게 매장된 시신을 화장한 유해의 일부를 전한 것이다.

일본 대표단이 다시 북한을 방문하였을 때, 8명 전원이 사망하였다는 북한측 공식 입장에는 변화가 없었고, 일본대표단은 이에 대한 공식 입장을 세워야만 하였다. 이러한 결과가 일본 국민들을 만족시킬 수 없다는 것은 명백한 사실이었다. 그러나, 당분간 다른 결과가 북한 정부로부터 도출될 수 없다면, 이러한 결과를 거부하는 것은 김정일 정권을 거부하는 것이자 협상 창구를 닫는 것을 의미하였다. 그러나, 납북자 가족 연합은 조사의 진정성이 결여되었다고 주장하며 대북 경제제재를 강하게 요구하였고, 일본 정부는 전략적 고려 없이, 이러한 요구를 따라야만 하였다.

12월 8일, 유해에 대한 일본 정부의 보고서가 공개되었다. 일본 국립과학수사연구소는 결과 도출에 실패하였으나, DNA 분석으로 정평이 나 있는, 테이쿄 대학의 의학부의 조사는 전달된 유해가 요코타 메구미씨와 전혀 무관한 두 사람이 섞여 있는 것으로 결론지었다. 이 보고서 결과에 따라, 일본은 북한을 맹비난하였고, 추가 인도적 곡물 지원을 중단하였다.

12월 24일, 일본 정부는 평양 회담에서 가져온 자료들을 분석하고 연구 결과물을 공개하였다. 이 연구 결과는, "8명이 사망하였고 2명은 북한에 입국하지 않았다는 북한측 주장을 입증할 만한 증거가 없다"는 것이었다. 따라서, 일본은 납북자가 생존할 가능성이 있다고 보고, 이들의 조기 송환을 요구하기에 이르렀다. 이는 일본 정부가 납북자 구조 연합, 가족 연합과 의원 연맹의 논리를 따르기 시작하여, 협상의 여지가 없어졌다는 것을 의미하였다.

북한의 공식 입장은 다음해 1월 24일, 중앙 보도기관의 서한 형태로 전달되었다. 그 서한은 논쟁이 되는 유골에 대해, 국립수사연구소와 테이쿄 대학의 분석 결과가 다르게 나왔고, 한 결론에만 압도적 비중을 두는 것은 비과학적이고 부정확한 것이라는 입장을 표명하는 것이었다. 둘째로, 북한에 남아 있던 유골은 섭씨 1,200도로 화장되었으므로, DNA 분석으로 어떤 결과도 얻을 수 없다는 것은 상식이고 따라서 테이쿄 대학의 연구결과는 신뢰할 수 없다는 것이었다. 셋째, 테이쿄 대학의 연구 결과에 전문가적 의문을 제기하였고, 넷째, 분석자의 정확한 이름이 전문가 의견 부문에 밝혀져 있지 않은 사실도 문제 삼았다. 급작스런 논리 비약을 보이는 이 서한의 결론은 테이쿄 대학의 분석 결과가 조작이라는 것이었다. 후일, 영국의 권위 있는 과학잡지인 『네이처』지가 제기된 의혹에 대해 유골 분석을 주도한 요시이 토미오 박사와 인터뷰를 실었다.

이리하여, 회담의 과정 가운데에서 해결이 모색되어야 할 납치 문제는 세 번째로 중단되고 말았다. 납치 문제가 핵문제를 포함한 다른 모든 문제를 관심에서 밀어내었다고 말할 수도 있었다.

핵문제는 대북 관계에 있어 우리의 공통 관심사이며, 북한의 핵개발 프로그램에 대하여 일본 역시 이웃 지역 국가들과 다자적 이해관계와 우려를 공유하며, 일본 국민들은 재일 한국인들과 함께 원자탄 투하에 따른 피해를 입은 만큼, 북핵문제의 해결은 일본인의 진정한 소망이자 의무라 할 수 있다.

평양선언에서 우리는 다음과 같은 문구를 발견할 수 있다. "양국은 한반도 핵문제의 포괄적 해결을 위하여 관련 국제협정을 준수할 것이다. 양국은 또한, 관련 당사국 간 대화를 촉진하여 핵과 미사일 문제를 포함하여 안보문제 해결의 필요성을 확인한다. 조선민주주의 인민공화국은 본 선언의 정신에 따라, 2003년 이후 미사일 발사 폐기 유지 의사를 표명하였다."

그러나 2005년 2월 10일, 북한 외무성은 핵무기 제조와 보유 사실에 대한 공식 성명을 발표하였다. 이는 평화군축연구소 차장인 박현제에 의해 일본에 전달되었다. 이러한 성명서가 사실이라면, 이는 남한과의 한반도 비핵화 선언과 미-북 간 합의에 대한 위반일 뿐더러, 이의 논리적 귀결로 평양선언에 대한 위반이기도 한 것이었다. 납치 문제로 인하여 국교 정상화 교섭은 중단되었으므로, 일본은 북한을 설득하거나 항의할 수 있는 직접적 채널을 가지지 못하였다.

6자회담은 북한 핵문제를 해결하기 위한 기본적 틀이다. 6자회담은 2003년 8월 베이징에서 시작하였고, 고이즈미 총리는 2002년 9월 첫 평양 방문시, 김정일 위원장과 이러한 틀에 대한 의견 조율을 거쳤다. 그러나, 북한이 핵확산 금지조약에서 탈퇴한 후, 6자회담이 개시되었을 때, 일본은 참여국들이 납치자 문제를 회담의 의제로 포함할 것을 촉구하였으나, 이는 당연히 수용되지 못 하였다.

현재 일본에는 대북 경제제재를 요구하는 강한 목소리가 있다. 이러한 요구는 납치 문제에 기인하고 있으나, 전문가들은 한 목소리로 이에 대해 반대 의견을 가지고 있다. 전문가들은 경제제재가 가능하다면, 이는 오직 핵문제의 해결을 위해서만 사용되어야 한다는 입장이다. 또한, 북한 경제 전문가인 고마키 테루오는 북한과의 경제관계 축소로 대북 경제제재의 실효성을 거두기 힘들다는 점을 지적하였는데, 일본의 대북 무역은 1980년에 1,200억 엔에 달하였으나, 2004년에는 270억 엔으로 줄어 5분의 1로 감소하였다.

6자회담은 북한대표의 참석과 함께 재개되어야 한다. 북한을 압박하고 효과적으로 설득하기 위해서는 일본이 일-북 수교 정상화 교섭을 재개하고, 핵문제가 해결된다면 외교관계 정상화와 함께 경제지원을 할 수 있다는 것을 조건으로 내걸어야 할 것이다. 이러한 목적으로, 일본은 납치자 문제 해결을 위하여 새로운 전략을 수립해야 한다.

올해 4월, 필자가 일-북 간 협상의 핵심인물인 북한외무성의 송일호 아시아국장을 만나기 위해 평양을 방문하였을 때, 그는 식민지배와 납치문제는 20세기에 일어난 문제이므로 일본 정부가 식민지배 문제를 과거 문제로 납치문제를 현재 문제로 접근하는 것은 잘못이며, 양자 모두 현재의 문제임을 강조하였다. 이에 반하여, 핵문제는 현재의 문제이자 미래의 문제인 바 북한의 핵개발 프로그램에 대한 저지는 우리의 지상 과제이자, 영향력과 의미면에서 납북자문제와 견줄 수 없는 것이다. 일본 정부와 국민은 스스로 직면한 문제를 직시하고 이를 해결할 수 있는 방법을 찾아야만 할 것이다.

중국과 동아시아 지역안보협력

유신티엔(YU Xintian)
|상하이국제연구소 소장

I. 지역 안정을 위한 중국의 노력

안보적 관점에서 동아시아는 세계에서 찾아보기 힘든 복잡한 지역이다. 냉전으로 비롯된 분열구조는 오직 동아시아에서만 남아 있는데, 남한과 북한, 중국 본토와 대만이 바로 그 예라 할 수 있다. 냉전기, 미국과 소련의 양 진영 간의 대립은 동아시아 지역에서 한국전쟁과 베트남전이라는 두 개의 큰 전쟁을 낳았다. 소련의 붕괴되고 난 후, 미국은 유일 초강대국이 되어 동아시아 국가들과 군사적 양자동맹을 통하여, 역내 군사적 패권의 지위를 유지하고 있다.

하나의 초강대국의 지배가 존재한다면, 지역 안보 질서에 대한 논의는 무용한 것이다. 더욱이, 동아시아는 수많은 국가로 이루어진 광활한 지역이며, 영토·영해 관련 분쟁이 해결되지 않고 남아 있는데다가 각국의 경제성장 정도도 불균등하며, 국가성·종교·문화 역시 매우 다양한 양상을 보인다. 그러므로, 많은 이들이 안보 지역주의는 고사하고, 지역 통합도 이루어지기가 매우 힘들다고 믿는 실정이다.

중국은 동아시아 이웃 국가들과 함께 세계적인 강대국이라고 할 수 있다. 한편으로, 이러한 상황이 중국의 안보에 커다란 도전을 던져주는 반면, 동북아시아, 동남아시아, 중앙아시아와 접해 있어, 중국은 지역 안보와 평화를 증진할 수 있는 기회를 부여받았다고 할 수 있다. 중국은 이러한 기회와 함께 포괄적·협력적 안보를 고려하고, 지역적 분쟁 가능성의 완화를 위해 노력할 것이다. 또한, 중국은 완전한 지역적 안보 틀이 아직 구축되지 않았다는 전제하에 잠재적 분쟁요소들을 제거해 나가기 위한 평화적 방법을 모색하는, 지역적 평등·상호이해·협의와 협력에 기반한 신개념의 안보를 지지하고 있다.

우선 제기하고자 하는 문제는 북한 핵문제이다. 중국은 6자회담을 위해 상당한 노력을 기울이는 지원을 하였고, 긴장관계를 해소시켰으며 이를 평화적 대화의 궤도로 진입시켰다. 4차 6자회담 문제는 난항을 겪어 아직 개최되지 못하고 있는 실정이다. 그러나, 이것이 6자회담의 실패를 의미하는 것은 아니며, 6자회담을 통한 북한 핵문제의 해결 가능성은 여전히 상존하고 있는데, 이는 다음과 같은 이유에 기인한다고 할 수 있다.

첫째, 미국은 현재 이라크의 재건, 중동문제, 반 테러리즘에 골몰하고 있어 북핵문제에 대해 군사적 행동을 취할 수 있는 조건이 충족되었다고 보기 힘들다. 또한, 북한이 다른 국제테러조직과 같이 핵 물질이나 시설을 수출하려 하지 않는 이상 군사행동에 대한 국내적 지지를 얻을 가능성은 매우 적은 것으로 보인다.

둘째, 북한은 이라크나 리비아가 아니며 미국의 군사력이 아무리 강하더라도 조속하고 효과적인 군사행동 계획을 수립하기는 매우 힘들다는 점이다.

셋째, 협상 테이블로 복귀하는 것이 북한이 안보 보장, 경제지원, 미·일과의 관계 정상화를 이룰 수 있는 길이다. 부시 대통령의 재선은 미국의 정권 교체에 대한 북한의 환상이 사라졌다는 것을 의미하며, 6자회담이 북한이 할 수 있는 최선의 선택이라는 것을 의미한다.

넷째, 북한이 6자회담 테이블로 돌아오는 것을 거부한다면 국제사회로부터 고립을 자초할 뿐 아니라 유엔의 경제제재 안을 포함한 미국의 강경책을 정당화하는 결과를 가져올 수 있다.

다섯째, 국내 정치의 필요 문제와 권력 승계의 관점에서 보았을 때, 김정일은 북한이 협상을 통해서만 최선의 결과를 얻을 수 있는 것으로 보고 있다. 중국은 비핵화와 한반도 평화·안정이 중국의 국익과 합치할 뿐 아니라, 당사국의 이해관계에도 합치하는 것으로 보고 6자회담을 통한 문제 해결에 최선의 노력을 경주하고 있다. 중국은 미국이 북한에 잘못된 신호를 보내지 않도록 설득하고 있으며, 북한이 상황을 잘 인지하여 협상 테이블로 복귀할 것을 종용하고 있다. 중국은 다른 당사국과 긴밀한 공조체제를 유지하며 평화적 방법으로 문제가 해결되도록 촉진하고 있다.

두 번째 문제는 대만 문제이다. 역내 국가, 나아가 전 세계 모든 국가들이 양안관계에 대해 매우 우려하고 있다. 양안 간 경제 교류는 급속히 증진됨에 따라, 대만 당국은 매우 우려하고 있는 실정이며 "일국체제 반대", "국민투표", "헌법개정" 등의 구호와 함께 독립 분위기를 진작시키려 하고 있다. 베이징 정부는 대만 당국의 이러한 행위가 중국의 핵심적 이익을 손상시킬 뿐 아니라, 전체 지역의 평화, 안정, 번영에 부정적 영향을 미칠 것으로 보고, 이에 따라 "대만 독립의 억제"는 중국의 대 대만 정책의 핵심이 되었다. 미국, 일본, 아세안, 유럽 국가들이 "대만 독립" 움직임을 비난하고 동아시아의 안정을 지지하는 것은 매우 감사할 일이라 생각된다.

둘째는, 법으로 독립을 억제하는 것이다. 중국은 현재, 법치국가로 이행 중이며, 대만 독립을 법으로 억제하는 것이 필요하다고 본다. "반 대만 독립법(Anti-Secession Law)"은 무력수단의 사용을 위한 조건을 설정할 뿐 아니라, 양안 간 정치적·경제적·사회적·문화적 대화를 촉진하는 법적 보장장치를 포함하는 것이다.

셋째, "대만독립"을 무력으로 진압하는 것이다. 중국의 목표는 어디까

지나 평화적 통일이며, 무력은 대만 독립세력을 억제하여, 더 이상의 무모한 도발 행위를 억제하는 데 사용될 뿐이다.

넷째, 양안 간의 인적 교류와 상호 이해의 증진을 도모하고, 대만 인민의 마음을 얻는 것이 승리하는 것이다. 진심 어리고, 실용적이며, 유연한 자세로 후 진타오 주석은 대만 기업 TMT와 PFP의 회장을 초청했는데, 이는 상당한 역사적 의미를 지닌 조치라 할 수 있다.

TMT 회장과의 회담에서, 후진타오 주석은 양안 관계의 네 가지 핵심을 지적했는데, 첫째, 정치적 상호신뢰 관계와 상호존중을 구축하고, 상이성을 존중하는 반면 공통의 토대를 만들어가며, 둘째, 양안 간 경제 교류·협력, 공동이해, 발전을 증진시키는 것, 셋째, 동등한 입장에서 대화에 임하며 대화를 촉진하고 공동의 이해를 확장하며, 넷째, 양안 간 인적 교류의 증대와 상호이해를 증진시킨다는 것이다.

후진타오 주석은 또한, 일국 양제의 틀 안에서라면, 과거 정견과 관계없이 어떤 인사나 정당의 방문도 허용할 의사도 표명하였고, 대만산 과일의 수입에 대한 특혜 정책과 대만인의 중국방문 촉진을 약속하고, 판다를 선물로 증정하였다. 현재, 혼란에 빠진 대만 당국은 이러한 우호 조치를 거부하지도 받아들이지도 못하고, 심지어 선물로 증정된 판다까지 공작의 일환으로 간주하고 있다. 그러나, 양안 간 교류, 평화, 안정과 번영은 하나의 대세가 되었고, 이는 장기적 과정을 요하는 것이지만 중국의 노력은 국제사회에 의해 높이 평가되고 있다.

또한 지적되어야 할 점은 중국이 인도를 제외한 이웃 국가들과 국경문제를 해결하였고, 인도와도 국경문제 해결을 위한 원칙의 합의에 도달하였다는 점이다. 중국은 모든 지역 역내 국가들과 우호적인 관계를 유지해 오고 있고, 비록 영해나 도서 관련 분쟁이 있기는 하지만 중국은 이에 대해서도 평화적인 방법을 통한 해결을 추구하고 있다고 볼 수 있다. 이러한 문제는 단기간에 해결될 수 없는 문제이므로 당분간 이의 해결을 보류해두고, 우선 공동개발을 시작하였다. 이에 따라, 중국, 필리핀, 베트남은 남중국해 자원의 공동개발에 착수하였고, 다른 국가의 참여도 환영한다는 입장을 가지고 있다.

II. 중국의 적극적 지역안보체 건설 참여

최근 몇 년, 동아시아의 협력과 통합은 꾸준히 지속되는 가운데, 각국의 안보에 대한 관심은 지속되고 있으며, 중국은 지역안보협력에 적극적으로 참여하고 있으며, 안보체계의 건설을 장려하고 있다.

6자회담은 동아시아 안보체의 관점에서 대단히 중요한 의의를 지닌다. 동남아시아와 비교하였을 때, 동북아시아의 안보체계는 상대적으로 약하며, 이의 구축은 어려움에 직면해 있는 상태이다. 동북아시아는 냉전기 동안 강대국들이 함께 몰려 있어, 상호간의 협력이 완전히 불가능한 상태에 있었는데, 현재는 북한 핵문제로 인하여, 최초로 강대국들의 협의가 가능한 상태에 있다. 현재의 6자회담 틀은, 과거 만장일치 결정에 의존하였던 유럽적 질서와 달리, 6개국 모두는 크고 작음에 관계없이 평등과 상호존중을 향유하며, 공동으로 안보 문제에 대처하며 이슈의 새로운 진전을 모색하고 있다. 전 미국 국가안전보장위원회의 전 아시아 담당 국장이자, 대통령 동아시아 안보문제 특별보좌관, 북한 핵문제 국가 특사를 역임했던 잭 프리처드는 6자회담이 다자협력을 위해 공식적이고 조직적인 틀을 구축하였음을 지적한 바 있다.

만약, 미국이 단순히 북한 문제만을 해결하려 한다면 이러한 다자협력 구축을 위한 기회를 잃고 말 것이다. 그는 또한 2003년 3월 이후, 중국이 최초의 3자회담과 이후의 6자회담을 위하여 빈번한 왕복외교 노력을 경유함과 동시에 관련 당사국의 공개 대화를 개시한 점 또한 지적하였다. 또한 지적하고 싶은 점은 6자회담의 실무반이 확대되어 특별문제위원회의 역할을 할 수 있다는 점이다. 북한이 협상에 참여하기 전에 다른 5개국들이 지역안보문제에 대하여 대화와 협의를 진척시킬 수 있을 것이다. 이러한 틀은 또한 어떤 안보적 문제에 관해서든, 중국-미국-일본, 중국-일본-한국, 중국-러시아-미국 간 양자적, 삼자적 대화를 진행할 수 있는 틀을 제공해 준다. 현재의 문제는 이러한 틀을 어떻게 제도화·정례화시키고, 동아시아 안보협력 틀에 맞는 원칙·수단·방법을 모색해 가는가 하는 문권이다. 어쨌든, 동아시아의 불안정한 안보 상황을 탈피하지 않으면, 평화·안정·번영의 달성은 요원할 것이다.

이 문제에 대해, 동아시아 역내 국가들은 충분히 자각하고 있어, 10+1과 10+3의 접근이 훌륭하게 전개되고 있다. 비록 10+1과 10+3이 FTA 체결에 목표를 두고 있기는 하지만, 그 함의는 결코 무역과 투자에 한정된 것이 아니다. 동아시아 지역의 엘리트들은 구축될 동아시아 지역공동체가 경제적인 것일 뿐 아니라, 정치·사회·문화적인 것이라는 데에 동의하고 있다. 중국은 지역경제공동체에의 참여뿐 아니라, 지역안보협력체 참여를 위한 조치를 진행하고 있다. 중국은 “동남아시아 우호 협력 조약”에 참여하여, ‘화평굴기(和平屈起)’라는 중국의 대외정책 원칙을 입증하였다. 중국은 “동아시아 협의체”구상을 적극적으로 지지하며, 이의 구체적 신호는 올해 말레이시아에서 개최될, 동아시아 정상회담이라고 할 수 있다. 물론, 동아시아 공동체를 현실화하기까지는 상당한 시간이 걸릴 것이지만 그 발전단계의 결정적 순간에 도달하였다고 볼 수 있다.

동아시아 안보공동체를 향한 중국의 열망은 안보 위협과 국가이익에 대한 재정의에 대한 시각에서 오는 것이다. 중국 정부는 오늘날, 전통적 위협과 혼합된 비전통적 위협이 증가되고 있는 현실을 인지하고, 어떤 개별국가는 이에 홀로 대처할 수 없으며, 국제 공동체 전체가 힘을 모아야 한다는 것을 인지하고 있다. 90년대 중반 이후, 중국은 동아시아 외환위기, 사스, 홍수와 기타 자연재해, 조류독감 등 여려 위기에 직면해 왔다. 이러한 위기에 공동대응하는 과정에서, 중국은 이웃국가들과 우려를 같이하고 연대를 돈독히 하며, 중국과 동아시아 이웃 국가들이 공동의 이해를 가지고 있고 국익 수로를 위해 협력할 필요가 있다는 것을 다시금 깨닫게 되었다.

동시에, 지역협력의 과정에서, 점진적 협력의 접근법이 다양한 분야,

다양한 레벨, 다양한 실체를 가지는 협력적 네트워크가 구성되었다. 안보 분야에서의 협력은 군부나 정부만을 의미하는 것이 아니라, 비정부 기관과 민간인을 포괄하는 'Second-Track' 역시 발전하였고, 민간-사회 간의 네트워크와 문화사회 간의 네트워크 역시 구축되었으며, 지역적 정체성 역시 고도로 향상되었다. "ASEAN 모델"은 따라서, "동아시아 모델"은 안보의 광범위한 정의, 패권이나 동맹의 형성보다는 협의와 공동이해, 제도화보다는 느슨한 체제, 폐쇄적 멤버십 등을 특징으로 하는 "동아시아" 모델이 되었다. 이러한 특성들은 외부 행위자들의 비판의 대상이 되었으나, 동아시아 지역의 안보협력 특징은 지역 특성에 적합한 것이며, 이를 무시하는 것은, 지역협력의 관점에서 부정적 영향을 미칠 것이다.

동아시아 안보협력 중, 중국-일본-한국 간 협력은 특히 결정적인 것이다. 삼자협력에 대한 공동성명에서, 삼국은 대량살상무기의 사용방지를 언급하고, 군축의 강제, 한반도의 비핵화, 반테러 행위, 초국경적 범죄와 기타 해적 행위 등을 언급하였다. 경제협력의 증진을 추구하는 과정에서, 본 성명은 금융협력, 에너지협력, 환경협력 등 다양한 비전통 안보 분야에서의 협력을 언급하고 있다. 동북아시아는 이제 막 지역안보협력을 고려하기 시작한 단계에 있기 때문에, 해결하기 쉬운 이슈부터 접근해 가는 점진적 방식을 취하고 있다 할 수 있다. 우선, 가장 긴급하고 쉬운 일은 에너지 협력을 우선 시작하는 일이다. 중국·일본·한국은 모두 엄청난 에너지 수입국가일 뿐 아니라, 유럽이나 미국에 비해 훨씬 높은 가격으로 원유를 수입해야 하였으나, 에너지 위원회가 설립된다면, 중동국가와의 유류가 협상에서 보다 유리한 입장을 점할 수 있을 것이다. 중국, 일본, 한국은 모두 에너지 공급의 다중 채널 구축을 위해 노력하고 있으며, 이것이 실현된다면, 만성적 경쟁을 줄여 윈-윈-윈의 상황을 이끌어 낼 수 있을 것이다.

중국, 일본, 한국은 에너지와 자원 수입을 위해 똑같은 국제 해로에 의존하고 있는데, 이 해로는 매우 길고, 세계 해적의 3분의 2가 몰려있어, 위험으로 가득 차 있다. 중국·일본·한국은 모두 이러한 해적활동의 피해자이며, 삼국의 해군이나 무장 해경이 순찰활동을 벌이고, 초국경적 범죄 행위를 막는다면, 이는 삼국 모두의 국익에 합치하는 일일 것이다. 보다 중요한 점은 그러한 협력이 그 과정에서 상호간의 불신을 줄이고 신뢰를 증진시키며, 서로에게 적합한 제도의 구축에 이바지할 것이라는 점이다.

III. 동아시아 안보협력 증진의 문제점

1. 미-일, 한-미 동맹의 존재를 어떻게 인식할 것인가?

미국은 역사적으로 동아시아 지역에 매우 중요한 이해와 영향력을 가지고 있다. 안보의 관점에서, 미국은 군사적 동맹과 협력을 통하여 세력균형을 추구하였다. ASEAN 또한, ARF를 통하여 강대국과 ASEAN 사이의 세력균형을 추구하여, 현재 동아시아는 약한 제도화를 특징으로 하는 두 세력균형 장치의 조합에 의존하고 있다. 냉전의 종식 이후, 미국과 일본은 미일 동맹이 단순한 일본 방어가 아닌 지역적 안보보장 장치가 되어야 함을 제안한 적이 있다. 한국의 노력과 함께, 한-미 동맹 관계에는 많은 변화가 이루어졌다.

한국은 미국과 아시아 간에 보다 균형적인 개혁을 시도하여, 동아시아 안보협력 구축의 관점에서 대단히 긍정적 효과를 가져왔다. 미일 동맹이 지역안보체 구성을 위해 기여하기 위해서는 그 기능의 변화, 범위, 그리고 당사자의 변화가 요구된다. 앞서 언급한, 현재 "2+2" 회담의 중국과의 대화와 접촉은 매우 긍정적이지만, 대만을 그 작전 범위 안에 설정하는 것은 매우 부정적이며 중국은 미-일, 한-미 동맹과 대화와 접촉을 진행해 나가고, 지역의 공동이해 유지를 바탕으로 협력을 증진해 나가고 있다.

또 다른 시각은 중국 인민해방군의 현대화를 위협으로 간주하는 시각이다. 최근, 미국 랜드연구소의 보고서는 인민해방군의 현대화 정도가 미국과 일본에 비해, 수십 년 뒤처져 있음을 지적하였다. 중국의 군사 현대화가 이러한 식으로 계속 뒤처져 있을 경우, 지역안보협력에 부정적 요소로 작용할 수 있음도 지적하였다. 예를 들어, 중국은 쓰나미가 발생하였을 때, 신속하게 지원을 제공하였으나 수송을 담당할 해군 선박의 부족으로 실제 구호물자가 전달되기까지 상당한 시일이 소요되었다. 반테러리즘, 국제범죄 방지, 해적소탕, 국제항행 수로의 안전 확보 등 어떤 목적에서건 우리는 현대화된 군사력을 필요로 한다.

2. 한국이 주도권을 쥐고, 동아시아 안보협력에 주도적 역할을 하기 위한 방안

지리적으로 한국은 동북아시아의 중심에 위치해 있다. 전략적으로 볼 때, 한국은 동북아시아 안보협력에 있어 매우 독특하고 결정적 역할을 할 수 있다. 한국은 미국과 중국, 일본과 중국의 교량 역할을 할 수 있는 것이다. 사실, 한국이 일본의 역사 문제를 다루고, 일본과 공동 역사 교과서를 쓰는 것은 중국이 본받을 만한 일이다. 중국과 한국은 북한과 정상적인 관계를 유지하는 인접국가라는 점에서, 양국이 보다 긴밀한 대화를 유지할 필요가 있다.

중국과 일본 사이에 몇몇 문제가 존재하기 때문에, 양국은 어떻게 상호 공존할 것인지 준비되어 있지 않다. 이는 시간을 요하는 문제라고 할 수 있기 때문에, 한국은 동북아시아 안보협력에 있어 주도적인 역할을 해야 한다. 물론, 중국과 일본, 그리고 타국 역시 새로운 협력적 제도의 구축을 적극적으로 추진해야 한다. 그 어느 누가 이러한 제안을 하였든, 타당사자는 지원을 아끼지 않아야 한다.

3. 동아시아 안보협력 증진 방안

현재 동아시아의 매우 약한 제도화 상황을 타개해 가기 위해, 우리는 제도적 변화를 모색해 나가는 한편, 상호신뢰와 지역 정체성의 구축을 이루어야 한다. 국제관계에서, 신뢰는 행위를 바꿀 수 있는 사회적 자산이다. 신뢰는 정체성을 변화시키고 규제를 강화할 수 있다. 상호신뢰와 지역 정체성 없이는 아무리 좋은 제도라도 현실화되기 힘들다.

한국과 중국 사이에는 서로 다른 이념, 사회 시스템, 중국의 부상에 대한 우려, 통일의 수단과 통일 이후의 방향 등 상호 불신의 골이 존재한다. 한 국가의 평화적 부상이나 평화 통일 모두 자국이 원한다고 이루어지는 것이 아니라, 인접국, 동아시아 커뮤니티, 국제사회의 인정과 지원에 달려 있는 것이다. 마지막으로, 우리는 필수적 선택이자 장기적 목표이며, 이상적인 방향인 동아시아 지역의 매우 강력한 안보체 건설을 향해 나아가야 한다.

| 참고 |

Busan, Bany, and Ole Waever. *Regional Power: the Structure of International Security.* Camebridge Univ. Press, 2003, p.46, pp.61-63.

Prichard, Jack. "Beyond Six-Party Talks: An Opportunity to Set up North Pacific Multilateral Cooperation Framework." *The World Economy and Politics,* No.1 issue, 2005.

동아시아 안보 공동체 구축과 한국의 동북아 협력 구상

문정인
|연세대학교 정치외교학과 교수
전 동북아시대위원회위원장

I. 서론

1991년 유럽연합이 성공적으로 출발한 이래, 지역 통합과 공동체 구축은 국제적 담론과 정책에 있어 하나의 유행이 되었다. 유럽의 성공적 경험은 북미 자유무역협정(NAFTA)과 아세안 자유무역협정(AFTA)과 같은 우호적 무역 협정의 창출을 촉진시켰을 뿐 아니라, 세계적으로 양자적 FTA의 확산을 가져왔다.

지역적·양자적 경제협력은 세계화에 대한 대응으로 보인다. 세계화는 기술과 세계 수준의 자본주의 발전에 따른 시장 힘을 통한 상호의존과 통합으로 정의될 수 있다. 다국적기업, 생산요소 이동의 통합, 자본 거래와 자산의 초국적 네트워크, 국제 무역의 확대는 세계화 확산의 경험적 준거들을 제공하는[1] 현상들이다. 그러나, 세계화가 항상 복지향상에 긍정적 영향을 미쳐왔던 것은 아니다. 오히려, 급속한 세계화의 확산은 대다수 국가에게 새로운 제약요소, 도전, 고통을 가져다 주었으며, 민주주의, 경제안보, 사회 안정과 복지, 국가 주권과 같은 중요한 국가적 가치를 손상시킬 수도 있는 것이다.[2] 급격한 세계화는 여러 면에서 국가 경제를 위협한다고 볼 수 있으므로, 그 어떤 국가도 세계화의 힘에 수동적 자세만을 취하지는 않을 것이며, 오히려 비용을 최소화 하는 한편, 이익을 극대화하려 노력할 것이다.

지역적 경제협력이 세계화의 위협에 대처할 수 있는 현실적 선택으로 등장한 것도 바로 이러한 맥락에서이며, 동아시아 역시 이러한 흐름에서 예외는 아니다.

이러한 배경을 바탕으로, 본고는 동아시아 지역의 공동체 구축 노력 전개의 본질을 논의하고, 동북아 협력 구상에서 한국의 전략을 살펴봄으로써 동북아 공동체 건설에 있어, 한국-일본 간 협력의 정책적 함의를 도출할 것이다.

II. 지경학적(地經學的) 변화와 동북아시아 공동체

1. 동아시아 공동체의 기원

역사적 관점으로, 동아시아 공동체는 새로운 개념이 아니다. 중국 중심

1) Chung-in Moon, and Park Han-Kyu, "Globalization Regionalization," in Inoguchi Takashi and Purnedra Jain, eds., *Japanese Foreign Policy Today* (New York: Palgrave, 2000), p.66.

2) Chung-in Moon, "In the Shadow of Broken Cheers: The Dynamics of Globalization in South Korea," in Assem Prakash and Jeffrey Hart, eds., *Responding to Globalization* (New York: Palgrave, 2000), p.67, James H. Mittelman, ed., *Globalization: Critical Reflection* (Boulder: Lynne Rienner, 1996); Dani Rodrik, 'Trade, social insurance, and the limits to globalization,' *NBER Working Paper* No. 5905 (1997).

의 조공질서는 18세기 중엽, 공식·비공식적 무역의 촉진을 가져왔던 지역 경제 창출의 원인이었다. 대동아 공영권의 기치 아래 이루어진 일본의 경제적 확대 역시 보다 거대한 동아시아 공동체의 형성을 목표로 했다. 그러나, 그 결과는 식민지 확산과 태평양 전쟁의 발발이었으며, 이러한 과거에 대한 공동의 기억이 역내공동체 형성의 동아시아적 비전의 근저를 이루고 있다.

그러나, 80년대 후반 세계화의 힘과 새롭게 등장하는 경제 블록화가 결정적으로 역내 협력·통합의 이익을 극대화 시켰다. 최초의 공식적 동아시아 지역기구에 대한 구상은 말레이시아로부터 시작되었다. 1990년, 마하티르 수상은 동아시아 경제지역그룹(East Asia Economic Group)의 형성을 제안하였고, 이는 동아시아 경제단체(East Asian Economic Caucus)로 개칭되었다.

'그룹(Group)'에서 '단체(Caucus)'로 명칭이 변경된 것은, 이 그룹이 폐쇄적 지역주의를 추구하며, 배타적 무역 장벽이 될 수 있다는 역외국가의 불신을 불식시키기 위한 것이었음에도 불구하고, 이들의 목표는 결국 구체화되지 못하였다.

마하티르의 제안은 확실히 반 서구적인 경향이 짙은 것이었고, 동아시아 경제단체는 싱가포르와 말레이시아의 '아시아적 가치'에 의해 주도되게 되었다.[3] 마하티르 제안의 이면에는 일본의 경제적 역동성과 새롭게 등장하기 시작한 반미주의, 무역마찰의 갈등 그리고 경제적 강대국에 의해 지지되는 국제적 지위의 불만문제가 있었다. 사실, 1985년의 플라자 합의(the pla za Accord)와 일본 엔의 급속한 평가 절상은 일본 경제의 파워에 대한 동아시아 국가의 시각 전환에 상당한 영향을 미쳤다. 또한, 유럽 공동체의 등장과 북미자유무역협정(NAFTA)에 대한 활발한 논의가 비슷한 중요성을 갖고 등장했다.

---

3) Edward J. Lincoln, *East Asian Economic Regionalism* (Washington, D.C.:The Brookings Institution, 2004), p.155.

그러나, 마하티르의 제안은 구체화되지 못했다. 그는 일본에 의존하고 있었으나, 일본은 새로운 지역적 구상을 뒷받침할 만한 리더십이 결여되어 있었고, 미국의 압력 또한 변수로 작용하였다. 이와 함께, 한국을 비롯한 다른 역내 국가들은 일본 리더십 하에 형성되는 엔블럭을 못마땅해 하였고, 결국 이 안은 폐기되어 구상으로만 남게 되었다.

2. 동아시아 공동체와 ASEAN+3

비록, 마하티르 총리가 제안한 동아시아 경제단체(East Asian Economic Caucus)는 현실화되는데 실패하였지만, 1990년대 말 다시 ASEAN+3의 형태로 다시 표면에 떠오르게 되었다. ASEAN+3 구상은 1990년대 중반에 최초로 논의되기 시작하여,[4] ASEAN 그룹에 속한 정상들은 ASEM 회의의 시작에 앞서, 모임을 가지게 되었다. 일본, 한국, 중국이 95년 후반에 열린 전 단계 협의 회의(the preliminary consultative meeting)에 참여하게 된 것도 이러한 맥락에서였다.

장관급 회담은 97년 12월에 쿠알라룸푸르에서 개최된 아시아 연례 장관급 회의에서 보충되었다. 1년 뒤, 두 번째 정상회담이 있은 후, 그룹들은 연례 대화를 개최하는 데 합의하였다. 1999년 이래로, 대화의 범위는 확대되어 단순히 ASEM 회의의 준비가 아닌, ASEAN+3의 틀 내의 개별 장관급 회담으로 확대되게 되었다.

ASEAN+3 형성의 또 다른 자극제는 무역 자유화에 대한 APEC 내부의 분쟁 때문이다. APEC이 자유무역지대 창출을 구실로 무역 자유화의 심도와 범위에 대한 협의에 개입하기 시작한 것이 새로운 형태의 양극화를 가져오게 되었다. 즉, 동아시아 국가들이 한 축을 형성하고, 캐나다·호주

---

4) Tran Van Hoa, "Globalization, Crises and the Emergence of New Asian Regionalism: Genesis and Current Development," in Tran Van Hoa and Charles Harvie eds., *New Asian Regionalism: Responses to Globalization and Crises* (Houndmills: Palgrave Macmillian, 2003), p.10.

·뉴질랜드가 다른 축을 형성하게 된 것이다. 미국과 동아시아 국가들은 아시아 외환위기의 타개책에 대해서도 의견을 달리하였다.[5] APEC이라는 공동의 적을 가진다는 인식과 APEC의 무능은 동아시아 국가들 사이에서 미약한 수준의 공동 정체성의 형성이 촉진되는 요소로 작용한 반면, 이러한 분쟁은 몇몇 국가들이 다른 수준에서 보다 긴밀한 협력을 가능케 하는 틀의 모색을 촉진하였다.[6]

김대중 대통령의 리더십 하에서, 한국은 ASEAN+3 간의 협력을 강화하는 데 엄청난 공헌을 하였을 뿐 아니라, 통합을 위한 핵심 아이디어를 제공한 동아시아 비전그룹(the East Asia Vision Group)과 동아시아 스터디 그룹(East Asia Study Group)의 설립·운영을 통하여 싱크 탱크의 역할도 수행하였다. 1999년 ASEAN+3 정상회담 중, 한국은 전문가 패널의 설치를 제안하였고, 지역협력 가능성을 타진하기 위한 첫 번째 조치로 동아시아 비전그룹(East Asia Vision Group)의 창설을 제안하였다.

이 그룹은 ASEAN+3가 지역협력의 장으로 발전하기 위한 방안을 논의하였다. 단기 자본의 움직임에 대한 공동 조사와 동아시아 지역에 대한 조기경보시스템이 연구되었고, 동아시아 통화기금(East Asian Monetary Fund)과 역내 공동 통화 창출이라는 장기적 목표와 함께 지역 환율 협력 메커니즘의 창설 역시 논의되었다. ASEAN+3 회의를 동아시아 정상회담(EAS)으로 격상시키고, 동아시아 자유무역지대(East Asia Free Trade Area)의 창설이 제안되었다.

2000년 11월, 싱가포르에 모인 ASEAN+3의 정상들은 이와 같은 협의체를 공식화하여, EAFTA를 창설하는 가능성에 대하여 타진하기로 합의하였다.

이 논의의 주요한 성취는 2000년 태국 치앙마이의 재무장관급 회의에

---

5) Richard Higgott, "The Asian Economic Crisis: A study in the Politics of Resentment," *New Political Economy,* Vol.3, no.3(1998), pp.333-356.

6) Fred Bergsten, "Towards a Tripartite World," *The Economist* (15 July, 2000), pp.20-22.

서 이루어졌다. '치앙마이 구상'이라 불리는 이 제안은 각국 중앙은행이 외환시장에서 자국 통화 보호를 위해 보유외환을 타국에 대출해 주는 내용을 포함하고 있었다. 이러한 통화 스왑 협정은 2000년 11월, 싱가포르 연례 정상회담에서 서명되었고, 동아시아 통화기금(Asian Monetary Fund)과 통화 바스켓 제도 역시 활발하게 논의되고 있는 중이다.[7)]

아시아 통화기금의 아이디어는 1997년 9월, 일본에 의해 처음 구상되었으며, 기금 조성액의 절반에 해당하는 천억 달러를 제공할 의사가 있음을 밝혔다. 홍콩, 대만, 싱가포르가 역시 아시아 통화기금에 참여할 의사를 밝혔고, 한국과 다른 동아시아 국가 역시 이러한 제안에 동의하였다. 처음에 이러한 구상에 반대의사를 표명했던 중국마저 입장을 바꾸었으나, 미국의 강한 반대로 아시아 통화기금은 소기의 목적을 달성할 수 없었다.[8)]

ASEAN+3 공식은 동아시아 공동체를 창출 하는 데에는 부족하다고 할 수 있다. 그러나, 몇몇 지도자들은 동아시아 공동체 아이디어를 제안하기 시작하였고, 에스트라다 전 필리핀 대통령의 경우 공동시장·공동 통화의 창출을 꿈꾸기도 하였다.

동아시아 13개국은 2004년 12월, 라오스에서 회합을 가지기로 하고, 2005년에는 쿠알라룸푸르에서 첫 동아시아 정상회담을 가지기로 하였다. 이들은 동아시아판 유럽연합의 창출을 목표로 한 역사적인 과정을 위한

---

7) Y. Wang, "The Asian Financial Crisis and Its Aftermath: Do We Need a Regional Financial Arrangement?" *ASEAN Economic Bulletin,* Vol. 17, No.2(2000); and Mario B. Lamberte, M. Melanie, S.Milo and Victor Pontines(2001), "NO to YE$?: Enhancing Economic Integration in East Asia Through Closer Monetary Cooperation," Discussion Paper Series No. 2001-16, Philippine Institute for Development Studies, July 참조.

8) Charles Harvie and Hyun-hoon Lee, "New Regionalism in East Asia: How Does It Relate to the East Asian Economic Development Model?" in Tran Van Hoa and Charles Harvie(eds.), *New Asian Regionalism: Response to Globalization and Crisis* (Houndmills: Palgrave 2003), p.43.

발걸음을 내딛었다.

ASEAN 10개국과 한·중·일을 포함한 아시아 13개국은 경제통합을 위한 매우 중대한 토대를 놓았다. 예를 들어, 비엔티엔에서 정상회담 중, 중국과 ASEAN 간의 자유무역협정을 포함하여 ASEAN+3 국가들은 35개의 양자 혹은 다자조약을 체결하였다. 이러한 협정들은 지역의 광범위한 자유무역지대 창출을 위한 중요한 기초를 놓는 것이었다. 동아시아 정상회담의 개최는 ASEAN+3 협정에서 동아시아 공동체로의 전환의 시작을 의미하는 것이었다.

3. 동아시아 공동체 건설을 위한 몇몇 중대한 진전

<표 1>은 보다 제도화된 지역경제협력을 위한 발전내용의 개요를 보여준다. 중국, 일본, 한국은 ASEAN을 비롯한 다른 국가들과의 FTA 체결을 추구함에 있어, 매우 적극적인 자세를 견지하였다.

ASEAN+3 정상회담 중, 중국과 ASEAN은 10년 내 공동으로 FTA에 합의할 것임을 밝혔다. 불과 1년 전, ASEAN 정상회담에서 중국이 FTA 창출을 제안한 것을 고려할 때 이는 괄목할 만한 성과라고 할 수 있으며, 중국은 지금 2010년까지 이의 현실화를 위해 ASEAN과 협상 중이다. 일본은 2002년 1월 싱가포르와 FTA를 체결하였고, 일본-AFTA 간의 FTA 체결의 타당성을 검토 중에 있다. 일본은 또한, 한국, 대만, 필리핀, 태국과 양자적 FTA 체결을 협상 중에 있으며, 한국과 ASEAN은 2005년 2월 23일~25일까지 개최된 제1차 협상에서 2005년 말까지 상품에 대한 FTA 체결을 완료하기로 합의하였다.

한국과 ASEAN의 자유화 스케줄은 중국보다 2년이 앞선 2008년까지로 계획되고 있으며, 이들은 동남아시아에 경제적 교두보를 마련하기 위해 애쓰고 있다. 한국은 최근, 싱가포르와 FTA 체결에 합의하였으며, 일본과는 협상 중에, 태국과는 공동연구에 있는 상태이다.

중국, 일본, 한국은 동북아시아 FTA 논의를 개시하였으나, 아직 가시

〈표 1〉 동아시아 지역 경제협력 발전

FTAs	Progress				
	Discussion	JointStudy	Negotiation	Conclusion	Implementation
AFTA					V
AFTA-China			V		
AFTA-Japan		V			
AFTA-Korea			V		
Northeast Asia (C-J-K FTA)	V				
East Asian FTA	V				V
Japan-Singapore			V		
Japan-Thailand			V		
Japan-Taiwan	V				
Japan-Philippines			V		
Korea-Japan			V		
Korea-Singapore				V	

적인 성과가 나오지는 않은 상태이다. 중국, 일본, 한국으로 이루어진 동북아시아 자유무역지대(Northeast Asia Free Trade Area)에 관한 연구가 현재 검토 중인데, 이는 1999년 개최된 ASEAN+3 정상회담에서 삼국의 공동 제안에 의해 개시된 것이다. 그 이후, 삼국은 매년 ASEAN+3 회의를 개최하고 있으며, 정기적으로 재무장관 회의를 가지고 있다.

동아시아 지역에서 과연 어떠한 요소들이 이렇게 제도화된 형태의 지역주의를 낳았는가? 전술한 바와 같이, 동아시아는 EU와 NAFTA, 미래 형성 가능한 NAFTA의 확대된 형태인 FTAA(Free Trade Area of the

Americas)에 대항한 스스로의 지역적 기제가 필요하다. 자유무역지대의 창설은 무역전환·창출 효과가 하나의 원동력이었으며, EU와 NAFTA의 형성이 구성국가 간 무역량의 증대를 의미하는 것이라면, 이는 동아시아 국가의 손해를 의미하는 것이며, 따라서 이러한 손실을 보전하기 위해 동아시아 무역지대를 창출할 필요성이 제기된 것이다.

동아시아 외환위기로 인한 실망과 분노는 이의 또 다른 원인이 되었다. 미국과 IMF가 동아시아 외환위기에 대해 취한 정책은 동아시아 국가들에게 불편한 감정을 안겨 주었다. 한편으로, 동아시아 경제위기에 대한 미국의 무관심은 APEC의 존재에도 불구하고, 미국의 불개입에 대한 우려를 높였고, IMF가 개입 했을 때, 대기성 차관에 부과된 엄격한 조건은 역내 국가들의 불만을 가져오기에 충분한 것이었다. 마하티르 총리는 다음과 같이 당시 아시아인의 정서를 표현하였다. "강대국들이 대외경제 개방을 아시아 경쟁국들을 때려눕히기 위한 수단으로 사용하고 있다."[9] 동아시아 국가들은 위기와 여러 문제들에 대한 국제기구의 대응이 매우 느리며, 부적절하고, 비효율적이라고 생각하였다. 아시아 경제위기 대처에 관한 미국과 IMF에 대한 지역의 분노와 중국과 한국의 기대 이상의 성장은 ASEAN+3를 비롯한 기타 지역협력메커니즘의 창출에 지대한 영향을 미쳤다.

다른 요소들 역시, 동아시아 역내 협력을 촉진하는 요소로 기능하였다. 1999년 시애틀 WTO 각료회의의 무산으로 상징되는 국제무역 자유화의 지체와, 유로화 탄생으로 상징되는 타 지역에서 경제 통합의 가속화는 동아시아 지역의 두려움을 더욱 고조시켰다. 이는 리콴유의 다음과 같은 발언에서도 확인된다. "아시아 국가들은 지역화라는 세계적 추세에 따라야만 한다… 왜냐하면, 이때야 비로소 아시아가 타 지역에 대한 협상력을 행사할 수 있기 때문이다."[10]

---

9) Lincoln(2004), p.147.

10) "US presence in E. Asia will become more vital, says SM," *Straits Times* (23, January 2001).

III. 한국의 비전과 전략: 동북아시아 협력 구상[11)]

김대중 정부시절 한국은 느슨한 형태의 ASEAN+3을 넘는 동아시아 공동체 구상의 촉진에 매우 적극적이었으며, 노무현 정부 역시 2003년 2월 25일 취임시, 평화롭고 번영하는 동북아시아의 창출을 목표로 한 야심찬 구상에 착수하였다. 노무현 정부는 비즈니스, 에너지, 물류 분야의 역내 협력 증진을 위하여 대통령 자문기구인 동북아경제중심 추진 위원회를 설립하였는데, 초기의 강조점은 번영이 평화구축에 긍정적 영향을 미칠 것이라는 판단하에 번영에 주어졌다.

그러나, 번영과 평화가 순차적으로 추진될 수 있는 일이 아니라는 판단하에서 노무현 정부는 평화와 번영에 관한 새로운 동북아시아 구상을 발표하였다. 평화와 번영을 위한 동북아시아 협력구상(NEACI)은 상호신뢰와 협력에 기반한 지역 질서를 만듦으로써 동북아시아 지역의 평화창출과 공동번영을 추구하는 국가의 장기 전략과 비전으로 요약될 수 있다.

1. 동북아시아 협력 구상의 배경

기회의 활용: 동북아시아는 이미 북미와 유럽에 상응하는 상당한 경제적 파워이다. 역내 주요강국인 한·중·일 세 나라는 세계 GDP의 20.9%, 세계 총인구의 23.6%, 세계 총무역의 15.2%, 세계 총 외환 보유고의 38.1%를 차지하고 있고, 엄청난 경제적 잠재력을 보유하고 있다. 13억 인구의 중국은 세계 최대의 제조업 생산지로 등장하고 있으며, 일본은 세계적 수준의 첨단기술과 자본 보유로 비교우위를 유지하고 있고, 한국은 생동성과 인력 자원의 역동성, 혁신 능력을 바탕으로 세계무대에 등장하였다.

---

11) 이 부분은 다음의 문헌을 크게 참조 하였다. Presidential Committee on Northeast Asian Cooperation, *Toward a Peaceful Prosperous Northeast Asia* (Seoul: Presidential Committee on Northeast Asian Cooperation, 2004).

러시아의 엄청난 천연자원 역시 가치있는 자산을 제공하고 있으며, 이러한 자원과 능력은 러시아의 희망적 미래를 약속한다고 볼 수 있다.

동북아시아의 역동성과 상호의존은 매우 놀랍다. 이 지역은 세계에서 가장 빠른 속도의 경제성장을 보이는 국가와 성장잠재력이 가장 무궁무진한 국가들로 이루어져 있다. 동남아시아 국가들까지 포함한다면, 동아시아 국가 간 무역규모는 이미 NAFTA 수준을 넘어섰으며, 유럽연합의 수준에 근접하고 있어 역내 기능적 통합이 이미 달성되었음을 시사하고 있다.

장애요소로 작용하였던 많은 안보상황은 상당부분 개선되었으며, 냉전구조의 붕괴와 양극체제하의 군사적 긴장, 역내 국가 간 외교관계의 향상은 지역적 환경의 형성에 지대한 영향을 미쳤으며, 협력에 보다 긍정적 영향을 미쳤다.

마지막으로, 사회·문화적 교류와 지역적 연대의 강화는 지역공동체의 구성을 위한 협력강화에 중요한 기회들을 제공해 주었다. 예를 들어, 한국 대중문화의 인기와, 중국·일본 영화, 음악, 패션의 유행은 지역 교류에 있어 필수적인 문화적 기반을 형성하였다.

도전에 대한 대응: 그러나, 동북아시아는 기회뿐 아니라, 여러 도전에도 직면하고 있다. 동북아시아 시대구상은 새로이 등장하는 안보·경제·사회·문화적 도전을 넘어서야 하는 필요에 의해 정당화되었다.

유럽과 달리, 냉전의 종식은 동북아시아 지역에서 가시적인 평화의 성과를 가져다 주지 못하였다. 동북아시아 지역은 몇몇 심각한 안보적 도전에 직면하고 있는데, 가장 심각한 것은 북한 핵문제 이다. 대만 해협을 둘러싼 위기고조 역시 동북아시아 지역의 전반적 평화와 안보를 위협할 수 있다. 보다 위험한 것은 미래의 전략적 불확실성인데, 9·11 테러 이후 미국의 전략 재조정, 중국의 세계적 강대국으로의 부상, 군사력 부흥을 모색하는 일본의 움직임은 동북아시아 전략적 지형의 불확실성을 더욱 복잡하게 만들고 있다. 이런 상황을 고려했을 때, 역내 그 어떤 국가도 안보 딜레마로부터 벗어날 수 없다. 역내 경제적 상호의존의 심화는 새로운 경쟁의 패턴을 형성하고 있다. 중국, 일본, 한국은 수출품목과 지역을 놓고 치열한 경쟁을 벌여, 협력에 있어 중대한 딜레마이다.

극심한 경쟁, 중복투자, 과잉생산에 대한 우려에도 불구하고, 역내 국가들은 이러한 문제를 해결하고 역내 경제적 협력과 통합을 위한 공공재를 제공할 만한 제도적 장치를 결여하고 있다. 1980년대 이후, 대부분의 아시아 국가들은 처해진 발전단계 이상의, 고부가가치·기술집약·자본집약 산업으로 전환하기 시작하였다. 일본, 동아시아 신흥공업국, ASEAN 국가들은 모두 반도체와 컴퓨터와 같은 첨단산업들을 진흥하였고, 그 결과로 '연행모델(the flying geese model)'과 반대로, 수평적인 '참새떼' 모양의 발전이 현시적이 되어, 비교 우위의 변화에 입각하여 일본과 지역 경제적 라이벌 간의 경제적 경쟁과 마찰을 심화시켰다.[12)]

사회-문화적 도전 역시, 상존해 있다. 지역 공동정체성의 함양은 편협한 국수주의와 상호 불신에 의해 도전 받고 있다. 과거 식민지 지배에 대한 기억은 여전히 역내 인민들을 지배하고 있으며, 한·중·일 간 역사왜곡 문제에 대한 계속된 논쟁이 입증하는 바와 같이, 역내 국가들의 지나친 국수주의적 감정은 지양되어야 한다. 국수주의, 역사적 과거에 대한 공동의 기억, 이에 따른 인지적 불일치는 동북아시아 공동체 형성에 또 다른 장애요소로 작용하고 있다.[13)] 한국과 중국은 여전히 일본 식민지 지배에 대한 기억에 사로잡혀 있고, 이러한 아픈 역사적 기억에서 비롯되는 인식적 장애는 역내 협력과 제도화를 막는 국가적 환경을 형성하였다.

---

12) Gordon Bernard and John Ravenhill, "Beyond Product Cycles and Flying Geese: Regionalization, Hierarchy, and Industrialization of East Asia," *World Politics* 47(1995): 171-209.

13) Dalchoong Kim and Chung-in Moon(eds.) *History, Cognition, and Peace in East Asia* (Seoul: Yonsei Univ. Press, 1997); Yoichi Funabashi (ed.), *Reconciliation in the Asia-Pacific* (Washington D.C.: U.S. Institute of Peace, 2003).

2. 동북아시아 협력 구상의 이론적 근거

노무현 정부의 동북아시아 협력구상은 새로운 기회를 극대화하고 제약과 도전을 최소화하기 위하여 만들어 졌다. 그러나, 초기 구상은 비판받을 만한 점이 몇 가지 있다.

첫째, 당초 제안은 남·북한, 중국, 일본, 러시아에만 초점을 맞추어 지리적으로 매우 좁은 범위만을 포괄하고 있다. 이러한 비판에 대응하여, 신 구상은 동북아시아를 지리적 개념과 기능적 개념으로 정의 하였다. 지리적 개념으로 보았을 때, 동북아시아는 남·북한, 중국, 일본, 러시아, 몽골을 포함하며, 기능적 관점으로 정의 했을 때는 미국과 ASEAN 국가들 역시 포함된다. 미국이 동아시아 지역에 행사하는 영향력과 ASEAN 국가들의 잠재적 안보·경제적 영향력을 생각하였을 때, 기능적 정의 역시 상당한 중요성을 지닌다고 할 수 있다. 보다 중요한 점은, 이 신구상이 개방지역주의에 기반하고 있기 때문에, 세계 모든 국가들이 평화와 번영의 동북아시아 시대 개막을 위한 구상에 모두 초대되었다는 사실이다.

동북아시아 경제중심지와 관련된, '중심'개념 역시 비판의 대상이 되었다. 비판가들은 한국의 지정학적·지경학적 위치를 고려해 보았을 때, 역내 전략적·경제적 중심지 역할을 하기에 부적합함을 주장한다. 그러나, 이는 잘못된 이해에 바탕한 것으로서, 동북아 협력 구상은 역내 한국의 물리적 힘이나 지형의 '중심' 개념을 재조정하려 시도하는 것이 아니다. 오히려, 본 구상은 한국을 지역 경제 네트워크의 중심점이자 지역협력의 증진과 관련한 새로운 아이디어와 노력의 혁신적 원천으로서 자리매김하려 노력하고 있을 따름이다.

마지막으로, 동북아시아 신 협력구상의 몇몇 초점이 의문의 대상이 되었다. 노태우 정권과 김영삼 정권이 '국제화'와 '세계화' 캠페인을 벌여나간 반면, 김대중 정권은 'ASEAN+3' 공식을 중심으로 동아시아 공동체의 창출을 목표로 하였다. 반면에, 노무현 정부는 '동북아시아'에만 지역적 기반과 범위를 축소함으로써, 비판의 도마 위에 올랐던 것이다. 그러나,

이러한 비판은 먼저 가까운 동북아시아의 정치·경제·사회·문화적 문제를 해결하지 않고서는 동아시아, 태평양, 세계적 범위로까지 시야를 확장할 수 없다는 점에서 큰 설득력을 지니지 힘들다 하겠다. 그러므로, 신구상은 먼 지역이나 세계화 문제를 우선 목표로 삼는 먼 길을 걸어가기 보다는 보다 가깝고 시급한 지역 문제를 먼저 해결하자는 데에 그 핵심이 있다 할 수 있다. 그러나, 이는 신 구상이 동북아시아에 지역적 범위가 제한되어 있다는 의미는 아니며, 동북아시아에 주어진 초점은 자연스럽게 'ASEAM+3', 'APEC', 기타 세계적인 다자협력기구의 구조와 연계될 것이다.

3. 목표와 비전

목표: 동북아시아 협력 구상의 궁극적 목표는 협력의 거버넌스와 상호신뢰, 상호주의, 연대에 바탕한 공동체 창출을 촉진함으로써 평화와 번영의 동북아시아를 현실화하려는 데 있다. 이러한 목표는 세계 다른 지역의 지역화 성공사례에 의해 더욱 정당화 된 바, 지역통합은 세계화의 도전에 대한 대응책으로 혹은 세계화를 보다 효율적으로 달성하기 위한 방법으로 여타 지역에서 그 결실을 맺고 있었다. 유럽, 북미, 기타 ASEAN 국가들이 제도화·통합 과정을 밟고 있는 데 반하여, 동북아시아 지역은 여전히 이에 뒤처져 있는 상태라 할 수 있다.

그러므로, 신구상은 경제와 안보 영역에서 공동체 건설 노력을 가속화하기 위하여 만들어 졌다고 할 수 있다. 이론과 현실적 경험이 입증하듯이, 국가들은 스스로의 공동체를 건설함으로써 평화와 공동의 번영을 향유할 수 있다. 지역공동체는 특정 지역 국가들의 이익에만 지대한 영향을 미치는 반면, 세계적 공동체는 세계 모든 국가에 이익이 된다. 세계화는 따라서, 세계 모든 지역공동체들이 속한 세계 공동체를 창출해 가는 과정으로 이해될 수 있다. 동북아시아 국가들은 먼저, 지역공동체를 건설함으로써 이러한 과정에 동참하여야 한다.

비전: 한국 정부는 동북아시아 지역공동체의 네 가지 비전을 제시한다.

(1) 첫 번째 비전은 "개방적 동북아시아"이다. 평화와 번영의 동북아시아 공동체는 공동체 건설 과정에 있어 그 어떤 행위자도 배제하여서는 안 된다. 또한, 동북아시아 공동체는 동아시아, 태평양, 세계 공동체로 나아가는 전초 단계로 이해되어야 한다.
(2) 두 번째 비전은 다층적 네트워크와 연계된 "동북아시아 네트워크"이다. 평화와 번영의 동북아시아 공동체는 인적·상품·자본·인프라·사상·정보의 긴밀한 네트워크 구축과 물리적·비물리적 장벽의 초월을 강조한다.
(3) 세 번째 비전은 "참여적 동북아시아"이다. 지역공동체의 형성은 이에 상응하는 인적 지원과 동의 없이는 이루어지기 힘들다. 동시에, 가시적이고 항구적인 공동체는 각국 국민의 지지와 동의 없이는 힘들다. 이와 동시에, 가시적이고 항구적 공동체는 정부 간 협력만으로는 힘들며, 이와 함께 교류·협력 증진과 연대 창출을 위한 시민과 비정부 기구의 활발한 참여를 요하는 것이다.
(4) 마지막으로, 신 구상은 상호불신, 분열, 적대감이 사라지고 공동의 정체성이 지역을 하나로 묶는 "통합된 동아시아"를 상상한다.

4. 전략과 구상

한국의 전략적 역할: 한국이 전술한 목표와 비전의 현실화를 위한 역할을 할 수 있는가? 한국은 북한과의 군사적 대립이나 지나친 대미 군사의존 등 물리적·구조적 제약에 직면해 있는 것이 사실이므로, 강대국정치의 제약으로부터 빠져나오기 쉽지 않은 것이 사실이다. 그러나, 한국은 다음과 같은 역할을 함으로써 동북아시아 공동체 형성에 긍정적 기여를 할 수 있다.

(1) 한국은 교량국가의 역할을 할 수 있다. 한국은 대륙세력과 해양세력을 연결하여 새로운 협력과 통합의 질서를 만들려 하고 있다. 반도 국가라는 지리적 위치를 고려하여, 한국은 안보·경제·사회·문화의 교량 역할을 할 수 있다.
(2) 한국은 허브국가의 역할을 할 수 있다. 한국은 스스로를 평화·금융·물류·관광 등 특정 영역에서 전략적 허브로서 자리매김함으로써 평화와 번영 진작에 상당한 공헌을 할 수 있다. 한국이 목표로 하는 역내 네트워크의 중심으로서의 허브는, 상호대화의 기반을 제공하고 거래비용을 감소시키며, 효율성을 증대시켜 역내 평화와 공동번영을 증진할 수 있다.
(3) 마지막으로, 한국은 지역협력을 증진하는 역할을 할 수 있다. 한국은 동북아시아 지역의 공동체 건설에 있어서, 촉진제 역할을 하려 애쓰고 있으며, 이는 다자안보협력 시스템과 동북아시아 FTA 구축 노력에서도 확인된다. 예를 들어, 북핵 문제의 해결을 위한 6자회담은 전자에, 한-일 FTA에의 체결 노력은 후자에 해당하는 노력이라고 할 수 있다.

실행원칙: 이러한 목표와 비전에 따라, 동북아 협력의 신 구상은 네 개의 실행원칙을 설정한다.

(1) 동시적 연계: 이러한 원칙은 성공적 결과를 달성하고 시너지 효과를 극대화하기 위하여 안보·경제·사회·문화 영역에서 공동의 노력을 경주할 것을 강조한다. 그리고, 동북아시아의 협력은 남-북한 협력 문제와 동시적으로 추진되어야 한다.
(2) 다층적 협력: 이 원칙은 지역공동체 건설의 다면적 접근을 강조한다. 협력적 노력은 모든 레벨, 모든 측면에서 이루어질 것이다. 양자적·지역적·다자적 협력이 모두 동시적으로 추구될 것이다.
(3) 개방적 지역주의: "개방적 지역주의"를 목표로 하는 신구상은 따라

서, 본 구상을 지지하는 역·내외 국가 모두의 지지를 요구한다. 반차별주의, 상호주의, 개방성이 본 구상의 원칙이자 규범으로 기능할 것이다.

(4) 공동체 건설: 본 구상은 지역적 환경을 십분 활용하여, 교류·협력의 확대를 촉진하는 것을 의도로 한다. 이러한 점에서, 신 구상은 궁극적으로 제도화된 공동체의 형태로 발전할 협력의 거버넌스 구조 구축을 목적으로 한다.

5. 주요 프로젝트

이러한 구상을 실제화하기 위하여, 한국 정부는 네 개 영역에 대하여 몇 개의 프로젝트를 더해, "전략적 기획, 평화구축, 번영의 심화, 공동체 구축"이라는 이름으로 이를 추진하고 있다.

중·장기적 전략기획: 다가오는 평화·번영의 동북아 시대를 맞이하기 위해서는 중·장기적 전략의 수립이 중요하다. 이와 관련하여, 네 가지 프로젝트를 들 수 있다.

(1) 경향 분석과 예측: 미래를 위한 준비를 위해, 동북아시아의 현재상황을 잘 분석하고 중·장기적 경향을 잘 예측하는 것이 중요하다. 이러한 분석에 바탕하여, 역내 안보·경제 공동체 건설을 위한 청사진이 제시되어야 한다.

(2) 안보 청사진의 제시: 안보 전략의 최대 우선순위는 궁극적으로 안보공동체로 발전할 수 있는 다자적 틀을 마련하는 것이다. 역내 평화 구축을 위한 노력은 한·미 동맹의 지속, 동북아시아 포괄적 안보협력의 증진, 중국·일본·러시아와의 협력적 관계의 강화와 남·북 간 평화 레짐의 구축에 의해 현실화될 수 있는 것이다.

(3) 지역 경제협력 전략의 발전: 경제협력전략의 중·장기적 청사진을

만드는 것이 필요하다. 이와 관련하여, 역내 분업과 산업 구조조정을 위한 정책적 옵션, FTA를 구축하기 위한 노력, 경제적 허브를 강화하기 위한수단을 추구하는 노력 역시 이루어져야 한다.

(4) 국내적 합의와 지역적 연대의 구축: 역내 국가 간 뿌리 네트워크를 확산시키기 위해서는 대중적 지지를 확보하는 것이 매우 중요하다. 대중의 이해와 참여 없이 본 구상이 현실화되기는 상당히 힘들다. 정부는 대중적 지지를 확보하고 초국경적 풀뿌리 연대를 구축하기 위한 다양한 노력을 기울이고 있다.

평화 구축 프로젝트: 안정적인 지역 평화를 보장하기 위해서는 평화유지, 평화창출, 평화구축 노력이 동시에 이루어져야 한다. 평화 유지는 군사적 억제와 동맹을 통하여 전쟁을 예방해 나가는 것을 의미하며, 평화창출(Peace-making)은 불안정한 평화 상태를 예방외교, 신뢰 구축 조치, 군축 등을 통해 관리해 가는 것을 의미한다. 그러나, 평화 유지 혹은 평화 창출은 항상 안정적이고 항구적인 평화를 보장하는 것은 아니다. 안정적이고 지속적인 평화는 오늘날의 유럽과 같은 안보 공동체가 형성될 때만 가능한 것이며, 이러한 평화 구축 조치는 한국 정부가 가장 관심을 쏟는 이슈라 할 수 있다.

(1) 남-북한 평화 레짐 구축: 한반도 평화 구축은 동북아시아 지역의 안정적 평화 유지에 핵심적인 전제조건이라고 할 수 있다. 한국은 남·북 간 대화와 협력을 촉진하고, 군사적 신뢰구축 조치를 제도화하기 위하여 중·장기적 전략을 수립해가야 할 뿐 아니라, 남·북 간의 분단과 분쟁을 평화조약의 체결에 의해 해결해 나가야 한다. 이와 연계하여, 개성 공단과 금강산 여행의 발전을 살피고, 북한과 비 정부적 교류·협력을 증진하며, 북한 핵문제의 해결을 위한 노력을 촉진시키는 것이 필요하다.

(2) 4대 강국과 협력 외교의 증진: 한반도와 동북아시아는 평화와 전략

적 안정의 관점에서 미국, 일본, 중국, 러시아의 주요 4강 간 협력과 경쟁에 의해 상호 긴밀히 연계되어 있다. 이에 따라, 정부·비정부 수준에서의 협력외교 강화는 평화·번영의 동북아시아를 위한 필수적 조건이라 할 수 있다.

(3) 다자 안보협력의 증진: 전통적인 양자적 외교만으로 한반도와 동북아시아의 평화·안정을 보장할 수 없으므로, 공동 안보의 형성을 위해서는 협력적 노력이 기울어져야 한다. 이러한 점에서, 역내에서 다자적 안보협력의 증진을 위한전략을 수립하는 것이 중요하다. 현재, 북한 핵문제의 해결을 위한 틀인 6자회담을 가시적이고 지속적인 다자 안보 레짐으로 전환시키는 방안, ASEAN+3과 별도로 한·중·일 정상 회담을 정례화하는 방안, 동북아시아 국방방관 회담을 개시하는 방안 등의 여러 세부적 논의가 있다. 이러한 과정의 촉진은 양자적·다자적 협력을 강화하며, 합동 해군작전 및 군사 인력교환·훈련 프로그램에서의 협력 등의 군사적 신뢰구축 조치를 확대하기 위해서라고 할 수 있다. 한국 정부는 또한, '제주 평화포럼'의 격상과 '동북아시아 평화 센터'의 설립을 통해 제주도에서 동북아시아 평화허브의 창출을 숙고하고 있다.

번영 증진을 위한 프로그램: 역내 공동번영의 추진을 위하여, 한국은 역내 모든 국가에 도움이 될 수 있는 금융 서비스, 관광, 교통, 물류의 중심 전략을 전개해 나가고 있다.

(1) 동북아시아 금융 허브의 창출: 동북아시아 금융허브는 서울 중심에 자산 관리 분야를 중심으로 형성될 것이다. 서울에 금융허브를 구축한다는 전략은 개인 펀드, 외환 보유를 포함한 자산관리를 핵심으로 하여, 고부가가치·첨단기술·우수 인력의 유입을 유도할 것이다. 고정수익 보험, 시장, 주식시장, 외환 시장을 포함한 국내 금융시장의 발전은 금융시장의 규제·감독 시스템의 향상과 함께 보

다 촉진될 전망이다.

(2) 물류 허브의 창출: 물류허브를 건설하기 위해서는, 중심적 물리기지의 제도화, 물류 기업의 양성을 포함한 제도화 작업, 우수 인재 양성, 공항·항만의 기능 향상, 국제적 물류 지원시스템의 향상 등의 작업에 착수하는 것이 중요하다. 현재, 한국정부는 인천, 광양, 부산을 미래 물류 허브로 지정한 상태이다.

(3) 전략적 해외직접투자의 유치: 허브의 발전과 연계된 전략적 해외직접투자와 관련하여, 물류 허브와 서남부 지역관광 허브에 대한 해외직접투자에 특별한 관심이 모아지고 있다. 외국인을 위한 비즈니스 환경과 주거환경 등을 향상시킬 방안을 마련하고 한국의 국제적 이미지와 투자를 진작시키며, FDI 유치에 관련된 행정업무를 간소화할 필요가 있다.

공동체 건설을 위한 협력 프로젝트: 한국정부는 동아시아 공동체 건설에 기여할 수 있는 협력 프로젝트를 제안함으로써, 역내 공공재 공급에 적극적 역할을 할 의사가 있다. 이는 에너지·교통 협력, 환경협력, 지역경제발전을 위한 협력, 사회·문화적 협력 등을 포함하는 것이다. 이러한 협력 프로젝트는 협력과 공동체 건설을 위한 거버넌스에 긍정적 파급효과를 가질 것으로 기대된다.

(1) 에너지 협력 프로젝트: 역내 에너지의 공급과 수요를 맞출 필요를 고려해 보았을 때, 천연가스 파이프라인의 건설과 유전의 공동 탐사·개발은 의제의 핵심적 부분을 차지하고 있다. 장기적으로, 북한 지역으로의 에너지 공급과 시베리아 수력발전소의 개발 역시 고려될 것이다. 또한, 에너지 소비국들이 협력을 통해 원유와 가스의 수입가를 낮추고, 역내 새로운 경쟁적 석유시장을 개발하여, 안정적 해로 교통을 확보하는 것 역시 중요하다.

(2) 교통 네트워크 협력: 남/북한 철도 프로젝트는 비무장지대에 의해

끊겨진 철도를 연결하기 위해 현재 진행 중에 있으며, 남-북한 철도시스템이 시베리아 횡단철도(TSR), 중국 횡단철도(TCR), 몽골 횡단철도(TMGR), 만주 횡단철도(TMR) 등의 다른 철도와 연계될 경우, 한국은 지리적 고립을 극복하고, 동북아시아의 물류 중심지가 될 수 있을 것이다. 이러한 프로젝트의 핵심적 요소는 현재 한반도의 철도 상태를 평가하고, 동북아시아 철도에 대한 국제적 협의 메커니즘을 만들며, 국제적·다자적 제도에 참여하는 것이다.

(3) 환경협력의 진작: 동북아시아는 산업공해, 황사문제, 산성비와 같은 초국경적 환경 문제뿐 아니라, 점차 늘어나는 해양오염의 위험에 직면해 있다. 비록, 정부·준 정부·비정부 기관의 수준에서, 환경문제에 대한 협력을 촉진하기 위한 여러 지역 기구들이 존재하지만, 아직 가시적인 성과는 나타나지 않고 있는 실정이다. 특히, 제도적 틀을 강화·향상 시키고, 현존하는 지역기구의 효율성을 높일 상당한 필요가 있는 것으로 보인다. 한국정부는 이러한 필요를 충족시키기 위하여 리더십을 발휘할 충분한 의사를 지니고 있다.

(4) 사회·문화적 협력의 진작: 동북아시아 지역에서 상호 이해와 신뢰를 구축하기 위하여, 역내 사회·문화적 교류는 절실하다. 불행히도, 현재 동북아시아는 여전히 분쟁, 점령, 이념적 대립의 역사에서 비롯되는 상호 몰이해와 불신으로 가득 차 있으며, 이에 따라, 한국이 현실화하고자 하는 동북아시아 공동체의 개념은 유럽과 마찬가지로 단순히 경제 통합뿐 아니라, 공통의 가치와 미래를 향한 비전에 기반하고 있다. 이러한 관점에서, 이 지역에서 상호 불신의 해소는 시급하고 절대적인 임무이다. 초국경적 교류는 정부 수준뿐 아니라, 비정부기구와 문화·예술·교육·스포츠·관광 등 사회 전반에 걸쳐 이루어져야 한다. 한국 정부는 동북아시아 문화 정체성의 확립, 동북아시아 비정부 기구의 네트워크 형성, 젊은이들의 교류 프로그램 진작 등을 통한 미래 지도자 양성 등을 지원할 의사를 가지고 있다.

IV. 결론

지역공동체 형성을 위한 한국의 전략은 상당 부분 동북아시아에 초점을 맞추고 있다. 그러나, 이는 동아시아 공동체 건설 노력에서 탈피하려는 움직임으로 이해되어서는 안 된다. 한국은 ASEAN+3의 아이디어와 궁극적으로 동아시아 공동체 건설의 과정을 촉진시킬 동북아시아 공동체 건설 노력을 계속 조화시켜 나갈 것이다.

우리는 이러한 양면적 접근이 보다 큰 시너지 효과를 가질 것으로 믿는다. 그러나, 동아시아 공동체의 건설 노력은 ASEAN+1(한, 중, 일의 개별국가) 나 느슨한 형태의 ASEAN+3으로는 구체화될 수 없다는 사실을 명심해야 한다. 동북아시아, 특히 한·중·일 간의 협력과 통합의 거버넌스를 만들어 나가기 위한 노력은 ASEAN+3과 함께 이루어져야 한다.

이는 동아시아 공동체의 창출이 이 삼국의 협력 없이는 상상하기 힘들기 때문이며, 이러한 관점에서 판단하였을 때, 동북아 협력구상에서 한국의 역할은 특히 동북아시아와 동아시아 전반에서 협력과 통합의 지역 질서를 만들어 나가기 위한 결정적 계기를 제공할 수 있을 것으로 보인다.

제3부

동북아시아의 협력과 지역 공동체 건설을 위한 구상: 각국의 시각

동북아시아의 평화와 번영을 위한 한국의 이니시어티브

이수훈
|경남대학교 교수

I. 도입

노무현 정부의 목표 중 하나는 한국 정부의 보다 적극적인 역할을 통해 "동북아시아 협력 이니시어티브"를 실행하는 것이다. 물론 "동북아시아" 라는 개념은 전혀 새로운 것이 아니다. 그러나 노무현 대통령과 그 행정부가 사용한 "동북아시아"의 개념은 이전의 개념과는 구분되는 특징을 지니고 있다. 동북아시아를 강조함으로써, 노무현 정부는 자신과 이전 정부를 분리시키고 있을 뿐만 아니라, 그 스스로의 정체성까지 찾으려고 하고 있다.

그 개념 자체는 1990년대 초기 이래로 계속해서 변해오고 있는 세계 질서의 구조적인 변화의 특성을 반영하고자 하는 것이다. 이는 세계 체제에서 동북아시아의 중요성이 점차로 커지고 있다는 것을 인식하고, 이 지역에서의 내부적인 역동성이 중요하다는 것을 반영한다. 이 지역은 급격한 통합의 과정을 겪고 있으나, 동시에 불행하게도 평화와 안보에 대한 위협은 점차로 커지고 있다. 많은 사람들이 지역적 평화와 경제적 번영 사이의 복잡한 관계에 대해서 지적하고 있다. 만약 동북아시아 지역에서 지속적인 평화가 보장되지 않는다면, 현재의 동북아시아 지역의 급격한 경제성장은 위협받을 수 있다. 이런 맥락에서 한반도의 불안정성은 동북아 통합에서 핵심 요소이다. 따라서 이 개념은 한반도가 그 분단을 극복하고 이 지역에 대한 주요한 안보 위협의 원천을 제거하는 평화 레짐을 구축해야 할 필요성이 있음을 인식하게 한다. 한반도의 평화가 없이는 동북아 지역의 지속적인 평화는 거의 불가능하다. 여기에서 알 수 있듯이 이 개념은 단순히 국가적인 시각을 대표하는 것이 아니라, 한반도를 넘어서는 지역적 이익을 포함하는 것이다.

노무현 정부 이전에도 국가 개발을 염두에 두는 아이디어와 제안들이 있어왔다. "동북아시아에서의 비즈니스 허브", "동북아 중심 국가"와 같은 아이디어들은 1990년대 초기부터 계속 언급되었던 것들이다. 그러나 이들은 주로 국가경제 발전 전략을 염두에 두고 있었던 것이었다. 허브 모델은 전혀 새로운 것이 아니다. 사실 이는 중국, 싱가포르, 대만 그리고 일본과 같은 국가에서 광범위하게 사용되어 왔다. 한국이 이를 자국만의 방법으로 활용하려고 시도하는 데에는 의심할 여지가 없으나, 여태껏 이렇다할 성공은 거두지 못한 형편이다. 실제로 노무현 정부 역시 한국 경제를 발전시키기 위한 비즈니스 허브 모델을 개발하여 왔다고 보아야 옳다.

그럼에도 불구하고, 동북아시아 경제협력 이니시어티브에 대한 논의는 훨씬 더 광범위하고 복잡하다. 시간이 지남에 따라 노대통령은 동북아시아의 평화와 번영에 대한 그의 제안이 국가 개발 전략과 분명히 구분되어야 한다는 것을 강조했다. 그의 제안은 경제적인 고려를 배제한 것은 아니었으나, 지역통합에 대해 훨씬 더 종합적이고 대담한 비전을 제시하고 있다. 현재 진행 중인 지역통합의 과정을 살펴보면, 이는 경제협력과 평화 구축을 촉진시키려는 것이다. 이 제안은 북한을 동북아시아의 지역적 범위의 틀로 포함시키려고 한다. 이는 북한 문제를 이 틀 안에 포함시켜 접근하려고 하고 있으며, 다양한 동북아시아의 협력사업을 진행시킴으로써 북한 문제를 해결하겠다는 것을 의미한다.

따라서 이 글의 목적은 동북아시아의 국가들이 어떻게 평화와 번영을 공고화시키고 제도화시킬 것인가에 대한 한국의 시각을 정교화하기 위한 것이다. 우선 여기에서는 노무현 정부에 의해 제안된 새로운 이니시어티브에 포함되어 있는 각종 이슈들에 대해 탐구하고, 둘째로 그 목표와 전략에 대해 논의할 것이다. 그 다음에 영역을 크게 4가지 정도로 구분하여, 각 항목에 어떤 내용이 구비되어야 하는지에 대해서 논의할 것이다. 이 글은 학문적 분석을 목표로 한다기보다는 정책적 함의를 가진 문건으로 보는 것이 낫다고 생각한다.

II. 새로운 제안의 주된 이슈들

1. 동북아시아의 도래를 현실로 보다

동북아시아가 세계 질서 형성에 있어 선구적인 역할을 감당할 가능성은 폭발적으로 증가해 왔다. 전후 일본의 급속한 성장과 1970년대 및 80년대의 동아시아 전체의 신속한 발전은 이 폭발성의 전반적인 수치를 증가시켰다. 21세기 탈냉전 이후 세계 체제가 정치지리적, 경제지리적으로 재조직됨과 더불어, 중국이 후진적 공산경제에서 21세기 말에 자본주의의 성장엔진으로 진화함에 따라, 이 명목적 가치가 더욱 커졌다.

가속화된 통합의 추세 속에서 동북아시아의 현실은 이미 잘 구축된 역내 무역, 세계 경제 내에서의 산업적 우위성 그리고 전세계 공동체에서 잘 알려진 명성들과 같은 요인들을 포함한다. 일본과 한국의 경제성장은 자원이 부족하고 농업기반의 국가들에게 적용될 수 있는 새로운 패러다임을 구축했고, 이를 통해 서방 세계와 동등한 자격을 갖게 되었다. 독특한 정책 수립과 그들 문화에 부합한 정책의 수립 및 실행은 급속한 경제

성장을 추구하는 강한 국민적 차원의 성향으로 구체화되었고,[1] 이들 모두 번영을 추구하는 아시아 역동성의 다양성을 강조한다.

이와 함께 중국의 성취 역시 인상적이다. 잘 알려진 대로 중국의 자본주의로의 전환, 아직까지는 조심스럽지만 계속해서 추진되는 개방정책, 세계 경제와 변환되는 세계 질서에 영향력을 미치는 중국의 대외 비전 등은 매우 중요한 요소이다. 중국은 세계무역기구에 가입했고 최근 유인 우주비행(the Shenzh ou mission)을 감행했으며 2008년 올림픽을 개최할 예정인데, 이 모두는 중국이 달성한 놀라운 성취와 대외적 비전, 국제적 인식과 협력 그리고 통합을 향한 더 광범위한 추진책 등을 대표한다.

러시아 역시 빈곤과 불안정성을 가져왔던 페레스트로이카 이후의 문제점들 — 그러나 IMF 프로그램이나 지원정책하에서는 적절하게 규명되지 못했던 — 을 극복해 나가고 있다.[2] 동북아시아의 맥락에서 러시아는 최근 특히 석유와 가스 탐사, 중국 및 극동러시아에서의 송유관 건설과 협력적 안보 이니시어티브, 심지어 문화적 협력에 이르기까지 역내 경제의 협력적 개발 중요성을 강조하고 있다(예를 들어, 러-중 문화위원회가 2000년 12월 모스크바에서 설립되었으며, 중-러 우호 및 협력을 위한 협정이 2001년 6월에 체결되었다).

역내 번영을 추구함에 있어서 중요한 것은, 이들 국가 간의 협력과 통합이 점차로 증가하고 있다는 것이고 통합을 향한길로 나아가고 있다는 것이다. 그러나 과거 역사의 상처와 비즈니스의 급속한 이동성(here-today-gone-in-a-millisecond)을 고려해 보면, 동북아시아의 지속가능한 성장은 통합을 위한 특정 장벽들이 적절하게 규명되고 상호 신뢰와 번영을 위한 심화된 조치들이 마련되지 않고서는 달성되기 어렵다. 노무현 정부는 분명히 이 사실을 인식하고 있는 것 같다. "소비품 교역, 낮은 수준의 경제 협력만을 가지고는 현재의 무역 불균형을 해결하는 데 충분하지 못하다.

---

1) Jon Woronoff, *Miracle Economies* (Armonk, N.Y.: M.E. Sharpe, 1992).

2) Augusto Lopez-Claros, "The Recipe for Success," *Newsweek* (special ed.), October-December 2003, p.37.

따라서 자본과 기술 분야에서 더 친밀한 협력이 필요하다. 보다 선진화된 협력에 기반하여 동북아시아 국가들은 장기적으로는 EU타입으로 그들의 관계를 발전시켜야 할 것이다."[3] 다른 나라의 정부들도 이 점을 인식하고는 있으나,[4] 노무현 정부는 이 점을 보다 공격적으로 추진하고 있다.

2. 동북아시아는 무엇인가?

근본적으로 동북아시아의 개념은 "가상의 새로운 공간"을 의미하며, 한국, 중국, 그리고 일본뿐만 아니라, 북한, 러시아, 몽골과 같은 지역을 모두 포함하는 가상의 개념이다. 이들 국가들이 집단적으로 토의의 주제를 형성하거나, 위원회의 회원국이 될 때 사용되는 잘 알려진 용어들이 있긴 하지만, 그 모두가 약간씩은 부적절한 개념이다. 예를 들면 "동아시아"는 일반적으로 한국, 중국, 일본과 대만의 국가들을 가리키지만, 보다 일반적으로 사용되었을 때는 동남아시아까지 포함하며, 이는 일반적으로 다른 무엇보다는 경제적인 의미를 가지고 있다. 또 널리 사용되는 단어인 "아시아-태평양" 이라는 단어는 미국과 일본에서는 여전히 매우 인기있는 단어이지만, 역시 다소 부족한 느낌이 있는데 이는 주로 오세아니아 아시아를 강조하는 맥락에 있고, 태평양 둘레의 국가들에 주로 초

---

3) "Steps toward Northeast Asian FTA," *Asia Times*(online ed.), July 10, 2003. Online at www.atimes.com/atimes/Korea/EG10Dg02.html.

4) "아시아의 다른 국가들은 중국이 대외적 수요의 강력한 원천이 됨에 따라, 이로 인해 큰 혜택을 보고 있다. 중국은 아시아의 지역통합에 매우 신경을 쓰고 있으며, 계속해서 역내의 성장이 확보되도록 활력을 불어넣고 있다." [T]he rest of Asia is benefiting from China as a powerful source of external demand. China, committed to promoting Asian economic integration, will continue to 'inject vitality'into the region's growth in the years ahead" (China's Assistant Minister of Commerce Fu Ziying and World Bank chief economist Homi Kharas speaking at a seminar in Beijing on September 8, 2003); "Injecting vitality into Asian growth," *China Daily* (online ed.), September 9, 2003. Online at www1.chinadaily.com.cn/chinagate/doc/2003-09/09/content_262655.htm.

점을 맞추고 있기 때문이다.

여기에서 사용되는 동북아시아라는 개념은 그것 자체로 다른 개념들과는 두 가지 측면에서 분명히 구분된다. 첫째, 이는 주로 중국을 포함하는 대륙 아시아를 더욱 더 강조하고 있으며, 극동아시아까지 포함하기 때문이다. 과거 주로 안보의 측면에서 사용되었던 동북아시아라는 개념은 노무현 정부에서 훨씬 개방적이고 유연하게 정의되었다.

이와 같이 동북아시아 이니시어티브는 약간 차별화된 인식적인 이해를 요구한다. 이는 단순히 "동북아시아 허브국가"나 "동북아시아 비즈니스 허브"와 같은 개념과 같지 않다. 대신 이는 경제적인 고려 이상의 것이며, 안보, 문화, 에너지와 환경의 영역을 통합하는 것이다. 게다가 아시아의 잠재력이 극대화되는 것을 제한하고 있는 불안정성과 불화의 근원을 해결하는 것을 포함한다. 즉, 한반도의 분단 상황 말이다. 따라서 이 아이디어는 한반도의 문제를 동북아시아의 문제와 구조적으로 연관시키는 특징이 있다.

동북아시아의 개념은 또한 "아시아의 회복"을 개시하는데 있어 가장 적절한 시작점이다. 기존의 유럽 중심론적인 세계관을 대체할 만한 새로운 역사 인식론과 세계관이 필요하다. 19세기의 유럽과 동아시아 사이에 있었던 권력 이동을 극복하고, 보편주의에 대해 가장 주요한 장애물로 작용했던 유럽의 자민족 중심적인 역사 이해와 세계관을 철폐하기 위해서 우리는, 사고방식의 틀 안에 "아시아의 회복"을 포함시키려고 한다. 한반도 문제를 해결하는 것은 아시아의 틀 하에서 회복을 이끌어낼 첫 번째 단계가 될 것이다. 또한 동북아시아의 신세대는 평화와 번영을 바탕으로 하는 아시아에서의 전반적 통합을 이끌 것이다. 그런데 여기에서는, 아시아를 기반으로 하는 또 다른 형태의 자민족 중심주의를 제안하는 것이 아니라는 것을 명백히 할 필요가 있다.

3. 동북아시아 이니시어티브에서의 한국의 역할

동북아시아에서 평화와 번영을 촉진하고자하는 노무현 정부의 새로운 이니시어티브는 단순히 비즈니스 "중심경제" 프로젝트를 의미하는 것으로 잘못 해석되어서는 안 된다. 이 이니시어티브가 갖는 경제적 비중으로 인해 한국이 "중심국가"가 되는 비전을 포함하고 있긴 하지만, 그것 이상의 의미가 있다.

동북아시아 국가들의 주요한 경제성장이 지난 1세기 동안에 일어났음에도 불구하고 이 지역의 공통의 역사가 식민주의, 갈등, 압박 그리고 상호협력으로 퇴색되어 있으며, 고집과 유혈사태로 얼룩져 있다는 것은 매우 유감스러운 일이다. 평화와 번영의 관점에서 이 지역의 공통 역사를 다시 씀으로써 과거를 재정립하는 것은 쉬운 일은 아닐 것이다. 여러 작가들이 공동으로 이 작업을 한 적은 한 번도 없다(그러나 단 여러 번의 초고와 셀 수 없는 검토를 토대로 이들은 가장 의미 있는 작업이 될 가능성이 높다). 동북아시아 역사의 이 시점에서, 평화와 번영을 위한 이 작업은 필수불가결의 것이 되어야 하는데, 이 공동의 역사 작업이 앞으로 태어날 세대의 미래와 궁극적으로는 우리가 모두 공유할 환경을 포함하고 있기 때문이다.

이 새로운 제안은 역내 국가들을 위해 통일된 방향으로 추진될 필요가 있다. 지역적 안정성과 통합을 위한 움직임들을 제한하고 동북아시아의 미래를 어둡게 하는 여러 장애물들 중에서 반드시 제거되어야 할 가장 중요한 장애물은 일본과 중국 간의 경쟁의식이다. 20세기의 일본 제국주의와 2차 세계대전 중의 일본군의 중국 점령은 중국인의 심리에 3도 정도의 화상 자국을 남겼다. 일본과 중국 간의 관계가 온건함에도 불구하고, 상호 불신은 희미한 안개처럼 계속해서 잔존해 있다.

> 역사, 기억, 그리고 국가적 신화는 중-일 관계를 개선하는데 있어서 가장 큰 장애물을 대표하며, 이들 양 대국 간의 미래의 갈등에 대한 가장 큰 위험이 될 가능성이 높다. 이 이슈들 자체가 대립을 낳을 가능성이 높기 때문이기

> 도 하지만 이것은, 양자간 다툼으로 이어질 수 있는 수많은 크고 작은 분쟁을 야기할 가능성이 높기 때문이기도 하다. 이러한 관념적 차이는 대만문제를 사이에 두고 벌어지는 미국과 중국 사이의 이념적 차이와 같은 종류보다는 훨씬 더 측정하기 어려운 것이다. 이들은 특별히 측정이나 관찰이 가능한 이익관계를 두고 벌어지는 것이 아니며, 정치적 해결책의 혁신을 통해서 해결될 수 있는 것도 아니다. 훨씬 더 간단하게 중국인과 일본인들은 서로 좋아하지도 않고 신뢰하지도 않는다. 서로를 향한 각 사회와 과거, 현재 그리고 미래의 갈등은 상실과 굴욕의 국가적 신화를 탄생시키고 더욱 강화하는 측면이 있다.[5)]

한국인의 심리 역시 이러한 종류의 상처로 고생하고 있으며 일본에 대한 불신에서 아직 다 벗어나지 않았다. 역사적 유대와 공유된 아픔, 그리고 지리적 인접성과 같은 측면 때문에, 한국은 지난 10여 년의 기간 동안 일본 보다 중국과 훨씬 더 친밀하고 상대적으로 더 굳건한 관계를 구축할 수 있었다. 그러나 중국과 달리 한국은 일본과 화해한 기간이 훨씬 길었고, 양자간 FTA를 위한 고위 정부급 회담, 한국의 일본 문화 제품 수입 금지 조치의 철폐, 2002 한일 월드컵의 성공적인 공동 개최 등의 이슈에서 보여지듯이, 일본과 경제적으로나 문화적으로 보다 더 자신있는 관계를 발전시킬 수 있었다. 이 관점에서 한국은 현실적으로, 중-일의 대립관계를 완화시킬 수 있는 중재자로서의 역할을 할 수 있는 유일한 국가이다. 따라서 대륙세력과 해양세력이 동북아시아의 공동체로 통합된다면, 한국의 역할은 가장 중심적인 것이 될 것이다.

그러나 이 중심적인 역할을 수행하면서도 만약 한국이 "번영하는 초국가적 경제 중심지로서"로 성장하길 원한다면, 여기에 북한을 끌어들여야 할 필요가 있다.[6)] 이와 같이 동북아시아가 통합을 통해 항구적인 평화와

---

5) Yoshihide Soeya, Jianwei Wang, and David A. Welch, "A New Look at the U.S.-China-Japan Triangle: Toward Building a Stable Framework," *Asian Perspective,* Vol. 27, No. 3 (Fall, 2003), pp.215-16.

6) Woo-Cumings, "Three Mirrors for Korea's Future."

지속가능한 번영을 달성하기 위해서는 반드시 북한을 포함해야한다.

따라서 한국은 그 자신의 비극적 분단문제와 분단으로 인해 파생되는 현재의 위기, 즉 북한의 핵문제를 해결하기 위해서 이웃나라들로부터 적극적인 도움을 받을 필요가 있다. 한반도에서, 셰익스피어 문학에 나오는 것과 같은 비극을 방지하고, 북핵 문제의 뿌리를 해결하기 위해서는 역내·외 국가들의 지속적인 헌신이 필요하다. 이는 단순히 북한 정권의 붕괴를 통한 중단기적 관점에서의 한반도의 통일을 의미하는 것은 아니다. 이는 핵 사태의 해결이 참가자들 위주로 이루어져야 한다는 것을 의미한다.

이 핵 문제를 해결하기 위한 "6자회담"을 설립한 것은, 모든 회원국들이 북한의 경제를 재생시키고 국제 공동체의 신뢰할 수 있을 만한 회원국으로 전환시키는 것을 지원하는 지속적인 과정에 헌신해야 한다는 것을 나타내는 긍정적인 표시일 수 있다. 이 문제에 대한 어떠한 해결책이라도 찾는 것 그 자체가 지역 번영과 점차로 증가하고 있는 국제안보의 필요성을 위한 선행조건이 될 수 있다.

따라서 참가국들이 성과를 내고 마지막 목표가 그 결과를 드러냄에 따라, 문제 해결을 위한 영웅적 조치는 어떠한 무력 수단에 의존하는 것이 될 수 없다. 긴장을 감소시키고 불안정성을 해소하며 북한을 포함하는 공동 번영을 위해 함께 일하고, 장기적으로는 그 나라의 분단된 민족들의 고통을 덜기 위한 평화를 구축할 수 있는 방법을 찾는 것이 바람직하다.

한국이 이러한 역할을 수행하기에 적합하다는 것을 드러내주는 또 하나의 지표는, 잘 조직되고 급속하게 성장하고 있는 시민사회로 특징지어지는 한국의 민주주의이다. 민주화와 시민사회의 활성화는 한국사회에서 매우 놀라운 것이었다. "화염병을 드는 대신에 한국의 학생들은 촛불 시위를 하면서 밤새 집회를 한다. 한국은 미국인들이 요즈음 누리고 있는, 미 헌법 제1조에 명시된 언론의 자유보다 더 큰 언론의 자유를 누리고 있는 곳이다."[7] 이러한 한국의 특성은 중국과 일본의 화해를 돕는 데 있

7) Ibid.

어서 매우 유리한 이점이 있다.

이 지역의 역사를 고려해 보면, 한국은 역내의 모든 국가들과 건강한 관계를 유지하는 데 큰 성과를 거두어 왔으며, 더불어 한국은 건강하고 활발한 민주주의 사회를 구축하고 있다. 한국은 일본과 중국 사이에 있는 경쟁심을 중립화하고, 이 양국 간의 역사적 불행의 상처를 씻을 수 있는 유일한 국가로서의 역할을 할 수 있다.

따라서 모두를 위한 공동의 번영과 평화를 기반으로 하는 통합을 목표로 하여, 한국의 역할은 동북아시대의 비전을 충분히 실현시키는 것이 되어야 하며, 장기적으로는 아시아 공동체를 설립하는 비전을 가지고 이 지역을 동북아시아 공동체의 일환으로 통합시키는 것이 되어야 한다.

III. 새로운 제안의 목표와 전략

1. 목표

이 새로운 주도적 제안의 주요한 목표는 평화롭고 번영하는 동북아시아의 공동체를 만드는 것이고 궁극적인 목표는 아시아 공동체를 만드는 것이 되어야 한다. 이 대 구상을 실현하기 위해서는 먼저 이보다 작은 목표가 수행될 필요가 있다. 첫째는 이 지역을 전쟁의 위험이 없는 곳으로 만들어야 한다. 이는 두 가지를 필요로 하는데, 하나는 한반도의 비핵화이고, 다른 하나는 지역 평화 구축과 갈등의 평화적인 해결을 보장하기 위한 상호 신뢰 및 그 기반을 만들어가는 것이다.

둘째, 지역협력과 성장잠재력 극대화가 이루어져야 한다. 이는 부분적으로는 지역 내 협력 기업의 확대를 통해서, 그리고 더 심화된 협력의 제도화를 통해서 해결될 수 있다.

그리고 셋째로, 역내 평화, 경제개발, 그리고 에너지 자원의 공급과 환경 보호를 위한 광범위한 계획의 실현이 반드시 수반되어야 한다. 이러한 관점에서, "지속가능한 개발"을 촉진시키기 위한 에너지 및 환경 분야에서의 지역협력을 가속화시켜야 할 필요가 있고, 역내 국민들에게 "녹색" 세상을 약속할 수 있을 만큼 삶의 질을 높여야 한다. 이 마지막 목표는 다른 어떠한 목표보다도 가장 장래성이 있는 것이다.

2. 전략

1) 유럽 통합의 교훈

이러한 숭고한 목표를 달성하고 기존의 장애물들을 해결하기 위해서 많은 노력이 필요한 것은 말할 필요도 없다. 그러나 노력이 기울여지기 전에, 이를 위한 전략이 먼저 세워져야만 한다. 이러한 관점에서 유럽 통합의 교훈은 이 계획수립을 도와줄 수 있을 것이다.

유럽은 국제 관계 역사상 가장 중요하고 광범위한 수준으로 지역통합을 이루어낸 곳이다. 2차 세계대전 직후 유럽은 완전히 황폐화되었다. 역내 지도자들은 그러한 파괴가 반복되는 것을 방지하고, 역내 국가들이 정치적, 경제적, 사회적으로 안정을 이루기 위해서 가장 중요한 조처가 국가 중심주의를 철폐하고 지역 안보를 위해 통합된 안보 공동체를 구축하는 것이라는 데에 인식을 같이 했다. 이는 분야별, 기능적 통합으로부터 성취될 수 있다고 생각되었는데, 주로 철광과 석탄과 같은 자원의 통제에 대한 협력에서부터 시작되었다.

이는 이 분야에서의 통합이 결국 조약가맹국들이 자원을 편협하게 정의된 국익을 위해서 사용할 수 있는 능력을 감소시키며, 결국 각국은 전쟁 가능성을 감시하는 역할로서 기능할 수 있을 것이라고 믿어졌기 때문이다. 유럽 석탄 및 철강 공동체(European Coal and Steel Community, ECSC)의 탄생을 통해서 첫 번째의 거대한 협력적 조치가 취해졌다.

이는 1951년 파리 조약을 통해 나온 것이다. ECSC는 그 제도 구축에 있어서 1957년 로마조약의 기구인 유럽 경제공동체(European Economic Community, EEC)와 원자력 공동체(ATOM)의 역할 모델이 되었다. 따라서 장기적으로는 경제적 협력이 보다 밀접하게 이루어질 수 있는 제도의 형태를 개발하려는 목적을 달성하기 위해, 최초 공동체 수립 회원국인 6개국의 주요 정치인들과 대중들이 굳건하게 헌신하는 것이 필요하다는 것은 매우 명백해 보인다. 유럽에서는 이러한 통합에 공헌한 정치적이고 인물에 관한 요소가 매우 많았다. 유럽은 역내 국가들이 정치적 의지를 공유하고 있었으며, 모네(Jean Monnet)와 슈만(Robert Schuman)과 같은 지도자를 구비했다는 점에서 매우 행운이었다.

헤이그에서 열린 1969년의 정상회담은 그 이후에 경제 및 통화 공동체를 창출해냈다. 유럽공동체(European Community, EC)는 몇 세기를 거쳐 팽창했으며, 결국 1993년 6월에 채택된 원칙의 궁극적 수용을 통해 전 소비에트 연방 국가까지도 수용했다. 그러나 가장 정점에 이른 발전은 1992년에 마스트리히트(Maastricht)조약이 정치적, 경제적, 통화적 공동체를 하나로 융합하고 유럽공동체를 유럽연합으로 승격시키면서 일어났다.

따라서 반세기가 조금 넘는 시간 동안 공동체는, 그 공유할 수 있는 비전을 제시하고 계획, 변화를 수용하는 능력을 확보하고, 한 분야에서의 초기 성공을 다른 분야로 확장시키려는 노력을 기울이는 등의 덕택에 이렇듯 성장할 수 있었던 것이다.

유럽의 ECSC와 마찬가지로, 동북아시아에서는 우선 에너지 공급 협력에 초점을 맞춤으로써 통합에 대해 접근할 필요가 있다. 이 지역의 지리정치적인 동력과 역내 에너지 분야의 현재 협력사업에 대해서 고려해 보면, 천연가스 분야에서의 에너지 협력은 가장 좋은 첫 번째 단계가 될 것이다.

주로 에너지 개발, 공급, 그리고 관리들을 다룰 이 분야에서의 협력적 사업에 대한 공헌 및 헌신을 이끌어낼 대화는 결국 경제, 정치, 서비스 분야 및 여러 다른 분야에 대한 생산적인 "파급효과(Spill-over effect)"를 가져올 것이며, 결국 시간이 지남에 따라 사업 국가들 사이의 신뢰를 구축하는데 도움이 될 것이다. 따라서, 아마도, 소규모의 에너지 관련 사업의 구체적인 증진과 국민들의 지원을 바탕으로 하여 정당화될 수 있는 비전

창출을 목표로 하는 전략을 세우는 것은 아마도 대규모의 장기적인 사업들의 팽창을 가져올 것이다.

물론 발전은 진화되는 것이고 때때로 예측이 불가능한 것이다. 유럽의 통합과 마찬가지로, 동북아시아 공동체의 실현을 위한 발전은 우선은 안보와 평화에 대한 이해로부터 시작되어야 할 것이다. 여기에서부터 대화, 협력 그리고 신뢰에 기반한 시너지 효과가 창출되어 공동체가 발전될 수 있을 것이다.

IV. 동북아시아 이니시어티브의 내용

1. 평화 및 안보 협력

한반도에서 평화 체제를 구축하고 동북아시아에서의 평화공동체의 아이디어를 실현하기 위해서는 여러가지의 임무가 수행되어야 한다. 우선 다른 무엇보다도, 현재 진행 중인 북한의 핵 위기가 평화적인 수단을 통해서 해결되어야만 한다. 한국민들과 역내 다른 국가들의 국민들은 핵무기의 확산이 이 지역을 위험에 빠뜨릴 수 있다는 것을 매우 잘 인식하고 있다. 역내 행위자들은 "핵이 없는" 반도를 만들기 위해서 매우 노력하는 것처럼 보인다. 북한은 반드시 핵을 포기해야만 한다. 핵 프로그램은 북한이 그 체제보장성과 경제 회생을 위한 목표를 성취하는 데 있어서 전혀 도움이 되지 못한다. 그보다는 핵무기가 북한에 대한 위협을 더욱 증가시킬 뿐이다.

북한이 의도된 목적을 성취하는 가장 좋은 방법은 북한의 지도자들이 북한이 신뢰할 만하며, 믿을 수 있는 국제사회의 일원이라는 인식을 줄 수 있도록 해야 한다. 북한이 늘 사용해 왔던 벼랑끝 전술은 과거에는 효과가 있었을지도 모르지만, 장기적으로 그러한 외교 전략이 북한에 가져다 준 것은 거의 없다. 현재 국제 환경은 북한과 벼랑끝 전술을 사용하는 이들에 대해서 매우 불리하기 때문이다.

이러한 이해관계를 판단하고 난 후에,[8] 중국은 현재 심각해져 가는 북한의 핵위기를 해결하기 위한 신뢰할 수 있는 중재자로 나서기로 결정하고, 북한이 지난 2003년 8월에 6자회담에 참여할 수 있도록 설득했다.[9] 이런 방식으로 북경은 한국 역시 참여하는 다자간 대화 테이블로 북한이 나올 수 있게 하려고 북한을 설득하는데 매우 성공적이었다. 이는 한반도의 비핵화라는 공동의 목표를 위한 매우 긍정적인 수순이다.

그러나 이러한 비핵화의 목표는 결국 장기적인 사업이다. 이 목표를 성취하기 위해서는 6자회담이 보다 실재적인 발전을 가져와야 한다. 회담은 단순한 일시적인 현상이 아니라, "동북아시아의 다자간 안보 및 평화회의체(Multilateral Peace and Security Council in NEA)"와 같은 보다 제도화

8). "북한을 향한 중국의 계산은, 일반적인 측면에서나 현재의 위기에서나 모두 다 여러가지 상호 연계된 이익을 내포하고 있다. 이는 북한 체제의 존속, 북한 체제의 개혁, 중국과 북한 간의 굳건한 관계를 지속하고 보다 안정화시키는 것, 한반도에 대한 중국의 주도적인 대외적 영향력을 확보하는 것, 경제적 사회적 수단을 통해 북한과 대한민국을 통합시켜 결국에는 정치적 통일을 이끄는 것, 핵무기 프로그램에서부터 다른 대량살상 무기 확산 및 북한 재래식 무기의 이동에 이르는 각종 안보 문제에 대한 북한의 행동이 덜 자극적이고 책임감 있도록 이끄는 것 등을 일컫는다." David Shambaugh, "China and the Korean Peninsula: Playing for the Long Term," *The Washington Quarterly,* Vol. 26, No. 2 (Spring 2003), pp.43-56.

9) "노대통령의 중국 방문에 이어, 전 공산당 중앙위원회의 국제의전 담당관이었던 현 외교부 차관 Dai Bingguo는 7월 12일에서 14일에 이르는 기간동안 북한의 최고위급 지도자들과 회담을 가졌는데, 여기에는 김정일 최고인민위원회 의장과의 6시간 동안의 회담도 포함된다. 후진타오 대통령은 그의 친서를 다이 장관을 통해 보냈는데, 여기에서는 북한의 핵 문제에 대해서 미국과의 회담을 지속할 것을 촉구했다고 한다. 이 서한은 북-미 위기를 해결하기 위한 협상을 촉진시키고 북한에 대한 경제 원조를 증가키시고 미국이 한반도 비핵화에 대한 조건으로 북한에 대해서 덜 공격적인 자세를 취할 수 있도록 협상하겠다는 약속을 담고 있다고 알려지고 있다." Scott Snyder, "Middle Kingdom Diplomacy and the North Korean Nuclear Crisis," *Comparative Connections,* Vol. 5, No. 3 (October, 2003), pp.113-18.

된 기구로 전환될 수 있게끔, 준기구로서 지속되어야 한다.

이 제안은 장기적인 관점에서만 실현될 수 있고, 안보구축의 측면에서 현재 발생하고 있는 양자간 협의의 가치를 저하시키지는 않는다. 중국은 그 인접한 서방의 파트너인 러시아와의 안보 관계를 보다 활발하게 촉진시키고 있으며, 상하이 협력 기구(Shanghai Cooperation Organization, SCO)를 출범시킴으로써 역내의 테러리즘, 극단주의 및 분리주의를 방지하고자 했다. 이는 2001년의 미국의 9·11 공격 이전에 취해진 조치이다. SCO의 개시 이래로, 중국은 최초로 우즈베키스탄을 제외한 다른 SCO회원국들과 함께하는 다국적 군사훈련에 참가했다. 그 훈련은 "Interaction 2003"이라고 명명되었는데, 지역 조직 내의 통합의 수준이 점점 더 높아지고 있다는 것에 대한 일종의 증거라고 할 수 있다.[10] 최근 2003년 9월의 SCO 회담은 안보조직이 가지고 있는 유출효과 또한 보여주고 있는데, 북경에서 만난 회원국의 총리 회담에서 회원국 간 역내 다자간 경제협력을 증진시키기 위한 목적으로 "SCO 회원국간의 다자간 경제 및 무역협력(Multilateral Economic and Trade Cooperation of the SCO)"이라는 협약이 채택된 것이 바로 그것이다. 이는 SCO 자유무역지대를 건설하는 최종 목표를 추진하기 위한 가장 첫 번째 단계가 될 것이다.[11]

2. 경제협력과 통합

동북아시아 경제통합의 기초에 대비하기 위해서 동북아시아 국가들 내에서 우호적인 외교 관계를 증진시키는 것은, 전반적인 전략적 비전의 한 부분이 될 필요가 있다. 우호적인 외교관계를 심화시키는 것은 이후에 더욱 심화된 경제협력을 이끌 것이며, 결국 한국, 중국, 일본 그리고 러시

10) Frank Ching, "China Seeks to Extend Regional Role," *Korea Times,* October 1, 2003; Yu Bin, "The Russian-Chinese Oil Politik," *Comparative Connections,* Vol. 5, No. 3 (3rd Quarter, 2003), pp.137-47.

11) Yu Bin, "The Russian-Chinese Oil Politik," p.141.

아 사이에서 일어나고 있는 협력으로 연결될 것이다. 북경에서 열린 중국-한국 정상회담에서 후진타오 국가주석과 노무현 대통령은 중-한 관계를 "포괄적이고, 협력적인 파트너십"으로 증진시키기 위한 구체적인 목표들을 검토하였다. 양국의 정상들은 기술과 에너지 분야에서 양국 간 협력관계를 발전시키는 것이 필요하다는 데에 의견을 같이하였다(정보통신기술과 생명공학기술 공유를 위한 한-중 산업협력체는 이에 대한 한 가지 예가 될 수 있을 것이다).[12] 일본의 신문들은 후진타오의 리더십을 일본과의 생산적이고 긍정적인 관계를 구축하는데 가장 우선순위를 두는, "신사고"를 보여주는 예라고 언급했다. 일본과의 경제 관계 역시 팽창하고 있는데,[13] 중국과 일본 간의 양방무역이 SARS의 위협에도 불구하고 계속해서 발전하고 있다.[14]

사실 무역과 경제협력은 팽창하고 있다. 한-중 무역은 매년 20퍼센트가 넘는 성장률을 보이면서 계속해서 팽창하고 있다. 2003년 9월에 중국은 한국 수출 시장의 가장 첫 번째 시장이 되었는데, 이는 장기간 동안 1순위를 지켜왔던 미국을 앞지른 것이었다. 중국은 2003년 한국의 가장 큰 교역 상대국이 될 것으로 보인다. 이와 마찬가지로, 러시아의 역내 상대국과의 무역 및 투자는 냉전이 종결된 이래로 계속해서 증가해 왔다. 러시아와 중국 간의 양국 간 무역은 실제적으로 계속해서 증가하여, 올해 130억 불에서 140억 불에 이를 것으로 추산된다.[15] 이렇듯 러시아와 아시아 국가들 사이의 교역은 계속 증가했고, 러시아 대통령의 "통합은 칭송하고" "보호주의는 피하겠다" 연설이 암시하듯 계속 지속될 것으로 보인다.[16]

---

12) Snyder, "Middle Kingdom Diplomacy," pp.116-17.
13) James Przystup, "Bridges to the Future, Reflections on the Past," *Comparative Connections,* vol. 5, No. 3 (3rd Quarter, 2003), pp.124.
14) Ibid.
15) Yu Bin, "The Russian-Chinese Oil Politik," p.137.
16) Vladimir Putin, "Russia wants to ride APEC train to success," *Straits Times* (online ed.), October 15, 2003.

기술협력 분야에서 중국, 일본, 한국은 최근 컴퓨터 운영 플랫폼의 공개된 오픈소스 소프트웨어를 합작해서 개발하려는 시도를 하고 있는데, 이는 성공하면 미국의 윈도우를 대체할 수 있으리라고 본다.[17] 은행의 영역에서 중국, 한국, 일본의 은행은 2003년 8월에 정부수준의 금융협력의 발전을 신호하는 2003년 8월의 3국 간 외환협력 협정에 서명했는데, 이는 한국-중국-일본 3국의 지역 경제통합에 대한 가속력을 더해줄 것이다.[18]

그러나, 상업 및 교역 관계를 더욱 심화, 촉진시키기 위해서는 양자 간의 자유무역협정이 마무리될 필요가 있다. 개별 국가로는 중국, 한국, 일본의 3개국은 미국이나 유럽 연합을 상대할 수 없다. 그러나 그룹으로 묶

---

17) 일본의 니혼게자이 신문에 따르면 동북아시아 3국은 윈도우를 대체할 만한 운영 체계를 공동 개발하기 위한 계약에 서명했다고 한다. 이 협정은 캄보디아의 수도 프놈펜에서의 경제장관 회담에서 일본의 무역장관이 출처는 밝히지 않으면서도 기자에게 이 연구에 대해 언급한 것으로 알려졌다… 이 계약은 중국, 일본 한국을 묶어 소프트웨어를 개발시키려는 공동 노력을 기울일 것으로 알려지고 있다. 이 보도에 따르면, 사기업과 정부 기관들의 대표자들이 올해 말에 모여서 협력 관계에 대해서 논할 것이라고 알려지고 있다. 이 새로운 노력이 비전통적인 분야에서의 open-source 운영체계를 목표로 하고 있기 때문에 국제적 협력이 요구될 것으로 보인다. 올해 초 CNETAsia에 보도된 바와 같이 이 조처는 3월에 시작된 Linux 기반의 운영 체계를 발전시키고, 3국 출신의 100여 명이 넘는 소프트웨어 기술자들이 공동으로 서버를 개발할 것이라고 알려지고 있다. 이 조직에는 대학과 샤프 및 도시바와 같은 역내 사기업 등의 대표들을 포함한다. 이 3국은 모두 이미 번창하고 있는 리눅스 소프트웨어 개발 커뮤니티를 보유하고 있으며, 3국의 정부는 이전에 보안성과 비용의 문제 때문에 open-source 소프트웨어 개발을 위한 지원을 약속한 적이 있다. "China, Korea, Japan to seal open source deal," CNETAsia, September 1, 2003. Online at asia.cnet.com/newstech/applications/0,39001094,39148863,00.htm

18) 중국은행, 한국외환은행, 일본의 스미모토 미츠히 은행 등이 이 협정에 서명했다. 이 협정을 통해 , 3국의 은행 역사상 처음 나온 것이며, 이 협정을 토대로 3국 간 지불 체계와 네트워크 채널을 촉진이 약속될 것이다. "Joint banking deal good for free trade," *China Daily* (online ed.), August 8, 2003. Online at www1.chinadaily.com.cn/chinagate/doc/2003-08/21/content_257058.htm.

였을 때, 이들은 전세계 인구의 24퍼센트를 차지하고, 전세계 총생산의 18퍼센트에 달한다. 이들 3국이 극동러시아와 동반자관계를 형성하면, 미국이나 유럽 연합과 경쟁할 만하다. 자유 무역에서의 3국의 동반자관계가 형성되면 중국, 한국, 일본의 총생산이 약 0.5%에서 3% 정도로 증가할 것이 예상되며 이는 모두에게 이득이 되는 "윈-윈-윈" 공식이 될 것이지만, 각자 양자간 FTA나 양자간 투자협정도 공유하고 있지 않은 개별 국가들이 그 몫을 나누기에는 너무 큰 도약인지도 모른다.[19] 따라서 양자간 FTA를 먼저 시작하는 것이 현실성있는 대안으로 보인다. 양국 지도자들이 지난 2003년 10월에 한-일 양자간의 FTA를 위한 정부급 차원의 협상이 시작될 것이라고 발표할 만큼 지금까지의 한-일 FTA 가능성에 대한 연구 결과는 충분히 긍정적이었다. 이들은 FTA의 체결을 위한 시도가 2004년이나 2005년에 마무리 될 것이라고 발표했다.[20]

FTA를 체결하는 것 외에도 다른 문제들이 해결되어야 할 필요가 있다. 동북아시아 지역에서 광범위한 지역적 물류 및 통신 네트워크를 구축 및 촉진하고 경제기구 및 사업 관행에 대해 개혁하여 제도를 정비하고, 지역 에너지와 환경적 협력사업(이에 대해서는 추후에 논의될 것임)을 추진하는 것이 이에 포함된다.

또 다른 문제는 경제협력과 동북아시아의 지역 사업을 위해 동북아시아 개발은행이 설립되어야 한다는 것이다. 현재 아시아 개발은행이 있기는 하지만 그 대부분의 자원은 남아시아에 집중되는 경향이 있고, 은행의 목표도 실제적인 금융협력 사업을 위한 것이 아니라 사회 복지 사업(예를 들면, 교육, 건강, 빈곤 타파 등)에 집중되어 있다는 것을 알 수 있다. 동아시아의 1997년 금융위기 이후로 동아시아의 정치 및 경제 지도자들 사이에서 다른 지역과는 독립적인, 미래의 금융위기를 방지하고 관리할 수 있는 역내 금융 기관을 설립하자는 의견이 교환되어 왔다. 그들의 장기적인 목

19) "Korea-Japan-China FTA still a dream," *Korea Herald* (Seoul), October 8, 2003.
20) "Korea, Japan agree to open full FTA talks," *Korea Times,* October 21, 2003.

표는 IMF의 아시아 모형이라고 할 수 있는, '아시아 통화 기금(Asian Monetary Fund, AMF)'을 설립하는 것으로 보인다. 이와 함께 지역 개발은행을 구축해야 한다는 논의가 계속해서 있어왔다.

어떤 전문가들은 "효과적인 지역 금융 감독기관을 창출하려는 정치적·경제적 유인책이, 현재 동아시아의 제도주의를 제한하고 있는 역사적으로 형성된 정체성, 이익, 그리고 지역적 경쟁의식을 극복할 수 있을 만큼 충분히 크지 않다"21)라고 진단하기도 하고, 무엇보다도 이런 은행에 대한 미국의 반대를 염려하기도 한다. 그러나 협력을 향한 노력과 미국이 염려하고 있는 동북아시아에서의 안보 문제를 생각해보면, 동북아시아가 불가능한 목표가 되리라고 단정지을 이유는 아무것도 없으며, 결국에는 미국이 이 지역의 사업(예를 들어, 가스관 건설, 지역 배관망 연결 사업, 초국가적 철도 및 도로 연결 공사 등)에 자금을 조달해 줄 이러한 은행을 궁극적으로 반대할 만한 이유가 없다는 것을 알게 될 것이다.

심각하게 고려해 볼 만한 또 다른 이슈는 일본부터 한반도를 가로질러 유럽까지 연결되는 "철의 실크로드"의 완성이다. 여기에서는 한반도 횡단 철도와 시베리아 종단 열차가 연결될 것이다. 이러한 물류 체계의 완성이 결국 번영을 가져올 것이라는 점은 매우 명백해 보인다. 이는 또한 역내 국가들로부터 유럽 국가들까지로의 수출품의 운송을 가속화할 것이며, 유럽과 아시아 시장을 개방하여 건전한 경쟁과 이를 통한 시장을 건설할 것이다. 더욱 더 긍정적인 것은 통관세를 부과함으로써 러시아가 부가적인 수입을 올릴 수 있다는 것이며, 이보다 더 중요하게는 북한이 전반적인 경제 및 운송 분야를 통해서 재활 노력을 기울일 수 있는 중요한 수입원을 창출할 수 있다는 것이다.

---

21) Shaun Narine, "The Idea of an 'Asian Monetary Fund': The Problems of Financial Institutionalism in the Asia-Pacific," *Asian Perspective,* Vol. 27, No. 2 (Summer, 2003), pp.65-103.

3. 문화교류

동북아시아의 문화적 정체성을 확립하고 상호 호혜주의의 패러다임과 협력을 증진시키는 데 있어서, 유럽 문화에 상응할 만한 문화적 공동체를 건설하기 위해 동북아시아의 유교문화 유산을 이용하는 것이 효과적일 수 있다. 동북아시아의 문화교류를 촉진하는 것은 문화적 정체성을 창출하고, 동북아시아의 문화적 동태성을 극대화시키는 데 매우 필수적이다. 이 노력의 일환으로 2002년 월드컵은 한-일 문화 협력에 있어 매우 기념비적인 사건이 되었는데, 이 행사를 통해서 양국은 과거의 관계를 개선하고 상처를 치유할 수 있는 협력관계를 도출할 수 있었다. 젊은 세대들은 이런 교류를 통해서 큰 혜택을 받고 서로에 대해서 가지고 있던 부정적인 인식을 줄이기 시작했다.

동북아시아가 다양한 문화를 포용하고 상호 의사소통과 문화적 개방성을 바탕으로 한 상호 이해를 증진시키며 배타적이고 부정적인 자민족중심주의를 극복하고 미래 세대를 위한 인적, 문화적 교류를 증진시키기 위한 제도를 구축하기 위해서는 다양한 측면에서의 노력이 기울여져야 한다. 이러한 측면에서의 한국과 일본은 2002년을 한-일 문화교류의 해로 선포함으로써, 또한 상당한 수확을 거두었다. 한-일 음악교류 콘서트(2002년 5월), 일-한 시민 교류 축제(2002년 9월~11월) 등이 이 해에 있었던 주요 행사들이다.

최근 중국과 러시아 관계도 문화적 측면에서 큰 도약이 이루어졌다. 후진타오 국가주석과 블라디미르 푸틴 러시아 대통령은 중국과 러시아의 문화 관계를 강화시키기 위한 노력을 기울일 것이라는 바람을 표현한 적이 있는데, 이는 2003년 8월에 러시아 상트 페테르부르크의 "중국의 주" 행사에서 발표된 메시지에서도 드러난다. 이에 따르면, 문화교류를 강화시키는 것은 문화적 이해를 증진시키고 양국 문화를 더욱 풍성하게 발전시킬 수 있으며 우호적 교류를 위한 공동의 토양을 확장시킬 수 있다는 것이다.[22)]

문화 협력은 또한 문화산업의 발전을 통해서도 일어날 수 있다. 한국-일본 간, 한국-중국 간의 양자간 문화 협력을 3자간 협력으로 확대시키는 것은 문화 협력을 위한 긍정적인 다음 단계가 될 수 있다. 문화 상품을 공유하고 중국인, 한국인, 일본인 음악가, 영화배우, 감독 그리고 다른 종류의 예술가들 사이에서의 예술 협력을 증진시키는 것은 미래를 위한 긍정적인 발걸음이 될 것이다. 역내 국가들 간의 문화 산업 협력은 문화 상품의 합작 발전과 분배증진을 통해서 대중문화를 발전시킴으로써 나타날 수 있다. 문화 기업의 협력적 발전은 역내 국가들의 각 국민들 간의 문화 교류와 상호 의사소통을 증진시킬 수 있다. 최근에 한국은 일본문화 상품(예를 들면, 대중음악이나 비디오 게임 등) 수입금지 조치를 마지막으로 철폐했는데, 이는 한국인의 민족적 자긍심이 매우 성장했다는 것과, 양국이 양자적 수준에서 우호적인 관계를 더욱 증진시키려고 한다는 것을 보여주는 매우 긍정적인 신호라고 할 수 있다.

동북아시아의 각국이 역사 교육 커리큘럼을 공동으로 발전시키는 것도 매우 긍정적인 방향이 될 수 있다. 이런 과정을 통해서 미래의 세대들은 "아시아의 회복"의 가능성에 이를 수 있다. 중국의 역사교과서는 여전히 한국을 미국과 함께 "침략자"로 규정하고, 중국의 인민해방군을 "한국전쟁 중에 있었던 "해방자"로서 "자원의 지원자"로 바라보는 내용을 싣고 있다. 이와 함께, 최근 다시 씌어진 일본의 역사책은 일본의 제국주의와 제2차 세계대전 중의 과거의 만행을 인정하고 있긴 하지만, 과거의 잘못에 대한 특수한 인정과 후회가 없다는 것 때문에 중국 및 한국에서의 비판을 여전히 받고 있다. 다른 역사적 이슈와 함께 이런 일들에 대한 북경, 서울, 그리고 동경 간의 장기간 협력이 확실시되려면, 그리고 우리가 "재건"으로 이어지는 길에 들어서길 원한다면, 미래의 어느 지점에서 반

---

22) "Chinese, Russian President Call for Strengthened Cultural Ties," *People's Daily,* August 21, 2003. Retrieved from NAPSNET at www.nautilus.org/napsnet/dr/0308/AUG27-03.html#item16.

드시 짚고 넘어가야만 할 일들이다.

4. 에너지 및 환경

21세기로 들어설수록 더욱 큰 경제적 통합이 있으려면 동북아시아에서의 다자간 협력은 매우 필수적인 것이다. 동북아시아 지역의 경제는 "아시아가 2015년까지는 전세계의 에너지 수요 전체 증가량의 반 이상을 차지할 것으로 예측되기 때문에" 다음 세대에서 에너지 수요의 팽창을 일으킬 것으로 보인다.[23] 동북아시아의 석유 수요는 점차로 증가되고 있으며, 페르시아만에서 수입되는 석유 수입에 대한 현재의 의존도는 그 에너지원의 종류, 원천 및 사용처를 다변화시킬 필요성을 자극하고 있다. 중국, 일본 그리고 한국은 에너지 안보와 지속가능성을 다변화시켜야 할 필요가 있다. 환경적 측면에서 지역적, 역내, 그리고 전세계적 환경의 영향으로 인하여 더욱 깨끗하고 더욱 효율적인 에너지원을 찾기 위한 노력의 필요성을 제기하고 있기 때문이다.

동북아시아의 국가들에 있어서, 천연가스는 잠재적인 이용가치가 매우 높은 자원인데, "그 이용의 폭이 넓고 환경적인 이용도가 크기 때문인데다", 점점 정치적으로 불안정해가는 페르시아만에서의 석유 수입에 대한 이 지역의 의존도를 줄일 수 있기 때문이기도 하다.[24] 9·11 이후에 더욱 심각해져 가는 테러리즘의 위협과 주요 에너지 공급원의 정치적 불안정성은 각국이 현재의 에너지 공급 체인이 지속가능한지에 대해 검토할 것을 촉구했고, 푸틴 대통령은 "석유 및 천연가스의 송유관 및 러시아 동부 지역으로부터의 액화 천연가스를 수송하는 유조선을 건조하여 아시아 태평양 지역에서의 새로운 에너지 구조를 계속해서 "개발"함으로써, 인접

23) Vladimir I. Ivanov, "Energy Security and Sustainable Development in NEA: Prospects for Cooperative Policies," *ERINA,* June 2001. Online at www.erina.or.jp/En/E/HPlib.html.

24) Ibid.

한 국가들과의 쌍무적 관계를 당분간 계속해서 발전시키고,[25] 경제적 번영과 평화에 위협을 주는 이런 요소들을 제거하는데 실질적이고 효과적이며 상호호혜적으로 공헌하겠다고 반복해서 말했다.

또한 북한의 핵개발을 둘러싼 최근의 사건들은 동북아시아의 에너지 공급 체계에 대한 위협과 밀접하게 연관되어 있다. 현재의 위협적인 어려움들을 해결하고 새로운 인간 및 환경 안보를 보장할 만한 새로운 협력관계를 구축하며, 상호 번영의 추구를 허락할 만한 생명력 있고 매력적인 대안을 창출해내야 할 급박성은 매우 쉽게 감지할 수 있는 것이다. 북한경제는 심각한 에너지 부족문제로 인해서 어려움을 겪고 있다.[26] 많은 전문가들은 북한이 실제로 요구하는 것은 국제사회가 북한경제를 구출해주기를 바라는 것이라고 지적한다.[27] 따라서 에너지 분야에서의 다자간 협력은 역내 에너지 공급 체인과 협력을 위해서뿐만 아니라, 지역 안보적인 측면에서도 마찬가지로 매우 가치있는 수단으로 간주될 수 있다.

이 목표를 위해서 북한 문제는 반드시 해결되어야만 한다. 따라서 극동 러시아 지역에 있는 엄청난 에너지 자원을 사용하기 위한 다차원적인 투자 및 역내를 가로지르는 천연가스 송유관의 건설을 위한 다자간 협력은 북한의 핵 위기를 해결하기 위한 장기적인 수단을 제공한다는 점에서, 그리고 동북아시아의 중동지역에 대한 에너지 의존도를 낮출 가능성을 제공한다는 점에서 역내 에너지 협력을 활성화시키는 것은 매우 가능성있는 대안이 될 수 있다.[28]

---

25) Vladimir Putin, "Russia wants to ride APEC train to success," *Straits Times* (online ed.), October 15, 2003.

26) James H. Williams, David Von Hippel, and Nautilus Team, "Fuel and Famine: Rural Energy Crisis in the DPRK," *Asian Perspective,* vol. 26, No. 1 (Spring, 2002), pp.111-40.

27) Michael E. O'Hanlon and Mike Mochizuki, "What North Korea Wants: Rescue its Economy," *New York Times,* August 6, 2003.

28) Su-Hoon Lee and Dean Ouellette, "North Korea and Energy Assistance: Promoting a Northeast Asian Cooperative Regime," *IFES Forum* (May, 2003), online at

이러한 긍정적, 부정적 측면을 이해하고 에너지 부문 협력사업을 가속적으로 추진하는 것은, 동북아시아의 위기와 에너지 문제에 대해서 가장 실제적이고 건전하며 정치적으로도 용인할 수 있는 해결책을 마련해준다.[29] 현재까지 러시아(RUSIA Petroleum)와 중국 국영석유공사(China National Petroleum Corporation)는 현재 러시아 이르쿠츠카야 오블라스찌(Irkutskaya Oblast)에서 중국까지 이어지는 가스송유관의 건설에 대한 가능성 조사에 착수하고 있다. 이에 더해 러시아의 라오 가즈롬(Rao Gazrom)과 스트로이트란즈가즈(Stroytransgaz), 로열 더치 셸(Royal Dutch Shell)사와, 홍콩중국 가스(Hong Kong & China Gas Co)와 엑슨모빌(ExxonMobil Corporation)과 씨엘피 홀링스(CLP Holdings) 등은 사업 위험을 분산시키고 중국 전역을 통과하는 동-서 천연가스 송유관을 건설하는 데 필요한 전문지식을 공유하기 위해 2002년 7월 페트로차이나(PetroChina)와 함께 공동투자를 위한 양해각서에 서명했다.[30] 장기적으로는 중국이 국내 원료 사용을 위해 석탄에서 가스로 그 원료 사용을 다양화시키는 것이 바람직할 것이다.[31]

러시아는 극동 러시아와 시베리아 지역에 있는 풍부한 자원을 매우 자

---

ifes.kyungnam.ac.kr/ifes/ifes/eng/activity/05_ifes_forum_view.asp.

29) Ibid.

30) 좀 더 자세한 논의를 보려면 다음의 문헌들을 참조하시오. Keun-Wook Paik, “Sino-Russian Oil and Gas Cooperative Relationship: Implications for Economic Development in NEA,” a paper presented at the NEA Cooperation Dialogue XIII Infrastructure and Economic Development Workshop, Moscow, October 4, 2002 Keun-Wook Paik, “Natural Gas Expansion in Korea,” in Ian Wybrew-Bond and Jonathan Stern, *Natural Gas in Asia: The Chanlenges of Growth in China, India, Japan and Korea* (Oxford: Oxford University Press, 2002), pp.188-229; Keun-Wook Paik, “Sino-Russian Oil and Gas,” paper presented at the conference on NEA Energy Cooperation, Washington, DC, January 7, 2003 and Selig S. Harrison, “Toward Oil and Gas Cooperation in NEA,” Asian Program Special Report, Woodrow Wilson International Center for Scholars, December 2002. Available online at www.keia.com/PolicyForum/NortheastAsiaEnergy/Harrison.pdf.

31) Zhang Aling and Shi Lin, “Prospects for and Impacts of Diversifying Fuel Use Away from Coal.” Online at www.nautilus.org/energy/eaef/C2_final.pdf.

랑스럽게 생각하고 있지만 빈약한 기반시설과 인구 감소, 그리고 그 지역의 취약한 경제사정 때문에 고심하고 있다. 이러한 자원을 개발할 수 있는 자원이 매우 제한되어 있기 때문에 이전의 소련은 그 주변 국가들(중국, 한국, 일본)에 대해 석유 및 천연가스 수출국이 되고 아시아의 에너지 공급원이 되기 위해서 맹목적으로 투자자를 찾아야만 했다.[32] 경제개발은 극동 지역의 경제 및 인구의 저하를 저지하기 위한 하나의 수단으로써만 간주되었던 것이다. 이 지역의 에너지 부문에 대한 외국인 투자는 이 문제에 대한 실질적인 해결책이 될 수 있을지도 모른다. 지금까지 러시아는 중국에서의 가스 송유관을 건설하는 데 참여해 왔고 (Gazrprom/Shell Joint Venture to Construct the Trans China West-East Gas Pipeline) 사부문을 비롯한 다양한 국제기구가 참가하는 여러가지 다양한 석유 및 가스 탐사보고 계획이 추진되었는데, 예를 들면 사할린(Sakhalin)이나 이르쿠츠크(Irkutsk)사업이 이에 해당한다.

LNG의 주요 수입국인 일본은 그 전력 분야에 대한 규제를 완화하고 있고, 안정적이고 지속적인 가스 공급처를 찾아서 가까운 시일 내에 주 에너지를 석탄에서 가스로 전환하는 것을 목표로 하고 있다. 증가하는 가스 사용량에 부응하기 위해 에너지 부문을 구조조정해야 함에도 불구하고, 가스의 잠재력은 매우 매력적이어서 석탄사용 공장들을 가스사용 공장으로 전환시키는 것은 상대적으로 용이하였다. 그리고 이러한 전환은 다른 종류의 환경 이슈들 가운데 석탄 더미를 태움으로써 나오는 연기로 야기되는 환경오염과 같은 문제들을 해결하는데 도움이 되었다.

일본과 같이 한국 역시 LNG의 주된 소비국이고 현재 그 전력부문에 대한 규제를 완화하여 가스분야에서의 다자적인 사부문의 협력을 증진시킬 가능성을 만들고 있다. 한국가스공사는 극동 아시아에서 가스를 수입하는 것에 대해 큰 관심을 보이면서, 이르쿠츠크와 사할린의 양쪽지역에

---

32) Elena A. Telegina, "NEA and Russia's Energy Exports in the 21st Century," *ERINA Report,* Vol. 35 (August, 2000). Online at www.erina.or.jp/En/E/HPlib.html.

서 시발되는 가스 송유관 건설에 대한 가능성 조사에 개입하고 있다.[33] 한국의 김대중 전 대통령과 러시아의 푸틴 대통령은 이르쿠츠크에서 천연가스원천을 개발하고, 사할린과 관계된 사업에 투자하는 것을 증진시키는데 공통의 이익이 있음을 확인한 바 있다. 이 이익들 중 한국은 환경적인 이유로 인해 청정 원료를 다양화시킬 필요가 있다는 것을 심각하게 고려하고 있었다. 한국은 지리적인 이유로 인해 중국과 북한이 분출하는 이산화황으로 고생하고 있기 때문이다. 화석연료에서 천연가스로의 에너지 소비구조의 전환은 현재 석유에 대한 과도한 의존에 수반되는 각종 환경적인 부작용을 감소시키는 데 도움을 줄 것이다.

마지막으로 한국은 북한이 그 에너지 기반시설을 재건하는 데 있어서 필요한 도움을 어떻게 할지에 대한 능력과 지식을 갖고 있다. 북한과 한국은 문화교류와 경제협력을 향해 더욱 더 진전된 관계를 가지고 있으며, 에너지 분야 개발에 대해 협력하는 그들의 노력은 양측의 미래에 매우 중요한 것이다. 사실 한국의 새 정부는 대통령의 국가안보 보좌관 라종일의 모스크바 방문 직후 파이낸셜 타임즈와 가진 3월 31일의 인터뷰에서 나타낸 바와 같이, 사할린에서부터 시작하여 북한의 영토를 통과하는 가스 송유관의 건설사업에 대한 제안을 매우 긍정적으로 평가하고 이를 최대한 이용하고자 하는 것으로 보인다.

북한조차도 1998년에 천연가스 조사회를 출범시킴으로써, 가스 송유관 협력문제를 해결하기 위한 제안을 한 적이 있다. 이 기구는 북한을 통과하는 가스송유관을 요구함으로써, 또 다른 에너지 공급원을 확보하는데 초점을 맞추고 있다. 북한은 사할린 섬에서부터 한반도에 이르는 해안 송유관을 연장하는 데 관심을 보인 적이 있는데, 이는 북한이 2001년에 미출판한 네덜란드 컨소시엄에 관한 비망록에서 드러난다. 여기에서 북한은 네덜란드 회사에 북한 영토를 가로지르는 송유관의 일부를 건설하는 사업의 전권을 주었다. 이 비망록에는 송유관과 함께, 3개의 가스 발전소

---

33) Paik, "Natural Gas Expansion in Korea."

를 건설할 계획이 포함되어 있다.34)

가스 송유관 사업의 혜택은 매우 크다. 북한을 보면, 러시아와 중국으로부터 북한을 거쳐 한국과 일본에 이르는 초국경적 송유관이 북한에 대하여 송유관 사용으로부터 나오는 상당한 양의 통과요금 수입을 보장해 줄 것이다. 이는 북한 경제가 회생할 수 있도록 돕는 한가지 길이 될 수 있다. 기존 화력위주의 공장을 재정비하고 재가동시키는 것과 함께, 가스 송유관은 북한의 에너지 공급 구조의 균형을 회복하는데 있어서 가장 이상적인 방법이다.35) 가장 중요하게는, 다자간 에너지 협력사업에 대한 북한의 개입은 결국 북한이 벼랑끝 전술을 포기하게 만들 것이며, 기꺼이 협력하고자 하는 국제사회의 믿을 수 있는 일원이 될 것이다.

가스는 북한이 여러가지 이유로 에너지 관련 요구분야를 구조화시키도록 설득하는 것뿐만 아니라, 다른 최종 사용자들이 그들의 에너지 구조를 조정하도록 촉진하는 것과 같은 다각도의 사용처를 가지고 있다. 기존의 에너지원(석탄과 석유)에 대한 과도한 사용으로 인해 나타나는 환경문제를 해결하기 위해서는 아직도 갈 길이 멀다. 위협받고 있는 에너지 공급 체계와 핵 확산의 문제 등은 동북아시아의 미래를 위협하고 있는 유일한 위협이 아니다. 경제적 번영과 급속한 도시화는 초국가적인 오염과 광범위한 환경오염 문제를 낳았다. 이러한 문제들의 한 측면은, 중국에서 시작되어 매해 봄마다 한반도를 강타하는 '황사 문제'인데, 이는 2003년 7월 북경에서 열린 후진타오-노무현 정상회담에서 논의된 바 있다.

이 회담의 결과로, 황사의 부정적인 영향을 감소시키기 위해서는 환경

---

34) Harrison, "Toward Oil and Gas Cooperation."

35) Lee and Ouellette, "North Korea and Energy Assistance" Bradely O. Babson, "Searching for the Right Side of History in NEA: Potential Role of Energy Cooperation with North Korea," ERINA Report, Vol. 46 (June, 2002), pp.20-23 Keun-Wook Paik, "Revitalising North Korea's Energy: Based on pipeline gas option,"a paper delivered at the conference Korean Peninsula: Enhancing Stability and International Dialogue, Rome, Italy, June 1-2, 2000, online at http://lxmi.mi.infn.it/~landnet/corea/proc/033.pdf.

기술을 발전시키는 것이 매우 중요하다는 결론을 얻었다.[36] 환경 기술은 현재 증가하는 오염의 수준을 억제하는 데는 충분하지 않을지도 모른다. 그러나 가스 송유관의 개발 및 이에 상응하는 에너지 부문의 구조조정과 더불어 이러한 기술은 역내 국가들이 오염 문제를 다루는데 있어서 더욱 효과적인 활동을 하는데 도움을 줄 수 있을 것이다.

마지막으로 정부는 현재 야기되고 있는 환경오염을 인정하는 것 이상의 일을 하고, 이 문제를 해결하는 데 있어서 보다 더 적극적인 역할을 해야만 한다. 보다 증진된 환경 안보를 제공하고 미래의 모든 세대가 향유할 수 있는 "녹색" 환경을 확보하기 위해, 가스 송유관 건설을 보조하는 것과는 별개로 한 가지 행동이 취해져야 하는데, 이는 다자간 협력 네트워크의 형성을 통한 지역적 환경협력의 제도화이다. 이 관점에서, 동북아시아 환경협력 레짐의 가능성은 매우 주목해서 보아야 할 측면이 있다. 이러한 기구는 네트워크를 통한 정보의 시기적절한 공유 체계를 제공할 수 있고, 에너지 보존을 촉진하는 역할분담뿐만 아니라, 에너지 기술 공유 및 환경 보호를 증진시키기 위한 수단인 교토 의정서의 깨끗한 환경 기제와 같은 요소들을 모두 포함하는 것이다.

V. 결론

이 글은 동북아시아의 평화와 번영을 촉진시키는 새로운 제안의 이슈, 목표, 그리고 전략에 대한 정보를 제공하는 것에 더하여, 지역적 통합을 촉진하기 위한 협력의 네 가지 영역 즉, 안보, 경제, 문화, 에너지 및 환경 에너지의 구체적인 영역에 대해 초점을 맞추었다(현재 안보 및 경제협력에 대해서는 많은 관심이 기울여지고 있지만, 동북아시아의 새로운 시대를 위한 비전은 다자간 에너지 사업과 환경협력을 통합하는 새로운 것이어야 한다). 시민

---

36) Snyder, "Middle Kingdom Diplomacy," p.114.

사회의 문화 활동은 강한 공동체를 구성하기 위한 연대를 제공하는 데 있어 매우 필수적이다. 그러나 아시아 정상회담에서 FTA를 촉진시키기 위한 관심과 주의가 기울여지고 있긴 하지만, 지역주의는 단순히 자유무역이 이루어졌다고 구축되는 것이 아니다. 아시아 사람들 전체를 하나로 엮어줄 생명력 있고, 성장 가능한 지역 공동체를 구축할 수 있도록, 지속 가능한 개발과 교류의 수단들에 대해서 관심이 기울여져야만 한다.

동북아시아의 지역통합을 위한 이 과정은 매우 필수적이고 돌이킬 수 없는 것이다. 역내 교역, 노동력 이동, 문화교류 등은 점진적으로 증가하고 있다. 이러한 환경을 고려하면, 한국 정부가 동북아시아에서의 평화와 번영을 위해 제한은 매우 시기적절하고 정당화될 만한 것이다. 동북아시아의 현실은 이전보다 훨씬 더 급속하게 전개되고 있다. 동북아시아는 협력의 성장과 함께 더욱 커진 공간을 활용하여 그들 자신의 이익을 극대화시키기 위한 노력을 기울여야 한다. 동시에 이들은 지속가능한 평화와 번영을 유지하기 위한 지역 안보와 경제적 통합을 위한 제도적 틀을 건설하기 위해서 신속하게 행동해야 한다. 노무현 정부의 이러한 새로운 제안은 역내의 번영하는 미래를 보장하기 위한 필요성이 점점 증가함에 따라 나타난 대응책이라고 하겠다.

그렇다면 왜 한국 정부는 동북아시아에서의 평화와 번영을 제도화하기 위한 주도적으로 제안하였는가? 한국은 이 역할을 감당할 만한 동기와 수단을 가지고 있다. 동기와 관련하여 한반도는 냉전의 세계적 종식에도 불구하고 여전히 분단이라는 상황에 의해서 위협받고 있다. 오늘날까지도 한반도는 북한의 핵 위기로 인해 고생하고 있는 것이다. 많은 이들이 한반도 내에서 또 다른 전쟁이 일어날까 걱정하고 있다. 한국의 국민들은 한반도 내에 평화적 체제가 구축되지 못함으로 인해 생겨나는 반복적인 위기 상황의 악순환으로부터 자유로워져야 할 필요성이 있다. 한국인들은 평화문제를 해결하기 위해 이웃 국가들의 지지를 필요로 한다. 이는 한국이 동북아시아의 지역적 평화와 협력을 위한 중개자 혹은 촉진자로서의 역할을 할 수 있는가 하는 문제가 현실적인 문제에 달려 있다는 뜻이다.

이는 한반도의 지리적 위치가 중요하기 때문이기도 하고, 급속한 민주화와 적극적인 시민사회를 경험하고 있기 때문이기도 하다. 게다가 한국은 동북아시아를 하나의 공동체로 묶을 수 있는 유일한 국가이다. 그러나 이러한 역할을 수용하려면 두 가지 요건이 반드시 기억되어야만 한다. 우선 통합 촉진의 역할을 감당하기 위해 한반도 내에서의 안보가 안정적으로 유지될 수 있을 정도로 한국과 북한은 계속해서 화해와 협력의 과정을 심화시켜 나가야 한다. 이러한 노력으로, 발전적이고 협력적인 역내 및 전 지구적 수준의 노력이 필수적이다. 우리는 이미 북한의 문제를 해결하기 위한 다자적인 수준에서의 노력을 목격한 바 있다. 단순히 핵 문제를 해결하는 것 이상으로, 다자적인 노력은 지역 안보와 평화 체제의 발전을 촉진하기 위해서도 계속해서 그 모멘텀을 유지해야만 한다. 둘째, 지역의 이웃국가들로부터의 도움을 구하고 그 자신의 정체성을 찾기 위해서라도 한국은 중립적이어야 한다.

한반도에 평화가 확보되는 것은 필수적인 것이다. 한반도 내의 평화는 동북아시아의 안보를 위한 핵심적인 전제가 된다. 동북아시아의 안보 없이는 전세계 다른 분야는 매우 불안정할 수밖에 없다. 이러한 불안정성과 요동이 계속되면 인류가 감당할 수 없을 것이다. 한국인들은 평화를 유지하는 데 있어 다소 이기적일지 모르나 보편적인 이유를 갖고 있는 셈이다. 이는, 결국은 전세계 모두에게 번영을 가져다 줄 수단이 될 것이기 때문이다. 우리는 노무현 정부가 이 새로운 제안을 실현하기 위한 정치적인 의지가 있다는 것을 보았다. 이제 동북아시아의 정치 지도자들이 응대할 시점이다.

|참고문헌|

Cheong, Inkyo. 2003. "Recent Progress in East Asian Regionalism and Policy Implications." paper presented at the 3rd NICE International Conference. "The Northeast Asian Community." Seoul, Oct. 24, 2003.

Ivanov, Vladimir I. 2001. "Energy Security and Sustainable Development in NEA: Prospects for Cooperative Policies." *ERINA.* June. Online at www.erina.or.jp/En/E/HPlib.html.

Harrison, Selig S. 2002. "Toward Oil and Gas Cooperation in NEA." *Asian Program Special Report.* Woodrow Wilson International Center for Scholars. December. Available online at www.keia.com/PolicyForum/Northeast AsiaEnergy/Harrison.pdf.

Lee, Su-Hoon, and Dean Ouellette. 2003. "North Kore a and Energy Assistance: Promoting a Northeast Asian Cooperative Regime." *IFES Forum.* posted May. Online at ifes.kyungnam.ac.kr/ifes/ifes/eng/activity/05_ifes_forum_view.asp.

Narine, Shaun. 2003. "The Ide a of an 'Asian Monetary Fund': The Problems of Financial Institutionalism in the Asia-Pacific." *Asian Perspective.* vol. 27, No. 2 (Summer), pp.65-103.

Paik, Keun-Wook. 2002. "Sino-Russian Oil and Gas Cooperative Relationship: Implications for Economic Development in NEA." a paper presented at the NEA Cooperation Dialogue XIII Infrastructure and Economic Development Workshop. Moscow, October 4.

______. 2002. "Natural Gas Expansion in Korea."in Ian Wybrew-Bond and Jonathan Stern. *Natural Gas in Asia: The Chanlenges of Growth in China. India. Japan and Korea.* Oxford: Oxford University Press, pp.188-229.

______. 2003. "Sino-Russian Oil and Gas." paper presented at the conference on

NEA Energy Cooperation. Washington, DC. January 7.

Przystup, James. 2003 "Bridges to the Future. Reflections on the Past." *Comparative Connections.* vol. 5. No. 3 (3rd Quarter), pp.119-28.

Shambaugh, David. 2003 "China and the Korean Peninsula: Playing for the Long Term." *The Washington Quarterly.* vol. 26. No. 2 (Spring).

Snyder, Scott. 2003 "Middle Kingdom Diplomacy and the North Korean Nuclear Crisis." *Comparative Connections.* Vol. 5. No. 3 (October), pp.113-18.

Soeya, Yoshihide, Jianwei Wang, and David A. Welch. 2003 "A New Look at the U.S.-China-Japan Triangle: Toward Building a Stable Framework." *Asian Perspective.* vol. 27. No. 3 (Fall), pp.215-16.

Telegina, Elena. 2000. "NEA and Russia's Energy Exports in the 21st Century." *ERINA Report.* vol. 35 (August). Online at www.erina.or.jp/En/E/HPlib.html.

Woo-Cummings, Meredith. 2003. "Three Mirrors for Korea's Future." speech given at the University of Michigan. April 21. Online at www.changbi.com/english/related/related19_1.asp.

Williams, James, David Von Hippel, and Nautilus Team. 2002. "Fuel and Famine: Rural Energy Crisis in the DPRK." *Asian Perspective.* vol. 26. No. 1 (Spring), pp.111-40.

Yu Bin. 2003. "The Russian-Chinese Oil Politik." *Comparative Connections.* vol. 5. No. 3 (3rd Quarter), pp.137-47.

Zhang, Aling, and Shi Lin. "Prospects for and Impacts of Diversifying Fuel Use Away from Coal." Online at www.nautilus.org/energy/eaef/C2_final.pdf.

동아시아 협력과 공동체 구축을 위한 구상: 일본의 시각

시오야 다카후사(SHIOYA Takafusa)
| 종합연구개발기구(NIRA) 회장

아시아에서의 지역협력과 통합에 관한 논의는 1990년대 이래 다양한 형태로 이루어져 왔다. 이 개념은 '아시아태평양', '동아시아', 혹은 '동북아시아'의 지역적 범위를 목표로 하여 제안되어 왔다. 필자가 속한 NIRA에서도 어떻게 하면 이 개념을 더욱 발전시킬 수 있을지에 대해서 고심해 왔다. 그 일례로, 중국의 국립 발전연구소(the Development Research Center of the State Council), 한국의 대외경제정책연구소(Institute for International Economic Policy, KIEP), 그리고 일본의 NIRA는 지난 4년 동안 일본, 중국, 한국 간의 경제협력에 관한 연구주제에 대해서 공동으로 연구를 진행하여 왔으며, 그 연구 결과를 보고하여 과거에 있었던 4번의 3개국 정상회담에 그 연구 결과를 토대로 한 정책 제안을 마련하였다.

현재 2기에 접어든 우리의 연구는 동아시아의 통합에 관한 비전을 연구하는 것이다. 그를 위해, 우리는 "일본-한국-중국 간의 FTA가 가져올 경제적 효과"에 관해 지난 2년 동안 연구를 진행하여 왔다.

공동연구와 같은 이러한 기회들을 통하여 필자는 최근에 동아시아에서의 공동체를 구축할 수 있는 역사적 분기점이 점점 다가오고 있다는 것을 느낀다. 올해 12월에 동아시아 정상회의가 말레이시아에서 열릴 예정인데, 그 정상회의를 기점으로 통합은 훨씬 더 가속화될 것이라고 기대된다. 이 기점을 잘 활용하여 공동체의 실현을 이끌 수 있는 실제적인 아이디어를 만들어내는 것이 매우 중요하다.

우선, 동아시아 공동체를 구축하기 위해서, 일본, 중국 한국 간의 협력 관계는 더욱 강해질 필요가 있으며, 지역통합을 위한 제도적인 틀을 구축하려는 노력이 이 3개국의 통합적인 노력하에 보다 촉진될 필요가 있다.

그러나 동북아시아 지역에 남은 제2차 세계대전 및 연이은 냉전으로 인하여 이 3국 간의 협력 관계는 아직 강화되지 못한 상황이다. 오호츠크해에서부터 동중국해에 이르는 연안은 러시아, 북한, 한국, 중국 그리고 일본으로 둘러싸여 있는데 이 지역은 고대와 중세 때의 지중해 연안 국가들 간의 교류와 맞먹는 수준의 활발한 교류가 있는 것으로 특징지어져 왔다. 그러나 최근 이 연안은 전쟁의 연안이 되었고, 심지어 지금도 여러 가지의 문제가 발생하고 있다. '동북아시아 해양'이라고 불리어지는 대양의 한가운데에 위치한 제주도에 모여있는 우리들은 이 지역을 고대의 '비옥한 바다'로 회복시키기 위해 노력을 다해야 할 필요성이 있다.

'동북아시아 해양'을 둘러싸고 있는 러시아, 한국, 중국, 일본과 같은 나라들은 자원, 노동력, 그리고 기술의 측면에서 상호 의존할 수 있는 가능성이 있으며, 따라서 만약 이들 국가들이 상호적으로 협력한다면 동북아시아 지역은 EU와 NAFTA와 같은 대규모의 경제지역을 형성할 수 있는 가능성을 갖고 있다. 일본, 중국, 한국 간의 경제적 상호의존성은 최근 몇 년 사이에 훨씬 더 깊어져서 이들은 서로 간에 이제는 없어서는 안 될 교역 상대국으로 성장했다. 그리고 나는 이렇게 점점 심화되는 경제적 의존성이 국경으로 구분되는 담장을 허물어뜨릴 수 있으며, 인력의 자유로운 흐름을 촉진하고, 국민들 사이의 상호 이해의 폭을 더욱 넓힐 수 있으며, 이 지역의 국민들이 동북아시아인으로서의 정체성을 확보하는 데 매우 중요한 역할을 할 것이라고 믿는다.

또한 가까운 시일 내에, “동북아시아공동체”라고 불리는 지역협력체계가 이 지역에 확실히 구축될 것으로 생각한다. 이러한 체계 구축을 위한 로드맵(roadmap)으로서, NIRA 연구소는 중국과 한국의 연구소들과 공동으로 “동북아시아를 위한 거시적 구상(Grand Design)”을 준비하기 시작했다. 오늘 나는 이것이 미래에 있을 회담을 촉진시키리라는 희망하에 이 로드맵에 관하여 전반적인 설명을 하고자 한다.

우선 설명에 앞서, 미리 여러분에게 나는 이 발표가 일본의 시각에서 이루어진 것이라는 것을 밝히도록 할 것이며 일본정부의 시각이 아닌, 싱크탱크인 NIRA의 시각이라는 것을 명백히 해두는 바이다. 아울러, 한국의 국토연구원(KRIHS)과 중국의 국가개발 및 개혁위원회 산하 공간계획 및 지역경제 연구소(ISPRE)와 의견을 교환한 후에 정보를 구축한 것임을 밝힌다.

우리는 다음과 같은 이유로 인해 동북아시아를 위한 대구상을 준비하는 것이 필요하다고 느꼈다.

우선, 동북아시아에서의 지속가능한 발전을 위해서, 보다 넓은 지역을 포괄하며, 전체 지역 간의 유기적인 연결 관계를 중시하는 포괄적인 발전계획이 필수적이다.

둘째로, 다음의 시나리오는 동북아시아 공동체를 구축하기 위한 경로이다. 동북아시아에서 상호 보완적인 관계가 증가하면 더 큰 발전을 촉진할 수 있는 유기적인 관계가 생길 것이고, 이는 결국 그 지역에서의 경제적 통합을 초래할 것이다. 정치적 긴장관계는 완화될 것이며, 지역적 안보는 강화되고 마지막으로 공동의 공동체를 구축하기 위한 움직임은 가속화될 것이다. 우리는 이 시나리오에 대한 세부적이고 구체적인 내용을 제안할 필요가 있으며, 동북아시아공동체의 구축을 위한 정확한 스케줄과 실행계획을 작성할 필요가 있다.

셋째로, 만약 역내 각국이 독립적으로 발전을 계속한다고 할지라도 그것이 동북아시아에서의 지속 가능한 발전을 꼭 보증하지 않을지도 모른다. 따라서 동북아시아 전체에 대한 낙관론의 시각에서 행하여지는 투자를 안내하기 위한 청사진(blueprint)을 개발하고 사회적 자본과 투자를 효과적으로 구축하는 것이 필요하다. 이것은 또한 전세계 각국으로부터의 동북아 각국에 대한 투자를 늘릴 수 있는 것으로도 그 기능을 할 것이다.

넷째로, 동북아시아 공동체를 만드는 것이 결과적으로 정부간 논의를 통해서 이루어질 것이겠지만, 이에 앞서서 정부 관리와 연구자들이 사부문의 역량에 참여하여 합작 토론을 할 수 있는 Track II 레벨의 논의체를 만드는 것이 필요하다. 이러한 관점에서 시작된 논의를 우리는 "동북아시아의 경제발전과 통합을 위한 포럼(Northeast Asia Economic Development Cooperation Forum)"이라고 부를 수 있을 것이다. 필요한 것은 역내 각국의 통합과 관련이 깊은 개개인들 간의 컨센서스를 증진시키고 그들 국가를 하나로 묶을 수 있도록 구심력을 키우는 것이 필요하다고 본다. 이 과정을 위한 첫 번째 단계로서, 필자는 동북아시아를 위한 대구상을 공동으로 준비하는 것이 필요하다고 본다.

국제상황을 포함한, 일련의 예측이 불가능한 요인들이 대구상에 포함되어야만 하는데, 이는 대구상에 필요한 개념을 설정하고 그 대구상이 실현되는 데 필요한 시간을 정하는 데 있어 영향을 주고 있다. 하지만 동북아시아 공동체 구축을 위한 장기적 계획을 20년 정도로 계획하고 있고, 세부 프로젝트를 위한 세부 계획은 약 10년 정도를 계획하고 있다.

우리가 창출하고자 하는 구상안은 러시아, 몽골, 중국, 북한, 남한 그리고 일본을 "목표지역"으로 삼고 있다. 또 우리는, 지역 기반의 개발 계획 및 이들 국가 간의 다자간 협력을 증진시킬 수 있는 여러 세부 프로젝트를 계획할 수 있기를 희망하고 있다. 동북아시아의 각국은, 베링해협과 해륙수송(the land bridge)과 관련된 프로젝트들을 통해 밀접한 관계를 유지하고 있는 미국과 EU의 국가들을 여기에서 참고할 수 있을 것이다.

우리는 가장 많은 수의 개발 프로젝트들이 진행될 지역을 여러 목표지역 가운데에서도 '기본 지역'으로 분류할 것이다. 개발 프로젝트들이 포함되어 있는 지역의 최근 발전 추세나 그 정도의 증가를 고려해 보면,

이 개념은 동 시베리아 지역과 북경 및 천진 북부 그리고 오호츠크 해에서 동중국 해를 포함하는 지역 및 주변 지역을 포함할 수 있다. 분명히 동북아시아의 전통적인 개념과는 대조적으로 거시적 구상에서는 국가를 하나의 단위로 보고 있으며, 여기에서 '기본 지역'이 가장 넓은 지리적 범위를 포함하고 있다.

동북아시아의 국가들은 엄청난 지리적인 공간을 포함하고 있으며 광대한 사회적·경제적 힘을 보유하고 있다. 지역 경제통합의 관점에서, ASEAN+3의 더욱 밀접해진 관계는 최근 몇 년 동안 더욱 많이 논의된 주제이다. 그러나 우선, 동북아시아 역내 국가들 간의 상호의존 관계를 더욱 증진시킬 필요가 있다. 이 목적을 위해서는 역내 국가 간의 자원, 자본, 기술 및 노동력의 측면에서 상호 보완적인 관계를 증진시킬 필요가 있다.

여기에서 이 대구상을 위한 두 가지의 기본적인 지침을 분명히 해야 한다.

첫 번째는 사회 기본 하부 시설을 광범위하고 통합적인 관점에서 물리적으로 통합시키는 것이다. 광대한 철도체계, 고속도로, 그리고 송유관과 같은 기반시설의 건설은 다자간 협력의 수준을 심화시키는데 공헌할 것이지만, 역내 지역 국가들의 독립적인 노력으로는 결코 수행될 수 없는 것이고, 지속적이고 전반적인 계획에 따라서 실행되어야 한다. 이는 물리적인 기반시설뿐만 아니라, 연성 체계의 기반시설의 건설에도 역시 적용될 수 있다.

두 번째의 지침은 "클러스터의 지역 간의 네트워크 강화"인데, 이는 지역 개발을 촉진시킬 수 있는 효과적인 방법이다. 어떤 특정 개발 목표가 어떤 특정 지역에서 추진될 때, 그 개발 계획의 효과성은 이에 수반되는 여러가지 기능들이 통합되었을 때 그 효과가 훨씬 더 증진될 것이다. 이 지침의 의도는 전략적 군집 지역, 기존의 핵심 도시, 철도, 고속도로, 그리고 정보통신시스템의 방법으로 지역적 수준에서 수행되는 개발 프로젝트 사이에 유기적인 네트워크를 구축함으로써, '선과 면' 모두의 통합된 개발을 촉진시키는 것을 의미한다. '핵심 지역'은 거시적 구상에서 핵심 전략 클러스터로 성장할 수 있는 잠재력을 가지고 있는 지역이다.

NIRA는 현재, 앞서 필자가 언급한 기본적인 원칙에 상응할 것으로 기대되는 핵심 지역, 발전 개념 및 프로젝트 계획을 구체화시키기 위한 노력을 기울이고 있다. 이 목적을 위해, 연관된 국가들에 의해 현재 여러가지 분야에서 제의된 계획들을 검토하고 있으며, 관련 분야에 있어서의 전문가들의 의견을 교환하고 있다. 필자는 동북아시아 역내 전체에서의 지속적인 발전을 획득하기 위해서 매우 필수적인 모든 분야에서의 강성 및 연성 기반시설 모두의 건설을 위해서 꼭 필요한 방향을 명백하게 할 수 있으리라는 것을 확신한다. 그러나, 이 지역에서의 경제개발의 최근 추세를 고려해 보면, 즉시 고려해야 할 몇 가지 전략적 이슈가 있다.

첫째, 역내의 아직 오염되지 않은 생태계를 영원히 보존할 수 있는 조처를 확보하는 것을 포함해, 환경을 보존할 수 있는 조처들이 즉시 취해져야 한다. 에너지와 환경 사이의 밀접한 연관관계를 고려해 보면, 에너지 정책이 반드시 명백하게 제시되어야 한다. 둘째, 역내의 전반적인 개발을 위해 가장 필수적인 기초로 작용할 교통, 유통 및 정보통신 시스템이 반드시 구축되어야 한다. 셋째, 경제개발에 있어 핵심 지역으로 성장할 전략적 클러스터 지역의 구축이 촉진되어야 한다. 우리는 역내의 전문연구기관과 연계하여 방금 언급한 역내의 중장기적 비전을 명백하게 하고 임박한 이슈들에 대응하기 위한 액션 플랜을 구축하기 위한 합작 투자를 진행할 계획이다.

전략적 개발 프로젝트의 구체적인 예로서, 필자는 NIRA가 지난 2001년에 제안한 "동북아시아 에너지 및 환경 공동체"를 위한 계획의 하나로 지정된 핵심 사업 중의 하나인, 천연가스 송유관 건설 산업에 대해서 논의하고자 한다. 동북아시아의 개발에 있어서 일종의 아킬레스건과 같이 간주되는 에너지 및 환경 이슈를 해결하기 위해서, 이 사업은 극동아시아와 동 시베리아 지역의 풍부한 자원 중 하나인 천연가스가 동북아시아 지역 전체에 공급될 수 있도록 송유관 건설을 추진하는데 있어서 다자간 협력을 촉진하는 것을 그 목표로 하고 있다.

개별국가에 의해서 이 시설을 점진적으로 건설하기보다는 다자간 협력을 기반으로 하여 천연가스 송유관 네트워크를 건설하면, 송유관 건설에 동반되는 위험을 분산시키고 천연가스의 원천적 비용을 감소시킬 수 있는 효과를 가져 올 수 있다. 이 계획에서, 우리는 현재 일본, 러시아, 중국 그리고 한국을 이 사업을 합작하여 건설하기 위한 4개국으로 제안하고자 한다. 이에 더해, 송유관 관설과 병행할 수 있는 다른 역내 기반의 하부 시설을 건설하는 것은 천연가스에 대한 수요를 더욱 촉진시켜, 결국 역내에서의 송유관의 혜택을 확대시킬 것이다.

'Big Loop'로 언급되는 주요 철도 네트워크는 또 다른 예로 지칭될 수 있다. 이는 동북아시아의 중앙 국가들을 연결시키는 고리모양으로 철도 네트워크를 구축하기 위한 계획으로서, 동북아시아 역내의 교통 시스템을 구축하는 효과를 가져 올 수 있다. 우리는 이 새로운 교통 통로를 구축하는 것이, 가장 중요한 우선순위가 되어야 한다고 제안하고자 한다. 이 사업은 결국 기존의 철도 네트워크를 개선시키는 것을 의미하기 때문에 매우 실현 가능성이 높은 계획이라고 할 수 있겠다.

이에 더하여, 2004년 4월에 상하이에서 열린 UN의 ESCAP 회담에서, 일본은 "아시아의 고속도로 네트워크 건설을 위한 정부간 협약" 에 비준했고, 여기에서 동경은 '아시아 고속도로 1'의 시발점으로 지정되었다. 그러나 이 계획을 실현시키기 이전에, 일본과 아시아 대륙을 연결시킬 '한-일 지하 터널'이 건설되어야 한다. 이전에는 한낱 꿈으로 간주되었던 이 터널의 건설이 지금은 매우 현실적인 제안으로 간주되고 있다.

일본과 한국을 연결시키는 터널을 건설하는 것에 더해, NIRA의 대 구상은 역내의 초고속 철도 네트워크를 더욱 더 확장시킬 필요가 있다고 제안한다. 한국 고속철도 경부선과 경의선을 통해서 이러한 체계는 중국의 동북부를 예를 들어 베이징, 센양, 창춘, 하얼빈과 같은 도시를 연결시켜 운영될 것이며, 결국은 시베리아 철도를 통해서 동북아시아와 유럽을 연결하게 될 것이다. 이러한 고속철 네트워크는 동경에서 런던까지 철도로 여행하는 것을 가능하게 해 줄 것이다. 이런 놀라운 꿈을 실현시킬 수 있는 수단들을 명백하게 할 수 있는 가능성에 대한 연구를 개시해야 할 시점이라고 생각한다.

결론적으로 필자는 우리의 사업적 로드맵의 배경이 된 동북아시아 공동체의 구축을 위한 고민들에 대해 논의할 필요가 있다고 생각한다. 우리는 경제적 통합이 심화되면, 이것이 역내의 정치적 긴장을 완화시키는 과정을 촉진하는데 공헌할 수 있으며, 이는 현재의 로드맵이 기초하고 있는 가장 기본적 개념이라고 할 수 있다. 현재 지역 개발은 동북아시아에서 점점 더 적극적으로 추진되고 있으며, 이미 긍정적인 효과를 발생시키고 있는 한·중·일 3국의 지도자들 간의 3자 회담에서도 드러나는 바이다. 대구상을 형성하는 과정에서, 다자간의 관계를 더욱 강화시킬 수 있는 이러한 호의적 추세를 더욱 잘 활용해야 할 것이다.

이를 가능하게 만들기 위해서, 우선 트랙투(Track II) 조직을 영구적 시스템으로 만들어서, 토론을 위한 공통기반으로 구축해야 할 것이다. 이 조직은 지역 연구기관들에 의해 만들어진 연구 결과를 통합하고, 정부 간 토론이 보다 빈번하게 이루어질 수 있도록 할 것이다. 동북아시아의 통합을 위해 가장 좋은 방법은 EU의 사례에서 교훈을 배우고 이를 활용하는 것이다. 먼저 다자간 협력이 쉽게 이루어질 수 있는 에너지 협력 분야와 같이, 구체적인 목적을 달성하는 것을 목표로 하는 다자간 협력틀을 구축하기 위해 단계적인 노력을 기울여야 할 것이다. 향후에는 역내 국가들 간의 협력을 조절할 수 있는, 좀 더 심화된 형태의 지역 통합을 나타내는 동북아시아의 OECD와 같은 다자 기구의 구축을 기획해야 할 것이다. 이는 이 로드맵을 밑받침하는 가장 기본적인 사고이다.

이 목적을 위해, NIRA는 중국, 한국, 그리고 다른 동북아시아 국가들의 연구 기관들이 정보와 의견을 교환하는 네트워크를 구축해야 한다고 제안해 왔다. 이는 동북아시아의 개발을 위한 대구상에 대한 연구를 위해 구성된 다소 느슨한 컨소시엄을 의미한다. 우리는 이미 여러 연구소에 이 계획에 참가할 것을 요청했다. 이 컨소시엄은 대구상을 구축하기 위한 공동의 플랫폼의 역할을 감당할 것이고, 이 컨소시엄의 연구 결과는 동북아시아 각국의 정부와 국제기구에 대해 제안으로 발표될 것이다. 필자는 오늘 여기의 회의에 참가하고 있는 각국의 오피니언 리더들이 동북아시아를 위한 대구상에의 합작 연구의 의의를 이해해주시길 바라며, 따뜻한 지지와 협력을 제공하여 주시길 바라는 바이다.

동북아시아의 경제 공동체에 대한 공통의, 그리고 모순되는 이익들

스베틀라나 수스리나(Svetlana SUSLINA)
|모스크바 국제관계연구소 교수

동북아시아 하부지역의 통합 속도는 상대적으로 매우 느린 편이었다. 동북아시아 각국은 사실상 서로 교역관계를 유지하고 있는 그러나 완전히 분리된 독특한 군도와 같아서 지역적이고 자주적인 하부지역 통합 그룹에 엮여 있지 않은 반면, 지역적 세계적 수준의 통합에서는 매우 활발하게 활동하고 있는 행위자들이다.

한편, 만약 동북아시아에서의 지역적 통합이 이루어진다면, 그것은 전세계적으로 가장 독특하고 심지어는 가장 뛰어난 통합이 될 것인데, 이 역내에 가장 인구가 많은 나라(중국)가 있기 때문이며, 전세계에서 가장 크고 긴 나라(러시아)와 전세계에서 2번째의 산업국가(일본)가 있기 때문이다.

게다가 동북아시아 국가들 사이의 통합은 양적인 측면에서나 질적인 측면에서나 매우 큰 의미를 가진다. 필자는 따라서 왜 지역적 통합이 아직 실제적으로 일어나고 있지 않은가에 관련해서 적절한 분석이 필요하다고 믿는다. 여기에서 전세계 어떤 지역보다 통합의 잠재력이 높은 이 지역에서 이렇게 더딘 통합이 이루어지는 이유를 제시하려고 한다.

동북아시아 역내 국가들은 지금 서로 완전히 다른 현상을 다루고 있다고 생각한다. 세계 경제통합의 범위가 현재, 지역 경제들의 지역통합의 수준에서 벗어나 전세계적인 수준으로 바뀌고 있다. 따라서 이것이 사실이라면, 그 긍정적인 효과와 진행 과정에 대해서도 알아볼 필요가 있다.

정말로 하부지역, 그리고 지역적 통합의 수준의 단계가 지나면 전세계적 통합이 나오는 것은 당연한 것이라고 하겠다. 그리고, 만약 이렇게 세계적인 수준의 경제력을 가지고 있는 동북아시아 지역이, 전환적인 단계를 소위 말해 "뛰어넘고" 소규모의 하부지역 통합의 틀을 보다 높은 통합의 수준으로 대체 하면 어떤 일이 발생하는가?

이러한 관점에서 우리는 중국, 일본, 그리고 한국이 ASEAN국가들과 보다 밀접한 관계를 구축하려는 시도를 하면서도 동북아시아 역내 지역수준의 통합에는 저하되는 행동을 하는 것을 이해할 수 있다. 이보다 더 고무적인 것은 위의 조처들이 훨씬 더 상위 수준이며 전혀 고립주의적이지 않고 실상은 자유로운 통합이라고 평가되는 수준의 통합을 자극시킬 수도 있을지 모른다는 것이다.

이러한 관점에서 동북아시아의 통합에 참가하고자 한 러시아의 자율적 결정은 정당화될 수 있는 것이다. 러시아가 상호적으로 수용할 수 있는 조건하에 WTO에 더 빨리 참가하면 할수록, 전략적인 관점에서 하부지역에서의 경제통합은 더 호의적인 조건을 가지게 될 가능성이 크다.

따라서, 이 문제를 바라보는 우리의 관점은 다음과 같다. 우리는 통합을 지지한다. 이는 우리가 더 많은 구성원들을 허용한다는 의미이다. 이제는 세상을 분할하는 것에 종지부를 찍어야 할 때이다. 지금은 '봉쇄정책'은 근절시키고, 우리시대의 정신인 세계화의 시대라는 것에 상응하도록 통합을 촉진시킬 필요가 있다.

두 가지의 접근법이 여기에서 가능할 것이다. 우선은 통합시키려는 국가들의 '더 많은 구성원'이 무엇인가를 살펴보아야 할 것이고, '더 광범위한 통합'의 질이 의미하는 바가 무엇인지를 보아야 할 것이다. 그러나 우선 더 광범위한 통합이 의미하는 바는 무엇일까? 필자는, 그것이 전 지구적 수준의 범위를 다 포함하는 것이라고 생각한다. 제도적으로는 기존의 WTO나 APEC과 같은 제도의 구조가 충분히 적당하다고 생각되지만, 그러나 몇 가지 잠재적인 제한점이 있다.

또 다른 접근법에 대해서는, 동북아시아 하부지역의 통합 구성원에 관한 한, 필자는 러시아와 북한을 포함해야 한다고 생각한다. 우리나라는 아직 WTO의 정식 가입하지 않았고, 북한은 WTO와 APEC에 모두 가입하지 않았지만 모두 이 두 나라를 WTO와 APEC 안으로 통합시키려는 데 관심을 두고 있다. 필자는 북한이 가지고 있는 지독한 고립주의를 극복할 수 있다면 몇 가지 특혜를 제공해도 무방하다고 생각한다.

"더 광범위한" 통합의 관점에 관하여서, 이 문제는 매우 독특하고, 문제의식이 있으며 광범위한 주제라고 생각된다. 물론 우리는 APEC의 통합을 먼저 공고화시켜야 할 것이고 이 점에 있어서는 WTO도 마찬가지이다. 우리는 아마도, 우리 자신의 통합을 대가로 치루고서라도 관련된 제안들을 해결하기 위해서 힘써 노력해야 할지도 모른다.

여기에 지금 존경하는 여러 동료들이 제기할지도 모르는 문제에 대한 답이 있다. 그 문제는 독립적인 현상으로서 동북아시아의 하부지역적 통합이 갖는 가장 핵심적인 특성은 무엇인가 하는 것이다. 그 대답은 다음과 같다. 통합되고 선진화되어 있는 WTO와 APEC에 가입하는 것은, 단순히 자극을 주기 위한 시도가 아니라 역내의 국가들의 이익을 근대화하기 위한 특정 방법을 찾으려는 시도이기도 하다.

이는 동북아시아 하부지역의 지역통합이 정상적인 과정으로 진행되는 것이 불가능하다는 것을 의미하는 것은 아니다. 다만 지역통합을 위해 해결해야 할, 보다 더 통합적인 선행조건들이 있다는 것을 의미하는데, 이는 상호 이익과 국가 간 갈등을 적합하게 조화시킬 수 있는 특정 틀을 구성해야 한다는 것을 뜻한다. 그리고 이것이 필자가 보다 구체적으로 관심을 가지고 있는 점이다.

일반적으로 말하면 이 요인은 동북아시아의 여타 하부지역의 통합 과정을 결정짓는 데 있어서 가장 결정적인 요인으로 분류될 수 있을 것이다. 여태까지 이 요인이 존재하였다는 점은 통합 과정에 호의적이지 않은 요인이었다는 것을 언급할 필요가 있다. 하지만 현재 상황은 정 반대로 돌아섰다고 보는 것이 타당할 듯하다. 그리고 갈등적 상황이 완화되었을 뿐만 아니라, 통합의 과정을 촉진시킬 긍정적인 변화가 일어난 것은 분명해 보인다.

보다 비유적으로 말하자면, 공통 이해 및 하부지역을 통합시키는 것은 갈등이 존재함에도 불구하고 매우 가치가 있는 것이다.

한편, 이 주제를 러시아와 그 국익의 관점에서 초점을 맞추어 언급하고 싶다. 필자는 감히 러시아라는 요인이 동북아시아 통합의 시금석으로 평가받을 수 있을지도 모른다고 주장한다.

이는 특별하게 그리고 명백하게 연료와 에너지 분야에서 명백하게 드러난다. 이 특정 '분야'에서 모든 동북아시아 국가들은 완벽히 공통의 이해를 공유하고 있다. 한편으로 러시아는 동북아시아 국가들에게 연료 및 가스의 공급선을 늘리는 데 관심이 있다. 이는 일본과 중국시장을 목표로 하며, 미화 155억 달러 정도의 가치에 달하는 타이셰트(Taishet)와 나홋카(Nakhodka) 간 석유 송유관의 건설에 사실상 서명하기로 결정을 내린 데에서 이미 증명된 바 있는 것이다.

다른 한편으로는, 동북아시아 지역에 있는 우리 이웃 국가들이 러시아를 통해서 에너지 공급책을 다변화시키기를 원하는 것이 주요한 특징이다. 동북아시아 국가들은 그동안 러시아의 석유광산산업에 기꺼이 직접 투자를 감행할 의지가 있다는 것을 밝혀 왔다. 필자는 일본과 한국에 대한 농축 가스의 차후 공급을 목표를 하고 있는 "사할린(Sakhalin)-1"와 "사할린(Sakhalin)-2" 프로젝트를 강조하고자 한다.

그러나 러시아가 단순히 원자재 수출만 하는 것은 아니다. 원자재 분야보다 첨단산업의 특성을 지니고 있는 자동차 제조와 같은 산업에서의 러시아와 동북아 국가 간 협력을 예로 들 수 있다. 현재 러시아는 자동차 제조와 판매에 있어서 매우 매력적인 시장으로 성장하고 있으며, 한국의 자동차 제조업체인 ‘대우’, ‘현대’, 그리고 ‘기아’와 같은 회사들이 러시아 시장을 선도하고 있다. 한편 ‘도요타’라는 자동차 회사를 가지고 있는 일본 역시 러시아에서 자동차를 제조하려는 협약을 체결하기 직전에 있다. 또한 중국의 자동차 회사인 “The First Motor Works(FAW)”와는 최근에 계약을 체결하여 모스크바에서 ZIL 모토(ZIL Motor)와 합작으로 중국차를 생산하고 있다.

이 점은 러시아에만 한정되는 것이 아니라 역내 모든 지역의 국가들의 공동 이익과 관련되는 것이다. 이 점을 명백하게 하기 위해서 필자는 지금 이 포럼을 주최하고 있는 한국과 동북아 역내에서 가장 가까운 나라인 중국이, 과거 한국의 제1의 교역 대상국이었던 미국을 대체하여 가장 거대한 교역 대상국으로 최근에 성장했다는 눈에 띄면서도 명백한 점을 강조하고자 한다.

동북아시아의 협력과 공동체 구축에 관한 논의: 미국의 관점

켄트 칼더(Kent E. CALDER)
|존스홉킨스대학교 라이샤워 연구소 소장

남북한 정상회담이 개최된 2000년 이래로 5년간, 세계는 점진적으로 그 역사적인 사건의 장기적인 의미가 어떤 것인지 깨달아가기 시작했다. 철광을 가로지르는 새로운 철도가 놓이고, 남북 이산가족상봉이 이루어지고, 개성경제특구가 건설될 예정인 등 비무장지대를 가로지르는 각종 경제적·사회적 교류는 점차로 깊어져 갔다. 그러나, 이는 또한 특별히 북한의 핵무기 프로그램과 관련된 전략적·지리적 긴장감과 그것과 관련된 부정적인 국제적 반응을 가져왔다. 이러한 긴장감은 KEDO의 에너지 개발 프로그램의 진행에 대한 모라토리엄 결정을 내리게 했고, 북한 자체에 대한 경제적·정치적 제재에 대한 부정적인 전망을 내보이기도 했다.

물론, 미국 역시 초기의 남-북의 화해가 미국이 개입한 것이 아니었어도 과거 5년 동안 일어난 이러한 전개 상황을 매우 잘 이해하고 있다. 평양 정상회담을 가능하게 했던 초기의 모멘텀을 만들어 냈던 클린턴 행정부는 북한과 전세계 사이의 긴장감을 완화시킬 수 있는 방법을 심각하게 모색하기 시작했다. 쿠알라룸푸르에서의 북한 미사일 프로그램에 대한 기술적 협의가 시작되기 이전에 마련된 북한 고위 군 지도자들의 워싱턴 방문, 미 국무장관 매들린 올브라이트의 평양 방문에서 이 노력은 절정에 이르렀다.

이와는 대조적으로 부시 행정부는 북한에 개입(engage)하고 다른 이들을 이러한 방법으로 돕는 것에 있어서 매우 조심스러웠다. 2001년의 불행을 초래한 김대중 대통령의 워싱턴 방문은 이러한 패턴을 매우 명백하게 보여준다. 2002년 10월 이래로 계속해서 북한이 보유했을 것으로 보이는 플루토늄과 고농축 우라늄 핵무기를 두고 대치 상황이 계속 심각해지는 것은 이러한 것을 반영한 예이다.

동북아시아 협력에 대한 미국의 관점을 이해하기 위해서는 이를 역사적, 정치경제적 관점에서 바라보는 것이 필수적이다. 역사적인 관점을 겸비했을 때, 미국이 동북아시아를 다룸에 있어 사용하는 제도들의 특성, 특히 미국과 동북아시아 사이의 안보 및 경제 관계가 왜 비대칭적인지 등을 이해하는 데 매우 도움이 될 것이다. 또한 정치경제적 관점은 미국 정부와 미국 기업인들 사이에서 작동하고 있는 유인책들을 밝혀내는 데 매우 도움을 줄 것이다. 다행스럽게도, 이들은 모두 동북아시아의 미래를 밝게 보고 있다.

I. 미국의 동북아시아 정책에 있어서의 역사의 배태된 효과

19세기 중반에 미국이 전세계에 있어서 했던 역할이 상대적으로 제한되어 있었다는 것을 고려하면, 미국이 동북아시아가 세계로의 문을 여는 데 있어서 중요한 역할을 했다는 것은 매우 놀라운 일이다. 미국인 선교사들과 무역업자들은, 포르투갈인들과 네덜란드인들을 제외하고는 중국 해안에 닿은 최초의 서양인들이었다. 매튜 페리 제독과 그의 흑선은 1854년에 일본이 서구로의 문을 개방하도록 했으며, 뒤이어 한국인들과의 관계에 있어서도 신기원을 열었다.

그러나 미국이 유럽 및 라틴 아메리카와 맺었던 관계와는 매우 대조적으로 선교사들과 이상가들에 의해 개척된 이 초기 단계는, 어떤 실제적인 경제적 관계로도 이어지지 않았다. 미국의 기업가들은 1890년대에 제1서울 철도를 건설했었을지도 모른다. 그러나 그들이 한국, 일본 그리고 중국의 북동부에 대한 한 투자는 20세기 전반에 걸쳐서, 아니 실제로는 최근까지도, 상대적으로 적은 수준에 머물러 있었다. 미국이 동북아시아와의 관계를 하며 제도와 인식을 마련할 때, 영향을 미쳤던 것은 경제적인 요소가 아니라 안보에 관한 것이었다.

두 가지의 결정적인 사건이 동북아시아에 대한 미국인의 정책과 관점을 형성했는데 그것은 바로 태평양전쟁(1941~1945)과 한국전쟁(1950~1953)이었다. 중국인과 한국인들이 일본과 군사적으로 대치한 기간은 20세기의 전반 이상 기간 동안 지속되었고 그들에게 치욕적인 식민의 경험과 전쟁의 경험까지 가져다준 반면, 그러나 미국의 일본과의 전쟁은 이보다는 훨씬 짧았다. 그 전쟁의 결과는 어떤 악의도 지속시키지 않았고, 오히려 일본에 대한 전반적으로 평온하고 협력적인 미군 주둔으로 이어져, 이는 태평양 전쟁 그 자체보다 훨씬 더 길게 유지 되었다.

일본과의 샌프란시스코조약은 윌슨(Woodrow Wilson) 행정부의 국무장관 랜싱(Robert Lansing)의 조카인 덜레스(John Foster Dulles)에 의해 주도되었다. 덜레스는 일본에 대해 보복적인 강화조약으로 인해 일본의 민주주의가 파괴되고 영토회복을 목적으로 하는 보복적 전투가 생길까봐 매우 두려워했다. 베르사이유 조약이 나치즘의 부상을 가져왔던 것과 마찬가지로 말이다. 요약하자면, 제2차 세계대전은 동북아시아 자체에 그 전쟁이 가져왔을 실제적인 의미에도 불구하고, 일본과 미국의 관계에 있어서는 장기적인 관점에서의 영향력을 오히려 제한해 왔다고 말할 수 있다.

그러나 태평양 전쟁은 일본이 이후 동북아시아 국가들과의 외교관계에서 사용했던 제도적 특성의 구축에 대해 주요한 의미를 가지고 있다. 가장 중요하게는 아시아의 동쪽 가장자리라고 불리우는 일본, 필리핀, 대만에 대한 미군의 주둔을 초래했다. 이 지역에 대한 미군의 주둔은 한국전쟁에 의해, 특별히 일본과 한국에서 크게 강화되었다.

태평양 전쟁과 한국전쟁은 아시아에서의 강력한 미군 주둔을 가져왔다. 또한 이 지역, 특별히 한국과 둘째로 일본에 대한 미국의 정책 수립에 있어서의 운명적 형태의 제도적 강점을 가져왔다. 주한 미군은 역사 및 전략상의 이유로 미국 군대의 가장 높은 지휘관 중의 하나인 4성 장군이 지휘하는데, 이는 미 국방부와 매우 직접적인 관계를 가지고 있다. 주한 미군사령관은 한국과 한반도 전체에 대한 미국 외교 정책에 매우 큰 영향력을 행사한다. 주일미군의 사령관은 3성 장군이라서 한국의 장군에 비하면 그 지위가 떨어지긴 하지만, 주한 미군사령관과 마찬가지로 미국 정책 형성에 있어서 중요한 영향력을 행사한다.

미국과 한국, 일본 간의 정치경제 관계는 군사안보적인 관계와는 매우 대조적으로 아직 덜 개발되었으며 매우 비대칭적이다. 1997~1998년 간의 아시아에서의 금융위기가 있을 때까지 미국기업들은 양국에서 다른 주요한 동맹국인 유럽과 라틴 아메리카 국가들에 비해 눈에 띌 만큼 제한된 영향력을 가지고 있었다. 그리고 미국은 이 두 나라에 상공회의소를 열정적으로 운영했음에도 불구하고, 교역관계에서 있어서는 매우 크고 지속적인 무역 적자를 감내해야만 했다.

II. 미-중 관계에서 유산의 다른 특성

물론 미국과 중국의 관계에서 역사적 유산은 미국의 한국 혹은 일본과의 관계의 특성과는 다소 달라서, 미-중 관계는 일본과 한국과의 관계보다는 오히려 라틴 아메리카와의 관계와 보다 비슷한 측면이 있다. 물론 미국은 중국에 군사 기지와 군사 명령체계를 가지고 있지 않아서 중국과의 관계를 보다 경제적인 측면으로 유도할 수밖에 없었다는 측면도 있다.

미국과 중국의 초기 관계는 닉슨의 1972년 중국 방문과 1979년의 중국과의 관계 정상화 사이의 관계로 규정지어질 수 있는데, 이 역시 미-중 관계를 보다 경제적인 것으로 유도했다. 예를 들어, 미중무역위원회(U.S-China Business Council, USCBC)가 설립된 것이 바로 이때였으며, 이 기간 동안 미국은 중국과의 관계에서 일본과 한국과 같은 미국의 다른 교역 상대들과의 관계에서는 결코 구축하지 못했던 제도적 정통성을 얻었다. 예를 들면, USCBC 국장은 북경을 방문했을 때 차관급 프로토콜의 대우를 받았는데, 이는 중국이 미국과의 관계를 개선시키기 위한 정상화 이전 단계를 밟는 것에 해당했다. 그러나 미국의 서울과 도쿄 상공회의소들은 이러한 외교적 대우에 준하는 예우를 결코 받지 못했다.

III. 뚜렷해지는 경제 관계의 특징

미국과 동북아시아 관계에 있어서의 경제적 패턴은 여러 측면에서 역사에 의해서 만들어진 제도적 특성을 반영한다. 미국의 일본·한국과의 경제적 관계는 무역과 금융에 깊게 뿌리박고 있다. 미국은 이 두 나라에 대해서도 직접 투자를 감행했고, 아시아 금융위기 이후 상당부분 증가하기도 했지만, 이는 다른 대부분의 산업화된 국가들에 비해서는 상대적으로 적다. 미국이 한국과 일본 양국에 대해서 군사 안보적 측면에서는 강한 관계를 유지하고 있기는 하지만, 그러나 양국에 가지고 있는 미국의 경제적 자산은 주목할 만한 수준은 아니다.

배태된 제도적인 역사를 반영할 뿐만 아니라 부존자원과 비교우위를 가지고 있는 중국은 이와 매우 다르다. 중국에는 미국 직접 투자가 상당히 많이 행해지고 있었고, 안보적인 측면에 상응할 만한 경제적 자산이 있었다. 그러나 대부분의 미국 자산과 기업의 이익은 중국의 남동부 해안 주변에 집중되어 있었고, 동북부의 북경 근처에는 거의 진출하지 않고 있었다.

따라서 역사는 미국이 공공부문이나 사적인 부문에서 동북아시아에 강력한 경제적-정치적 관계를, 형성하는 것에 실패했다는 것을 보여준다.

그러나, 이 지역에서 미국이 감행한 두 가지의 전쟁의 결과로 인해 강한 군사적 이익과 제도적 이해관계(stake)가 나타나고 있다. 이 지역에 대한 미국의 정책에는 일반적인 특성이 형성되었는데, 경제적이거나 순수하게 이상적인 고려와는 대치되는 정치-안보적 고려가 있을 때에는, 적어도 워싱턴으로부터 이에 대해 강력한 반대가 있지 않는 한, 이에 충분한 우선순위를 둔다는 것이다. 동북아시아에 대한 미국의 정책에 대해 역사의 유산이 부과한 제도적 편향성에 대해서 언급하는 것은 중요할 수 있겠다.

미국이 그 정치경제적 관심을 동북아시아에서 전세계의 다른 지역으로 돌린 것은 1980년대 이래로 금융의 추세에 의해 강화된 것 같다. 1980년대 이전에, 동북아시아의 매우 높은 저축률은 대개 그 역내에서 순환하는 경우가 많았고 특별히 부동산에 투자되는 경우가 많았다. 그러나 1980년대 일본의 외환자유화조처법이 나온 이래로, 이 자금들이 미국의 자본자산, 특히 미 국무성의 채권으로 흘러 들어가게 되었다.

이렇게 태평양을 가로지르는 자본의 흐름은 거대한 국내 소비의 문제와 엄청난 무역적자에 시달리고 있었던 당시에 미국의 달러와 미국 자본시장을 안정화시키는 데 매우 중요한 역할을 했다. 한편, 동북아시아 국가들에서는 경제성장이 가속화되어 있는 상태여서, 이런 자본의 이동이 단기적으로는 동북아시아 경제에 거의 영향을 미치지 못했는데, 이는 환태평양을 가로지르는 자본 이동의 범위가 워낙 넓었기 때문이다. 그러나 이러한 급속한 환태평양 자본 이동이 과거 20여 년 동안 나타났음에도 불구하고, 그들은 동북아시아 내부의 투자처를 대체할 대안이 되었고, 이는 새로 나타나는 동북아시아 개발 프로젝트의 미래를 결코 밝게 하는 요소는 아니었다.

IV. 미국 정치경제의 변화하는 성격

보다 긍정적인 측면에서 보면, 과거 20년 동안 미국의 정치경제는 국제적 경제상황에 보다 민감하게 반응하는 성격을 띠게 되었다. 미국 GDP에서의 무역이 차지하는 비중은 늘어나고 있으며, 미국은 현재 경상수지 적자를 해결할 수 있는 정도의 양에 해당하는 하루에 10억 불이 훨씬 넘는 자본 유입에 점차로 의지하고 있다. 미국인들은 외국인투자를 점점 높이 평가하기 시작했고, 미국 기업들은 투자 기회를 찾기 위해서 전세계를 열심히 훑어보기 시작했다.

한 세대 이전에, 미시건, 오하이오, 펜실베이니아와 같은 미국 중서부 주에 자리 잡고 있는 미국의 스노우 벨트(Snow Belt) 산업지대는 보호주의적인 성향이 매우 강한 성곽(fortress)과 같은 곳이었다. 따라서 철강, 자동차 및 관련 부문에 있어서 보호주의적 정책을 촉발되었다. 이들 주는 2004년의 대통령 선거에서 보여지듯이, 정치적으로 매우 주요한 지역임에도 불구하고 그러나 그들의 정책적 영향력은 분명히 감퇴하고 있다.

1960년대의 J. F 케네디가 대통령이 된 이후로 선출된 대통령들은 모두, 텍사스, 캘리포니아, 아칸소, 조지아 등과 같은 선벨트(Sunbelt) 주 출신이다. 이 지역에서는 외국의 산업과 경쟁을 두려워하지 않는 농업, 군사 그리고 건설과 같은 산업이 우세했기 때문에, 그 인식 자체가 매우 국제적일 가능성이 높았으며, 그랬기 때문에 이들 지역에서는 경제 분야에서 미국의 정책 방향이 점차로 세계화되어 가는 것을 지지했다.

이러한 세계화된 관점은 원칙상으로는 미국이 동북아시아에서 맺는 경제적 관계를 심화시키는 데 있어서 매우 강력한 지지책으로 기능했음에 틀림없다. 이는 특별히 역내 스태그네이션으로 인해 침체되어 있는 동북아시아의 부동산이 역내의 많은 부분에서 점차로 평가절하되어 가고 있는 것이 분명해짐에 따라 사실인 것처럼 보였다. 그러나 미국 정부와 같이 미국의 기업들 역시 동북아시아 지역에 걸려있는 경제적 이익이 상대적으로 적었기 때문에, 그리고 북한의 핵과 관련된 불확실한 상황 때문에 동북아시아 국가들을 종종 성급하게 판단하는 경향이 있었다. 따라서 이 지역에서 활용가능한 지역적 유인책의 특징을 살펴보고, 그들이 전세계 다른 지역에서의 기회들과는 어떻게 상대적으로 연결되어 있는가를 알아보는 것이 미국의 기업들을 유치하는 데 있어서 매우 결정적인 부분이 될 수 있을 것이다.

V. 정치-경제적 맥락에서의 대구상

미국의 관점에서, 동북아시아에 대한 대구상을 생각해 보았을 때, 이들이 미국의 정치 및 정책 결정에서의 내재된 편향성과 우선순위와 어떻게 연관되어 있는가를 살펴보고 이해하는 것은 매우 중요하다. 분석을 통해 여기에서 세 가지 명제를 제시하고자 하는 데, (1)안보적 고려를 우선순위에 두려는 노력, (2)중국의 경제적 상황을 매우 높게 평가하는 반면, 한국과 일본에 대한 경제적 기회에 대해서는 덜 민감하게 반응함 그리고, (3)전세계적 측면에서 보면 동북아시아에서의 기회를 세계의 다른 어떤 곳에서의 기회보다 더 높게 평가한다는 것이 바로 그것들이다.

동북아시아의 개발에 대해서 미국인들은 어떤 정당을 지지하느냐에 따라, 그 차이가 한계적으로 명백하게 드러나고 따라서 클린턴 정부와 부시 정부가 추진한 한국 및 일본에 대한 정책은 매우 대조적이다. 민주당원들은 현재, 종종 이 개념에 대해서 보다 지지적인 성향을 보이고 있다는 것을 알 수 있으며 미국에 대한 그 의미에 대해서도 지지하고 있다. 그러나 민주당원과 공화당원 모두는, 북한의 핵 위기와 동북아시아가 아니고도 세계 도처에 매력적인 투자처가 충분하다는 두 가지의 이유로 인해 북한을 포함하는 동북아시아의 경제적 미래의 특징에 대해 생각할 때 심오하게 영향을 받는 경향이 있다.

동북아시아의 이슈를 횡적인 측면에서 지역적 관점으로 살펴보자면, 대부분의 미국인들은 북한의 핵 이슈가 확실하게 해결되기를 원하고 있다.

이들은 북한의 핵이 어떠한 방식으로든 테러리스트들이 활용하는 방식이 되는 것을 원하지 않고 있으며, 동북아시아 역내에서의 '대구상(Grand Design)'을 실현하고 구축함에 있어서 핵 문제가 해결되는 것이 매우 필수적인 선행조건이라고 보고 있기 때문이다. 미국 내의 특별한 지역 전문가나 주요 건설 및 자원 회사를 제외한 어떠한 사람들도 이 개념에 대해서 그렇게 즉각적인 관심을 보이고 있지는 않다. 그러나 만약 지역적 안정성 및 미국의 상업적 이익의 혜택이 보다 명백하게 구체화되고 핵위기 해결에의 연관성이 보다 명백하게 그려진다면, 미국인들도 아마 이 '대구상'에 대해 공감할 수 있을 것이다.

미국의 관점에서 '대구상'의 가장 큰 유효성은, 북한의 핵 위기 해결을, 강요를 통해서가 아니라 매력적인 것으로 보이게 할 만한 '당근'을 제공한다는 측면에 있다. 이는 단순히 북한에만 해당되는 것이 아니라, 역내 모든 국가에게 해당되는 것이다. 역내의 전기시설 구축, 역내 철도, 항공, 장거리 가스 및 석유 운송관과 같은 인프라스트럭처의 필요성을 구체화하고, 핵위기 해결에 매우 밀접하게 연관되어 있는 구조 자금의 지원을 받을 프로젝트들에 우선순위를 매김으로써, 이러한 '대구상'은 위기 그 자체를 해결할 수 있는 모멘텀을 제공할 수 있으리라 생각해 볼 수 있겠다. 또한 '대구상'은 이 계획에 대한 실행기관이 되기를 원하는 세계은행, 아시아 개발은행, IMF, 그리고 일본과 다른 여타 국가들의 원조 프로그램을 포함하는 다자간 기구들에 대해서 일종의 지침을 내려주는 역할을 할 수도 있겠다.

반복해서 말하자면, 사실상 어떠한 미국 행정부에 대해서도 '대구상'의 정통성은 북한의 핵 위기의 완전한 해결과 매우 심각하게 연결되어 있다는 것을 명심해야 할 것이다. 이 문제에 관한 한국과, 미국은 타협할 가능성이 거의 없는데, 왜냐하면 미국이 경제적 측면에서 이 지역에 투자하고 있기 때문이기도 하고, 또한 북한이 완벽하게 핵무기를 소지한 국가가 되는 것을 허가했을 때 가져올 안보상의 비용이 너무 높기 때문이기도 하다. 확실히 이 '대구상'은 핵 위기가 해결되었을 때 제공될 수 있는 아주 달콤한 당근의 특성을 잘 드러내 보인다. 그러나, 민주당원이든 공화당원이든 상관없이 거의 모든 미국인들은 당근 그 자체가 문제의 해결을 가져오지 않는다는 것을 잘 알고 있다.

물론, 어느 정도의 시간이 지난 뒤, 미국이 최근에 인정한 북한의 핵 능력을 암묵적으로 용인하고 이전과 같이 비즈니스 관계를 유지하는, "파키스탄식의 해결책"이 실현될 만한 개념적 가능성도 있을 수 있다. 그러나 외교적 수준에서의 그러한 발전의 전망은 — 저에게는 가능성이 매우 없어 보이지만 — 만약 있다고 해도, 미국이 북한의 핵이 연관되어 있는 상황에서 동북아시아의 기반시설 건설에 필요한 대규모의 프로젝트에 지원하는 것을 허가한다는 것은 거의 불가능한 일인 것으로 보여지므로, 매우 낮다고 할 수 있다. 적어도, 폴 울포위츠가 세계은행의 총재인 한 말이다.

북한의 핵 위기에 대해 분명하고도 상대적으로 엄격한 해결책이 존재하지 않는 한, 동북아시아에 관한 '대구상'에 대해서는 크게 3가지의 가능성이 나올 수 있으리라고 보인다. (1)북한과 관계가 없는 요인들을 실행하는 것, (2)그 계획 자체를 북한의 핵 위기의 해결이 있을 때까지 지연시키는 것, (3)미국이 거부권을 행사하고 있는 현재의 다자간 국제금융기구 이외의 방법으로 계획을 실현하는 것 등이 될 수 있다. 의심할 여지없이, 역내 교통의 허브로서의 한국의 역할을 강화시키는 것과 같은 '대구상'의 중요한 요소들은 북한의 위기를 고려하지 않고서 이행될 수 있을 것이다.

극동 러시아와 중국의 동북부에서의 교통 및 철도 시설은 또한 비슷한 수준으로 향상될 것이고, 러시아의 광대한 가스 및 석유 자원을 동북아시아 역내 전체 국가를 위해서 활용하기 위한 가스 및 석유 수송관의 건설을 위한 노력도 준비 중에 있다. 미국은 이러한 개발에 대해 반대는 하지 않을 것이라는 것을 확실히 말씀드리며, 미국의 기업들이 개입되어 있는 기회가 있는 한 그 개발 노력에 대해 특별히 박수를 보내는 바이다.

VI. 결론

미국은 앞서 우리가 언급했던 것처럼 동북아시아 국가가 세계로 그 문을 열 수 있게 하는데 매우 중요한 역할을 하여 왔다. 그러나 미국이 오늘날 동북아시아 미래에 대한 경제적 투자를 매우 제한적 상태로 유지하고 있다는 것은 매우 궁금한 일이다. 과거 대부분의 시간 동안 미국이 한국, 중국 그리고 일본에 대해서 가지고 있었던 이익의 주요한 성격은 정치 및 군사적인 것이었다. 미국의 2가지 주요한 군사적 갈등, 즉 태평양전쟁과 한국전쟁은 이 지역에 대한 미국의 개입의 기원을 열었고, 그 내재된 영향력은 동북아시아와 관계를 맺는 데 있어서 미국인 및 정책 기관의 인식에 대해 계속적으로 실재적인 영향력을 미쳐왔다.

미국은 국가적으로 과거의 몇 세대 동안 분명하게 경제적 이익과 군사적 분야와 연관된 관여 범위를 조금씩 넓혀왔다. 미국이 과거에는 동북아시아에 대해서 경제적 연결 관계를 깊게 맺진 않았지만, 그러나 세계화는 미국인 특유의 실용주의와 맞물려, 이 지역에서의 새로운 기회를 인식하게 해줄 것으로 보인다.

그러나 이에 대한 명백한 선행조건으로서 미국의 행정부는 북한의 위기를 해결해야만 할 필요가 있다. 이 문제에 대한 해결이 없이는 미국이, 대구상의 실현을 위해서 반드시 필요한 세계은행이나 아시아개발은행과 같은 다자간 금융 기관들에 의한 거대한 자본 투자 지원을 지지할 가능성이 거의 없어 보인다. 이에 대한 대안은 거시적 구상에 대한 일종의 변형체 형태로 제한될 것인데, 현재 정체되어 있는 6자회담의 다른 5개국만을 포함하는 것이다.

동북아시아 공동체: 비전에서 현실로

장윈링(ZHANG Yunling)
|중국사회과학원 아시아-태평양 연구소 소장

I. 도입

공동체 구축은 동북아시아 협력의 중요한 목표로 인식되어 왔다. 그렇다면, 공동체 구축이 의미하는 바는 무엇일까? 동북아시아 지역의 문화적 다양성과 특징 때문에 사람들은 이 지역에서의 공동체가 유럽식의 지역적 업무 관리를 위한 권력체를 갖춘 지역 조직형태를 의미하지는 않는다는 것에 대해 모두 동의하고 있다. 동북아시아 공동체 구축의 목적은 협력을 통해 역내의 모든 국가들이 평화롭게 살아갈 수 있는 환경을 만들어 내는 것이다.

경제적으로, 공동체는 공동번영을 목적으로 하여 지역경제의 통합 수준을 높이고, 경제적 이익의 많은 부분을 공유하게 하는 것이다. 역내 무역과 투자의 흐름은 자유화와 협력 조치에 의해 충분히 발전되고 있다. 동북아시아 공동체의 성격은 아마도 초국가적 지역통합 조직체를 구성하는 것이 아니라, 협의를 통해 만들어진 규칙과 표준에 의해 지역 경제활동을 수행하는 것을 의미하는 것이다. 필요하다면, 지역 기구는 협의와 조정을 위한 것만으로도 충분한 것이다.[1] 공동체로서, 지역은 환경, 교통, 에너지와 같이 경제적으로 덜 발전된 국가들을 돕기 위해서, 공동의 문제를 해결하기 위한 협력의 정신을 목표로 해야만 한다.

정치적으로 공동체 구축은 동북아시아 지역을 협력을 통해 더욱 더 굳건하고 신뢰할 수 있는 공간으로 만들 것이다. 동북아시아는 역사와 문화를 공유하고 있기는 하지만, 역시 고통과 심지어는 갈등의 흔적까지도 갖고 있는 공간이다. 따라서, 공동체 정신에 입각하여 역내의 각국은 바람직한 선린 정책과 문화를 발전시켜 나가야 할 것이며, 협의와 조정을 통해서 그들의 차이점을 해소시켜 나가기 위해 노력해야 할 것이다. 다양성은 이 지역의 현실이다(따라서 차이점은 역내의 어떤 국가가 공동체 안으로 소속되지 못하게 할 어떠한 이유도 되어서는 안 된다). 따라서, 정치적 존중과 관용의 정신이 북아시아의 문화가 되어야 한다.

매스미디어와 새로운 정보통신 수단은 특히 현대사회에서 공유되고 있는 문화와 가치를 창출하는 데 도움이 될 것이다. 특히 주요 삼국, 즉 중국, 한국, 일본 간의 실질적인 협력은 이 지역을 공동체로 만들어나가는 데 있어서 가장 필수적인 요소가 될 것이다. 한국과 일본은 특히 이 지역을 공동체로 구축해 나가는 데 있어 선두적인 위치를 차지할 수 있다. 이 세 나라의 지도자들은 정규적인 의견 교환과 회담을 위해서 공식적인 협력 체계를 구축해야만 한다.

안보적인 측면에서 공동체는 이 지역의 항구적인 평화를 구축해야 한다. 동북아시아는 아직 둘로 분단되어 있는 상황이다. 한반도의 분단현실이 그러하고 안보 구상에 있어서도 그러하다. 공동체 구축은 한반도의 대

1) Chang Jae Lee: Rational for Institutionalizing Northeast Asian economic cooperation and some possible options, at strengthening economic cooperation in Northeast Asia, edited by Yoon Hyung Kim, Chang Jae Lee (Seoul: KIEP, 2004), p.23.

결 상황을 해결하는데 도움을 주어야만 하며, 실질적인 성공을 거둘 수 있으려면, 기존의 "6자회담"을 기반으로 한 보다 통합적인 안보의 틀을 개발할 수 있어야만 한다. 안보의 문제를 해결할 수 있는 공동체가 되려면, 잔존하는 문제들과 현재 생기는 문제를 협의와 조정에 의해서 해결할 수 있는 정신을 또한 발전시킬 수 있어야 한다.

동북아시아 공동체는 독특한 지역 조직뿐만 아니라, 공식적인 협약, 중앙 정부 및 지방 정부의 수준에서 만들어진 협력 프로그램, 시민 사회의 교류 및 몇 가지 가능한 제도 구축 등에 의해 지지되는 '다층의 협력기제'에 의해 특징지어진다. 따라서 동북아시아 지역이 모든 참가국을 포함하는 단 한 가지의 통합적인 지역 조직에 의해서 통치되리라고 예측하는 것은 매우 시기상조인 것이다.[2)]

그렇다. 동북아시아의 통합을 예측하는 것은 그를 향한 길에 너무나 많은 장애물이 있기 때문에 너무 어려운 일일 수도 있다. 공동체 구축이라고 지칭함으로써, 우리가 필요로 하는 첫 번째 일은 지역협력과 신뢰의 가치 및 정신을 개발하는 것인데, 이는 단순히 정부차원에서 이루어지는 것이 아니라, 사회 전체와 특별히 국민들 간의 일이 되어야만 한다. 공동체는 점차로 심화되고 팽창되어가는 일종의 과정이다. 바람직한 미래는 단순히 그 비전이 실행되기를 기다린다고 해서 생겨나는 것이 아니라, 우리가 얼마나 노력을 기울이느냐에 달려 있다.

---

2) 역내에서 일어나는 모든 일을 총괄할 실제 기능을 갖춘 지역적 조직을 구축하는 것은 어려운 일이다. Zhang Yunling이 편집한, *Northeast Asian Economic Cooperation* (Beijing: World Affairs Publisher, 2004), p.3을 참조하시오.

II. 경제통합의 증진

중국, 일본, 대한민국은 동북아시아 지역 경제의 광대한 부분을 차지하고 있으며, 이들 경제는 점차 더 높은 수준으로 통합되어가고 있다. 이는 3국의 양자 관계, 즉 중-일, 중-한, 그리고 한-일 관계 사이에서의 무역과 여타 경제교류의 급속한 증가 현상에 반영되고 있다.

중요하게는 통합이 주로 해외 직접투자에 의한 역내 무역과 이에 관계된 서비스 활동으로 창출되고 있다는 것이다. FDI의 흐름은 이 3국의 경제가 더욱더 통합되어 가는 과정에 있어서 가장 핵심적인 요인이 되고 있는데, 이들 삼국 간 교역의 점점 더 많은 부분이 FDI와 관련된 것이기 때문이다. 예를 들어, 중국에 투자하고 있는 일본과 한국 기업의 40% 정도의 기업 내 교역 점유율이 75% 정도에 달하고 있고, 중국에 투자하고 있는 일본 기업의 거의 반 이상이 그들 제품의 75% 이상을 다시 일본에 되팔고 있다.[3)]

〈표 1〉 한, 중, 일 간의 무역 관계

(미 달러 표시, 수출 및 수입)

	중국-일본	중국-한국	한국-일본
2000	83.1	34.5	52.3
2001	87.8	35.9	43.1
2002	101.9	44.1	44.0
2004	167.9	90.1	53.6*

* 2003년
출처: 중국 통계청, JETRO, 통계 및 조사

3) Zhang Qi, Major impediments to intra-regional investment between China, Japan and Korea, paper presented at symposium on “Strengthening Economic Cooperation in Northeast Asia,” Beijing, Sept. 29, 2002.

현재, FDI의 흐름이 주로 일본과 한국에서 중국으로 옮겨가는 성격을 띠고 있는데 제조업의 합리적이고 효율적인 구조조정을 통해 이동하는 FDI가 보다 효과적인 수단이라는 것이 밝혀지고 있다. 역내 산업 생산 및 서비스의 분업 구조는 이들 3국을 훨씬 더 상호 의존적이고 상호간의 혜택을 주는 네트워크로 통합시키고 있다. 이들 3국 간에 단순한 무역 관계와는 명백하게 다른 경제 관계가 구축되고 있다는 것은 매우 명백해 보인다. 게다가 제조업의 구조조정은 금융, 교통, 물류와 같은 신 서비스업을 창출했고, 이들 3국의 노동력이 더 자유롭게 이동될 수 있게 촉진했다. 중국이 어느 정도의 경제성장을 달성할 즈음에는 오히려 일본과 한국에 대한 투자를 감행하여 그 양을 늘릴 것이고, 이는 경제통합 구조를 더욱 균형 잡힌 것으로 만들어 줄 것이다.

이 경제적 통합은 주로 경제적 효율성과 이익 극대화를 꾀하는 기업들의 사업전략에 의해서 추진되어 왔다. 이렇게 시장 위주로 구조조정을 하면 결국은 산업공동화 효과를 낳을 것이기 때문에, 국내경제를 악화시킬 것이라는 비판이 있어 왔다. 그러나 비교 우위에 입각한 생산에 있어서의 분업은 이에 참여하는 모든 측에 매우 큰 혜택을 창출해 내고 있으며, 그 동적 효과는 합리적 구조조정을 통해 FDI를 유치하는 나라에까지 긍정적인 영향을 미친다. 중국은 대부분 한국과 일본으로부터 FDI를 수용함으로써 혜택을 누려왔는데, 이는 중국이 현대적 제조업을 발전시키고 수출에 있어서 경쟁력을 구축하며 또한 국내 시장을 발달시키는 데 도움을 주었다. 동시에 한국과 일본 모두는 장기적으로 그들 경제의 경쟁력을 향상시킬 수 있는 시기적절한 구조조정을 통해 혜택을 볼 수 있었다. 이 3국 간의 보완적 경제구조는 미래에도 지속될 것이다.

이러한 경제통합은 밀접한 거시경제 조정 체제 외에도 제도적 투명성과 안정성, 그리고 시장 자유화 조치를 요구한다는 것을 이해해야만 한다. 시장 위주의 통합은 완벽하지는 않다. 제도 조정이 없이는, 사업 거래가 관세나 비관세 조치와 같은 장애물로 인해서 여전히 방해받을 수 있다. 사실 중국, 한국 그리고 일본과 같은 주요 경제 국가들 간에도 비관세적 제한이 여전히 존재하고 있다.

이에 더해 동북아시아 전체적 관점에서 보면, 역내 다른 국가들의 참여가 더욱 더 촉진되어야 할 것이다. 몽골, 러시아, 그리고 북한 역시 이 역내 국가들이다. 무역 교류, 투자 흐름의 촉진, 그리고 네트워크 구축 등은 점차로 이들 국가들에게까지 확대되어야 한다.

III. 경제협력의 과정

경제통합은 경제협력을 수반한다. 동북아시아의 경제협력은 제도적인 측면과 비제도적인 측면을 모두 포함하는 다층의 구조적인 측면을 발전시켜 왔다.

제도적인 측면에서 FTA조치는 가장 중요한 발전이다. 한국과 일본은 이미 투자 협정에 조인했고, 2003년부터 FTA를 위한 협상을 시작했으며, 2005년 말경에는 이것이 마무리 될 예정이다. 중국과 한국 역시 이들 국가 사이의 FTA가 가능한지 그 연구를 2005년에 시작했고, 실제 협상은 2006년부터 시작될 것으로 보인다. 일본과 중국만이 아직 FTA제안을 하지 않았다. 일본은 양자간 무역협정을 먼저 요구하고 있지만, 중국은 무역, 투자, 그리고 서비스를 모두 포함하는 밀접한 경제협력관계에 대해 협상할 것을 바라고 있다.

3국 간의 관계에 관해서는, 2003년 삼국 정상회담에서 "3국 간 협력을 증진시키기 위한 정책 제안 및 보고서"가 제출되어, 3국 간 자유무역이 추진되었을 경우 가능한 경제적 효과가 평가되었고, 3국 간 자유무역이 3국 모두에 호의적인 실재적 거시경제적 효과를 가져 올 것이라는 결론이 도출되었다. 3국 투자 협정의 가능한 양식에 대한 합동연구가 수행되었으며, 합동연구팀은 여러 번의 회의를 통해 3국 간의 투자 증진은 3국 국내경제의 활력을 증가시키고, 3국 간 경제협력을 강화시킬 것이라는 공동의 이해를 발전시킬 수 있었다. 합동연구팀의 보고서는 3국 간 투자와 이와 관련된 법적 틀이 반드시 연구되어야 한다고 제안했다. 그러나 3국 간의 정책 우선순위와 이해관계가 명백히 다르다는 것을 염두에 두면, 중국이 조속한 개시를 요구하고 있기는 하지만 중국, 한국 그리고 일본 간의 FTA 추진은 급박한 안건이라고 보기는 어렵다.[4)]

지난 2003년 10월 7일 발리에서 중국, 일본, 한국의 지도자들이 회담을 가졌을 때, 삼국 간에 경제협력 증진을 위한 공동선언문이 채택된 것은 매우 중요한 발전이라고 하겠다. 이 선언문은 지리적 근접성과 경제적 보완성, 그리고 점점 더 증가되는 경제협력과 인적 교류 등을 통해 이들 3국은 서로서로에게 점점 더 중요한 경제 및 교류 파트너가 되어 가고 있다는 것과 이들은 그들의 지역 및 국제적 업무에서 조정 및 협력을 강화시키고 있다고 밝혔다. 3국 간 협력은 이들 국가 간의 관계를 발전시키는데 있어서 만족스러운 모멘텀이 될 수 있다.[5)] 3국 지도자들은 1999년 이래로 정규적인 비공식적 면담을 갖고 있다. 여러 이슈들을 다루는 각 부서들은 장관급, 고위급, 실무진급의 각종 회담 기제를 구축했으며, 협력 분야는 관세, 교통, 품질관리, 검색 및 검역에 이르는 분야에서의 무역 및 투자 촉진을 위한 각종 조처들을 포함하고 있다.[6)]

예를 들면, 관세 당국은 교역 촉진을 위한 대화 채널과 협력의 방식을

---

4) Michael G. Plummer는 동북아시아에서의 역내에서의 무역 및 투자의 이동의 수준은 중주로 일본과 한국 간의 상호관계에 의해서가 아니라, 중국과의 관계에 의해서 높아지기 시작했다고 주장했다. 그는, "만약, 깃발이 무역을 따라 움직인다면, 협정은 세 방향이 되어야만 한다"고 제안했다. Yoon Hyung Kim, Chang Jae Lee (eds.), *Strengthening Economic Cooperation in Northeast Asia,* (Seoul: KIEP, 2004), p.174를 참조하시오.

5) 삼국 간 경제협력 증진을 위한 공동선언문(Declaration on Promotion of Tripartite Cooperation among Three Countries), 발리, 인도네시아, 2003년 10월 7일.

6) 지도자들은 경제, 무역, 문화, 인적 교류, 정치와 안보 등의 영역이 포함되는 14개 영역에서의 협력을 증진시키는 것 뿐만 아니라, 협력 활동을 연구하고 계획하며 조정 및 감시하는 3국의 외무부 장관이 주도하는 3개국 위원회 구축에 동의했다. 2003년의 3개국 정상회담의 삼국 간 경제협력 증진을 위한 공동선언문을 참조하시오.

개발하고 있다. 관세를 위한 양국 간 회담이 계속 열리고 있고, 신속한 관세 철폐를 위한 조치에 대한 의견을 교환하고 있다. 중국과 한국 간의 상호관세보조협약(the Customs Mutual Assistance Agreement, CMAA)이 이미 실행 중이며, 한국과 일본 간의 CMAA도 시작될 것으로 보인다. 중국과 일본 간의 CMAA는 협상 중에 있다. 교통 분야에서 동북아시아 항구 지도자 및 사령관 회담이 2000년 이래로 열리고 있는데, 이들은 항구 시설의 새로운 구축 방법뿐만 아니라, 순항, 투자 그리고 자유무역지대 등의 촉진을 위한 공동 연구를 수행하고 있다. 정보통신기술의 영역에서는 삼국 간 정보통신부 장관 회담이 정상화되고 있고, 이들 장관은 3국 간 협력에 협의하여 "동아시아 정보통신 정상회담"을 구축하기로 협의했다. 실무진은 차세대 인터넷(IPv6), 3G 및 차세대 이동통신 커뮤니케이션, 네트워크 및 정보 보안, 정보통신 서비스 정책, 디지털 TV 및 방송, 소프트웨어를 포함하는 6개 분야에서의 협력을 증진시키기로 하고, 이들 영역에 대한 회담을 각각 따로 열 것을 합의했다.

환경 분야에서의 협력도 진전을 이룬 매우 중요한 분야이다. 동북아시아 지역에서의 지역협력 기제를 위한 포괄적인 조치들이나, 황사 감시 및 조기 경보 네트워크 시스템, 동아시아의 산성비 경보 네트워크, 지역 해상 연안 환경의 보호를 위한 북서태평양 액션 플랜, 환경 보호를 위한 동아시아 하부지역 프로그램 등이 이에 해당한다. 또 동아시아에서의 지속가능한 발전을 위한 협력이 "동아시아 해양의 환경 관리를 위한 협력관계"이라는 틀 하에서 만들어지고 있다.

에너지 협력 역시 동북아시아 국가들이 에너지 소비와 에너지 공급의 양 측면 모두를 위해 협력해야만 할 중요한 영역이다. 중국, 한국, 일본은 아시아에서 가장 거대한 3개의 에너지 소비국들이다(3국의 에너지 부처 장관들의 회담이 2004년에 열렸는데, 3국의 장관들은 협력관계를 더욱 증진하기로 협의했다). 그러나 에너지 안보를 위한 국가 간 경쟁으로 인해 실제적인 협력이 도출되기 위해서는 실제적인 행동이 필요하다. 에너지 공동체는 협력적인 정신뿐만 아니라 협력적 정책이 실제로 구축되어졌을 때만 이루어질 수 있는 것인데, 이는 단순히 주요 에너지 소비국 사이에서 뿐만 아니라, 에너지 공급국가들 사이에서도 구축되어야 하는 것이다. 현실적으로는 이들 3개국들 중 어떠한 나라도, 에너지 공급국이든 에너지 소비국이든, 에너지 공동체의 방향을 설정하는데 있어서 필요한 실제적 행동은 취하지 않고 있다.

3개국 간의 IT 분야에서의 협력은 기업들의 주도하에서, 그리고 정부의 노력을 통해 심층적으로 발전되어 왔다. 이들 국가들은 현재 동북아시아 IT R&D표준 및 네트워크(차세대 인터넷, 전화 시스템 등)의 개발을 위해서 협력하고 있다. 동북아시아의 실제적 FTA를 위한 중요한 초석을 놓을 중국, 한국, 일본 3개국 간의 IT 공동 시장이 먼저 개발되어야 한다는 의견이 제기되고 있다.[7)]

동북아시아 지역에서의 관광을 촉진시키기 위한 협력이 최근 몇 년 동안 특별한 주목을 받고 있다. 중국, 한국, 일본 간의 관광을 촉진시키기 위해서는 단일 여행지로서의 3국을 연결시키는 합동 관광 촉진 프로그램이 개시될 필요가 있다. 3국 간 관광 교류는 이 새로운 추진책과 함께 더욱 적극성을 띨 것이다. 다른 영역, 예를 들어, 교육, 문화교류, 관광 촉진 등과 같은 분야에서도 중국, 한국 그리고 일본 간의 협력이 계속해서 발전되고 있다.

또한, 이 지역에서의 다른 종류의 협력도 있다. 예를 들면, 투멘 강 개발사업, 중국-러시아의 국경 간 밀접한 경제 관계 사업, 새롭게 떠오르는 남북한 간의 개성공단개발 등이 그것인데, 이처럼 역내의 지역 도시와 공동체들 사이에서, 항구와 항구를 연결하는 협력사업이나, 자원개발 사업, 도시관리 사업 등이 중앙 정부의 차원에서보다 더욱 더 활발하게 이루어지고 있다. 역내 공동체의 구축은 이러한 '풀뿌리' 운동에서 그 모멘

---

7) Young Ho Kim, "New pattern of economic cooperation in Northeast Asia and the cooperation among Korea, China and Japan," *Journal of Northeast Asia Studies,* No.1, 2005, Tianjin, China, p.8.

텀을 찾을 수 있을 것이다.

동북아시아 역내에서의 협력의 발전은 주로 중·한·일 사이에서 이루어졌는데, 이는 공동체 구축을 위한 점진적인 과정으로 작용하고 있다. 그러나 이 발전의 과정은 너무 느리고, 3국 간의 상호 관계와 경제통합을 위한 고위급 회의로만 한정되고 있는 한계가 있다. 정부 차원의 3국 간 협력의 특징은 회담과 포럼에서 잘 나타난다. 거시경제 조정, 3국 간 FTA, 에너지 공동체 등과 같은 핵심 영역에 있어서, 실제의 제도 구축과 합작 행동은 만족스러운 결과를 가져오지 못하고 있다.

IV. 동아시아 협력의 맥락

동북아시아의 협력에 대해서 이야기 할 때, 우리는 이것을 동아시아 협력의 과정과 연계시켜야 하는데, 이것이 동아시아 협력과정의 매우 중요한 한 부분이기 때문이다. 동아시아의 협력과정은 현재 "10+3" 즉, 10개의 아세안 국가에 중국, 일본, 한국이 더해진 형태로 추진되고 있다. 이는 1997년 금융위기 이후 공식적으로 시작된 것이다. 이를 통한 눈에 띨만한 성과들이 이미 만들어지고 있는 상황이다. 연간 지도자급 회담을 통한 지역협력체제의 제도적 틀 구축, 장관급 회담(현재 10개의 영역에서) 및 고위급 회담, 치앙마이 이니시어티브를 통한 금융협력에서의 실제적 발전, AFTA, 중국-아세안 지역에서의 FTA와 같은 선호 무역 조치, 일본-싱가포르 양국간의 더욱 밀접한 경제협력관계 조치(Japan-Singapore Closer Economic Partnership, JSCEP), 그리고 계속 진행 중인 일본-아세안 및 한국-아세안 FTA 협상과 대몽골 개발사업과 같은 지역개발사업 등이 이에 해당한다.

동아시아 협력의 기초는 동북아시아의 경제가 핵심적인 역할을 담당할 역내 경제협력에 달려 있다. 경제협력은 일본이 주도하고 '네 마리의 용'이 뒤따를 '연행모델(flying geese model)'에 의해 시작될 것이다. 이는 자본

이동, 기술이전, 제조업 부품의 공급 등을 통한 "수직적" 고리를 건설할 것이고, 경제발전 고리와 같이 역내 경제협력 관계를 형성할 것이다.

동아시아 지역 경제는 1997년 금융위기 때까지는 잘 운영되었다. 그러나 1997년의 위기는 동아시아의 시장 위주의 통합이 매우 취약하다는 것을 드러냈다. 경제위기는 동아시아의 경제성장과 통합의 환경 및 구조를 변화시켰다. 금융위기의 여파로 지역협력을 위한 새로운 추진점이 생겼고, 이로 인해 1997년 11월 쿠알라룸푸르에서 아세안과 중국, 일본, 한국의 지도자들이 함께하는 회담이 생겼다. 이 회담은 공동의 이익과 희망을 기반으로 하는 새로운 지역협력 과정의 길을 열었고, 이는 새롭게 정의된 지역적 정체성, 즉 동아시아가 존재한다는 것을 의미한다.

동아시아의 협력은 다층적인 과정을 띠고 있다는 특징이 있다. ASEAN은 지역통합과 협력을 촉진하는데 있어 길잡이 역할을 하고, 동아시아를 동아시아 협력과정에 연계하는 데 있어 핵심적인 역할을 담당하고 있다. 역내에서 가장 강대한 경제국인 일본은 지역통합에 있어 가장 핵심적인 요소이다. 일본은 그 첫 번째 FTA회담을 싱가포르와 시작하여 현재 양자적 회담과 하부지역적인 FTA(일본-아세안)를 모두 추진하고 있다. 장차 일본이 동아시아 FTA로 이행하는데 이해관계가 있다는 것을 보여주고 있다. 한국은 동아시아 비전그룹(EAVG)등을 제안함으로써, 동아시아 공동체 구축을 촉진하는 데 있어서 가장 적극적인 역할을 하고 있으며, 더욱 적극적인 지역 FTA전략을 채택할 준비가 되어있는 것 같다. 중국은 WTO가입 이후에 지역협정에 보다 더 적극적으로 참가할 준비가 되어있다. 이는 아세안과의 FTA에 있어서 다른 나라들보다 훨씬 더 앞서있다.

동아시아 정상회담이 2005년에 열림에 따라, 동아시아 협력을 위한 열차는 점점 더 빠르게 움직이고 있는 것 같다. 동아시아 협력의 최종 목표에 관해서는 어떠한 합의점도 아직 없지만, 어찌되었든 그 열차는 멈출 것 같진 않다.

동아시아 국가들은 보다 실제적인 접근법을 채택하고자 한다. 대부분 무역과 투자 자유화를 포함하는 다층적 모델을 구축하는 것이 지역 현실에 적합하다고 보인다. 협상 조치를 잘 마무리짓게 되면 역내의 협력을 위한 제도를 구축하는 데 도움이 될 법적 틀에 대한 지역 경제활동의 규칙과 표준을 제정하는 데 도움이 될 것이다.

동아시아의 협력과 통합은 포괄적인 과정이다. EU와 같이 지역 정체성을 구축하는 것이 최종적인 목표가 되는 것은 어려울지라도, 점차적인 제도의 구축은 필수적이다. 다층적인 과정을 동시에 시작함으로써, 동아시아의 국가들은 각각 서로 다른 과정을 하나의 통합된 과정으로 공고화시키고, 이를 궁극적으로는 하나의 지역협정으로 발전시키는 것이 필요할 것이다.

동북아시아는 동아시아 전체 내에서의 그 비중을 고려하여, 동아시아의 공동체 구축을 지지하고 촉진하는 데 있어 핵심적인 역할을 감당해야 할 것이다. 동북아시아의 지역적 협력과정을 더욱 발전시키려는 노력은 그 과정을 보다 촉진시키는 데 있어 핵심적인 역할을 담당할 수 있다. ASEAN이 동아시아 공동체 구축에 있어 주도적 역할을 해온 것은 사실이지만, 중국, 한국, 일본의 동북아시아 3국의 핵심적인 역할이 필수적이다. 핵심역할을 담당함으로써 이 3국은 동북아시아 FTA를 더욱 빨리 진전시키거나, 3개의 “10+1” FTA에 그 기반을 둔 동아시아 FTA를 발전시키는 공동의 노력을 기울여야 한다. 또한 이 3국은 동아시아의 미개발 국가가 경제를 발전시키고 시장 자유화로부터 파생되는 각종 도전에 더욱 잘 대응할 수 있는 능력을 증진시킬 수 있도록, 이들을 도와주는 것이 필요하다.

한편, 동아시아 협력과정은 동북아시아의 협력 자체를 촉진시킬 것이다. 예를 들면, “10+3”의 과정은 3개의 동북아시아 정상들을 하나로 모아 매년 열리는 지도자들의 회담을 정상화시키고, 다른 정부 차원의 협력 체계를 강화시킬 것이다. 이 측면에서 동아시아의 협력은 동북아시아 국가들을 하나로 묶고 그들의 협력과정을 더욱 가속화될 수 있게 하는데 핵심적인 역할을 담당할 것이다.

V. 허약한 정치적 신뢰

공동체가 구축되려면 역내 국가들 간의 강력한 정치적 신뢰와 협력이 필요하다. 현재 나타나는 차이점들뿐만 아니라, 역사적인 문제들로 인해 동북아시아 지역은 먼저, 정상화되고 개선된 양자관계를 통해 정치적으로 화해할 필요성이 있다. 이미 정치적인 화해가 시작된 것처럼 보이지만, 아직 갈 길은 매우 멀다.

중국, 한국, 일본의 3개국은 2000년부터 "10+3"의 틀을 통해 고위지도자들이 정치적 담화를 시작해 왔다. 최상급 정치 지도자들의 대화를 위한 이 메커니즘은 앞에서 언급한 3개국 간 경제협력을 촉진시키는 역할을 해왔다. 또한 이 기제는 정치적 관계를 증진시키고, 이 3개국 간의 이해와 신뢰를 증진시키는 데 큰 도움을 주었다. 그러나 이 3개국 간의 협력은 보다 안정된 양국관계를 바탕으로 해야한다. 특별히 역사적인 문제들 가운데, 이 3국 간의 역사에 대한 이해를 공고히 하지않고는 신뢰 구축은 어렵다고 본다. 일본에서 최근 동북아시아의 역사를 왜곡하려는 시도를 했는데 이는 일본의 중국 및 한국과의 관계를 경색되게 만들었다. 이는 3국 간의 협력을 매우 허약하게 만드는 것이다.

도대체 어떻게 하면 이 허약성을 극복할 수 있을 것인가? 현재의 딜레마를 극복하기 위해서, 일본은 역사적 이슈에 관한 행동을 통해 다른 동북아시아의 국가들이 신뢰할 수 있는 실제적인 행동을 취해야 한다. 중국과 한국과 같은 다른 동북아시아의 국가들은 자국의 민족들이 과거에서 벗어날 수 있도록 보다 진취적인 조치를 취해야 할 것이다. 정부 관리들은 국민들 간의 적대감을 키우기보다는 이를 줄이는데 훨씬 더 큰 책임이 있다.

중국과 일본 간의 신뢰회복은 동북아시아의 공동체 구축에 있어서 가장 핵심인 문제이다. 중국의 급부상에 직면하여 일본인들은 중국의 부상이 일본의 이해관계를 해칠 것이라는 "안 좋은 감정"을 가지고 있는 듯하다. 이는 결국 일본 정부에게 영향을 미쳐 중국에 대해서 대담한 정책을 취할 수밖에 없다. 일본 정부가 중국과의 관계 개선에 있어 주춤거리는 것은 현재 일본이 전략적 시각을 가지고 있지 못하다는 것을 드러낸다.[8] 중국 역시 일본이 과거에 대해 진정으로 반성하고 있는지를 믿지 못하고 있으며, 일본의 중국에 대한 현 정책의 의도도 파악하지 못하고 있다.[9] 젊은이들 사이에서의 "반일본 정서는" 더욱 악화되고 있는 실정이다.

한국-일본 간의 관계에서도 비슷한 상황이 나타나고 있다. 양국 정부 간 관계 개선의 노력에도 불구하고, 역사 문제를 둘러싸고 현재 나타나고 있는 갈등과 독도 문제를 둘러싼 갈등은 양국 간 신뢰의 기초를 악화시키고 있다.

이 문제들은 요즈음 다시 부상하고 있는 민족주의의 결과이다. 일본의 유명한 칼럼니스트가 걱정한 바와 같이, "서로를 향한 적대적인 감정이 적절하게 제어되지 않으면 심각한 재난을 가져올 수도 있다."[10] 그렇다면 어떻게 해야 할 것인가? 우선 새로운 노력을 통해서 양국 간의 관계를 발전시켜야 한다. 역사는 단순히 극복될 수 없는 것이기 때문에 일본 정부는 신뢰를 얻기 위해서 과거의 역사를 정정하는 실제적인 행동을 취해야 할 필요가 있다. 영토 문제와 해상권을 둘러싼 현재의 분쟁은 국가 간 협력을 통해 다루어질 필요가 있으며, 이 문제를 해결하기 위해서 협상에 대한 준비가 당사자들 간에 우호적으로 이루어져야 한다. 고위급 회담과 협력을 위한 3자 간 협력의 기제가 이미 작동 중이므로, 이들 이슈는 정상회담을 통해서 논의되어야 한다.

한편, 단순히 정부 차원의 대화로만은 충분하지 않고, 실제로 아예 도

---

8) Takahara Akio, "Japan's Political Response to the Rise of China," Kokubun Ryosei, Wang Jisi (eds.), *The Rise of China and a Changing East Asian Order* (Tokyo: JCIE, 2004), p.170.

9) 중국인 학자인 Xu Jian은 다른 세력과 비교해보았을 때, 일본은 중국의 급속한 발전에 대해서 훨씬 더 불편해하고 있다고 한다. Paper presented on "The International Symposium on Peace and Prosperity in Northeast Asia," Seoul, January 13, 2005, Conference Papers, p.30.

10) Yoichi Funabashi의 동일 자료 각주 7번을 참조하시오. p.41.

움이 되지 않을 수도 있다. 따라서 국민들 간의 교류와 비정부 기구의 역할이 반드시 증진되어야만 한다. 이렇게, 동북아시아에서의 공동체 구축을 위해서는 모든 종류의 양자적 관계가 증진되어야만 하며, 다른 한편으로는 이런 다방면의 관계를 증진시키려는 과정 자체가 국가 간 관계를 증진시킬 수 있다. 지도자들의 선언문에 반영된 경제협력을 위한 바람이 강력한 정치적 지지를 요구한다는 것은 명백한 사실이다. 이상적으로 이런 바람이 실제로 성취되려면, 3국 간의 현재의 협력 기제가 동북아시아의 공동체 구축에 동참하기를 원하는 다른 회원국들을 모두 수용할 수 있는 핵심적 제도가 되어야 할 것이다. 그러나, 현재로는 그 기반이 너무 약하다.

안보의 문제는 동북아시아 공동체가 잘 해결해야만 하는 또 다른 영역이다. 일반적으로 안보에 대한 두 가지 형태의 도전이 있는데, 첫째는 분단된 안보 구조 즉, 미국의 안보 동맹과 이에 대치되는 다른 지역이다. 이는 냉전의 결과이지만, 여전히 남아 있는 것이다. 한반도의 분단은 이 구조가 존속하는 것에 대한 일종의 구실이 되지만, 그러나 이 구조가 남아 있는 것이 한반도의 분단 문제를 해결하는 것에 대해서는 결코 바람직하지 않다. 동북아시아는 북한의 핵 문제를 해결하기 위한 6자회담이라는 기제를 가지고 있다. 핵 문제는 몇 십 년 동안 축적되어 온 복잡한 문제를 가지고 있기 때문에, 이를 해결하기 위한 포괄적인 노력 없이 독립적으로는 해결되기가 매우 어렵다.

6자회담이 핵 위기를 해결하고 대치 상황을 종결짓는 데 효과적일 수만 있다면, 6자회담은 동북아시아의 안보 문제를 해결할 수 있는 효과적인 틀이 될 수 있을 것이다. 동북아시아 안보에 대한 미국의 참여는 미국이 모든 종류의 안보 문제에 있어서 가장 핵심적인 역할을 차지한다는 것을 고려해 볼 때 반드시 필요한 것이다.[11] 그러나, 동북아시아의 안보

11) Kent Clader and Min Ye, "Regionalism and Critical Junctures: Explaining the Organization Gap in Northeast Asia," *Journal of East Asian Studies* 4 (2004), p.215.

틀의 실제 가능성에 대한 검증은 대치되고 있는 성격에서 협력적인 성격, 즉 협력적 안보틀로 바뀔 수 있는가하는 것이 되어야 할 것이다.

동북아시아에 정치안보 상황과 관련된 복잡한 성격이 있음에도 불구하고, 사람들은 단순히 경제적 협력과 이에 따른 공동체 구축에 대해서만 논의하고자 하는 경향이 있다. 하지만 경제적 기제가 다른 영역에 비해서 훨씬 더 빨리 움직여야 하고 움직일 수 있음에도 불구하고, 동북아시아의 공동체는 안보 기제를 포함한 경제, 정치의 영역을 모두 포함하는 광범위한 기초를 필요로 한다는 것은 매우 명백하다.

VI. 중국과 한국의 협력

동북아시아의 공동체 구축에 있어 중국과 한국은 핵심 국가들이다. 이는 3가지 측면에서 드러난다. 우선은 역내에서 개별 국가가 차지하는 역할과 지위이다. 둘째는 상호 관계 때문이고, 마지막은 이들 간의 협력 노력 때문이다.

중국은, 아직 개발도상국임에도 불구하고 그 광대한 규모와 인구 및 급속한 경제 성장으로 인해 지역 경제의 동력을 유지하는데 있어서 또한 지역적 협력을 촉진하고 지역의 안정성을 도모하는데 있어서, 핵심적인 역할을 담당하고 있다. 역내에서의 중국 시장의 역할은 점차로 중요해지고 있다. 중국의 시장은 무역과 FDI의 이동을 통해 동북아시아 경제를 생산과 산업 네트워크 안으로 묶는 핵심 요소이다. 중국은 경제 및 무역 장관의 회담을 내년에 개최할 것을 제안하고 있으며, 중국, 한국, 일본의 3국간의 FTA의 가능성에 대해서 학문적 연구를 시작하자고 제안하고 있다.

한편 정치 및 안보적 측면에서 중국은 그 평화적 개발의 장기적 전략과 "친선 교린 정책"에 기반을 두고 지역 갈등을 줄이는 데 있어 긍정적인 역할을 차지하고 있으며, 6자회담을 개시하고 참가함으로써 안보 환경을 개선하는 데 기여하고 있다.

OECD 가입국인 한국은 중국보다 경제적으로 더욱 발전한 나라이며, IT와 관련된 영역에서 경쟁력을 갖추고 있다. 한국은 FDI 이동 흐름에서 매우 중요한 원천이 되고 있으며, 장기적 전략을 토대로 하여 동북아시아의 물류, IT 및 문화 산업의 중심이 되기 위한 노력을 기울이고 있다.

한반도를 갈등과 분쟁의 지역에서, 협력적이고, 통일된 평화로운 공간으로 변화시키는 과정에서 한국이 차지해야 할 지위 및 역할은 독특하다. 한국의 "하나의 동북아시아" 비전과 이를 위한 창조적 제안은 "동북아시아 공동체 구축을 위한 신뢰, 상호 이익, 그리고 공존에 대한 공유된 가치"를 창출해 내는 데 큰 도움을 줄 것이다.[12)]

중-한 관계는 포괄적인 측면에서 발전해 왔다. 경제적으로 양국은 매우 상호의존적인 구조를 구축해오고 있다. 중국은 한국의 가장 큰 수출시장이며, 주요한 FDI시장이 되고 있다. 2004년에 양국 간 무역은 900억 달러를 넘었고, 2005년에는 천 억 달러를 넘을 것으로 추정된다. 양국 간 교역에서 자본과 최첨단 생산품이 대다수를 차지하는 구조적인 수준으로 옮겨간 것은 최근 나타난 매우 중요한 변화이다. 중국에 대한 한국의 FDI는 매우 빠르게 증가해서, 2004년에 그 증가 폭이 중국에 대한 투자국 중에서 가장 컸다. 이에 더해 누적 투자 총계가 258억 달러를 차지했으며, 한국은 미국, 일본, 싱가포르 다음으로 4번째로 큰 투자국이 되었다. 현재 한국 기업 중 40% 이상이 중국에 투자하고 있다.

이로 인해, 중국이 유치한 FDI의 양은 눈에 띄게 증가했으며, IT 중간부품 수입은 급격하게 증가했다. 한국 역시 중국에 투자하여 자국의 경제구조를 조정하고 경쟁력을 유지하는 데 있어서 큰 도움을 받을 수 있었다. 이처럼 중-한 경제의 보완적인 성격은 계속해서 유지될 것으로 보인다.[13)] 더 중요한 것은 양국의 경제가 내부적 구조부터 서로 통합되기

---

12) Chung In Moon, "Northeast Asian Economic Community and Coping Strategy," *Journal of Northeast Asian Studies,* No.1 (2005), p.6.

13) 중국의 대한 투자는 그 경제구조의 향상과 더불어 계속 증가할 것이다. 미래에는 중국이 한국에 대한 투자국 중 가장 큰 투자자가 될 것이다. Cao

시작한다는 것이고 상호의존 체제를 갖추고 있다는 것이다. 중국의 거대한 잠재력을 고려해 보면, 중국은 한국에게 장기적이고 안전한 거대 시장을 제공하여 줄 것이다. 비록 양국이 한편으로는 서로의 관계로부터 도전받기도 하고, 또 한편으로는 다른 무역 상대국으로부터 오는 도전에 직면하기도 하겠지만, 이 양국관계는 결국 아무도 손해보지 않는 윈-윈 공식의 증거가 될 것이다.[14)]

중국과 한국 사이의 조기통합적인 FTA는 양국 모두에게 큰 혜택을 줄 것이다. 양측 정부는 현재 협상을 준비하고 있으며 내년이면 이를 마무리 지을 수 있을 것으로 보인다. 중국-한국 사이의 FTA는 한국-일본 FTA를 촉진시킬 것이며, 아마도 두 개의 FTA, 즉 한-일 FTA, 중-한 FTA를 통해 보다 포괄적인 3개국 간의 FTA 구축을 위한 토대가 될 것이다.

포괄적이고 우호적인 협력관계를 발전시키기 위해서, 중국과 한국 사이의 신뢰는 반드시 증진되어야만 한다. 또한 조정과 협의를 통해서 서로의 차이점은 해결되어야만 한다. 따라서, 중국과 한국은 단순히 경제적 영역에서뿐만 아니라 보다 광범위한 측면에서 협력해야 할 필요성이 있다. 양국은 한반도 관계의 점진적 개선에 기반하여 평화를 유지하는 데 있어서, 인식과 이해를 공유한다. 이들은 북한에 개입하고 북한을 지역공동체 구축에 통합시키는데 있어서 핵심적인 역할을 담당할 것이다.

동북아시아 공동체 구축을 위해 중국과 한국이 협력하는 것이, 결국은 현재에는 어려운 위치에 처해 있는 것으로 보이는 한국과 일본 간의 관계 개선에도 도움이 될 것이다.[15)] 앞에서 언급한 바와 같이 동북아시아

Shigong: An evaluation on the economic relations between China and Korea, *Northeast Asian Stuides,* No.1 (2004), p.11.

14) 한국이 중국의 도전을 단순한 위협으로 간주하기보다는 산업 구조조정과 국내 개혁으로 인한 도전으로 받아들여야 한다는 주장이 제기되고 있다. Yung-sook Nam, "China's Industrial Rise and the Challenges Facing Korea," *East Asian Review,* Vol.16, No.2 (Summer 2004), p.64.

15) Jong-Pyo Hong, *Regional Integration in Northeast Asia-approaches to Integration among China, Korea and Japan,* KIEP, CHAEC Research Series, 04-04, p.18.

에 공동체를 구축하기 위해서 삼국은 우선 3개의 양국 관계를 발전시키고 보다 밀접한 관계로 만들 필요가 있다. 중국과 한국은 이 목표를 추진함에 있어서 주도적이어야 한다.

결국 동북아시아에서의 공동체를 구축하는 것은 건전한 정신과 실제의 행동이 수반되어야 실현될 수 있는, 많은 노력을 필요로 하는 비전이며 꿈인 것이다.

|참고문헌|

Haruki, Yoshida, Kimura Yukio, and Aoki Hideya. 2003. Drafted: Japan Initiative for Economic Community in East Asia. JKIR. Tokyo, June.

Hong, Jong-Pyo. 2004. *Regional Integration in Northeast Asia-approaches to Integration among China, Korea and Japan.* KIEP. CHAEC Research Series 04-04.

Liu, Xiang Feng. 2004. "On China-Japan-ROK Free Trade Area." *Contemporary Asia-Pacific Studies,* No. 7. IAPS. CASS, Beijing, China.

Nam, Young-sook. 2004. "China's Industrial Rise and the Challenges Facing Korea." *East Asian Review,* Vol. 16. No.2, Summer.

Zhang, Yunling. 2004. *Northeast Asian Economic Cooperation.* Beijing: World Affairs Publisher.

제4부

동북아시아의 자유무역협력: 추세와 전망

WTO의 약화?: 특혜 무역협정의 성장

비노드 아가왈(Vinod K. AGGARWAL)
|캘리포니아대 버클리분교 교수

I. 도입

1999년, 새로운 무역 라운드를 출범시키기 위해 시애틀에 모인 세계무역기구(WTO) 참가자들의 시도는 성공적이지 못했다. 많은 논평가들은 이 사건을 무역자유화에 대한 세계적 협상의 마지막 노래(swan song)로 보았고, 무역자유화의 대안적 방안에 대하여 요구하기 시작했다. 제한된 숫자의 행위자 간의 협상과 이슈의 제한 등 WTO의 복잡성 문제에 대한 논의가 진행되었다.[1] 비록 이러한 방법들이 규범이 되어가고 있기는 하지만, 협상시한을 결정하는 성과를 거둔 2001년 도하회의는 다시 한번 세계적 접근에 대한 기대를 회복시켰다. 그러나 변동은 지속되었다. 먼저 2003년

1) 참가자를 제한하는 예에 대해서는 Business Roundtable (2001); 이슈의 제한과 관련한 예는 Tyson (2000) 참조.

칸쿤(Cancun) 협상이 결렬 되고 얼마 이후 2004년 7월 WTO 제네바 회의가 성공했다. 이미 도하라운드 재개의 시한인 2005년 1월을 경과하였다. 이러한 조건하에서 많은 국가들은 합의 이전의 협상지연의 가능성하에서 다른 무역방안들을 모색하기 시작했다.

2차 세계대전 이후 1990년대까지 관세와 무역에 관한 일반협상(GATT)은 자유무역을 위한 유일한 경로로 남아 있었으며, 유일한 예외는 유럽에서 상품동맹(customs union)의 형성과 성장뿐이다. 반대로 무역장벽은 특정 부문 또는 다상품(multi-product)에 일방주의적, 쌍방주의적, 그리고 다자주의적 제약 등 여러 가지 형태의 변형이 있어 왔다. 본 연구의 목적은 세계적으로 특혜 자유주의 무역협상(preferential liberalizing trading arrangement)으로의 새로운 추세를 살펴보는 데 있다. 2절에서는 무역지형을 증가시켜온 다양한 형태의 조약들을 체계적으로 유형화할 것이다. 이러한 유형화 개념과 경험적인 모든 것을 목표로 한다. 개념적인 관점에서 볼 때 상이한 형태의 무역협정에 대해 구체적으로 정교화하게 하면 설명을 분명하게 할 것이다. 경험적인 측면에서, 범주화는 다른 형태의 조약들이 만들어 지고 변화하는 것에 대한 이해를 도울 것이다. 3절에서는 무역조약의 진화과정을 제도협상게임 접근(institutional bargaining game approach)을 통해 분석한다. 4절에서는 이러한 접근법이 동북아시아와 동아시아의 특혜무역협정 성장을 이해하는 데 어떠한 도움을 주는지에 대하여 논의하고, 이는 각각 ASEM과 APEC을 통해 유럽, 미국과 관련될 것이다. 5절에서는 특혜협상의 성장의 영향에 대해서 평가하면서 결론 맺을 것이다.

II. 무역 거버넌스의 다양성

2차 세계대전 이후, 국가는 무역흐름을 규제하는 중심축이었다. 그러나 분석가들은 상이한 형태의 조약들을 만들어냈고 이를 동의어로 사용했다. 예로 '지역협정(regional agreement)'은 공통점이 없는 국가들 간의 합의들, 예를 들어 APEC, 아시아-유럽 회의(ASEM), 북미자유무역협정(NAFTA), 지역 내외의 쌍무적 자유무역협정, 그리고 심지어 정보기술협정(Information Technology Agreement, ITA)등 부분 협정에도 사용되었다.[2)]

이러한 개념적인 모호성과 종속변수를 적절하게 차등화 하지 않음으로 인하여 특정한 성과를 분석하는 것이 어려웠고 따라서 무역협정에 대한 이론적인 분석이 약화되었다. 무역협정의 형태를 분명하게 구분하기 위한 노력으로 필자는 다음 몇 가지 기준에 따를 것이다: 참여자 수, 생산범위, 지리적 영역, 시장개방 또는 폐쇄, 그리고 제도화가 그것이다. 참여자의 수는 협상에 있어 일방적, 쌍무적, 소수적, 그리고 다자적 참가로 규정한다. 쌍무적인 것은 두 국가를 의미하며 소수적인(minilateral) 것은 2개 국가 이상을 말한다.[3)] 생산범위에 있어서 범주는 좁거나(서너가지의 생산품), 넓은 것(다양한 생산품)을 뜻한다. 지정학적 영역은 인접국가 간 협정이거나 또는 먼 거리의 국가들을 아우르는 등 협정마다 다르다. 네 번째 측면은 무역협정이 시장개방적인지 아니면 시장폐쇄(보호주의)적인지를 말하는 것이다. 마지막으로 제도화의 수준 또는 협정의 강도(strength of agreement)에 대한 것이다.[4)]

<표 1>은 위와 같은 개념적 기준에 근거하여 무역협정을 구분한 것이다. 단, 자유주의 또는 보호주의와 제도화의 범주는 생략되었다. 부언하

---

2) Mansfield and Milner (1999), p.592, 이들은 지역주의의 개념적 문제점에 대해서 인지하였지만 연구에 활용하였다. 다른 참고로는 Bergsten (2001).

3) 이러한 개념적 사용은 야보프(Yarbourgh, 1992)가 이 개념을 3자의 강제까지 포함하는 개념과 혼용하여 쌍무적인 삼국을 지칭하는 것과는 다르다. 코헤인(Keohane, 1990)은 삼개 국 또는 그 이상의 합의를 다자적(multilateral)이라고 지칭했고 리차드슨(Richardson, 1987)은 필자와 동일하다.

4) 위의 다섯 가지 중에서 지정학적 범주는 매우 논쟁적이다. 이러한 개념은 지리적 지역을 규정하는데 있어 단순한 거리조차 상대적인 요인에 죄우되기 때문에 매우 주관적이라는 점을 유념할 필요가 있다. 따라서 지역주의에 대한 관심에도 불구하고 지역을 어떻게 규정할 것인지에 대해서는 논쟁적이다. 관련 Mansfield and Milner (1997), Katzenstein (1997), Ravenhill (2004), 그리고 Aggarwal and Fogarty (2004) 등의 논의 참조.

면, 필자는 비록 이러한 요인들이 동북아시아의 무역협상 시나리오의 요인으로 간주하고 있지만 보호주의적 합의와 제도화와 관련된 학문적인 작업에 대한 논의는 생략한다.

가장 먼저 생산영역(production coverage)에 대하여 살펴보자. 가장 좁은 범주는 한 가지 또는 적은 수의 생산품 또는 분야주의(sectoralism)라고 불리우는 것이다. 우리는 이와 관련된 몇 개의 무역개방의 수단을 경험했지

〈표 1〉 무역 거버넌스의 변수 분류[5)]

		NUMBER OF PARTICIPANTS					
		Unilateral	Bilateral		Minilateral		Multilateral
			Geographically Concentrated	Geographically Dispersed	Geographically Concentrated	Geographically Dispersed	
PRODUCT SCORE	Few Products	(1) UK Corn Law removal (1846) Super 301 (1990s)	(2) U.S.-Canada Auto Agreement (1965)	(3) U.S.-Japan VIEs (1980s-1990s)	(4) ECSC (1951)	(5) EVSL (1997)	(6) ITA(1997) BTA (1998) FSA (1999)
	Many Products	(7) UK (1860s) APEC Individual Action Plans (IAPs)	(8) Canada-U.S. FTA (1989) Australia-New Zealand CER (1983)	(9) U.S.-Israel FTA (1985) U.S.-Jordan FTA (2001) U.S.-Singapore FTA (2004) Japan-Mexico FTA (2004)	(10) EC/EU (1958/1992) ASEAN (1967) NAFTA (1993) Mercosur (1991)	(11) APEC (1989) LOME AFTA (under negotiation) EU-Mercosur (under negotiation)	(12) GATT/WTO (1947/1995)

5) Frankel (1997) and Ravenhill (출간예정) 참조.

만, 2차 세계대전 이후 부문주의적 정책은 자유무역협정 및 상품동맹은 "원칙적으로 모든 무역"에 적용한다는 GATT 24조에 의해서 약화되어 왔다는 점에 유의해야 한다. 이 조항의 정확한 의미에 대해서는 뜨거운 논쟁이 있어 왔고 부문주의 수단은 GATT/WTO 체제에서 좀처럼 도전 받지 않았다.[6)]

분야별 일방주의(Sectoral Unilateralism)

<1번 구역>은 일방적 분야 특화적 수단(unilateral sector specific measure)에 초점을 맞추고 있다. 전형적인 예는 1846년 곡물법의 폐지와 함께 영국의 곡물시장의 일방적이고 부분적인 시장개방이다.[7)] 특정 부문에 대한 시장개방은 20세기에 일어나기도 했지만, 쌍무주의적 협상에 결부된 다른 부문의 개방은 1980년대 후반과 1990년대에 일어났다. 미국은 의회가 무역정책 수단을 동원할 수 있는 수퍼 301조를 활용하여 다른 국가들이 특정 상품사장을 일방적으로 개방하도록 하는데 사용했다. 이러한 특수한 형태의 분야주의는 학문적인 논쟁을 불러일으켰다. 일 예로, 바그와티와 패트릭은 이러한 미국의 정책을 공세적 일방주의(aggressive unilateralism)로 개념화했다.[8)] 일부 분석가들은 공세적 일방주의에 대한 미국의 노력은 폐쇄된 일본, 유럽, 그리고 다른 아시아 시장의 자유화를 초래함으로써 긍정적인 결과를 낳았다고 주장했다.[9)] 그러나 바그와티와 패트릭은 이를

6) Aggarwal (2001)에서 재인용.
7) Schonhardt-Bailey (1996) 참조.
8) Bhagwati and Patrick (1990). 불공정한 무역관행을 행사하는 국가들에게 미국이 시장폐쇄 위협을 사용하는 것은 공세적(aggressive)인 것이었다. 아무런 상호간의 합의 없이 미국이 단독으로 무역이 국익에 반함을 결정하는 것은 일방적인 것이었다. 이것은 일개 국가에 의해 제약이 제거된다는 점에 대한 필자 논의의 핵심과는 약간 다른 사용이다. 자발적인 수출제한(VERs)은 일방주의와 쌍무적인 측면은 종종 강제적 행위에 의해 혼동된다.
9) Bayard and Elliot (1994) 참조.

비관적으로 평가하며 공세적 일방주의를 추구하는 것은 다자적 협력에 비관주의를 확산시키고 다른 국가들에게 보복을 불러일으킬 것이라고 주장했다.

분야별 쌍무적 지역주의(Sectoral Bilateral Regionalism)

<2번 구역>은 지리적으로 밀집한 국가들의 분야별 협정이다. 시장개방의 시각에서 이러한 접근은 종종 정치적으로 강하고 더 큰 규모의 경제를 추구하는 협의의 이익관계로부터의 압력을 반영한다. 이러한 협정은 선진국 간의 산업간(intra-industry) 무역으로 귀결된다.[10] 가장 좋은 예는 1965년 체결된 미국과 캐나다의 자동차 생산품 무역협정이다(U.S.-Canada Automotive Products Trade).[11] 1988년 캐나다·미국 자유무역협정(CUSFTA) 이전에 자동차협약은 미국과 캐나다 간 쌍무적 자유무역에 있어서 유일한 성과였다. 협정이 체결된 40년 이후 생산, 투자, 고용, 수출의 증가 등 자동차 부문의 배타적인 성과가 나타난 것에 대해 이의를 제기하는 사람은 없다. 결과적으로 자동차협약은 CUSFTA와 NAFTA로 이어졌다.[12]

분야별 쌍무적 초지역주의(Sectoral Bilateral Trans-Regionalism)

<3번 구역>은 지리적으로 분산된 국가들 간의 분야별 협정을 지칭한다. 이와 같은 종류의 보호주의의 예로는 자발적 수출제한(VERs)과 자발적 수출 확대(VIEs)가 있는데 양자는 일반적으로는 지역적 제한을 받지 않으나 항상 그런 것은 아니다.[13] 자발적(voluntary)이라는 단어는 명백히 잘못 씌여진 것인데 왜냐하면 이들 협정은 종종 강력한 압력의 결과이기

---

10) Milner and Yoffie (1989) 참조.
11) Keeley (1983).
12) Fuss and Waverman (1986).
13) Bhagwati (1987) and Nagoka (1997) on VIEs.

때문이다. 이러한 종류의 협정은 '관리된 무역(managed trade)'과 '공정하고 대등한 입장(fair and level playing field)'의 개념과 관련된 논쟁을 불러일으켰다.[14] 자발적 수출확대(VIEs)의 기원은 광범위하게 연구되었고 그 영향력은 모델화되었다. 최근의 덜 강제적인 쌍무적 분야별 자유화는 미국과 EU 간의 몇몇 부문에 있어 상호이해의 창출을 통한 검사와 승인 과정의 능률화와 관련된 협상에서 찾아볼 수 있다.[15]

분야별 소수적 지역주의(Sectoral Minilateral Regionalism)

<구역 4>는 지리적으로 가까운 셋 또는 그 이상의 국가들의 분야별 협정을 체결한 경우이다. 가장 좋은 예는 1951년 출범한 유럽 석탄 및 철강공동체(ECSC)이다. ECSC의 주요한 임무는 전후 유럽의 철강과 석탄 산업을 통합하는 것이었지만 정치와 경제통합을 위한 기초이자 발판으로서 기여했다. 설립초기부터 ECSC는 제한된 일부 상품이 아니라 다양한 생산물에 기반한 자유화를 규정한 GATT 24조와 양립이 불가하다는 이유로 인해 비판 받았다. 체코슬로바키아로부터 GATT와의 불일치성에 대하여 비판받고 ECSC 회원국은 GATT 의무면제 자격을 획득하도록 했다.[16] ECSC가 유럽경제연맹(European Economic Community)에 통합된 이후 분야특화적(sector specific) 합의는 논쟁적인 문제가 되었다.

분야별 소수국가간 초지역주의(Sectoral Minilateral Trans-Regionalism)

<5번 구역>은 지리적으로 먼 분야별 초지역주의의 예를 보여준다. 한 가지 예는 APEC의 전망하에서 분야별 조기자유화(Early Voluntary Sectoral Liberalization, EVSL)이다. 1997년 밴쿠버에서 장관들은 화학, 에너지설비,

---

14) See Tyson (1992) and Irwin (1994).
15) 이와 관련된 논의는 Fogarty (2004) 참조.
16) Curzon (1966): 266-8.

서비스, 환경제품, 임산물, 의료장비, 통신장비, 수산물, 완구와 보석의 9개 분야에 대한 신속한 자유화와 다른 6개 부문의 자유화에 대한 협상에 합의했다. 이는 국내적 고려에 기초하여 분야를 선택하는 국가들을 견제하기 위하여 미국은 9개 분야에 대한 일괄 자유화를 적극적으로 추진했다. 이 전략은 처음에는 가능한 것으로 보였지만 일본과 일부 국가들이 일부 분야의 개방을 반대함에 따라 어려움에 처하게 되었다.[17)]

분야별 다자주의(Sectoral Multilateralism)

<구역 6>은 다자적 분야별 합의에 대한 예이다. 이 범주에는 ITA, 기본통신조약(BTA), 금융서비스 협약(FSA)등이 포함된다. 이러한 형태의 협정이 등장한 것은 깊이 연구할 만큼 중요한 발전이다. 타이슨(Laura Tyson)은 다자무역 옵션 중에서 이러한 분야별 접근이 포괄적 부분의 WTO 협상의 대안이라고 주장했다.

> 포괄적 분야에 걸친 협상이 필요한 WTO의 모든 참가국을 포함한 세계적 차원의 무역협상은 그 유용성을 상실할 것이다. 특정한 분야에 적은 수의 WTO 국가가 참여하는 집중적인 무역협상이 대안이 될 것이다. 이러한 협상은 정보기술, 통신 및 금융서비스에 있어서 중요한 협상의 결과를 도출하고 있다.[18)]

그러나 개방적 분야주의는 정치적으로나 경제적으로 모험이다.[19)] 정치적인 시각에서 분야별 시장개방은 다자적, 다부분 협상에 대한 정치적 지지를 감소시킬 수 있다. 분야별 의제 설정은 국내적 이익에 의해 분절화된 제한적이고 용이하거나, 연합형성의 한계, 그리고 정치적으로 좁은

---

17) Aggarwal (2001a), Krauss (2004) 참조.
18) Tyson (2000).
19) Aggarwal (2001b)과 Aggarwal and Ravenhill (2001).

이해관계로 인하여 제한된 이슈를 포함할 수밖에 없기 때문이다. 그래서 역설적이게도 분야별 자유화로부터 보호된 산업들이 세계적 자유화의 의제를 위협하는 위치에 놓이게 된다. 이러한 그룹은 WTO 중심의 다자주의적이고 다상품 체제에 의한 이익의 재배치를 지지하여 자신의 현존하는 이익을 위협하는 것에 동조할 이유가 작다. 특별한 분야에 대하여 자유주의적 이익에 동기를 부여받은 많은 국가들은 오랫동안 GATT의 상징이 되어왔던 분야 간 광범위한 무역(horse trading)을 약화시켜 왔다. 더구나 경제적 시각에서 이러한 접근은 경제적 효율성을 떨어뜨린다. 경쟁적이고 제한적인 분야에 대한 자유화로 인해 개방적 분야별 무역 협상은 효율성이 저하된 경제에 대한 투자 또는 탈출을 저하시키는 동기를 부여한다.

다상품 일방주의(Multi-Product Unilateralism)

다음으로 다상품 자유화에 대하여 논의한다. <구역 7>은 일방주의에 초점을 맞추고 있는데, 가장 중요한 예는 19세기 영국이다. 일방주의적인 자유화는 영국이 해당되는데 이는 강력한 산업경쟁력, 영국의 생산품 수입에 제한적인 대안을 가지고 있던 상대 국가와는 반대되는 거래(transaction) — 무역을 위한 특별 자산과 원자재와 무역시장에 있어서 사실상의 독점 — 에 대한 제한된 투자 때문이다.[20] 최근의 예는 호주, 뉴질랜드, 칠레, 홍콩과 싱가포르가 사용한 일방적 자유화의 방법이다. 비록 이들 국가들의 희망을 반영하는 것이지만, 2010년까지 선진국에게 그리고 2020년까지 개도국에게 적용되는 15개의 영역에 있어서 일방적인 방법을 명시한 APEC의 개별실행계획(Individual Action Plans)도 이 범주에 해당된다. 그

20) Yarbrough and Yarbrough (1987): 19-21. McKeown (1983)은 19세기에 영국이 자발적으로 자유화를 선택했을 뿐 패권적 권력을 사용하지 않았다고 주장한다.

러나 다상품 일방주의는 그 빈도에 있어서 훨씬 예외적인 경우이다.

다상품 쌍무적 지역주의(Multi-Product Bilateral Trans-Regionalism)

지역 내 또는 지역 간 행위자 범위의 쌍무적 협정은 지난 몇 년간 급속하게 확산되었다. <구역 8>은 캐나다-미국(1988), 한국-일본(협상 중) FTA와 같이 몇몇의 인접국가 간 다상품 영역의 쌍무역 무역협정을 설명한다. 종종 이러한 협정들은 지리적, 역사적, 그리고 문화적 친밀성뿐만 아니라 산업구조의 상보성(complementarity)에 의존하고 있다.[21] 소위 중력모델(Gravity Model)은 쌍무적 무역의 범주와 지리적 거리, 경제규모 등의 긍정적인 연계에 대해 설명한다. 지리적 거리로 인한 비용을 감소시키고 경제규모의 이익을 극대화시키기 위해서 이론가들은 인접국가들이 우선적 무역협정(PTAs)을 체결하고 자연적인 무역지대를 형성한다고 주장한다. 이러한 시각은 자연적 무역지대의 형성은 복지를 증진시키고 거리가 멀고 작은 경제국가들 간의 비자연적인 무역지대 형성은 한계 복지효과가 있다.[22]

다상품 쌍무적 초지역주의(Multi-Product Bilateral Trans-Regionalism)

<구역 9>는 지역적으로 분산된 다상품 영역의 쌍무적 협상의 예이다. 예로 미국과 이스라엘(1985), 멕시코와 이스라엘(2000), 미국과 요르단(2001), 일본과 싱가포르(2001), 한국과 칠레(2002), 미국과 싱가포르(2004), 일본과 멕시코(2004) 등이다. 미국-이스라엘, 미국-요르단 간 FTA 등 일부는 경제적인 이유보다 정치전략적 요인이 동기가 되었다.[23] 일본과 싱가포르, 한

---

21) Oye (1992), Dent (2003) and Aggarwal and Urata (출간예정) 참조.
22) Krugman (1991); Deardorff (1997); Frankel, Stein and Wei (1996).
23) Ravenhill (출간예정) 참조.

국과 칠레 간의 FTA는 더 광범위하고 깊은 수준의 무역자유화에 대한 교육, 또는 능력배양을 위해 추진되었다. 최근 교육과 능력배양을 위한 목적의 FTA는 동아시아 국가들에게서 널리 추진되고 있는데, 이는 많은 국가들이 이를 FTA 형성에 선행하는 경험으로 여기고 있기 때문이다.[24)]

다품종 소수적 지역주의(Multi-Product Minilateral Regionalism)

<구역 10>은 지리적으로 집중되어있는 소수국가 간 협정에 초점을 맞추고 있는데 이는 전통적으로 지역주의로 지칭되어 온 것이다. 지난 10년간 이런 형태의 협정은 많은 관심을 받아왔고 1960년대 이후 지역무역협정의 성장과 가장 장 부합하는 것이다. 소수적 지역주의로의 이동에 대한 전통적 설명은 경제와 정치적약적 동기에 공히 초점을 맞추고 있다. 경제관련 논쟁은 과도한 국제적 경쟁없이 규모의 경제를 확대하는 것, 해외자본에 대한 경제적 매력을 증대시키는 것, 그리고 지리적 근접성에 근거한 자연적 무역지대를 형성하는 것에 대한 것이다.[25)] 정치전략적 논쟁은 더 강력한 협상자에 대한 협상위치를 강화하고 이를 알리는 것, 미국의 다자주의 지원 의지 약화에 대한 대응, 국내적 개혁의제에 고립, 도미노 현상, 무임승차의 제한, 협상대상자 간의 거래비용 감소, 그리고 협상의 정치적 대립을 감소시키는 것 등의 의제를 포함한다.[26)]

소수적 협상의 본질, 강도, 깊이와 범주에 의한 지역적 변수에 대한 많은 연구가 있어 왔다. 이러한 작업들은 보통 유럽과 북미의 성공을 아시아와 라틴아메리카의 실패와 비교하면서, 다른 지리적 국가들 간의 역사,

---

24) Koo (출간예정).

25) Viner (1950), Milner (1997) and Chase (2003); on foreign capital, see Rodrik (1989) and Lawrence (1996); and on natural trading blocs, see Krugman (1991) and Frankel, Stein and Wei (1996).

26) Milward (1992); Gilpin (1987) and Krasner (1976); Haggard (1997); Oye (1992) and Baldwin (1997); and Yarbrough and Yarbrough (1992).

문화, 정치제도적 차이에 초점을 맞춘다.[27] 지역주의로 불릴 수 있는 경우는 2번, 4번, 8번과 11번 영역도 포함할 수 있다.

다상품 소수적 지역간 지역주의(Multi-Product Minilateral Inter-Regionalism)

최근 국제무역의 중요한 발전은 <구역 11>과 같이 대륙간 국가들로 확대된 연계이다. 많은 연구자들은 NAFTA와 EU의 노력을 메르코수르(Mercosur)나 APEC과 연계시키는 등 협상에 대한 연구를 일괄적으로 다루고 있는데 이는 이들 협정의 일반적 평가를 하기 위한 이와 같은 노력은 부정확한 것으로 생각된다. 사실 연구자들은 다상품 지역 간 지역주의를 APEC나 ASEM을 근거로 설명하였고, EU-Mercosur와 EU중심의 발전과 관련된 초기 저작들과 이들 저작에서 제기된 일반적 사실들은 핵심적인 지역주의의 특성과 상반된 것이었다.[28]

지역 간 지역주의(inter-regionalism)의 용어는 FTA의 확산과 그리고(또는) 지역 간 협정의 구성요소로서 상품동맹에 기반하여 몇 가지 구체적 형태로 세분될 수 있다. 에드워드 포가티(Edward Fogarty)[29]와의 공동연구에서 필자는 EU-Mercosur의 경우처럼 공식적으로 무역자유지대와 상품동맹을 연결한다면 '순수 지역간(pure interregional)' 협정이라고 지칭했다. 만일 상품동맹이 상품동맹이나 자유무역 협정 이외의 다른 지역 국가와 협상을 한다면 '혼합 지역간주의(hybrid inter-regionalism)'로 지칭한다(예를 들면 로마협정). 마지막으로 만일 협정이 어느 한쪽도 그룹으로 협상하지 않은 다른 지역의 국가들을 연계하는 경우 '초지역주의(trans-regionalism)'라고 지칭한다(예를 들면 APEC). 예를 들어 EU가 왜 지역 간 협정추진을 선택하

27) Haggard (1997), Grieco (1997), Katzenstein (1997).

28) APEC에 관해서는Aggarwal and Morrison (1998), Ravenhill (2001), Crone (1993) and Kahler (2000), ASEM에 대해서는 Gilson (2004), EU-Mercosur에 대해서는 Faust (2004)등의 논의 참조.

29) Aggarwal and Fogarty (2004).

였는가를 설명하는 우세한 시각으로부터 우리는 상대지역의 상업적 취급(commercial treatment of the counterpart region)에만 초점을 맞출 수 있다. 한쪽편이 상품동맹이라면(EU와 같이), 상대편 지역의 모든 국가들을 동일하게 대우할 것인가? 아니면 상대 국가가 상품동맹국이 아니거나 자유무역국가라면 각기 다른 원칙을 가지고 대우할 것인가? 지면부족으로 인하여 EU와 관련된 신자유주의 제도주의적 접근(neo-liberal institutional approach)과 다른 접근방법 간의 논쟁에 대하여 논의할 수 없다. 그러나 EU가 단일한 협상 대상자로서 다른 지역의 그룹 제도화를 촉진시키는 예를 논의했다. 그래서, 아시아-태평양 지역의 지역그룹의 형성 가능성은 EU의 전략에 의해서 도출될 것이다. 이러한 발견은 흔해빠진(garden-variety) 지역협정의 반대로서 지역간주의의 다양한 동력과 영향력에 대한 중요성을 부각시킨다.

다상품 다자주의(Multi-Product Multilateralism)

마지막으로 <구역 12>는 GATT와 그 후속기관, WTO등과 같이 글로벌하고 다상품 무역협정을 지칭한다. 신고전주의 무역이론은 일방적 무역자유화는 전체 경제후생을 증가시키는 가장 최선의 수단이라고 주장한다. 이론적으로 설득력이 있다고 하더라도 이러한 사항은 정치적으로 가능하지 않다. 그래서, 경제학자들의 다음 선택은 하위 다자주의(sub-multilateral), 특혜접근(preferential approaches)에 대하여 다자주의 무역전략을 선호해 왔다.

비록 전후 매우 효과적이었지만 세계적 차원의 다자주의 무역포럼은 점차 새로운 무역자유화의 규범을 제정하는 데 어려움을 겪게 되었다. 이는 다시 하위 다자주의 수준의 특혜협정에 대한 관심을 증가시켰다. 많은 학자는 이론적 또는 경험적 차원에서 GATT를 대체할 대안에 대한 논의하는 것을 거부하여 왔지만, 무역협정의 자유화에 대한 세계 다상품 접근에 미치는 영향에 대한 많은 논쟁이 있어왔다.

〈표 2〉 미국 무역 거버넌스 수단의 종류

	Bilateral		Minilateral	
	Geographically Concentrated	Geographically dispersed	Geographically Concentrated	Geographically dispersed
TRADE LIBERALIZATION MEASURES	(1) U.S.-Panama FTA (initiated 2004) (n)	(2) U.S.-Israel FTA(effective 1985) (c) U.S.-Jordo n FTA (signed 2000; effective 2001) (c) U.S.-Singapore FTA (signed 2003; effective 2004) (c) U.S.-Chile FTA (signed 2003; effective 2004) (c) U.S.-Australia FTA (signed 2004; effective 2005) (c) U.S.-Moroco FTA (signed 2004; effective 2005) (c) U.S.-Bahrain FTA (signed 2004; awaiting congressional approval) U.S.-Thailand FTA (initiated 2004) (n) U.S.-Omán FTA(initiated 2005) (n) U.S.-Taiwan FTA (s) U.S.-Qatar FTA (s) U.S.-Egypt FTA (s) U.S.-South Korea FTA (s) U.S.-Kuwait FTA (s) U.S.-Pakistan FTA (s)	(3) FTAA (initiated 1994) (n) NAFTA (signed 1992; effective 1994) (c) CUSTA (signed 1988; effective 1989) (c)	(4) U.S.-DR-CAFTA (signed 2004; awaiting congressional approval) Enterprise for ASEAN Initiative (initiated 2002) (ongoing) U.S.-Andean FTA (initiated 2004)(n) U.S.-SACUFTA (initiated 2003)(n) U.S.-United Arab Emirates FTA(initiated 2005)(n) U.S.-MEFTA (deadline 2013)(n) U.S.-APEC FTA (initiated 2004) (s)

(c)-Concluded, (n)-Under Negotiation, (s)-Study Phase/Under discussion

〈표 3〉 아시아 무역 거버넌스 수단의 종류

	NUMBER OF ACTORS					
	Unilateral	Bilateral		Minilateral		Multilateral
		Geographically Concentrated	Geographically dispersed	Geographically Concentrated	Geographically dispersed	
TRADE LIBERALIZATION MEASURES	(1) Various trade liberalization measures taken by Singapore and Hong Kong APEC's IAPs	(2) China-Thailand FTA (agricultural produce only) (Effective Oct-2003) (c) China-Pakistan FTA (Concluded Apr-2005) (c) China-Hong Kong CEPA (c) China-Macao FTA (c) Japan-Korea FTA (n) China-Korea FTA (s) Taiwan-Philippines (s) China-India (s)	(3) Singapore-New Zealand FTA (Signed Nov-2000) (c) Singapore-Japan FTA (Signed Jan-2002; Effective Nov-2002) (c) Singapore-EETA FTA (Signed June-2002; Effective Jan-2003) (c) Singapore-Australia FTA (Signed Feb-2003; Effective July-2003) (c) Singapore-US FTA (Signed May-2003; Effective Jan-2004) (c) Taiwan-Panama FTA (Signed Aug-2003; Effective jan-2004) (c) Korea-Chile FTA (Effective Apr-2004) (c) Korea-Singapore (Concluded Nov-2004) (c) Japan-Philippines FTA (Concluded Nov-2004; unsigned) (c) Singapore-Jordan FTA (Signed May-2004) (c) Thailand-India FTA (Concluded Sept-2004) (c)	(4) ASEAN (1967) (c) AFTA (1991) (c) ASEAN-China FTA (Signed Dec-2004) (c) ASEAN-Japan (Initiated Apr-2005) (n) ASEAN-Korea (Initiated 2005) (n)	(5) APEC (1989) (transregional) (c) EAEC (1994) (transregional) (c) ASEM (1996) (hybrid interregionalism) (c) ASEAN Plus Three (1998) (hybrid interregionalism) (c) ASEAN-India CECA (Framework agreement signed Oct-2003) (n) ASEAN-Australia-New Zealand (Initiated Feb-2005) (n) China-SCO (n)	(6) GATT/WTO (1947/1995) ITA (1997) BTA (1998) FSA (1999)

	NUMBER OF ACTORS					
	Unilateral	Bilateral		Minilateral		Multilateral
		Geographically Concentrated	Geographically dispersed	Geographically Concentrated	Geographically dispersed	
	(1)	(2)	(3)	(4)	(5)	(6)
TRADE LIBERALIZATION MEASURES			Thailand-Australia FTA (Signed July-2004; Effective Jan-2005) (c) Japan-Mexico FTA (Effective Apr-2005) (c) Singapore-Panama (Concluded Apr-2005; unsigned) (c) Thailand-Bahrain FTA (c) Korea-EFTA (n) Singapore-Mexico (Initiated July-2000) (n) Hong Kong-New Zealand (Initiated-Apr-2001) (n) Singapore-Canada (Initiated Oct-2001) (n) Singapore-India (CECA) (Initiated May-2003) (n) Japan-Malaysia (EPA) (Initiated Nov-2003) (n) Singapore-Chile (n) Thailand-Japan (Initiated Feb-2004) (n) Thailand-US (Initiated June-2004) (n) India-SACU (Initiated-Sept-2004) (n) Singapore-Peru (Initiated Nov-2004) (n) China-New Zealand (Initiated Dec-2004) (n)			

	NUMBER OF ACTORS					
	Unilateral	Bilateral		Minilateral		Multilateral
		Geographically Concentrated	Geographically dispersed	Geographically Concentrated	Geographically dispersed	
TRADE LIBERALIZATION MEASURES	(1)	(2)	(3) Singapore-Kuwait (n) Singapore Bahrain (n) Singapore Egypt (n) Singapore Qatar (n) Pacific 3 (n) Singapore-New Zealand(n) Thailand-EFTA (n) Thailand-Peru (n) China-GCC (n) China-SACU (n) China-Myanmar (n) Taiwan-Guatemala (n) China-Chile (n) Malaysia-New Zealand (n) Malaysia-India (n) Australia-China (s) Korea-Canada (s) Korea-Mexico (s) Korea-India (s) Korea-US (s) Japan-Indonesia (s) Japan-India (s) Japan-Chile (s) US-Philippines (s) Singapore-Iran (s) Singapore-Sri Lanka (CEPA) (s) Indonesia-Australia-New Zealand (s) Malaysia-Australia (s) Malaysia-India (s)	(4)	(5)	(6)

	NUMBER OF ACTORS					
TRADE LIBERALIZATION MEASURES	Unilateral	Bilateral		Minilateral		Multilateral
		Geographically Concentrated	Geographically dispersed	Geographically Concentrated	Geographically dispersed	
	(1)	(2)	(3) Malaysia-Korea (s) Malaysia-US (s) Brunei-US (s)	(4)	(5)	(6)

(c)-Concluded
(n)-Under Negotiation
(s)-Study Phase

미국, 동아시아와 EU 협정

우리는 이제 미국, 동아시아, 유럽에 의해 추진되어 온 선호적 협정을 분류하고 분석할 수 있을 것이다. 간략한 설명을 위하여 분야별, 다상품 간의 협정을 구분하지는 않겠다. <표 4>에서 보는 바와 같이 EU와 미국은 쌍무적 협상에서 리더인 반면, 동아시아 국가들의 쌍무적 협상 역시 이미 결론이 났거나 협상 중, 또는 연구 중인 쌍무적 협상의 측면에서 급격하게 그 수가 증가하고 있다.

〈표 4〉 유럽의 무역 거버넌스 수단의 종류

	NUMBER OF ACTORS				
	Bilateral		Minilateral		Interregional
	Geographically Concentrated	Geographically dispersed	Geographically Concentrated	Geographically dispersed	
TRADE LIBERALIZATION MEASURES	(1)	(2)	(3) EFTA (1960 - cf) CEFTA (1991 - cf) EU-Mediterranean Parntership (1995; target conclusion 2010 - nf	(4) EU-GCC (1990; target conclusion 2005 - nf) EU-GCC (1990; target conclusion 2005 - nf) EU-CAN (1993-c) EU-African, Carribean and Pacific nations (initiated 1957, concluded 2000 - ce) EU-Western Balkans (2000-c) EU-Mexico (signed March 2000; in effect July 1, 2000 - cf) EU-Mercosur (initiated 2001; target conclusion pending-n)	(6) EU (1992 - cf)

(c)-Concluded
(n)-Under negotiation
(f)-FTA
(e)-EPA

III. 무역협정의 제도적 협상주의적 접근

우리가 확인한 바대로 전세계적인 무역협정의 확산과 함께 무역협정과 관련한 연구도 늘어났다. 이론적인 접근들은 왜 국가들이 다른 형태의 협정을 추구하는지에 대하여 이해하는 데 도움을 주고 있지만, 어떻게 이러한 다양한 논쟁들이 통합되어지는지는 아직도 미완의 질문이다. 다른 한편으로 매우 제한적인 숫자의 변수에 초점을 맞춤으로써 이러한 변수들의 일반적인 영향을 탐구할 수 있다. 그러나 동시에 이러한 접근법들은 지나치게 제한적이어서 다른 형태의 협정들을 특화하고 구분하는 데 실패한다. 또 다른 한편으로 다변수 접근은 일반적으로 풍부하기는 하지만 모든 변수가 언급되기 때문에 사실상 체계적인 평가가 불가하다. 중간의 접근법을 발굴하여 무역자유화의 역동성을 탐구하기 위하여 필자는 제도적 협상 게임 접근방법을 제안한다.[30] 이 접근법은 각각의 협상에 대한 정확한 예측을 제공하지 못하지만, 정책선택과 협정의 형태 간의 연계에 대한 체계적인 분석을 제공하고 대안적인 시나리오를 탐구하는 데도 사용될 것이다.

<그림 1>에서 보는 바와 같이 제도적 협상 게임접근(Institutional Bargaining Game Approach)은 새로운 무역협정의 유발동기를 규명하는 것으로부터 시작한다. 초기 제도적 균형상태로부터 새로운 제도로 이전하는 과정은 국제제도의 시급한 문제나 금융 위기 등 변화압력을 부과하는 외부로부터의 충격으로부터 비롯된다. 국가들은 이러한 외부적 충격에 대응하여 협상대상인 상품과 정치경제적 위치, 그리고 존재하는 제도적 환경의 맥락하에서 다양한 방법으로 대응한다.

30) Aggarwal (1998).

〈그림 1〉 우선순위 협정의 기원

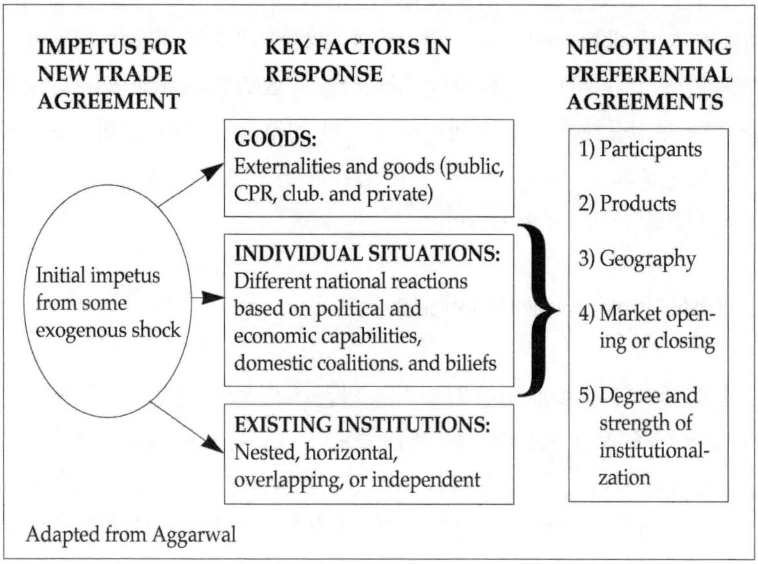

상품(Goods)

상품과 관련하여 외부적 충격은 공공재, 공유재(commo n pool resource), 포용적 클럽재(inclusive club goods) 또는 사유재의 조항을 자극하거나 제약한다. 무역 자유화를 어떻게 설명할 것인가와 관련하여 서로 상반된 경제이념을 반영하는 치열한 논쟁이 있어 왔다. 고전적 무역이론은 국제적 무역 자유화를 조화게임(harmo ny game)으로 설명했는데 모든 행위자의 최적전략은 다른 사람의 행위로부터 자유롭고 독립되어 있다. 이러한 시각에 근거하여 무역 자유화는 경쟁자도 없고 소비에 있어서 배타적이지도 않은 공공재이다. 신자유주의적 제도주의자들은 무역자유화 게임을 협력이 이루어지면 참여자 모두 이익을 보지만 우세한 전략은 항상 실패하는 죄수의 딜레마(PD) 게임으로 본다. 이러한 시각에 의하면 국제적 레짐은 협력을 증진하는 제도적 기반을 제공한다.[31] 소수의 참가자를 가진 무역협정은 무임승차자의 가능성을 줄이고 자유무역으로 인한 이익이 협정참여자에게만 제공되는 포용적 클럽재라는 점을 보증한다.[32] 예를 들어 공공재와 CPR에 대한 무임승차를 방지하기 위해서 제도적 전략은 상품의 성격을 변화시킨다.[33] 이러한 예는 강대국들이 GATT의 최혜국(MFN) 규범을 통해 무임승차하는 것을 방지하기 위한 결정들이 있다. 그래서 도쿄라운드에는 보조금, 정부구매 등의 특별한 조항에 서명한 국가들만이 최혜국 조항의 이익이 부여되었다.

개별상황(Individual Situations)

개별 국가의 선호에 영향을 미치는 많은 요인들이 있지만 외부적 충격에 대한 대응에 영향을 미치는 가장 중요한 요인은 (1)무역과 안보문제에 있어서 경쟁력과 종합적 능력으로서 행위자의 국제적 위치, (2)압력단체와 정치체제의 성격을 반영하는 국내 정치연합의 구조, (3)그리고 엘리트의 신념과 이념이다.

이러한 세 가지 차원을 분석하는 것은, 무역협정의 형태에 대한 좁은 맥락의 선호차원에서 시간의 경과에 따른 위치의 변화를 설명하는 수단으로서 국가의 선호를 평가하는 데 활용될 수 있다.

제도적 맥락

국가가 새로운 협정을 만들거나 기존의 제도를 수정함으로써 충격에 어떻게 대응하는가를 탐구하는 데 있어서, WTO와 같은 광범위한 제도적 협정과의 제도적인 일치의 문제를 살펴보아야 한다. 이론적인 시각에서 제도들 간의 4가지 형태의 연계를 규정할 수 있다. (1)계층화된 연계

31) Keohane (1984).
32) Gowa (1989).
33) Snidal (1979), Aggarwal and Dupont (1999) 참조.

(nested link), 협의의 협정이 광의의 합의를 확인 (2)수평적 연계, 협정은 제도 간의 위계적 서열이 없는 분업을 반영, (3)중첩적 합의, 참여자의 책임 간에 갈등을 발생시킴, (4)독립적 제도, 특정한 분야를 관리하므로 기능적인 관계에 있어서 상관관계가 미미하거나 없음. 만일 제도가 이미 존재하고 있거나 각각 어느 정도 중복된다면, 제도적 혁신을 고민하는 행위자들은 분업을 증가시키는 계층적(nested) 또는 수평적 연계를 통하여 어떻게 제도를 조화시킬 수 있는가에 대하여 결정해야만 한다.

만일 협의의 이슈 영역 또는 지역기반의 합의를 발전시키고 있다면, 그래서 광범위한 이슈 영역과 지역적 협정과 비교하여 갈등이 적다면 비록 이슈 간의 본질적이고 분명한 연계가 없다고 하더라도 행위자들은 넓은 제도의 틀 안에서 새로운 제도를 만들기 위해 강력하게 노력할 것이다. 만일 광범위한 외부 위협이 중요하다면 일관된 목표순서, 층화적 제도(nested institutions)를 보게 될 것이다. 예를 들어 APEC의 설립국가들은 GATT를 약화시킬 것을 우려하였고 '개방적 지역주의'라는 수사로 두 제도를 조화시키려고 노력했다.

참가국들은 이러한 접근을, GATT와 일관된 방식으로 상품과 서비스에 대한 장벽을 축소하기 위한 APEC의 무역 조항을 정당화시키기 위해 GATT 24조를 사용하는 것에 대한 좋은 대안이라고 생각했다.

또 다른 형태의 조화로운 제도는 제도적 분업을 할 수 있는 수평적 제도를 만드는 것이다. 이에 대한 예로 IMF와 세계은행의 관계를 생각해 볼 수 있는데, IMF가 단기 균형자금의 대출에 중점을 두었다면, 후자는 장기적 구조발전에 중점을 두었다(그러나, 실제적으로 항상 그러하지는 못했다).

반대로 중첩된 협정은 과업 간의 잠재적 경쟁으로 인하여, 제도 간 갈등을 유발한다. 예를 들어 쌍무적 FTAs에 있어서 국가들은 이러한 쌍무협정이 GATT의 24조에 기반하고 있으며 WTO를 강화할 것으로 보았다. 그러나 라벤힐(Ravenhill, 2005)이 주장하듯이 이러한 주장은 모호하며 많은 분야를 배제했으며, 싱가포르와 일본 간 경제협력협정(Economic Partnership Agreement, EPA)과 같이 새로운 이름을 만들어 냈다. 아시아통화기금

(Asian Monetary Fund, AMF)을 위한 노력 역시 제도 간 갈등에 대한 논쟁이다.

마지막으로 독립적인 제도는 북대서양조약기구(North Atlantic Treaty Organization, NATO)와 APEC을 들 수 있다. 미국은 양쪽 모두의 회원이지만 각각의 조약은 상이한 목표를 가지고 있고 따라서 아무런 갈등관계를 일으키지 않는다. 국제노동기구(ILO)나 WTO와 같은 기존의 독립된 제도들은 시간이 경과함에 따라 서로 그 업무가 연관되어 왔고 그래서 중첩적일 수 있어 잠재적으로 갈등을 불러일으킬 수 있다.

제도적 특성(Institutional Characteristics)

마지막으로 결과와 관련하여 국가들이 새로운 제도를 만들거나 기존의 것과 조율하기로 결정했다면 그 제도의 특성에 대하여 결정해야 한다. <표 1>에서 논의된 바와 같이 이는 참여자, 상품, 지정학적 위치, 시장개방 또는 폐쇄, 그리고 제도화의 수준을 포함한다. 더욱이 이러한 협정의 제도적 설계는 기존 협정과의 제도적 정합성에 영향을 미친다.

IV. 동아시아의 쌍무주의와 APEC, ASEM의 역동성

세계와 특히 동아시아에서 쌍무주의에 대한 새로운 관심이 WTO나 APEC, ASEM등 광범위한 기반의 국제적 제도들에 어떠한 영향을 미칠 것인가? 이 절에서는 최근의 쌍무주의에 대한 초점을 동북아시아의 3개국이 밟게 될 가능한 제도적 경로에 초점을 맞출 것이다. 이 하위지역은 동아시아의 쌍무주의 그 자체 때문만이 아니라 지역발전의 중요한 동력이기 때문에 특별히 중요하다. 중층적이고 하부로부터의 접근에 기반하여 동북아시아의 시장개방 FTA(NEAFTA)로 이끌 동북아시아 쌍무주의의 다양한 경로를 탐구하고, APEC과 ASEM의 맥락 하에서 미국과 EU와의 상호관계가 초래할 잠정적인 결과가 동북아시아를 초월한 제도가 구축되는 데 있어 가장 가능한 발전경로에 대해서 논의할 것이다.

쌍무적 지역주의로부터 소수적 지역주의로

단순화된 시나리오를 체계적으로 구축하기 위해서는 제도협상 게임의 여러 변수들의 위계적 질서를 가정해야 한다. <그림 1>에 설명된 요인들에 기반하여, 광범위한 기반의 국제적 제도를, 변화를 촉발할 수 있는 가장 중요한 동기로 우선순위를 둘 수 있다. WTO와 APEC의 위상을 공공재로 보고, 무역자유화의 조항을 자극하거나 제한한다고 가정한다. 특별히 필자는 이런 제도들의 약점이 클럽재(club goods)를 추구하는 것을 독려하는 것으로 보고 반대로 제도들의 강점으로 클럽재를 추구하는 동기를 약화시킬 것이다.

장차 PTA의 시장개방적 성격과 동북아시아의 지리적 영역을 고려하면, 개별 협상위치와 제도적 맥락이 협상결과의 다른 요인들을 결정할 것이다. 다시 말하면 참가자의 숫자(1, 2, 아니면 3)와 제도의 강도(예를 들어 협정의 포괄하고 갈등해결 절차의 존재 등), 그리고 포함된 품목의 범주 등이다. 필자는 이들 변수의 중요도 순서에 따라서 WTO, APEC의 제도적 강성, 동맹, 국가 간 경제적 상보성의 순서대로 다룰 것이다. 우리는 이론적 그리고 경험적 관찰로부터 아래의 일반적 관계를 도출할 수 있다. 참여국의 숫자, NEAFTA의 기대되는 강도와 영역은 WTO와 APEC의 강도에 부정적인 기능을 하고 동맹 — 특별히 중-일 동맹 — 그리고 경제적 상보성에는 긍정적인 영향을 미칠 것이다(<표 2> 참조).

만일 WTO와 APEC이 강력하다면, NEAFTA의 존재이유는 거의 없다. 본질적으로 Club Good을 보호하고자하는 모든 동기는(쌍무협정일 지라도) 제도공간을 운영하고 지배하는 광범위한 기반한 제도에 동반하는 것이다(<그림 2>에 있는 결과 I).

강력한 WTO와 약한 APEC의 조합은 클럽재를 추구하는 동기를 만들

〈그림 2〉 동아시아의 소수적 지역주의 경로

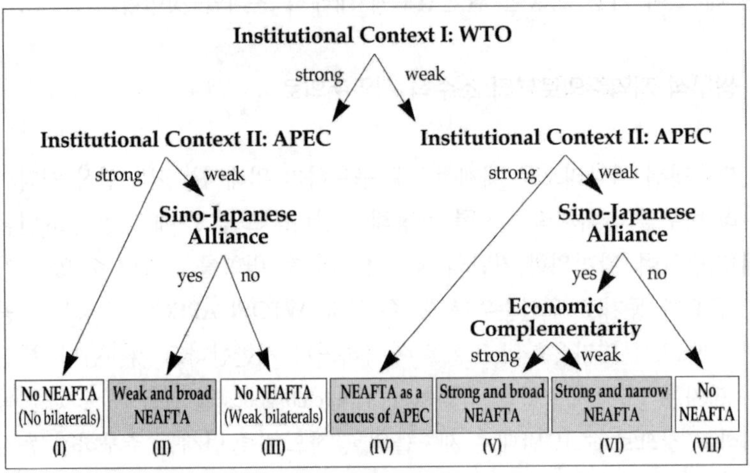

고 따라서 동북아시아에 삼자 간 또는 양자간 지역주의의 제도적 공간을 제공한다. 만일 긍정적이고 비록 일시적이기는 하지만 동맹 형태의 관계가 중국과 일본에 형성된다면(그래서 한국을 포함한 삼자 간 동맹이 형성된다면), 약하지만 광범위한 NEAFTA가 가능할 것이다(결과 II). 이러한 논리는 WTO의 강도가 클럽재에 대한 집착을 약화시킬 것이라는 것이다. 그러나 약한 APEC은 동북아시아 국가들이 지리적인 근접성과 경제의 규모의 이익을 극대화하기 위해서 정치적으로 연계된 NEAFTA를 형성하도록 동기를 부여할 것이다. 반대로, 만일 중-일 간의 동맹이 형성되지 않는다면, 두 지역 강대국이 얻게 될 상대적 이익(relative gains)에 대한 강력한 우려로 인하여 이런, NEAFTA가 형성되는 것은 매우 불가할 것이다. 그러나 이러한 관계가 일본과 한국 간, 그리고 잠재적으로 중국과 한국 간의 쌍무적 동맹관계의 가능성을 없애버리는 것은 아니다. 약한 APEC을 고려하면 이러한 양자간의 쌍무적 FTA가 가장 가능성 있는 선택으로 남아 있지만, 이러한 가능성은 강력한 WTO가 존재한다면 약화될 것이다(결과 III).

약한 WTO와 강력한 APEC의 조합은 약한 NEAFTA를 낳을 가능성이 높다. WTO의 약화는 강력한 APEC이 상대적 이익에 대한 우려를 감소시킬 것이기 때문에 비록 삼국 간의 공식적인 동맹관계가 없다고 하더라도 삼자 간의 클럽재를 추구할 동기를 제공하게 될 것이다. 이러한 경우에 NEAFTA는 분리되고 그 자체로 강력한 협상능력을 갖기보다 APEC하의 지방회의(caucus) 정도로 그 위상이 약화될 것이다. 이는 APEC이 무역자유화에서 원칙적으로 중심적인 역할을 할 것이기 때문이다(결과 IV).

마지막으로, WTO와 APEC이 모두 약하다면, 중요한 제도적 공간과 다수의 선택가능성이 등장할 가능성이 있다. 만일 중국과 일본이 정치적 동맹에 이른다면(그래서 동북아시아에서의 삼자적 동맹관계를 이끌게 된다면), 강력한 NEAFTA가 만들어질 가능성이 높아진다. 이러한 경우, NEAFTA를 결과하는 영역은 경제적 상보성에 달려있을 것이다. 만일 경제적 상보성이 삼국 간에 존재한다면, 이들 국가들은 생산품 영역을 넓힐 것이다(결과 V). 만일 경제적인 상보성이 약하다면 강력하지만 좁은(분야별) NEAFTA가 가능하다(결과 VI). 반대로 중국과 일본 간에 동맹이 형성되지 않는다면 NEAFTA는 가능하지 않을 것이다(결과 VII).

소수적 지역주의에서 소수적 초지역주의와 지역간 지역주의

지금까지 논의된 제도적 지형을 사용하여, 필자는 이러한 일곱 가지 가정적 결과들이 동북아시아의 지형적 지평을 넘어 발전할 수 있는 가능성을 탐구한다. 먼저 이념과 전략변수를 포함하여 일련의 가정목록을 늘릴 수 있다. (1)동아시아공동체에 대한 인식이 증가하면 개방 또는 폐쇄적인 동아시아 블록의 형성이 강화될 것이다. (2)동아시아를 둘러싼 전략적 환경이 적대적인 경우—즉, 미국과 유럽 모두 배타적으로 내부지향화할 경우—동아시아 블록은 본질적으로 폐쇄적일 것이다. 그렇지 않으면 기대되는 동아시아 블록은 개방형태로 지속될 것이며, APEC 또는 WTO 양자에 의하여 초지역적 또는 지역 간 포럼으로 활성화될 것이다(<그림 3> 참조).

〈그림 3〉 소수적 지역주의에서 소수적 초지역주의/지역간 지역주의 경로

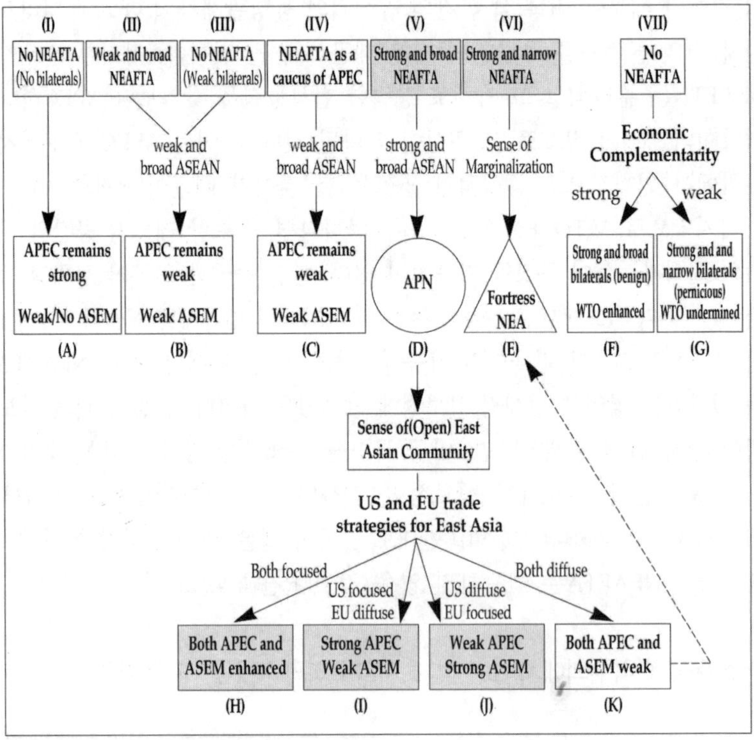

필자는 NEAFTA와 쌍무적 관계가 모두 불가한 조합(결과 I)은 광범한 기반하의 국제적 제도에 거의 영향을 미치지 못할 것이고, 따라서 만일 WTO와 APEC이 동아시아에서 가능한 제도적 공간을 차지해 버린다면 애초에 가정한 대로 APEC은 강력하게 유지될 것이고 ASEM은 약화되거나 효력을 잃게 될 것이다(결과 A).

강력한 WTO와 약한 APEC의 조합은 ASEAN을 광범위하지만 약한 조직으로 남겨두게 될 것이다. 결과 B의 경로에서 설명될 것과 같이 만일 약하고 광범위한 ASEAN과 조합된다면 약하지만 광범위한 NEAFTA(결과 II)는 APEC과 ASEM에 거의 영향을 미치지 못할 것이다. NEAFTA가

형성되지 않고, 약한 쌍무적 관계(결과 III)는, 만일 약하고 광범위한 ASEAN과 조합된다면(결과 B) 동일한 결과를 초래할 것이다.

강력한 APEC을 고려하면, APEC의 지방회의로서 NEAFTA는 약하고 광범위한 ASEAM과 조합될 것이다. 이렇게 계층화되고 유약함에도 불구하고 동아시아의 하부지역제도의 위상은 APEC을 초지역적 제도로 공고화 시킬 것이다. 이상적으로 약한 WTO의 경우, ASEM이 동아시아의 제도영역하에서 지속적으로 기능하도록 할 것이지만, 강도와 영역은 매우 제약적일 것이다(결과 C).

그렇다면 어떻게 동아시아 지역을 뛰어넘는 강력하고 광범위한 NEAFTA가 성장할 수 있는가? 이러한 형태의 NEAFTA는 강력하고 광범위한 ASEAN과 결합될 것이다. 왜냐하면 WTO와 APEC은 모두 약화될 것이고 따라서 ASEAN이 클럽재의 제공자로서 제도적인 여지를 남겨놓을 것이기 때문이다. 이러한 시나리오에서 가장 가능성 있는 결과는 지역간 협정이다. 이와 같이 분리된 PTAs 간의 쌍무적 협정은 ASEAN에 NEAFTA를 합한 형태일 것이다(결과D). APN의 APEC 또는 ASEM에 대한 가능한 영향력과 관련한 사항은 더 많은 탐구를 요하는 흥미로운 시나리오로서 이 장의 마지막 부분에서 다시 논의할 것이다.

결과 VI의 경로는 어떻게 될 것인가? 이러한 경우, 위협적이지 않다면 통상 '유럽요새(Fortress Europe)'와 '미국요새(Fortress America)'로 언급되는 바와 같이 '아시아 요새(Fortress Asia)'라는 배타적인 형태로 귀결될 것이다. 동북아시아와 다른 세계와의 전략적인 관계는 매우 중요하다. 중요한 것은 만일 미국이 아메리카 자유무역지대(the Free Trade Area of Americas, FTAA)에 중점을 두고, 유럽이 동유럽지역과 남유럽 지역으로의 팽창경로에 중점을 두는 경우 다른 지역은 배제되었다고 느끼게 될 것이라는 점이다. 이럴 때 서구의 지역협정이 동북아시아와 동남아시아 국가들에 대항하여 형성된 것이라는 10년 이상 된 인식은 마하티르 수상이 주장해 온 배타적 동아시아 블록에 대한 개념에 다시 불을 붙이게 될 것이다(결과 E).

결과 7에서, 비록 필자는 삼자연맹과, 두 개의 분리된 중첩을 배재하였지만, 일본과 한국 그리고 중국과 한국의 쌍무적 협정은 이들 국가 간의 클럽재 보호에 대한 강력을 동기를 부여할 것이다. 이러한 경우, 강력한 쌍무적 협정은 WTO와 APEC의 약점으로 인하여 두드러지게 될 것이며, 이러한 쌍무적 관계는 동북아시아 무역 자유화의 주도적인 방식으로 작용할 것이다. 이러한 개별국가의 중층적 관계가 강력한 경제적 보완성을 가지고 있다면, 강력하고 광범위한 쌍무적 협정으로 귀결될 것이다(결과 F). 이러한 경로가 만일 다른 국가들 간의 자유화를 경쟁적 역동성을 촉진한다면 호혜적 쌍무주의(benign bilateralism)를 이끌게 될 것이고, 그래서 약한 WTO의 제도적 강성을 증가시키게 될 것이다(Scott, 2004).

반대로 개별 국가들 간의 중층이 약한 경제적 보완성을 가지고 있다면, 강력하지만 좁은 범위의 쌍무적 합의를 초래할 것이다(결과 G). 이러한 경우 동북아시아의 국가들은 중국과 일본 영역으로 양분되게 될 것이며, 지역 통합의 노력이 약화될 것이다. 궁극적으로, 해악적인 경쟁적이고 분야별 쌍무협정은, 광범위에 기반을 둔 다른 다자간 무역협정에 부정적인 영향을 미칠 것이다(Irwin 1993; Aggarwal and Ravenhill 2001; Bhafwati 2002).

마지막으로 만일 APN과 같은 동아시아의 국가군이 형성되어 안정된다면, 상호연계가 증가되고 국가 간 경제활동이 연계되어 동아시아 국가들 간의 공동체에 대한 인식과 감각이 증대될 것이다(Terada 2003; Yue 2004). 또 APN 국가들이 자체적인 초지역적인 국가군을 형성하는 데 대해 확신하게 됨으로써 APEC 수준의 초지역적 차원의 제도화의 노력을 확대하게 될 것이고 새로운 제도를 형성하게 될 것이다. 이러한 노력은 호주-뉴질랜드 간 경제관계 협정(Closer Economic Relations), APEC 하의 APN과 NAFTA(FTAA)와의 초지역적 제도보다, 지역 간의 제도화를 촉진하게 될 것이다. 유사하게 동아시아에서 증가하는 공동체 인식은 ASEM 포럼을 활성화시키고 순수한 아시아-유럽 간 지역주의를 촉진시킨다. 동아시아에서 증가하는 공동체 의식과는 별개로 특별한 초지역적 또는 지역 간 결과는 미국과 유럽의 무역전략에 의하여 결정될 것이다. 다른 요인들 중에서, 필자는 예상되는 무역 파트너로서 동아시아의 선호를 언급한다. 네 가지 가능한 결과는 아래와 같다.

첫째, 만일 미국과 유럽이 동아시아에 높은 관심을 가지고 있다면 APEC과 ASEM은 모두 발전할 것이다. 위에서 언급한 바대로, 미국은 APEC을 WTO 안에서 자유무역을 증진시키는 지렛대로 사용할 것이고 특별히 정체되어있는 다자간 협상을 전진시키는 데 노력할 것이다. 미국이 동아시아를 강조함으로써 들러리가 될 것이라는 우려로부터 벗어나 유럽은 ASEM을 통해 동아시아에 재차 중점을 두게 될 것이다(결과 H). 그러나 이론적으로 가장 가능성이 높은 결과는 다른 한편의 희생을 통해 두 개의 제도 중에서 한쪽이 강화되는 것이다. 이러한 예측의 근거는 동아시아가 미국의 일방주의와 유럽과의 균형이나 또는 미국의 경제능력에 기반한 우월성과 위협에 대한 인식에 편승하는 것 중에서 선택할 것이라는 데 있다. 동아시아가 가진 미국과의 전통적 안보와 경제적 연계를 고려하면, 동아시아는 유럽과의 동맹에 어떠한 피해를 감수하고서라도 미국측에 참여할 가능성이 높다. 그래서 APEC이 강화되고 ASEM은 약화될 것이다.

두 번째, 만일 미국이 홀로 동아시아를 무역 파트너 지역으로 우선순위에서 수위에 둔다면, 미국과 동아시아를 연계하는 제도적인 다리로서 APEC은 강화될 것이다. 반대로, 만일, 유럽의 무역정책이 동유럽과 남부유럽에 배타적으로 비중을 두는 경우 유럽과 아시아간의 제도적인 기제로서의 ASEM은 계속 약화될 것이다. 이러한 시나리오에서 점차 복잡해지는 지역 간 관계와 태평양을 가로지르는 심화되고 넓은 영역의 행위들은 강력한 APEC에 의해서 관리될 것이다.

세 번째, 만약 유럽이 동아시아에 많은 관심을 갖고, 미국이 남아메리카와 유럽으로 관심을 돌린다면 APEC은 약화되고 ASEM은 강화될 것이다. ASEM이 유럽과 아시아의 동등한 파트너십의 증대를 위하여 노력하고 있는데, 이는 유럽이 동아시아의 동등한 관계가 성사될 때 마침내 구체화될 것이다.

마지막으로, 미국과 EU 모두 동아시아에 많은 관심을 가지지 않는다면, APEC과 ASEM 모두는 약화될 것이다(결과 K). 구체적으로 미국의 무역전략이 서방지역에 집중적으로 관심을 두고 유럽이 동유럽과 남유럽으로의 확대에 관심을 둘 가능성이 있다. 이때는 결과적으로 위에서 언급한 대로 요새 시나리오로 귀결될 것이다(결과 E).

V. 결론과 함의

본 연구에서 필자는 특별히 동아시아에서 우세한 무역협정이 어떻게 작동할 것인가를 탐구하였다. 무역협정을 분석적으로 이해하기 위한 첫 번째 작업은 독립변수를 적절히 차별화 하는 것이다. 이러한 목적을 위하여 필자는 다양한 형태의 무역협정을 행위자의 수, 생산품의 범주, 지리, 제도화의 수준, 그리고 시장개방과 폐쇄 지향 등의 측면에서 범주화하였다. 이러한 계획은 무역합의뿐만 아니라 무역협정에 대한 정치학자와 경제학자들의 방대한 연구를 범주화하고 체계화하는 데 도움을 준다.

필자는 이것이 다양한 무역협정에 대한 우리의 이해를 평가할 수 있고 무역 자유화와 보호주의의 역동성에 대한 우리의 이해의 공백을 지적할 수 있다고 믿는다. 연구노력의 측면에서 필자가 사용한 용어는 아직도 논쟁의 여지가 있다. 예를 들어, 지정학(geography)에 대해서 어떻게 규정할 수 있는가에 대한 논쟁이 지속되고 있다. 비슷한 문제는 생산영역(product scope)과 관련해서 얼마나 많은 생산품들이 분야를 결정하는가와 관련된 문제도 제기된다. 경제학 연구에서, 시장을 규정하는데 수요의 교차탄력성(cross-elasticities of demand)이 사용된다. 이러한 점에서 분야를 어떻게 규정하는가의 문제는 아직 남아있다. 동일한 문제는 제도화의 수준과 협정이 시장개방을 증진하거나 약화시키는지와 관련된 문제에도 제기된다.

협정의 형태와 관련된 일반적인 논쟁과 관련하여 특별한 합의에 대한 많은 연구가 진행되었다. 그러나 가장 논쟁적인 연구의 흐름은 무역협정의 역동성에 대한 것이다. 이러한 맥락에서 베스와 로버트 야브로는 무역자유화 형태의 가능성을 예측하는 모델을 구체화하려고 시도했다.

본 연구에서 필자는 이러한 질문에 대답하기 위하여 제도적 협상 게임을 제시했고, 상품의 형태, 국가 선호의 기원, 제도적 맥락에 초점을 두었다. 구체적으로 무역에서 클럽재와 사유재의 차이점이 특별히 중요하다고 주장했다. 개별 국가의 위치에 대한 검토에서 필자는 국제적 전략과 경제적 이익, 정부형태와 다자주의를 넘어서 무역협정을 추진하는 가치에 대한 믿음이 무역합의를 형성시키고 발전시키는데 영향을 미친다는 점을 검토했다.

본 연구는 동북아시아의 공식적 경제통합의 가능한 경로에 대하여 검토했다. 필자는 WTO와 APEC의 강함 또는 약함이 공공재의 조항에 영향을 미치고 이에 따라 클럽재의 동기에 영향을 미침으로서 제도적 공간을 개방하거나 막아버린다고 주장했다. 만일 WTO와 APEC이 지속적으로 약화된다면, NEAFTA의 형성 가능성은 높아진다. 그러나, 많은 부분은 중국과 일본의 동맹, 그리고 개별국가 간의 경제적 보완성에 달려 있다. 필자는 다음으로 NEAFTA가 초지역적 그리고 지역 간 지역주의로 발전할 가능성에 대하여 검토했다. 시나리오 분석이 지적하듯이, NEAFTA는 호혜적인 동시에 해악적이며, 이는 많은 부분 지역 행위자들의 이념과 신념에 달려 있다.

미래의 동아시아의 블록의 APEC과 ASEM에 대한 가능한 기여는 동아시아를 무역 파트너로 고려하는 미국과 유럽 간의 이익의 균형에 달려 있다. 만일 미국이 동아시아에 많은 관심을 집중하게 되고 APEC은 ASEM의 약화와 함께 발전할 것이다. 반대로, 만일 EU가 동아시아로 관심을 돌린다면 ASEM은 APEC의 희생으로 발전할 것이다. 만일 미국과 유럽 모두 동아시아에 대하여 관심이 적어지거나, 반대로 무역정책의 모호성이 증대한다면, 부상하는 동아시아 블록은 유럽요새 또는 미국요새의 뒤를 따르게 될 것이다.

요약하면, 우리는 말 그대로 무역협정을 선택하는 갈림길에 서있다. 세계경제의 정치경제적 불확실성을 바라볼 때 동북아시아, 동아시아, 그리고 세계체제의 자유무역으로의 경로에는 많은 어려움이 있을 것이다.

|참고문헌|

Aggarwal, V. K. 1998. *Institutional Designs for a Complex World: Bargaining, Linkages, and Nesting.* Ithaca: Cornell University Press.

______. 2001a. "Economics: International Trade." In P. J. Simmons and C. Oudraat, eds. *Managing a Globalizing World: Lessons Learned.* Washington, D.C.: The Carnegie Endowment for International Peace.

______. 2001b. "APEC and Trade Liberalization after Seattle: Transregionalism without a Cause?" In Maria Weber, ed. *Reforming Economic Systems in Asia: A Comparative Analysis of China, Japan, South Korea, Malaysia and Thailand* (Cheltenham: Elgar), pp.149-178.

Aggarwal, V. K., and Cedric Dupont. 1999. "Goods, Games and Institutions." *International Political Science Review.*

______. 2002. "A Leader in Institutional Design? European and the Governance of Trade and Monetary Relations." In Henryk Kierzkowski, ed. *Europe and Globalization* (London: Palgrave), pp.114-142.

Aggarwal, V. K., and Fogarty, E., eds. 2004. *EU Trade Strategies: Between Globalism and Regionalism.* London: Palgrave.

Aggarwal, V. K., Robert Keohane, and David Yoffie. 1987. "The Dynamics of Negotiated Protectionism." *American Political Science Review* 81(2):345-66.

Aggarwal, V. K., and Min Gyo Koo. 2005. "Beyond Network Power: The Dynamics of Formal Economic Integration in Northeast Asia." *Pacific Review,* Vol. 18, No. 2, May.

Aggarwal, V. K., and Min Gyo Koo, in press. "The Evolution of APEC and ASEM: Implications of the New Bilateralism." *The European Journal of East Asian Studies.*

Aggarwal, V. K., and Morrison, C., eds. 1998. *Asia-Pacific Crossroads: Regime Creation and the Future of APEC.* New York: St. Martin's Press, 1998.

Aggarwal, V. K., and Ravenhill, J. 2001. "Undermining the WTO: The Case against 'Open Sectoralism.'" *Asia-Pacific Issues* 50.

Baldwin, R. E. 1997. "The Causes of Regionalism." *World Economy* 20(7): 865-88.

Bayard, Thomas O., and Kimberly Ann Elliott. 1994. *Reciprocity and Retaliation in U.S. Trade Policy.* Washington, D.C.: Institute for International Economics.

Bergsten, F. 1996. "Competitive Liberalization and Global Free Trade: A Vision for the Early 21st Century." *APEC Working Papers* 96(15), Washington D.C.: Institute for International Economics.

______. 2001. "Fifty Years of Trade Policy: The Policy Lessons." *The World Economy* 24(1):1-13.

Bhagwati, J. 1987. "Quid Pro Quo DFI and VIEs: Political-Economy-Theoretic Analyses." *International Economic Journal* 1, pp.1-14.

Bhagwati, J., and H. Patrick, eds. 1990. *Aggressive Unilateralism: America's 301 Trading Policy and the World Trading System.* Ann Arbor: University of Michigan.

Business Roundtable. 2001. "The Case for U.S. Trade Leadership: The United States is Falling Behind." February. htp://www.businessroundtable.org/publications/publication.aspx?qs=2496BF807822B0F19D2

Chase, K. A. 2003. "Economic Interests and Regional Trading Arrangements: The Case of NAFTA." *International Organization* 57(1): 137-174.

Coase, R. 1960. "The Problem of Social Cost." *Journal of Law and Economics,* October.

Crone, D. 1993. "Does Hegemony Matter?: The Reorganization of the Pacific Political Economy." *World Politics* 45: 501-525.

Curzon, G. 1966. *Multilateral Commercial Diplomacy.* New York: Praeger.

Deardorff, A. 1997. "Determinants of Bilateral Trade: Does Gravity Work in a Classical World?" In *The Regionalization of the World Economy,* ed. by Jeffrey Frankel. Chicago: University of Chicago Press.

Dent, C. 2003. "Networking the Region? The Emergence and Impact of Asia-Pacific Bilateral Free Trade Agreements." *The Pacific Review* 16(1):

1-28.

Doyle, M. 1983. "Kant, Liberal Legacies and Foreign Affairs." *Philosophy and Public Affairs* 12: 205-235.

Faust, J. 2004. "Blueprint for an Interregional Future? The European Union and the Southern Cone." In Aggarwal and Fogarty (2004):41-63.

Fernandez, R., and Portes, J. 1998. "Returns to Regionalism: An Analysis of Nontraditional Gains from Regional Trade Agreements." *The World Bank Economic Review* 12(2): 197-220.

Fogarty, E. 2004. "Be Careful What You Wish For: The European Union and North America." In Aggarwal and Fogarty (2004):180-206.

Frankel, J. A. 1997. *Regional Trading Blocs in the World Economic System.* Washington, DC: Institute for International Economics.

Frankel, J. A., E. Stein, and S. Wei. 1996. "Regional Trading Arrangements: Natural or Super Natural." *American Economic Review* 86(2).

Fuss, Melvyn A., and Leonard Waverman. 1986. "The Canada-U.S. Auto Pact of 1965: An Experiment in Selective Trade Liberalization." NBER Working Paper No. W1953.

Gilpin, R. 1987. *The Political Economy of International Relations.* Princeton: Princeton University Press.

Gilson, J. 2004. "Weaving a New Silk Road: Europe Meets Asia." In Aggarwal and Fogarty.

Gowa, J. 1989. "Rational Hegemons, Excludable Goods, and Small Groups: An Epitaph for Hegemonic Stability Theory." *World Politics.*

Grieco, J. 1987. "Systemic Sources of Variation in Regional Institutionalization in Western Europe, East Asia and the Americas." In E. Mansfield and H. Milner, eds. *The Political Economy of Regionalism.* New York: Columbia University Press.

Grossman, G., and Helpman, E. 1995. "The Politics of Free-Trade Agreement." *The American Economic Review* 85: 667-90.

Haggard, S. 1997. "Regionalism in Asia and the Americans." In E. Mansfield and H. Milner, eds. *The Political Economy of Regionalism.* New York: Columbia University Press.

Irwin, D. A. 1993. "Multilateral and Bilateral Trade Policies in the World Trading

System: An Historical Perspective." In J. Melo and A. Panagariya, eds. *New Dimension in Regional Integration.* Cambridge: Cambridge University Press.

______. 1994. *Managed Trade: The Case Against Import Targets.* Washington, DC: American Enterprise Institute.

Kahler, Miles. 2000. "Legalization as Strategy: The Asia-Pacific Case." *International Organization* 54:3 (Summer) pp.549-571.

Katzenstein, P. J. 1997. "Introduction: Asian Regionalism in Contemporary Perspective." In P. J. Katzenstein and T. Shiraishi, eds. *Network Power: Japan and Asia.* Ithaca: Cornell University Press.

Keeley, J. 1983. "Cast in Concrete for all Time: The Negotiation of the Auto Pact." *Canadian Journal of Political Science* XVI (June): 281-98.

Keohane, R. 1984. *After Hegemony: Cooperation and Discord in the World Economy.* Princeton: Princeton University Press.

______. 1990. "Multilateralism: An Agenda for Research." *International Journal* XLV (Autumn).

Koo, M. 2005. "From Multilateralism to Bilateralism? A Shift in South Korea's Trade Strategy." In V. K. Aggarwal and S. Urata, eds. *Bilateral Trade Arrangements in the Asia-Pacific: Origins, Evolution and Implications.* New York: Routledge.

Krasner, S. 1976. "State Power and the Structure of International Trade." *World Politics* 28: 317 347.

Krauss, Ellis S. 2004. "The United States and Japan in APEC's EVSL Negotiations: Regional Multilateralism and Trade." *Beyond Bilateralism: U.S.-Japan Relations in the New Asia Pacific.* Ellis S. Kraus s and T. J. Pempel, eds. Stanford, Cal.: Stanford University Press, 272-95.

Krugman, P. 1991. "Is Bilateralism Bad?" In E. Helpman and A. Razin, eds. *International Trade and Trade Policy.* Cambridge: MIT Press.

Lawrence, R. Z. 1996. *Regionalism, Multilateralism, and Deeper Integration.* Washington, D.C.: Brookings Institution.

Mansfield, E., and H. Milner. 1999. "The New Wave of Regionalism." *International Organization* 53 (3): 589-627.

Maoz, Z., and Russett, B. 1993. "Normative and Structural Causes of Democratic Peace, 1946-1986." *American Political Science Review* 87(3): 624-638.

Martin, L. 1992. “Interests, Power and Multilateralism.” *International Organization,* Vol. 46, No. 4. (Autumn, 1992), pp.765-792

McKeown, T. 1983. “Hegemonic Stability Theory and 19th Century Tariff Levels in Europe.” *International Organization* 37(1):73-91.

______. 1991. “A Liberal Trading Order? The Long-Run Pattern of Imports to the Advanced Capitalist Sates.” International Studies Quarterly 35(2):151-72.

Milner, H. 1997. “Industries, Governments, and Regional Trade Blocs.” In E. Mansfield and H. Milner, eds. *The Political Economy of Regionalism.* New York: Columbia University Press.

Milner, H., and D. Yoffie. 1989. “Between Free Trade and Protectionism: Strategic Trade Policy and a Theory of Corporate Trade Demands.” *International Organization* 43(2): 239-272.

Milward, A. S. 1992. *The European Rescue of the Nation-State.* London: Routledge.

Nagoka, S. 1997. “The economic consequences of VIEs.” *Japan and the World Economy* 9: 557-565.

Oneal, J., and Russett, B. 1997. “The Classical Liberals Were Right: Democracy, Interdependence and Conflict, 1950-85.” *International Studies Quarterly* 41(2): 267-293.

Oye, K. 1992. *Economic Discrimination and Political Exchange: World Political Economy in the 1930s and 1980s.* Princeton: Princeton University Press.

Ravenhill, J. 2001. *APEC and the Construction of Asia-Pacific Regionalism.* Cambridge: Cambridge University Press.

______. 2004. *Global Political Economy.* Oxford: Oxford University Press.

______. in press. “The Political Economy of the New Asia-Pacific Bilateralism: Benign, Banal or Simply Bad?” In V. K. Aggarwal and S. Urata, eds. *Bilateral Trade Arrangements in the Asia-Pacific: Origins, Evolution and Implications.* New York: Routledge.

Richardson, D. 1987. “Commen.” In R. Stern, ed. *U.S. Trade Policy in a Changing World Economy.* Cambridge: MIT.

Rodrik, D. 1989. “Promises, Promises: Credible Policy Reform via Signaling.” *Economic Journal* 99 (397): 756-72.

Schonhardt-Bailey, C., ed. 1996. *Free Trade: The Repeal of the Corn Laws.*

Briston: Thoemmes Press.

Snidal, Duncan. 1979. "Public Goods, Property Rights, and Political Organization." *International Studies Quarterly,* December.

Terada, T. 2003. "Constructing an 'East Asian' concept and growing regional identity: from EAEC to ASEAN+3." *The Pacific Review* 16(2): 251-277.

Tyson, L. 1992. *Who's Bashing Whom: Trade Conflict in High-Technology Industries.* Washington, D.C.: IIE.

______. 2000. "What Really Sabotaged the Seattle Trade Talks." *Business Week,* Feb. 7.

Viner, J. 1950. *The Customs Union Issue.* New York: Carnegie Endowment for International Peace.

Williamson, O. 1975. *Markets and Hierarchies: Analyses and Antitrust Implications.* New York: The Free Press.

Yarbrough, Beth V., and Robert M. Yarbrough. 1992. *Cooperation and Governance in International Trade.* Princeton: Princeton University Press.

자유무역협정(FTA): 동아시아 지역의 추세

이창재
|대외경제정책연구원 연구원

I. 서론

1950년대 유럽에서 시작한 경제적 지역주의는 1990년대에 들어서 세계화의 추세와 더불어 전 세계적인 현상이 되었다. 1980년대 후반에 미국이 지역주의에 대한 기존의 반대 입장을 철회한 후 1990년대부터 많은 개발도상국들이 지역주의 정책을 채택하고 있다. 그 결과 대부분의 선진국들과 개발도상국들은 지역주의를 따르고 있고, 또 많은 국가들이 한 개 이상의 지역무역협정(Regional Trade Agreement, RTA)에 참여하고 있다. GATT/WTO에 통보된 바에 의하면 2005년 1월 5일 현재 162개의 지역무역협정이 이미 체결되어 발효 중에 있다.[1)]

1) 162개의 지역무역협정(RTA)은 관세 및 무역에 관한 일반협정(GATT) 제XXIV조에 근거하고 있고, 그 외 21개와 29개의 지역무역협정이 각각 허용조항

21세기에도 지역주의는 더욱 더 확대되고 있다. 유럽연합은 2004년 5월 1일 10개국을 새로운 회원국으로 받아들여서 총 25개국이 참여하게 되었다. 이와 더불어 아메리카 대륙의 34개국도 역시 미주자유무역지대(Free Trade Area of Americas)를 체결하고자 추진 중에 있다. 이와 같이 대륙을 포괄하는 광범위한 규모의 경제통합 움직임과 더불어, 일부 국가들 사이에서는 양자간 자유무역협정(Free Trade Agreement, FTA)도 활발하게 체결되고 있다.

지역주의에 대한 경제학자들의 견해는 두 가지로 나뉜다. 하나는 지역주의를 전 세계적인 자유무역의 추진을 위한 중간 단계로 보는 것이고, 다른 하나는 장애물로 간주하는 것이다. 그러나 지역주의의 확산은 많은 수의 국가들이 지역무역협정을 유익한 것으로 간주한다는 것을 보여주고 있다. 지역주의를 옹호하는 사람들의 입장을 지지해줄 만한 또 다른 사실 하나는 최근에 일부 국가들에 의해 적극적으로 추진되는 FTA 전략이 '경쟁적 자유화'라고 불려지고 있다는 것이다.

경제적 지역주의의 측면에서 본다면 동아시아는 다른 지역에 비해서 한참 뒤쳐진 지역이다. 이미 체결된 162개의 지역무역협정 중에서 동아시아 국가들이 참여하고 있는 것은 9개의 FTA, 5개의 특혜협정(Preferential Agreement), 9개의 서비스협정이 전부이다.[2] 5개의 특혜협정은 동아시아 국가들 간에 체결된 것이지만, 중국과 홍콩 간, 그리고 중국과 마카오 간 경제협력강화협정(CEPA)을 제외한다면 동아시아 국가들 사이의 FTA는 일본-싱가포르 간 FTA가 유일하다.[3]

그렇다면 어떻게 해야 동아시아 국가들이 다른 지역의 추세를 따라잡을 수 있을 것인가? 동아시아지역 내에 존재하는 FTA의 특징은 무엇일까? 최근 동아시아지역에서 확산되고 있는 FTA는 어떻게 설명될 수 있

(Enablin g Clause)과 서비스 무역에 관한 일반협정(GATS) 제V조에 근거하고 있다(http://www.wto.org/english/tratop_e/region_e/region_e.htm).

2) <표 1>을 볼 것.

3) 인도, 방글라데시, 스리랑카, 라오스, 한국, 중국이 방콕 협정의 회원국이다.

을까? 마지막으로, 동아시아의 특수성을 고려한다면, 동아시아 자유무역지대(Free Trade Area)는 가능한 것일까? 본 논문은 이와 같은 세 가지 질문에 대한 답을 시도해보고자 한다.

II. 최근 동아시아 지역주의의 추세

세계적인 지역주의의 확산과 더불어 동아시아 국가들이 경제적 지역주의에 대해 신중하게 고려하도록 자극한 것은 아시아 외환 위기라는 사건이었다.

1997년 12월 쿠알라룸푸르에서 첫 번째 ASEAN+3(한국, 중국, 일본) 정상회의가 열렸고, 그 후 이는 매년 개최되고 있다. 2000년 이후부터는 ASEAN+3 정상회의를 뒷받침하기 위하여 다양한 형태의 장관급 회의와 고위관료 회의가 정기적으로 열리고 있다.

이 지역에서 또 하나의 중요한 발전은 동북아시아 국가들(한국, 중국, 일본) 사이에 정상 간 만남이 시작되었다는 것이다. 이 세 나라의 지도자들이 만나는 것은 ASEAN+3라는 형식하에서 이루어지고 있다. 1999년 11월 마닐라에서 개최된 ASEAN+3 정상회의에서 3개국의 정상들은 역사적인 첫 만남을 가졌다. 그 후 이 3개국의 정상 간 회담 역시 연례적인 행사로 정착되었다.[4)]

이와 더불어 1990년대 후반과 2000년대 초반부터 일부 동아시아 국가들은 뒤늦게나마 FTA의 흐름에 동참하기 시작하였다.[5)] 그 중 싱가포르가 이러한 정책을 가장 적극적으로 추진해 온 국가이다. 2000년 11월 싱가포르는 뉴질랜드와 경제협력강화협정(ANZCEP)을 체결하였고, 그 후에

4) Lee(2003).
5) FTA가 확대되기 이전에 동아시아에서는 3개의 특혜협정이 유일하게 존재하는 지역무역협정이었다(표 1을 볼 것).

2002년 1월 일본과의 경제협력강화협정(JSEPA), 2002년 6월 유럽자유무역연합(EFTA)과의 FTA,[6] 2003년 2월 호주와의 FTA(SAFTA), 2003년 5월 미국과의 FTA(USSFTA) 등을 차례로 체결하였다. 일본은 2002년 1월 동북아시아 국가로는 처음으로 싱가포르와의 경제협력강화협정을 발효시켰다.[7] 한국은 2003년 2월 칠레와의 FTA를 체결하여 2004년 4월 이를 발효시켰다.[8] 중국은 홍콩, 마카오와 각각 경제협력강화협정(CEPA)을 체결하여 2004년 1월 이를 발효시켰으며, 아세안과의 특혜협정을 2003년 7월부터 발효시켰다.[9] 가장 최근에는 2005년 1월 태국과 호주 사이에 FTA가 발효되었다.[10]

2005년 1월 4일 현재 GATT/WTO에 의해 통보되어 이미 발효 중인 FTA와는 별도로 지금 현재 이미 체결되었거나 체결 중인 협정, 그리고 아직 협상이 진행 중이거나 협상을 위한 연구 과정에 있는 것들이 다수 있다.[11]

여기에서도 싱가포르는 다시 한번 가장 적극적인 FTA 추진국가가 되었다. 2004년 5월에도 요르단과의 FTA를 체결하였고, 2004년 11월에는 한국과의 FTA 체결을 위한 논의가 실질적으로 마무리되었다. 그에 더하여 싱가포르는 캐나다, 이집트, 인도, 멕시코, 칠레, 뉴질랜드(Pacific Three), 파나마, 페루, 스리랑카, 쿠웨이트, 카타르 등과 FTA 협상을 진행 중이고, 바레인과 아랍에미리트와도 협상을 시작하기로 결정하였다.[12]

2005년 4월 일본-멕시코 FTA가 발효되었다. 일본은 필리핀과 FTA의

---

6) 유럽자유무역협정(EFTA)에는 스위스, 아이슬란드, 리히텐슈타인, 노르웨이가 참여하고 있다.

7) http://www.fta.gov.sg/

8) http://www.mofat.go.kr/ko/division/fta_new.mof

9) 이는 2004년 12월 WTO의 허용조항(Enabling Clause)에 근거하여 통보되었다.

10) http://www.wto.org/english/tratop_e/region_e/region_e.htm

11) 현재 수많은 자유무역협정에 대한 논의가 진행 중이기 때문에, 여기서는 이미 체결된 협정과 협상을 개시한 협정에 대해서만 다루도록 하겠다.

12) http://www.fta.gov.sg/

주요 현안에 대한 결론에 거의 도달하였으며 한국, 말레이시아, 태국과 협상을 진행 중에 있다. 일본은 아세안과 인도네시아와도 FTA 협상을 시작하려고 준비하고 있다.[13)]

싱가포르와의 FTA 체결을 거의 마무리 지은 한국은 현재 일본, 유럽자유무역연합(EFTA), 아세안과도 협상을 진행 중에 있다.[14)]

태국-호주 FTA는 2005년 1월에 이미 발효되었고, 태국-뉴질랜드 FTA는 2005년 4월에 체결되었다. 태국은 뉴질랜드와 서비스 분야의 개방을 위한 협상도 시작할 것으로 예정되어 있다. 또한 태국은 일본, 미국, 중국, 인도, 페루, 바레인, 유럽자유무역연합과 협상을 진행 중에 있다. 대만은 GATT/WTO에는 통보하지 않았지만 APEC에 파나마와의 FTA 체결을 통보하였다.[15)]

중국의 적극적인 자유무역정책과 현 상황에 대하여도 언급할 필요가 있다. 2001년 11월 브루나이에서 열린 ASEAN+3 정상회의에서 중국 주룽지 총리의 제안에 의해, 아세안과 중국 양측은 ASEAN-중국 FTA (ACFTA) 체결을 위한 협상을 시작하기로 합의하였다. 그 후, 2002년 11월 ASEAN-중국 간 포괄적 경제협력에 대한 기본협정(Framework Agreement on Comprehensive Economic Cooperation)이 체결되었고, 이 협정에서는 ASEAN-중국 FTA가 10년 이내에 체결될 것으로 전망하였다.[16)] 그 외에도 중국은 칠레, 뉴질랜드, 페르시아만협력회의(GCC),[17)] 호주와 FTA 협상을 시작하

13) 일본은 칠레, 인도와 자유무역협정 공동연구를 이미 진행 중이거나 진행할 계획에 있다.

14) 한국은 멕시코, 인도와 공동연구를 진행 중에 있다(http://www.fta.go.kr/).

15) http://www.apec.org/content/apec/documents_reports/senior_officials_meetings/2004.html#FTARTA

16) Hai (2003); http://www.fta.gov.sg/.

17) 페르시아만협력회의(GCC)에는 사우디아라비아, 아랍에미리트연방, 쿠웨이트, 오만, 카다르, 바레인 등이 회원국으로 참여하고 있다. 중국도 상해협력기구(Shanghai Cooperation Organization)를 통하여 중앙아시아 국가들과 FTA를 체결하고자 노력하고 있다. 여기에는 중국, 러시아, 카자흐스탄, 키르키즈스탄, 타지키스탄, 우즈베키스탄 등이 회원국으로 참여하고 있다.

〈표 1〉 동아시아의 자유무역협정(FTA)과 지역무역협정(RTA)

	FTAs	특혜협정 (Preferential Agreement)	서비스 협정 (Service Agreement)
체결 완료	Singapore-New Zealand Singapore-Japan Singapore-EFTA Singapore-Australia Singapore-US Korea-Chile China-Hon g Kong[1] China-Macao1 Thailand-Australia Singapore-Jordan[2] Japan-Mexico[2] Thailand-New Zealand[2] Korea-Singapore[3] Japan-Philippines[3] Chinese Taipei-Panama[2]	Ban gkok Agreement Laos-Thailand AFTA Ban gkok Agreement- Accession of China ASEAN-China	Singapore-New Zealand Japan- Singapore EFTA-Singapore Singapore-Australia US-Singapore Korea-Chile China-Hon g Kong1 China-Macao1 Thailand-Australia
협상 진행중	Singapore-Canada Singapore-Egypt Singapore-India Singapore-Mexico P3 Singapore-Panama Singapore-Peru Singapore-Sri Lanka Singapore-Kuwait Singapore-Qatar Japan-Korea Japan-Malaysia Japan-Philippines Japan-Thailand Korea-EFTA Korea-ASEAN Thailand-US Thailand-China Thailand-India Thailand-Peru		

	FTAs	특혜협정 (Preferential Agreement)	서비스 협정 (Service Agreement)
	Thailand-Bahrain Thailand-EFTA China-ASEAN China-GCC ASEAN-India Singapore-Bahrain[4] Singapore-UAE[4] Japan-ASEAN[4] Japan-Indonesia[4] China-Chile[4] China-New Zealand[4] China-Australia[4]		

Notes: 1. 경제협력강화협정(CEPA, Closer Economic Partnership Agreement)
2. 2005년 1월 4일 현재 GATT/WTO에 통보되지 않음
3. 거의 체결 완료됨
4. 협상을 시작하기로 결정하였거나 이제 곧 협상을 시작할 계획에 있음

기로 합의하였다.

아세안은 중국, 인도, 한국과의 협상을 진행 중에 있으며, 일본과도 협상을 시작하려고 준비 중에 있다.

III. 동아시아 지역 내 FTA의 특징

GATT/WTO에 통보되어 이미 발효 중인 9개의 동아시아 역내 FTA들 중 2개는 중국과 그 인접국 사이의 경제협력강화협정(CEPA)이고, 5개는 사실상 이미 자유무역 국가인 싱가포르가 참여하고 있는 것, 다른 하나는 태국이 참여하는 것이다. 그렇기 때문에 이미 발효 중인 동아시아의 FTAs에 대한 유형화를 시도한다는 것은 어려운 일이다. 그러므로 여기서는 한국-칠레 자유무역협정(FTA)과 일본-싱가포르 경제협력강화협정(EPA)을 다른 아시아태평양지역의 FTAs와 비교하여 분석하도록 하겠다.[18)]

1. FTA의 범위

제한된 상품의 관세 인하에 한정되었던 기존의 자유무역협정들과는 달리 최근의 FTA는 그 범위에 있어서 포괄적이라는 특징을 갖고 있다. 일본-싱가포르 FTA와 한국-칠레 FTA는 둘 다 상당히 포괄적인 범위를 다루고 있다. 한국-칠레 FTA는 상품, 투자, 서비스, 기술적 장벽(Technical Barriers on Trade, TBT)과 같은 비관세장벽, 위생 및 식품위생조치(Sanitary and Phytosanitary Measures, SPS), 경쟁정책, 정부조달, 지적재산권, 그리고 무역구제와 분쟁해결절차와 같은 내용까지 포괄하는 협정이었다. 이 협정에서는 금융서비스, 전자상거래, 노동시장, 환경, 회원가입 규정에 대한 조항들은 제외되었다. 일본-싱가포르 FTA는 금융서비스와 전자 상거래 분야를 포함하지만 기술적 장벽, 위생 및 식품위생조치, 투명성, 무역구제, 협정의 운영, 예외 조항 등이 포함되지 않았다.

<표 2>에서 볼 수 있듯이, 두 FTA는 모든 분야를 다 포함하는 미국-칠레 FTA만큼 포괄적인 것은 아니지만 캐나다-칠레 FTA보다는 그 범위가 크다. 특히, 한국-칠레 FTA는 캐나다-칠레의 협정보다 5개나 더 많은 항목을 포함하고 있다(기술적 장벽, 정부조달, 위생 및 식품위생조치, 지적재산권, 협정의 운영 조항 등).

2. 상품과 서비스에 대한 시장 접근

<표 3>에서 나와 있듯이 싱가포르-뉴질랜드, 싱가포르-호주 FTA와 같이 최근에 체결된 협정들 중 일부는 양자간 무역과 관세열(tariff lines)을 양국 모두 100% 포괄하고 있다.

---

18) 여기서는 APEC에 제출된 보고서를 분석을 위한 자료로 사용하였다(http://www.apec.org/content/apec/documents_reports/senior_officials_meetings/2004.html#FTARTA).

〈표 2〉 FTA의 범위(Scope of the FTAs)

Chapters / Agreements	한-칠레	일본-싱가포르	캐나다-싱가포르	미국-칠레
Initial Provisions	✓	✓	✓	✓
General Definitions	✓	✓	✓	✓
National Treatment and Market Access for Goods	✓	✓	✓	✓
Rules of Origin Procedures	✓	✓	✓	✓
Customs Administration	✓	✓	✓	✓
Sanitary and Phytosanitary Measures	✓			✓
Technical Barriers to Trade	✓			✓
Trade Remedies	✓		✓	✓
Government procurement	✓	✓		✓
Investment	✓	✓	✓	✓
Cross-Border Trade in Services	✓	✓	✓	✓
Financial Services		✓		✓
Telecommunications	✓	✓	✓	✓
Temporary Entry for Business People	✓	✓	✓	✓
Electronic Commerce		✓		✓
Competition Policy, Designated Monopolies and State Enterprise	✓	✓	✓	✓

Chapters / Agreements	한-칠레	일본-싱가포르	캐나다-싱가포르	미국-칠레
Intellectual Property Right	✓	✓		✓
Labo				✓
Environment				✓
Transparency	✓		✓	✓
Administration of the Agreement	✓			✓
Dispute Settlement	✓		✓	✓
Exceptions	✓		✓	✓
Final Provisions	✓		✓	✓
Accession Claus				

Source: http://www.apec.org/content/apec/documents_reports/senior_officials_meetings/2004. html #FTARTA

일본-싱가포르 FTA의 경우 협정의 대상이 되는 싱가포르 제품의 범위가 100%인 반면 일본 제품의 경우는 그보다 더 낮은데, 일본 제품의 적용 범위는 양자간 무역에 대해서는 93%로 조금 낮은 편이지만 관세수준(tariff lines)은 76.2%로 상당히 낮다. 한국-칠레 FTA는 예외 비율이 한국은 3.6%, 칠레가 1.1%이다. 한국-칠레 FTA는 10년 이내에 양국 사이에서 교역되는 상품의 96%에 대해 수입관세를 철폐하기로 되어 있다(한국은 96.2%, 칠레는 96.5%).

관세철폐 계획을 보면 일본-싱가포르 FTA의 단계적 철폐 기간이 한국-칠레 FTA보다 더 짧다. 일본은 품목에 따라 '즉시'에서 최장기 '8년'에 걸쳐서 단계적으로 철폐하는 반면에 싱가포르는 모두 '즉시' 철폐하기로 하였다. 한국의 단계적 철폐 기간은 '즉시'부터 최장기 '16년'까지 있으

〈표 3〉 적용범위(Product Coverage)*

	관세열(%) lines	무역(%) trade	철폐 기간	예외비율
Japan-Singapore				
Japan	76.2	93	0~8 years	7
Singapore	100	100	immediate elimination	0
Korea-Chile				
Korea	97	98	0~16 years	3.6
Chile	98.9	99.4	0~13 years	1.1
Chile-Mexico				
Chile	98.1	93.7	n.a	1.9
Mexico	100	100	**	0
Australia-Singapore				
Australia	100	100	n.a	n.a
Singapore	100	100	immediate elimination	0
New Zealand-Singapore				
New Zealand	100	100		0
Singapore	100	100	immediate elimination	0

Notes: * All goods. ** Not available.
Source: http://www.apec.org/content/apec/documents_reports/senior_officials_meetings/2004.html#FTARTA

며, 칠레의 경우는 '즉시', '5년', '7년', '10년', '13년'이다.

APEC 회원국의 보고서에 의하면, 서비스 분야의 시장접근에 대해서는 보통 각 부문별로 일정한 제한조건을 두기 마련이다. 이는 한국-칠레 FTA와 일본-싱가포르 FTA의 경우도 예외가 아니다. 한국-칠레 FTA의 경우에는 협정에서 제외된 금융서비스 분야를 제외하면 서비스 시장의 절반 정도만 완전한 접근이 약속되었고, 그 나머지 절반의 경우는 부분적인 접근만이 허용이 약속되었다. 일본-싱가포르 FTA의 경우 제한적으로 개방되는 비율이 완전히 개방되는 비율보다 훨씬 높다.

Ⅳ. 동아시아 지역 내 FTA의 동기

동아시아지역에서 FTAs라는 새로운 물결은 전 세계적인 지역주의 확산 현상과 아시아 경제위기라는 사건 때문에 시작된 것이다. 그렇다면 그 이후의 FTAs 확대 현상은 어떻게 설명할 수 있는 것인가?

지역무역협정을 형성해서 얻을 수 있는 이익은 잘 알려져 있다. 국가 상호간 무역 장벽의 철폐를 통해서 참여국들은 규모의 경제를 가능케 하는 넓은 시장을 확보할 수 있다. 또 다른 전통적인 경제적 인센티브는, 통합된 시장이 기업들에게 더욱 경쟁적인 환경을 제공해주고 그리하여 경제적 효율성을 높여준다는 것이다. 경제적인 동기(動機) 외에도 정치적인 측면에서 여러 가지 추진 동기가 있다. 일부 국가들은 국내의 개혁 정책을 보조하기 위한 방편으로 지역 내 FTAs에 참여한다. 또 다른 정치적인 동기로는 다자적 무역협상이나 국제적인 금융기구에 참여하고 있는 회원국들이 협상력을 끌어올리기 위함이다. 이와 더불어 지역 내 경제적 통합에서는 전략적인 동기의 중요성을 간과해서는 안 된다. 예를 들어, 유럽 통합 과정에서 가장 중요한 과제는 새로운 전쟁을 막는 것이었고, 경제적 협력은 이러한 목표를 이루기 위한 수단이었다. 이와 더불어, 국내정치의 동학을 통해 지역주의를 설명하는 볼드윈(Baldwin)의 도미노 이론(domino theory)은 지역주의 확산을 설명해주는 그럴듯한 이론적 근거를 제공해 주고 있다.[19)]

싱가포르가 활발하게 FTA 정책을 추진하는 것은 쉽게 이해할 수 있다. 아시아 경제위기와 함께 닥친 동남아시아 국가들의 경제난과, 매우 낮은 관세율이라는 상황에서 싱가포르는 글로벌화를 선택하였고 FTA 정책은 이러한 목표를 추진하기 위한 하나의 방식이었다.

그러나 동북아시아 국가들의 초기 FTA 정책의 추진 동기와 그 확산은 싱가포르의 것과 같이 단순해 보이지 않는다. 그러므로 동북아시아에서

19) Lee (2004); Baldwin (1999).

FTA의 확산을 설명하기 위해서는 좀더 신중한 접근이 필요하다.

첫째, 한국의 무역정책의 중심에 다자주의가 존재하기는 하지만, 한국 정부는 전 세계적인 흐름에 대비하기 위한 차원에서 지역주의를 고려하기 시작하였고 1998년에 들어서야 칠레와의 FTA의 가능성을 탐색하기 시작하였다. 예비접촉을 한 후에 양국의 지도자들은 1999년 9월에 열렸던 APEC 정상 회담에서 한-칠레 FTA를 위한 협상을 공식적으로 시작하기로 선언하였다. 그 후 2000년 10월에 일본의 모리 총리와 싱가포르의 고촉동(Go h Cho k Dong) 총리는 일본-싱가포르 신시대 경제협력강화협정(Economic Agreement for a New Age Partnership)을 체결하기 위한 공식적 협상에 돌입하기로 합의하였다.[20)]

이와 더불어 한국의 대외경제정책연구원(KIEP)은 일본의 아시아경제연구소(IDE)와 함께 정부의 지원하에 한국-일본 FTA의 예상되는 결과를 연구하기 위한 공동작업에 착수하였다. 그러나 이 공동연구작업은 한-일 FTA 체결을 위한 강력한 권고안을 만들어내지는 못하였다.[21)]

위에 언급한 바와 같이, 2001년에 중국은 ASEAN-중국 FTA를 체결할 것을 제안하였고, 2002년에는 아세안과 포괄적 경제협력협정을 채택하였다. 중국이 지역무역협정(RTAs)에 대한 갑작스러운 관심과 참여는 주변국과 많은 사람들을 놀라게 하였고, 이에 따라 지역주의가 새롭게 발전하는 국면을 맞기 시작했다.

일본은 아세안과 기본 협정(Framed Agreement)을 체결하고 일부 동남아시아 국가들과의 FTA 체결 협상을 시작하였다. 일본은 또한 한-일 FTA 체결 추진에 박차를 가하여 2003년 12월 이래로 이를 위한 협상이 진행중이다. 한국은 2004년 1월 싱가포르와의 FTA 협상을 시작하였고, 2005년 2월에는 한국-아세안 FTA를 위한 협상도 시작하였다.

한국과 일본의 초기 FTA 추진 정책은 '따라하기(me, too)' 지역주의 정

---

20) 앞의 책.
21) 앞의 책.

책의 전형이라고 할 수 있다.[22] 왜냐하면 두 국가는 모두 지역주의의 세계적 흐름 뒤에 서서 따라갔지, 그보다 앞서 나가는 것을 거부하였기 때문이다.

그러나 필자의 견해로는, 한-일 FTA를 위한 협상이 시작된 이후 일련의 사건들은 국제정치적인 동학을 고려하는 '신 도미노 이론(new domino theory)'으로 더 잘 설명될 수 있다. 실제로 동아시아 국가들과 FTA를 체결하는 경주에서 뒤쳐지는 것을 두려워하는 일종의 경쟁심이 중국과 일본 사이에 존재하였던 것이 사실이다. 그러므로 최근의 동아시아 FTA를 촉진하는 동력은 경제적인 이유이라기보다는 지정학적인 이유라고 할 수 있다.

V. 동아시아 지역 내 FTA의 전망

1. 동아시아의 기능적 경제통합

1990년 이후 동아시아지역 내 국가들 간의 교역은 그 중요성이 점차 커져왔다. ASEAN+3 국가들 역내 교역량의 비중은 1990년에는 28.9퍼센트에서 2003년에는 38.9퍼센트로 증가하였다. <그림 1>에서 볼 수 있듯이, 이 비율은 아시아 외환위기가 닥쳤던 시기(1997~98년)를 제외하고는 1990년에서 2003년까지 계속 증가해 왔다.

결과적으로 ASEAN+3 국가들 사이의 교역량과 유럽연합(EU) 혹은 NAFTA 내에서의 교역량 차이는 점차로 감소하고 있다. 그럼에도 불구하고 ASEAN+3 국가들 사이의 교역량은 여전히 유럽연합(60.4퍼센트)이나 NAFTA(44.9퍼센트)에 비해서 그 수치가 낮은 편이다.

참여국들이 많을수록 역내 교역의 비중은 높아지기 마련이므로 단순

22) Schott and Goodrich (2004).

〈그림 1〉 역내 교역량 비교(아세안+3, NAFTA, 유럽연합)

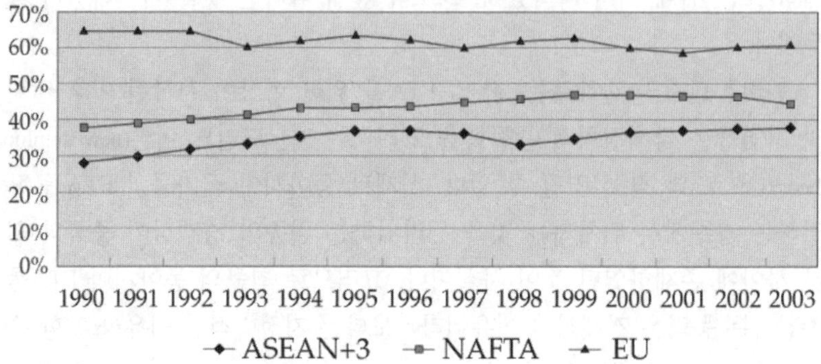

Source: 별첨 <표 1>

〈그림 2〉 역내 교역 집중도 비교(아세안+3, NAFTA, 유럽연합)

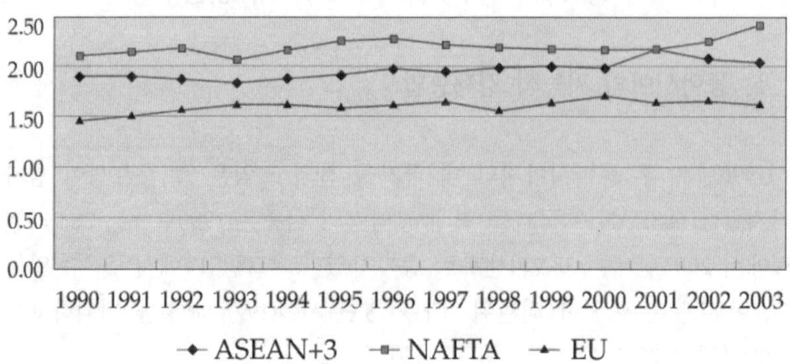

Source: 별첨 <표 1>

히 역내 교역량의 비율만으로는 특정 지역의 역내 교역 집중도를 측정하는 적절한 기준이 될 수 없다. 이를 더 적절히 측정하기 위하여 역내 교역 집중도(simple intra-regional trade concentration ratio)를 사용하여야 하는데, 이는 역내 교역비중을 전 세계 교역량에서 그 지역의 역내 교역량이 차지하는 비율로 나누어서 얻을 수 있다. <그림 2>는 EU, NAFTA, ASEAN

+3 각각의 역내 교역 집중도와 그 변화 양상을 보여주고 있다. 잠시 감소한 시기가 있긴 하지만 1990년에서 2003년까지 ASEAN+3의 역내 교역 집중도는 1.83에서 2.03으로 증가하였다. 2001년도의 교역 집중도는 같은 기간의 NAFTA보다는 낮은 수치였지만 유럽연합보다는 높았다.

이상의 <그림>들은 1990년에서 2003년까지 동아시아 지역에서 교역에 의한 '기능적인 경제적 통합'이 강화되고 있다는 것을 분명하게 보여준다. 다른 말로 표현한다면, 지역적 차원의 무역협정이 존재하지 않음에도 불구하고 이 기간 동안 ASEAN+3 국가들끼리의 역내 교역수준은 꾸준히 깊어져 유럽연합 수준보다 앞서고 NAFTA 국가들의 수준에는 거의 근접한 상황인 것이다.

2. 동아시아 지역 내 FTA의 진로

동아시아 국가들 간의 역내 교역에 의한 경제적 통합이 심화되는 것과 더불어, 유럽연합이 역내 경제협력을 심화시키며 확장해가고 이와 동시에 미국이 미주자유무역지대(FTAA)를 창설하려고 시도함에 따라, 동아시아 자유무역지대(East Asia Free Trade Area)가 등장할 가능성이 커졌다.

하노이에서 열린 ASEAN+3 정상 회담의 합의에 의해 설립된 동아시아 비전그룹(East Asian Vision Group)은 2001년 10월 31일 ASEAN+3 국가들의 지도자들에게 한 보고서를 제출하였다. 이 보고서는 동아시아 비전그룹의 '동아시아 공동체(East Asian Community)' 구상을 담고 있으며, APEC에서 채택한 보고르(Bogor) 선언의 목표를 넘어서 동아시아 자유무역지대를 체결할 것을 제안하였다. 동아시아 비전그룹의 제안에 의거하여 김대중 대통령은 브루나이에서 열린 ASEAN+3 정상회의에서 동아시아 자유무역지대 추진을 위한 노력이 필요함을 주장하였다.[23] 하지만 동아시아 자유무역지대 구상은 아직 비전으로만 남아 있다.[24]

---

23) Lee (2002).

〈그림 3〉 동아시아 자유무역지대 형성을 위한 예상 경로

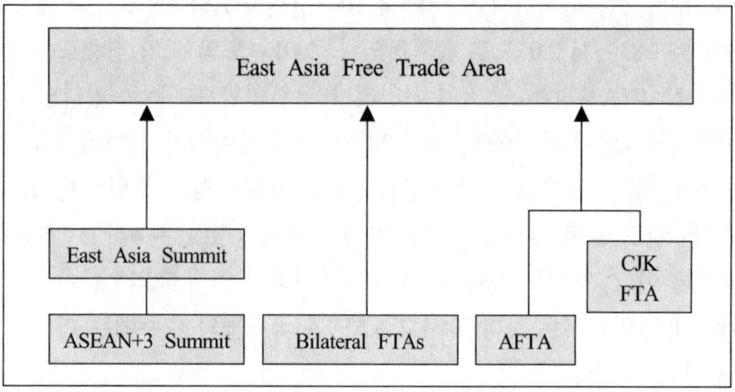

동아시아 자유무역지대라는 목표를 이루기 위한 가장 이상적인 방법은 현존하는 ASEAN+3라는 틀 안에서 동아시아 지역 통합의 과정을 가속화시키는 것이다. ASEAN+3을 통한 협력은 정상들 간의 회담으로 시작되었지만, 장관급 회의와 고위관리 회의 등을 통해 제도적으로 보완되어 왔다. 그러나 아직까지는 APEC에 비해서 공식적인 제도적 기구가 미비한 상황이다. 이러한 내부적인 약점을 극복하기 위한 절차들은 주로 아세안(ASEAN) 회원국들에 의해서 추진되어 왔으며, 이에 비하여 한국, 중국, 일본은 초대받은 손님과 같은 역할을 해왔을 뿐이다. 그러나 상황은 바뀌고 있다. 2005년 말에 동아시아 정상회의(East Asian Summit)가 열리게 된 것이다.

동아시아 자유무역지대를 이루어 내기 위한 또 다른 방법은, 여러 개의 양자간 FTA를 거쳐 가는 것이다. 동북아시아와 동남아시아국가들 간

24) 2000년 11월에 싱가포르에서 열린 아세안+3 정상회의에서 싱가포르의 고촉동 총리는 아세안+3의 남은 과제는 아세안+3 정상회의를 동아시아 정상회의로 발전시키자는 논의를 시작하는 것이라고 하였다. 2001년 11월 브루나이에서 열린 아세안+3 정상회의에서 김대중 대통령은 동아시아정상회의의 중요성을 다시 한번 강조하였다(Lee, 2002).

〈그림 4〉 양자간 FTA를 통한 동아시아 자유무역지대 형성 시나리오

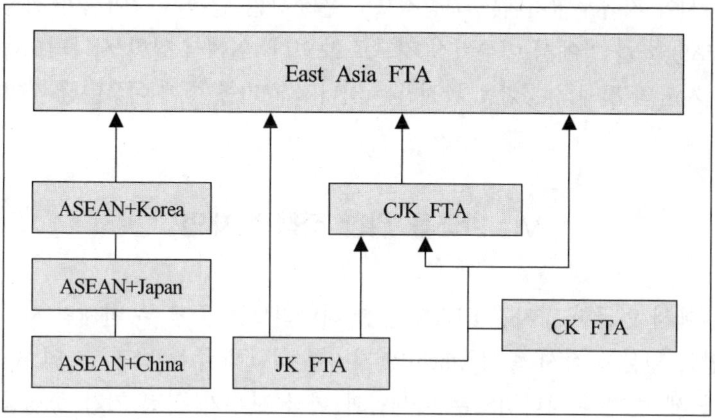

의 FTA, 그리고 동북아시아 국가들 사이의 FTA의 체결과 확산은 동아시아 자유무역지대를 형성할 수 있게 만드는 환경을 조성할 것이다.

이와 더불어, 이미 존재하는 ASEAN FTA(AFTA)와 한국, 중국, 일본이 참여하는 동북아시아 FTA를 함께 합쳐서 동아시아 자유무역지대를 만드는 것도 이론적으로는 가능하다.

이상의 모든 시나리오가 가능하다고 할 수 있다. 하지만 최근 양자간 FTA가 확대되고 있는 상황을 고려한다면, 일련의 양자간 FTA를 통해 동아시아 자유무역지대가 형성될 수 있는 몇 가지 가능한 경로에 대하여 조금 더 알아볼 필요가 있다. 그 중 가장 있음직한 시나리오는 다음과 같다. 첫째, 여러 개의 ASEAN+1 FTA가 하나의 동아시아 FTA로 발전하는 것이다. 둘째, 한국-일본 FTA가 실현되어서 이것이 동아시아 자유무역지대를 바로 만들어낼 수 있는 환경을 조성하는 것이다. 이 때 동아시아 자유무역지대는 준비를 마친 다른 국가들이 참여함에 따라 점진적으로 이루어질 수 있는 것이다. 셋째, 한국이 한-일 FTA에 이어 중국과의 FTA를 체결하고, 이것이 다시 한-중-일 자유무역협력으로 이어지거나 아니면 곧바로 동아시아 자유무역지대를 이룩하는 것이다.

그러나 역내 양자 간 FTA가 확대되고 있는 최근의 추세에도 불구하고, 동아시아 자유무역지대를 최종적으로 완성하는 단계는 동아시아 정상회의(EAS)의 틀 안에서 이루어질 것으로 보인다. 위에서 말한 시나리오들은 동아시아의 경제적 통합을 촉진하는 시너지 효과를 함께 이루어낼 것이다.

VI. 한국을 위한 정책적 제언

위에서 언급한 양자간 FTA를 통한 시나리오들 중에 두 번째의 시나리오만이 일본에 잠시 중심국(hub)의 지위를 허락해 주는 반면 그 외 첫 번째와 세 번째의 시나리오는 아세안과 한국 모두가 일정 기간 중심국의 역할을 하게 된다. 그러므로 다른 지역과는 달리 지역협력의 중심국이 되기 위한 경쟁으로 인해 강대국만이 이익을 얻는 부정적 형태의 불균형적 '중심축-바퀴살(hub-spoke)' 구조가 형성될 것 같지는 않다. 여러 국가들이 중심국이 되기 위해 노력하는 것은 자유무역의 확산과 동아시아 자유무역지대 형성의 촉진제로서 기능할 것이다.

비슷한 관점에서 국제정치적 동학에 기반하고 있는 FTA의 확대가 동아시아 지역에 반드시 부정적인 영향을 주는 것은 아니라고 생각한다. 그와 반대로 이러한 현상은 역내 무역 자유화와 전 세계적인 자유무역의 확산에 긍정적인 효과를 줄 수 있다. 왜냐하면 양자간 FTA가 다수 체결된다면 지역 내 자유무역의 확산에 힘을 실어줄 것이기 때문이다.

동아시아 지역 내 FTA의 확대, 동아시아 자유무역지대의 등장이 APEC과 전 세계적 차원의 무역 자유화에 어떠한 영향을 줄 것인가? 그리고 이러한 현상이 한국에 주는 정책적인 함의는 무엇인가?

보고르 선언에 의하면 APEC 회원국가들 중 선진 산업국들은 2010년이 되기 전에 교역과 투자의 자유화라는 목표를 달성해야 한고, 개발도상국들은 2020년까지 이를 달성해야 한다. 지금 현재로서는 2010년까지 선진국들의 목표가 달성될 지는 확신할 수 없다. 하지만 동아시아 자유무역지대가 2020년 이전, 즉 2015년까지 완성된다면 이 목표를 달성할 가능성은 무척 높아지는 것이다.

이와 더불어, 동아시아 지역의 무역 자유화가 전 세계적인 무역 자유화를 이루어내기 위한 중간 단계가 되기 위해서 한국정부는 다음과 같은 방향으로 정책을 추구하여야 한다.

첫째, 한국은 아세안과 함께 동아시아 자유무역지대를 형성하기 위한 촉진자의 역할을 수행해야 한다. 경제의 규모를 고려한다면 동아시아에서 자유무역지대를 촉진하기 위한 중심국이 될 수 있는 후보는 중국과 일본이다. 그러나 양국이 서로 FTA를 체결하여야 진정한 의미의 중심국가가 될 수 있지만, 이러한 일이 가까운 미래에 발생하기는 어려워 보인다. 현재로서는 ASEAN이 여러 개의 ASEAN+1을 체결하여 자유무역지대의 중심국가가 될 가능성이 가장 크고, 한국의 위치는 불확실해 보인다. 따라서 한국 정부는 주도적인 자유화 정책에 기반하여 적극적인 FTA 정책을 추진하여야 한다. 한국은 일본, 중국, 아세안과의 FTA를 체결하여야 하고, 이와 더불어 미국, 유럽 연합 등 기타 국가들과도 FTA를 체결하여야 한다. 그렇게 하면 한국은 더 개방된 동아시아(동북아시아)와 세계를 연결하는 교량으로서의 역할을 해낼 수 있을 것이다.

둘째, 동아시아 국가들은 높은 수준의 FTA를 체결하기 위해 노력해야 한다. 특히 경제발전의 수준과 경제 규모를 고려한다면 한-일 FTA는 매우 중요하다. 포괄적인 항목, 상품과 서비스에 대한 높은 수준의 시장접근, 단순한 원산지 규정과 가입절차 등을 담고 있는 한-일 FTA는 다른 동아시아 국가들의 FTA에 대한 높은 기준을 제공하여 줄 것이다. 한-일 FTA는 다른 동아시아 국가들에게도 시장이 개방될 것을 고려하여 체결되어야 하며, 이와 더불어 동아시아 지역 내의 다른 FTA의 표본으로 기능할 수 있어야 한다. 그러나 이때, 한 가지 위험성이 존재한다. 한국과 일본 내에는 강력한 이익집단들이 있는데, 양국 정부가 그들의 요구에 순응하여서 낮은 수준의 FTA를 체결할 가능성도 있는 것이다. 이때, 협상기간을 길게 해서 양자간 FTA 체결에 미치는 그들의 힘을 약화시키는 것

※ 별첨 〈표 1〉 아세안+3, NAFTA, 유럽연합(EU)의 역내 교역량 비중과 교역 집중도 추이

	ASEAN+3		NAFTA		EU	
	Share1	Ratio2	Share	Ratio	Share	Ratio
1990	28.9%	1.83	37.2%	2.09	64.5%	1.47
1991	30.9%	1.85	38.9%	2.16	64.7%	1.50
1992	31.0%	1.84	39.7%	2.19	65.2%	1.55
1993	33.6%	1.78	41.0%	2.08	60.5%	1.60
1994	35.4%	1.83	42.4%	2.17	60.9%	1.61
1995	37.0%	1.88	42.0%	2.28	61.6%	1.59
1996	37.3%	1.94	43.5%	2.30	60.8%	1.61
1997	36.3%	1.92	44.5%	2.20	59.6%	1.62
1998	33.2%	1.98	45.7%	2.16	60.5%	1.56
1999	35.3%	2.02	46.8%	2.15	61.8%	1.62
2000	37.3%	1.97	46.9%	2.10	59.8%	1.70
2001	38.1%	2.13	46.6%	2.12	59.4%	1.64
2002	38.4%	2.05	46.1%	2.20	59.9%	1.64
2003	38.9%	2.03	44.9%	2.35	60.4%	1.62

Notes: 1. 역내 교역량 비중
2. 교역 집중도
Source: IMF. 2005. *Direction of Trade Statistics*

이 이에 대한 대안이 될 수도 있겠다.

|참고문헌|

Ahn, Dukgeun. 2004. "Modality of Korea-Japan FTA: From the Perspective of Korea." Position Paper for Asian Network of Economic Policy Research (ANEPR) 2003-2004. Asia in Search for a New Order. 16-17 January 2004.

Baldwin, Richard. 1999. "A Domin o Theory of Regionalism." In Bhagwati, Jagdish, Pravin Krishna, and Arvind Panagariya, eds. *Trading Blocs: Alternative Approaches to Analyzing Preferential Trade Arrangements.* Cambridge: MIT Press, pp.479-502.

Cho, Hyun-jun. 2004. "China's Political-Economic Approach toward FTAs with East Asian Nations an d Its Implications for Korea." In *Journal of International Economic Studies,* Vol. 8, No. 1, June 2004, pp.35-57.

Fukagawa, Yukiko. 2004. "Post-crisis regionalism in East Asia an d Strategic Significance of Japan-Korea FTA." Position Paper for Asian Network of Economic Policy Research (ANEPR). Asia in Search for a New Order. 16-17 January 2004.

Hai, Wen and Hongxia Li. 2003. "China's FTA Policy and Practice." In *Northeast Asia n Economic Integration: Prospects for a Northeast Asian FTA.* Kim, Yangseon and Chan g Jae Lee, eds. Korea Institute for International Economic Policy. pp.138-156.

Lee, Chang Jae. 2002. "East Asian Economic Regionalism and the Role of South Korea." Paper presented at the Korea Conference on "Korea as a 21st Century Power." At the University of Cambridge, on April 3rd-6th, 2002.

______. 2003. "Towards a Northeast Asian Economic Community: A Korean Perspective." In *Northeast Asian Economic Integration: Prospects for a Northeast Asian FTA.* Kim, Yangseon and Chang Jae Lee, eds. Korea

Institute for International Economic Policy, pp.264-284.

______. 2004. "Rationale for Enhancing Northeast Asian Economic Cooperation and Some Possible Options." In *Strengthening Economic Cooperation in Northeast Asia.* Kim, Yoon Hyung and Chang Jae Lee, eds. Korea Institute for International Economic Policy.

Pangestu, Mari, and Sudarshan Gooptu. 2003. "New Regionalism: Options for China and East Asia." In Krumm, Kathie and Homid Kharas, eds. *East Asia Integrates: A Trade Policy Agenda for Shared Growth.* Washington, D.C. The World Bank.

Shott, Jeffrey J., and Ben Goodrich. 2004. "Reflections on Economic Integration in Northeast Asia." In *Strengthening Economic Cooperation in Northeast Asia.* Kim, Yoon Hyung and Chang Jae Lee, eds. Korea Institute for International Economic Policy.

Urata, Shujiro. 2004. "The Shift from'Market-led' to "Institution-led' Regional Economic Integration in East Asia in the late 1990s." *RIETI Discussion Paper Series* 04-E-012.

______. 2004. *Towards an East Asia Free Trade Area.* Policy Insights. OECD Development Center.

2004/SOMII/FTAs-RTAs/002. *FTAs/RTAs.* SOM Policy Dialogue on FTAs/RTAs. Pucon, Chile, 30 May 2004 (http://www.apec.org/content/apec/documents_reports/senior_officials_meetings/2004.html#FTARTA).

2004/SOMII/FTAs-RTAs/003. *Main Characteristics of FTAs-RTAs Subscribed by APEC Economies: An Overview.* SOM Policy Dialogue on FTAs/RTAs. Pucon, Chile, 30 May 2004 (http://www.apec.org/content/apec/documents_reports/senior_officials_meetings/2004.html#FTARTA).

2004/SOMII/FTAs-RTAs/007. *SOM Policy Dialogue on FTAs.* SOM Policy Dialogue on FTAs/RTAs. Pucon, Chile, 30 May 2004 (http://www.apec.org/content/apec/documents_reports/senior_officials_meetings/2004.html#FTARTA).

http://www.apec.org/content/apec/documents_reports/senior_officials_meetings/2004.html#FTARTA
http://www.aseansec.org/12039.htm
http://www.fta.gov.sg/
http://www.mofa.go.jp/region/asia-paci/singapore/jsepa.html
http://www.mofat.go.kr/ko/division/fta_new.mof
http://www.mofat.go.kr/ko/division/fta_new_9.mof
http://www.wto.org/english/tratop_e/region_e/region_e.htm

동아시아의 경제통합: WTO, APEC과 역사를 넘어서

후카가와 유키코(FUKAGAWA Yukiko)
|도쿄대학교 교수

I. 도입: APEC으로의 회귀?

외환위기 이후 동아시아 협력의 기본 틀로 부상한 것이 소위 ASEAN +3(일본, 중국, 한국, APT)이다. 이 협의체를 통해 동아시아에서, 지역주의의 핵심이라고 할 수 있는 자유무역을 위한 다자협상이 증대되어 왔다. 2002년 11월에는 동아시아 비전그룹(EAVG)[1]의 보고서에 기초하여 고이즈미 총리가 경제통합과 다른 기능적 협력을 묶는 '동아시아공동체' 개념을 제안했다. 2003년 12월에는 일본과 아세안 지도자들이 '도쿄선언'을 통해 공동체 건설을 위해 노력하기로 합의했고, 2005년에 첫 아시아정상

1) 동아시아비전그룹은 김대중 대통령에 의하여 1998년에 제안되었다. 이는 한국의 강력한 지역주의와 일본이 이에 부응하여 한국과 함께 통합을 이끌고자 하는 노력을 상징한다.

회의를 개최할 것을 논의했다. 사실 아시아비전그룹 보고서는 정상회의를 지역주의의 성장을 상징하는 중기적 과제로 분류하였다.

그러나, 경제위기로 비롯된 공감대가 사라지면서 일본과 중국의 갈등 등 동아시아의 민족주의와 정치적 민감성으로 인하여 구심력은 다시 약해지고 있다. 회원국들은 아시아정상회의의 참가국 범위에 대해서도 이견을 보였는데 이는 APT의 틀을 약화시키는 것이었다. 자유무역협정에 대하여 일부 국가들은 인도, 뉴질랜드, 호주 등 APT 이외의 국가와도 협상하는 것을 선호하였다. 협상이 진행되면서 자유화의 수준, 범위 또는 구체성 등 조약의 질(quality)에 대한 합의는 유치산업 보호와 결과적으로 임의적인 접근에 의해서 위협받았다. 확장된 회원국가들과 자발적 행동주의(voluntarism)는 위기상황에서 작동할 수 없는 APEC의 개방적 지역주의(Open Regionalism)가 직면하고 있는 현실이었다. 동아시아지역이 명시적인 통합을 위한 새롭고 독특한 전략을 모색할 것인지, 아니면 APEC 형태의 협력을 재현하는 것으로 단순히 회귀할 것인지는 경제위기 이후 매우 중요한 전환점이 될 것이다.

본고는 또 다른 APEC의 설립이 아닌 통합을 위한 새로운 전략을 탐구하기 위한 것이다. 우선 지역주의의 배경을 분석한 다음 기본적인 경제구조에 대하여 논의할 것이다. 그리고 경제적 현실에 기초하여 마지막 부분에서 새로운 전략을 제안할 것이다.

II. 위기 이후의 동아시아 지역주의: 명료성의 탐색

동아시아의 지역주의는 상대적으로 짧은 역사를 가지고 있다. 경제위기 전까지 지역국가들은 세계화가 지역주의에 부정적 영향을 미칠 것이라는 순진한 낙관이 지배적이었다. 동아시아에서 동아시아 공동체(East Asian Community)라는 표현을 사용해가며 경제통합과 지역주의에 진지한 관심을 갖게 된 것은 경제위기 이후였다. 그리고 많은 의문들이 제기되었다.

무엇이 공동체의 구심력인가? 어떻게 공동체를 제도화 시킬 것인가? 어떠한 문제들에 대하여 어떠한 결과를 준비해야 하는가? 누가 통합을 이끌 것인가? 얼마만큼의 시간이 걸릴 것인가? 동아시아비전그룹의 보고서도 이러한 질문에 답변하지 못했고, 여기에서 시행착오 과정을 거치며 지역주의가 형성되었다. 동아시아의 통합은 공동의 평화의 목적과 비슷한 제도, 의제, 그리고 독일과 프랑스의 리더십 협력을 공유하고 있었던 유럽의 그것과는 매우 다른 접근이었다.

그러나, 동아시아를 규정짓는 한 가지 긍정적인 특징은 경제적 통합을 통해 지역주의가 추진되어 왔다는 점이다. APT에서 무역과 해외직접투자, 자유무역과 다른 협력체제들의 확대와 함께 경제적 상호의존이 심화되었다. 동아시아지역의 다양성을 고려할 때, 제도화는 쉬운 일이 아니지만 무엇보다 이 지역은 외부지향적인 전략을 통해 성장해 왔기 때문에 자유무역체제를 유지하는 것이 중요한 관심이었다. 더욱이 지역주의를 추진함에 있어 후발주자라는 이익을 가지고 있었다. 이는 WTO, 무역다각화와 창출노력, 출범 규율 및 높은 수준 혹은 낮은 수준의 통합에 대한 논의 등, 성공적이거나 성공적이지 못했던 다양하고 실질적인 연구결과들이 축적되어 있기 때문이다. 동아시아지역은 이러한 연구로부터 이익을 볼 것이고, 뿐만 아니라 지역에 특화된 논리와 배경요인에 대해 고민할 수 있을 것이다. 실제로 동아시아 지역주의의 성격에 영향을 미치는 몇 가지 배경요인이 있다.

첫째, 동아시아의 지역주의를 촉발시킨 것은 성장구조로부터 비롯된 외환위기이다. 잘 알려진 바와 같이 경제위기 이전 동아시아지역의 발전을 지속시킨 것은 수출부문에 집중된 해외직접투자(FDI) 때문이었다. 미국시장은 수출을 수용하는 핵심적인 역할을 하였고 이 결과 달러연동 통화시스템은 높은 성장으로 인한 통화적자에 안정적으로 자금을 대는 역할을 하였다. 미국시장에 대한 지역 내 수출경쟁은 보다 더 치열했는데 이는 해외직접투자에 의해 나타난 지역 간, 지역 내의 주요산업, 특히 전자산업의 재배치를 반영하는 것이다. 그래서 경쟁자가 통화가치를 하락시키면 관련된 반응은 시장에 퍼져, 소위 '전염효과(contagio n effect)'를 나타내게 된다. 그래서 동아시아 지역국가들은 미국시장과 미국환율에 대한 의존성이 높아 취약할 뿐만 아니라 지역의 잠재시장이 미개발의 상태로 남아있다는 사실을 자각하게 되었다.

둘째, 이러한 맥락에서 수입시장으로서 급격한 중국의 성장은 다른 국가들에게 긍정적인 신호로 인식되었다. 일본은 과거로부터 현재까지 해외직접투자, 첨단기술, 자본과 중간재에 있어서 지배적인 위치에 있지만 여러 가지 이유에 의하여 타국에서 오는 수출품의 수용능력은 충족되지 않았거나 기대 이하였다. 한편으로, 중국의 위안화가 외환위기 이후의 강세에도 불구하고 긍정적 기대를 선도하며 증가하는 잠재력을 보여주기 시작했다.

셋째, 수출주도를 통한 회복에 대한 기대와 관련하여 WTO 협상의 정체된 것은 다자적 협상에 대한 기대를 혼란시키고 실망시켰다. 유럽의 통화통합과 동유럽으로의 확대, 북미자유무역지대(NAFTA)의 중남미 지역으로의 확대는 동아시아 지역국가들로 하여금 국제무대에서, 특히 지역주의 없이 국제적인 무역협상에서 뒤쳐지고 있다는 위기감을 안겨주었다. 사실상 일본의 자유무역협상도 OECD 국가중에서 멕시코와 자유무역협정을 체결하지 않은 소수국가라는 이유로 인하여 강력히 추진되었다.

이와 같은 세 가지 배경요인이 지역주의의 성격에 영향을 미치는 것으로 보인다. 20세기에 국민국가 건설을 마친 유럽과는 달리 동아시아 경제는 아직도 국민국가를 형성하는 중이다. 더욱 중요한 것은 발전과정에서 동아시아 국가들이 세계화를 실행해 왔고 외부지향적 전략을 수용해 왔다는 점이다. 동아시아에서 21세기의 위기는 세계화의 반향이며 또한 무역부문으로부터 시작하여 서비스, 노동, 자본의 이전으로 이어지는 자유화의 확대라는 점진적인 유럽의 접근과는 다른 경로를 의미하는 것이다. APT에서의 금융협력은 외환위기를 반복하지 않기 위한 필사적인 노력으로 FTA 협상타결 이전에 시작되었고 더욱 진전될 것이다. IT와 노동력 이동은 APEC과 함께 진행되었다. '압축적 성장(compressed growth)' 구조하에서 광범위한 경제영역의 협상은 불가피할 것으로 보인다.

또 다른 차이는 중국시장에 대한 기대가 높아지고 있지만 중국경제는 아직 자립적(self-supporting) 구조가 아니라는 점이다. 사실상 중국경제는 외환위기의 영향을 덜 받았지만 미국시장과 달러연동체제에 종속되어있어 취약하다. 중국은 외국계 기업에 50%의 수출을 의존하고 있지만 위안화의 평가에 대한 영향은 불확실하다. 그러나 국내 수요견인(demand- led)에 의한 발전은 금융부문의 부실채권과 거대한 재정적자를 고려할 때 쉽지 않을 것으로 보인다. 한편으로 일본의 기적적인 회생은 노령화에 의해 중대한 압력을 받고 있다. 그래서 비록 통합에 대한 내부적인 공동 이익이 부상하고 있다고 하더라도 동아시아지역에는 북미자유무역지대에서의 미국이나 EU에서 독·프 경제와 같이 핵심적인 추진동력이 부재하다. 따라서 이 지역에서의 통합이 이루어지려면 일본의 회생과 중국의 안정화라는 민감한 과도기를 거쳐야 한다.

마지막으로 외환위기에서 보여진 과잉능력 문제처럼, 동아시아지역은 시장견인 조정의 메커니즘이 부재하다. 약한 시장능력은 민족주의에 의한 정치적 개입을 허용한다. 동아시아 각국은 자유무역을 지지하면서도 소위 산업정책(industrial policies)을 사용하여 해외직접투자(FDI)를 통제하고, 기술도입 및 배분, 외환 및 자본거래 등에서 다양한 형태로 개입을 지속하였다. 모든 협상은 관세동맹(Custom Union)이 아니라 FTA 형태에서 이루어지기 때문에 정책을 실행하는 것은 상당한 비용을 발생시킨다. 유럽에서는 미국이나 동아시아 등의 외부 행위자가 지속해서 통합의 필요성을 압박해 왔고 이러한 압력이 경쟁정책을 포함하여 시장주도의 구조조정에 반영되었다. 반대로 동아시아지역은 아직도 공동경쟁뿐만 아니라 공동의 외부정책의 기반을 형성할 필요가 있다.

그래서, 유행과 같은 성격을 보이는 높은 관심과 낙관적 전망에도 불구하고 지역주의는 다음과 같은 면에서 관심과 지혜를 모아야 하는 근본적인 딜레마에 직면해 있다. 첫째, 통합과 주권 간의 딜레마이다. 통합의 범위가 넓어짐에 따라 개발도상국을 포함하여 서비스 교역, 금융, IT, 지적재산권, 인적자원의 교환 등에서 WTO의 영역을 넘어서야 한다. 그러나, 통합의 영역이 넓어짐에 따라 제도화는 더더욱 어려워지고 주권 국가와의 갈등은 심화될 것이다. 왜냐하면 국내적으로 이에 상응하는 조직과 제도가 없기 때문이다. 예를 들어 금융자유화와 협력은 매우 정교하게 짜여진 법적 범주, 경험, 투명성, 효과적 감사뿐만 아니라 엄격한 감시가 필요하다. 그러나, 소위 '마닐라 조약'에 합의한 APT 내에서도 IMF의 기준 정도의 상호감시를 실행하는 것조차도 쉽지 않았다.

두 번째 딜레마는 리더십과 명료성(explicitness)에 있다. APEC보다 더욱 구체적이기 위하여 통합과정은 정치적 의지와 지역 간, 그리고 지역 내 이익관계를 조정할 지도자를 필요로 한다. 중국은 지도력을 발휘하겠다는 정치적 의지를 숨기지 않아 왔지만, 중국이 자유무역 체제를 구축하고 행정적으로 투명하기 위해서는 시간이 필요하다. 자본시장 개방, 공정무역법의 제정, 회계시스템, 노동기준 등 중국의 국내제도는 아직도 세계화를 위하여 본질적인 개혁을 필요로 하기 때문이다. WTO에서 자본주의 체제로서 확고히 인정되지 않는 중국의 위치는 미국과 EU와의 협상에서 불이익으로 작용할 것이다. 이와는 달리 일본은 WTO, OECD와의 풍부한 경험을 바탕으로 통합된 체계를 구축할 능력을 가지고 있지만, 역사문제로 인한 리더십 부재가 이를 가로막고 있다. 농업시장 개방에서 보여주는 소극적인 태도가 증명하듯이 일본의 정치적인 의지가 매우 약하다. 따라서 일본과 중국의 경쟁은 정치적 의지와 구체성 사이에서 딜레마를 초래할 것이다.

III. 경제적 현실과 동아시아의 길

위와 같은 두 가지 딜레마는 동아시아의 거대한 다양성의 유산이라는 요인으로부터 비롯된다. 동아시아에 대한 접근은 각국의 다양성을 훼손하지 않으면서 다양성에 다리를 놓는 것이어야 한다. 그러기 위하여 동아시아의 출발점은 유럽과 같이 정치적인 이상보다는 경제적인 현실에 기반해야 한다. 발전단계의 차이, 정치체제, 사회구조를 고려한다면 발전에 대한 공감대는 타협할 수 있는 출발점이다.

각국의 다양성에도 불구하고 역내경제는 다른 개발도상국에서 거의 관찰되지 않는 특징들을 자랑하고 있다. 첫째로 SMEs가 발신하는 강력한 기업가정신이다. 동아시아에서 세계적인 다국적기업에 의한 기업내부 무역은 일본기업을 포함하여 무역에 주류를 점유하지 않았다. 1980년대 위안화의 평가 이후 일본으로부터의 산업이전은 지역경제의 중대한 전환점이었으며, 곧 거시경제 구조조정에 직면한 한국과 대만이 이를 뒤따랐다. 신흥공업국에 뒤이어 말레이시아, 태국 등의 아세안 국가들이 베트남 등의 저개발국가와의 해외투자교환에 동참하였고, 마지막으로 1990년대 중국이 자본수출에 참여했다.

변화하는 지역 내 기업경영에 의해 증대된 지역 간 해외직접투자는 세계적인 다국적 기업들과의 다양한 경영채널을 공유하는 중요한 특징 중의 하나다. 다국적 기업으로부터 미개발지역 투자유치를 하는 것뿐만 아니라 역내 기업들은 다국적기업들과 공동투자, OEM, 그리고 공급사슬 네트워크 구축에 적극적으로 참여했다.

자본기술 공급자의 역동적인 변화는 종종 산업재배치의 연행모델(flying geese model)로 설명되곤 한다. 이 모델에서 비용상승에 직면한 기업은 지역 내 아웃소싱 파트너를 찾고 이와 동시에 국내에서는 생산구조의 혁신을 추진한다. 해외직접투자자는 통상 자본과 중간재를 수출산업의 재배치를 위하여 수출한다. 그래서 지역 내 무역에서 해외직접투자는 대체적이기보다 보완적이다. 지역 내의 무역패턴은 보완적인 구조 또는 수직적 노동분업에 의해 지배받는다.

키무라 안도(Kimura Ando, 2003)는 경험적으로 몇 가지 요인을 제시했다. (1)중일 무역은 양국의 일방적 무역에 대한 보완적 구조에 의해 지배되어 왔다. 수직적 분업화는 일방적 수출, 또는 무시할만한 수준의 수평적 무역에 뒤따라 생겼다. (2)산업 내 무역에서는 한-중 간의 무역이 약간

〈그림 1〉 한-중-일 무역구조

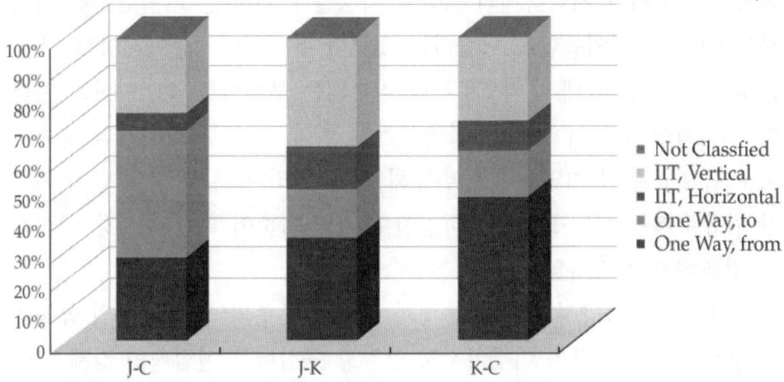

규모가 크긴 하지만 이것이 본질적인 차이를 보여주지 않는다. (3)일-한 무역은 산업 내 무역의 많은 부분을 점유하고 있으나, 수직적 구조가 수평적 구조보다 우세하다.

무역패턴은 수평적 노동분업이 우세한 유럽의 산업 내 무역과 다르다. 유일한 예외는 동아시아의 전자부문으로, 무역장벽은 보호주의 없이 매우 낮고 많은 산업이 동아시아 지역에 집적되어 있다. 소규모의 수평적 교역은 개발도상국의 역동적인 산업변화를 반영하는 것으로 이와 동시에 지역 내 존재하는 다양한 시장장벽의 존재를 암시하는 것이다.

수공업제품의 수출에 있어서 일반적으로 경쟁력이 있지만, 동아시아지역의 서비스부문의 경쟁력은 뒤떨어져 있다. 무엇보다 외환위기의 경험이 대변하듯이 금융부문에 대한 본질적인 개혁과 근대화가 필요하고 이는 불가피하게 산업부문의 성과에도 영향을 미칠 것이다. 다양한 수준에서 대부분의 국가들이 산업정책에서 신용배분과 금융제제를 경험했지만, 금융중재기능은 미약하다. 많은 국가들이 자본시장을 개방했지만 금융기반뿐만 아니라 법적 환경은 아직도 원만한 퇴출, M&A와 같은 국경을 초월한 경제활동, 또는 합작경영을 제한하고 있다. 물류부문은 수준 높은 하드웨어의 부족과 과중한 규제, 행정무능력으로 인하여 고비용에 직면하고 있다.

한편으로 다양한 기초구조가 존재하는 동아시아의 현재와 또 다른 한 편으로 동아시아 지역경제의 독특한 특성을 인식하는 것은 단순히 현존하는 FTAs와 지역통합을 답습하는 것보다 유익하다. '동아시아적 접근'은 다양성과 지역 내 무역으로부터 비롯되는 구심력을 찾아야하고 이러한 구심력을 통하여 협력을 강화시켜야 한다. 사실 외화위기의 경험은 APT 협상을 위한 지역협력을 추동해 왔다. 그러나, 지역 간에 앞서 지역간 자유무역협정을 포함하여 다양한 FTA의 기준이 확산되는 등 구심력이 강화되기 시작하였다.

동아시아의 다양성 때문에 유럽과 같이 민주주의와 인권 등의 공동의 가치에 기반한 협력은 이루어지지 않았고 구심력은 실질적인 경제적 이득을 통하여 추진되었다. 경제위기 이후 엄청난 잠재력을 가진 미개척지인 중국시장의 개발을 통해 건전한 성장구조를 보장하고자 하는 합의는 미국에 대한 종속성을 줄이는 구심력이었다. 그러나 급격한 발전에도 불구하고 FDI의 측면에서 중국은 다른 동아시아에 대해 강력한 경쟁자였고 첨단산업의 발전을 위하여 동아시아 지역 이외 국가들과의 강력한 연대를 모색한 것도 당연한 일이다.

계속적인 진전을 보장하는 제도화의 수준은 구심력이 어떻게 유지되는가에 영향을 미친다. 각 국가들의 선호영역과 주권과의 딜레마는 여기에 위치한다. 상대적으로 세분화된 범주는, NAFTA와 같이 비록 높은 수준의 제도에도 불구하고, 특정한 시기까지는 동아시아의 대안은 아닌 것으로 보인다. 이미 존재하는 광범위하고 깊은 수준의 교환관계를 고려한다면, 물론 FTA로만 해결되어야 하는 것은 아니지만, 효과적인 투자원칙, 서비스, 노동력 등 싱가포르 아젠다를 포함한 WTO를 초월하지 않으면 실현가능하지 않아 보인다.

그러나 실제로는 회원국가들이 WTO 보다 지역협상에 긍정적인 이러한 통합영역의 범주와 관련된 협상에 합의할 수 있을 것인지 확실하지 않다. 회원국간의 제도적 능력과 관련된 또 하나의 과제가 대두된다. 모든 국가는 국제적인 틀과 국내제도, 법률 시스템의 요구를 지속적으로 조정해야 한다. 경쟁정책은 국경을 초월한 협조가 필요하지만 상당수의 국가들은 공정무역법조차 갖추고 있지 않다. 저개발국가의 경우 행정능력에 중대한 문제를 가지고 있으며 일본을 포함하여 국제무역법에 대한 전문적인 재원이 부족한 실정이다.

한편으로, 광범위한 범주와 법적인 측면에서 상대적으로 덜 제도화되어 있는 재량권 기반의 EU의 경험 역시 실현되기 어렵다. EU에서의 제도협력은 OECD라는 국제적 제도기준을 공유하고 있다는 점과 함께 재량권에 대한 사회적 배경이 같다는 점으로 인하여 매우 용이했다. 하지만 동아시아는 민족주의 문제가 상존하고 있으며 정치제도 역시 민주주의로 이행하고 있는 과도기다. 그래서 정치적 재량권을 부여하면 정책의 비일관성과, 포퓰리즘, 민족주의적 감상주의를 초래될 것이다.

물론, 무역으로부터 시작하여 투자, 서비스, 노동, 재정 및 거시정책 조정으로 발전한 EU의 점진주의는 동아시아에서도 유효할 것이다. 명목관세는 이미 그다지 높지 않지만 부분적으로 전통적인 유치산업보호주의에 기반하고 있고, 서비스, 재정 및 투자규칙과 관련된 시장접근에 대한 포괄적 감각이 발전하지 못하고 있다. 동아시아의 자유무역협정은 WTO 협정 24조 등 WTO와의 일관된 원칙에 기반하고 있다. 그러나 대부분의 FTA 협정은 통합의 심화를 위해서 지속적인 협상이 필요한 단계에 머무르고 있다.

IV. 동아시아의 접근: 세계주의, 실용주의와 협력

두 가지의 딜레마를 내포한 채 동아시아의 모든 종류의 FTA는 미래 청사진에 대한 공유 없이 협상이 진행되고 있는 중이다. 중국과 아세안 국가 간의 무역협정이 2004년 체결되었고 이어 싱가포르, 일본-필리핀, 그리고 말레이시아 중국-아세안 FTA(2004)가 합의되었고 2005년 중 일본-태국의 협정이 타결될 것으로 보인다. 현 단계에서는 상품동맹의 가능성은 없기 때문에 FTA의 확산은 분명한 기대와 원칙 없이 진행되고 있고, 원칙의 확립과정은 '스파게티 효과,' 혹은 더욱 심하게는 경제적 이슈의 정치화를 초래할 수 있다.

통합경제는 국제경제에서 매우 중요하기 때문에 WTO 원칙에 위배된 FTA로 인한 무역원칙 다변화의 문제는 국제사회에 많은 영향을 미칠 것이다. 무엇이 지금까지 혁명적인 과정과 경험에 기반한 동아시아적 접근을 이끌어 온 것인가에 대하여 논의하는 것은 현 시점에서 매우 적절할 것이다.

무엇이 통합을 증진시키고 있는가? 동아시아 통합의 동기는 매우 분명하다. 성장과 번영이다. 한반도와 대만에 남아있는 냉전의 무거운 유산으로 인하여 정치적·안보적 장벽은 매우 복잡하다. 유럽에서의 정치적인 동기나 미국의 전략적인 동기가 동아시아에서 동일한 결과를 초래하지는 못할 것이다. 성장과 번영은 비록 회원국 간의 무역관련 정책을 조율하는 것과 관련하여 중요한 갈등을 야기함에도 불구하고 APEC 이후 가장 중요한 동기이다. 그렇다면 만약 '왜'라는 질문에 대한 답변이 성장이라면 무엇이, 어떻게, 언제, 어떻게 그리고 누가라는 질문에 대한 답을 찾아봐야 한다. 시행착오의 과정은 실용주의와 세계주의를 그 기본적인 성격으로 규정할 수 있을 것이다.

무엇이? 최근의 지역주의가 APEC을 지지하는 것인 이상 WTO와 양립가능한 FTA를 통한 명시적이고 신뢰할 수 있는 자유주의가 핵심적인 의제이다. FTA협상에 있어, WTO와 양립 가능한 것뿐 아니라 WTO를 확대한 협상범주가 되는 것이 경제적인 측면의 요건이다. WTO에 더하여 지역 내 FTA를 형성시키는 것은 직접투자로 인한 무역증대뿐만 아니라 협력을 위한 좋은 환경을 제공할 것이다. FTA가 경쟁을 증가시키고, 이는 산업구조조정을 초래하기 때문에 정부의 시장개입을 방지할 수 있는 장치가 제대로 형성되지 않은 동아시아에서는 정부와 비정부 두 영역에서의 동시적인 FTA가 필수적이다

FTA 문제 외에도 금융, IT, 무역과 해외직접투자 진흥, 관광, 노동력,

그리고 테러방지, 인신매매방지 등 비전통적인 안보 영역에까지 광범위한 영역의 기능적인 협력이 동시에 증진되어야만 한다. 기능적 협력의 전략적 중요성은 두 가지 이유 때문이다. 첫째, 본질적으로 협력은 APT 외부에서의 광범위한 참여자를 필요로 하고 이를 통해서 정치적인 갈등이 어느 정도 실무적인 수준의 문제로 조정될 수 있다. 또 다른 하나는 FTA로부터 직접적인 출발이 불가능한 저개발 국가들의 참여를 장려하기 위해서다. 사회적·제도적으로 능력이 취약한 상태에서 저개발 국가들은 자유화보다는 협력을 통해 발전을 시작해야 한다. 그러나 사실상, 발전된 국가에 대해서도 비전통적 안보이슈 등 다양한 외부효과로 인한 이득을 보게 된다.

어떻게? APEC으로 인한 또 하나의 발전은 자발주의의 변화다. 자발주의는 주권과 제도화 간의 모순을 초래했다. 다행스럽게도 WTO 협약 24조와 일치하는 FTA가 근간이 되었고 이는 차별적인 무역협정의 결과에 대한 상대적으로 풍부한 연구 때문이다. 동아시아의 민족주의와 외부지향적 발전을 고려할 때, 국제기구로부터의 압력이 있으면 이는 주권문제를 조율하는 데 도움이 되며, 지역 내의 제도적 조화를 증진시키는 데 도움이 된다. 사실 동아시아 경제가 세계무역에서 많은 비중을 차지하고 있기 때문에 제도화로 인한 명시성은 지역에 도움이 될 것이다. WTO의 범주와 기능적 협력은 관련된 국제기구에 대한 접근, 비영리조직(NPOs), 그리고 제 삼자에 비슷한 접근을 제공한다. 이러한 접근은 지역의 외부 지향적 전략과 개방적 지역주의(open regionalism)를 유지함과 동시에 구심점을 유지하는 것이다.

비록 개발도상국가들이 권한의 증가를 경험하고 있다고 하더라도 <그림 2>에서 보는 바와 같이 이들 국가들 사이에는 일반적이고 약간 다른 경제통합의 제도적 기반이 있다. APEC의 경로와는 달리 APT 장관과 전문가 회의는 전체 계획에 기초하여 어느 정도 실행되었는지를 검토하는 기회를 제공하고 있다.

언제? 구체적인 측면에서, 시간계획을 염두해 둔 노력은 APEC보다 발

〈그림 2〉

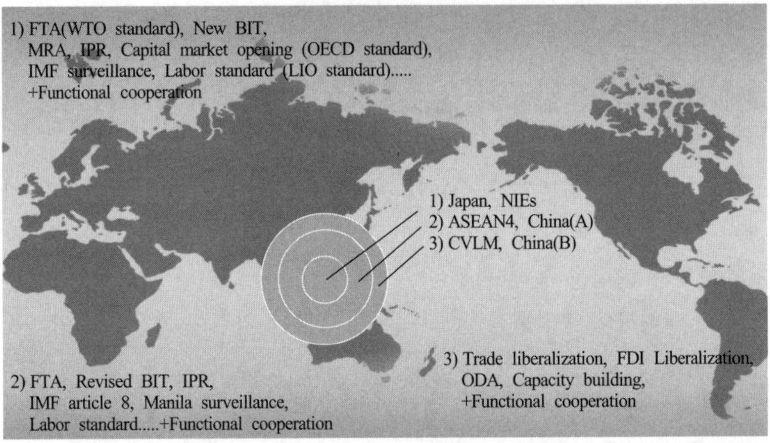

전된 사항이다. 선진국과는 달리 개발도상국가에게 10년은 많은 불활실성을 가진 긴 기간이다. 또한 이 지역의 명목관세가 낮기 때문에 FTA 협정의 자유화 속도는 WTO에 부가되거나 아니면 WTO의 진전속도에 많은 영향을 받을 것이다. 그러나, 시간적인 노력은 두 가지 측면에서 매우 중요하다. 첫 번째는 통합을 준비하는 시장에 대한 선언효과(announcement effect)이다. 또 한가지는 FTA 협상을 촉발시키는 도미노 효과(domino effect)이다. 특히 일본은 중국으로부터 ASEAN의 시간적 노력의 구체화 압력을 받았다. 양자간 노력의 필요성을 소진하는 위험 가운데서도 패권적 경쟁은 사라지지 않았고, 자유화의 이익을 극대화하기 위해서 압력이 필요하다.

어디서? 아시아정상회의의 복잡성이 보여주는 것과 같이, 정치적인 민감성은 지속적으로 중요한 요인이다. 그러나, APEC에서 낮은 수준의 신뢰는 많은 국가에 깊이 연관되어 있으며, 각기 다른 아젠다를 제안하려고 한다. 이러한 경험으로 볼 때, FTA 협상은 우선 APT 국가 내부의 조정이며, 적극적인 기능적 협력은 개방적으로 증진된다. 첫 번째 노력으로, 각각의 AFTA 회원국과의 FTA는 AFTA를 통한 ASEAN의 통합을 충분히 유지할 수 있도록 조정되어야 한다. 그리고 중국-아세안, 일본-아세안, 그리고 한국-아세안 간의 FTA가 한-중-일 FTA의 사전준비로 기대된다. 국내 제도구축과 노력 등을 포함한 FTA와 관련된 정책을 검토하는 가운데 APT 회의는 지역 내 또는 지역 간 FTA와 관련된 중한 정부를 공유할 수 있게 할 것이다. 이러한 과정은 동아시아 지역에 필수적인 신뢰구축에 기여할 것으로 기대된다. 특별한 정보의 교환 역시 기능적 협력의 확대와 심화에 기여할 것이다.

누가? 마지막으로 리더십의 딜레마는 대부분 일본과 중국 때문이다. 동아시아의 경제통합은 그 자체가 경제적 현실이며 평등한 협력관계에 대한 인식은 지역 간 및 국내 정치에 있어서 민족주의적 마찰을 피하기 위해서 중요하다. 패권적 경쟁과 민족주의적 마찰을 배제하기 위한 접근이 매우 중요하다. 이러한 측면에서 동아시아는 동질성보다 다양성을 더 잘 활용해야 한다. 일본은 무엇보다 전체적인 체제의 설계에 기여해야 하고 두 번째로 가장 발전된 경제 시스템을 가지고 있는 국가로서 상대적으로 적은 비용의 구조조정 비용을 감안하여 농업시장을 개방하는 것은 정치적, 정책적 아이디어와 의지를 표명하는 또 하나의 중요한 기여가 될 것이다.

다른 한편으로 중국은 시장견인, 기업중심의 동아시아 통합으로 여겨진다. 그러나 정치적인 재량권의 어려움을 고려할 때 구체성과 신뢰, 특별히 잠재적으로 차별받는 다른 국가들에게 제약이 될 것이다. 중국의 가장 중요한 기여는 아마도 경제법과 제도기반의 사회를 향한 정책실행 등 지속적인 경제개혁과 제도구축일 것이다. 이러한 노력은 중국뿐만 아니라 다른 FTA 참여국에게도 이익이 된다.

싱가포르, 홍콩, 대만, 한국 등 개방경제의 신흥 경제국가들은 한국을 제외하면 상대적으로 조정비용이 적다. 이들 국가에게 보호주의의 영향은 부정적인 반면 자유무역의 이익은 매우 크다. 그래서 이들 국가들은 외부 국가를 포함하여 자유무역 협상을 이끌고자 하는 동기를 가지고 있다. 싱가포르는 미국, 호주, 뉴질랜드, 요르단과의 자유무역을 체결했고 인도, 칠레, 카타르, 쿠웨이트, 파나마 및 이집트와의 협상을 진행 중에 있다. 축적된 풍부한 경험은 동아시아에서의 FTA 허브로 이익을 주고 있다. 한국은 일본과의 자유무역 협상이 결렬되고 국내적인 지지가 부족하지만 적절한 해결방법을 찾아 동아시아에서 싱가포르를 뛰어넘는 시장과 기업의 또 하나의 허브가 될 것이다.

아세안은 지역 내 FTA의 허브로서 기능해 왔고 비교우위는 일본-아세안, 중국-아세안 경제관계의 균형을 이루며 유지될 것이다. 이러한 역할 이외, 또 다른 기여는 베트남, 라오스, 캄보디아 등을 포함한 아세안 내부 경제통합의 심화다. 일본-말레이시아 자유무역협정이 일단 체결된 이후 아세안은 쌍무적 관계의 성장과 아세안 통합의 유지 간에 균형을 맞추어야하는 도전에 직면했다. 쌍무적 FTA구조가 AFTA의 자발주의에 어떤 영향을 미칠 것인가에 대해서는 아직 확실하지 않고 상호간에 양립불가할 것이지만 일본, 한국, 중국 간의 지역 내의 FTA가 진전되면 아세안의 협상능력은 매우 중요할 것이다.

만일 회원국가들이 다른 형태의 기여를 하고, 분업과 다양화 등 기존에 제약점으로 여겨지던 것으로부터 독립적인 역할을 위해 노력한다면 소모적인 정치적인 갈등을 피할 수 있는 길을 찾게 될 것이다. 정상으로부터 각 전문가에 이르는 다양한 회의가 개최되는 제주포럼은 향후 동아시아 관계의 진전을 확인하고 검토하는 중요한 역할을 할 것이다. 이는 통합의 전망과 신뢰에 기여할 뿐만 아니라 회원 국가들 간의 신뢰구축에도 기여할 것이다.

V. 결론: WTO, APEC과 역사를 넘어서

동아시아의 통합은 이제 막 시작되었으며 많은 도전에 직면할 것이다. 도하라운드는 FTA 전략에 영향을 미칠 것이고 특별히 자유화의 구조와 속도에 영향을 줄 것이다. 제도화와 주권, 명시성과 리더십에서 비롯된 모순을 포함하여 동아시아에 배태되어 있는 경제적·정치적 현실은 쉽게 변하지 않을 것이다. 동아시아지역의 고민으로부터 비롯된 고유한 접근

없이는 동아시아의 통합은 다양성에서 비롯되는 다양한 제약들로 인하여 정체될 것이다.

한 가지 해결책으로 본 논문은 왜, 무엇이, 어떻게, 언제, 어디에서, 누가라는 질문에 대하여 실용적이고 세계적 접근을 통해 논의하였다. 동아시아는 시장메커니즘에 의하여 추동되어진 심화된 경제교환관계가 존재하고 따라서 FTA는 현실을 명시적인 정책으로 묶는 제도화 과정이다. 급속한 경제발전 그 자체가 예측하지 못한 세계화의 결과이기 때문에 동아시아의 협력은 WTO 이상의 정책을 필요로 한다. WTO와의 양립성에 기초하고 있는 FTA는 지역주의의 핵심과 정책으로서 다른 기능적인 협력을 통해 실행되어야 한다. 현실적인 제도화는 주권의 제한에서라도 명시성을 위해 매우 중요하며 국제적 기준과 구조를 계획적이고 효과적 사용은 양자간의 모순을 해결하기 위해 제안된다. APEC로부터 비롯된 구심력이 부족한 APT는 동아시아 통합의 핵심으로 강조되어 왔다. 시간적인 노력 역시 명시성과 시장에 대한 선언효과의 측면에서 매우 중요하다. 마지막으로 실질적인 공헌에 기반한 다양한 형태의 리더십 역시 패권적 경쟁을 회피하기 위하여 필요하다.

이와 같은 접근법들은 범주에 있어서 WTO를 뛰어넘고, 구체성에 있어서 APEC을 뛰어넘어 동아시아적인 형태의 접근법을 만들기 위한 것이다. 이러한 시각은 선행 경험이나 또는 현재의 정치적 관계의 수준을 고려하면 의욕적인 것이다. 그러나 만일 왜라는 첫번째 질문이 성장으로 규정된다면 통합의 가장 중요한 힘은 개발도상국 시장의 역동성과 잠재력이다. 가장 성숙한 시장으로서 일본은 다소 다른 기반과 복잡한 역사문제를 가지고 있다. 그러나 일본의 세계적 관점과 실용적인 시각으로부터의 접근은 방어적인 반응을 방지하고 나머지 아시아 국가들이 비성숙한 정치적 갈등을 반복하는 문제를 해결할 것이다. 상호 이해는 시간이 소요된다. 그러나 경제성장에 대한 공동의 경험은 긍정적인 결과에 기여할 것이다. 동아시아적 접근은 WTO, APEC, 그리고 역사를 뛰어넘어 적극적으로 추진되어야 한다.

|참고문헌|

Ahn, C.Y., Ito, T., Kawai, M., and Park, Y.C. eds. 2003. *Financial Development and Integration in East Asia.* Korea Institute for International Economic Policy (KIEP).

Baldwin, R. 1993. "A Domin o Theory of Regionalism." CEPR Discussion Papers.

East Asian Vision Group. 2004. Final Report on the East Asian Study Group, Nov.

Kimura, F., an d Ando, M. 2003. "Intra-regional Trade among China, Japan, and Korea: Intra-industry Trade of Major Industries." Kim, Y., and Lee, C.J., eds. *Northeast Asian Integration: Prospects of Northeast Asian FTA.* Korea Institute for International Economic Policy (KIEP).

Lincoln, E. 2003. East Asian Economic Regionalism, Brookings Institute.

Ministry of Foreign Affairs. 2004a. Issue Paper 1, On East Asian Community, Jun.

______. 2004b. Issue Paper 2, On the Functional Cooperation, Jun.

______. 2004c. Issue Paper 3, On East Asian Summit, Jun.

Schiff, M., and Winters, A. 2004. *Regional Integration and Development.* Oxford University Press, World Bank.

제5부

동북아시아의 에너지 협력

중국, 일본, 러시아의 안보 연계

쟈다오종(ZHA Daojiong)
|국제에너지안보센터 소장

I. 문제의 정의

과거 10년 동안 동북아시아 국가간 물류적·관료적 장벽은 상당히 낮아져, 새로운 항로가 열리고 비자 발급에 걸리는 시간은 줄어들었다. 기업활동과 기타 영역에서 직접 대면의 기회가 늘어났고, 지적·문화적 교류 역시 강화되어, 역내 국가 간 해외여행은 3~4일 일정이면 충분히 이루어질 수 있게 되었다. 최근 정책 구상에서 무역과 투자 촉진은 과거의 아픈 경험을 불식시키고 있는 바, ASEAN+3을 포함하는 다자적 틀, 한국과 중국 간의 경제적 의존관계, 심화되고 있는 일본의 대중투자, 남·북한 간 경제교류 확대 등이 그것이다. 러시아 역시 사할린 프로젝트의 계약에 따른 원유와 LNG공급 등 이웃 동유럽 국가와의 연대를 확장해 가고 있다.

이러한 빠른 변화에도 불구하고, 동북아시아의 장기적 미래는 아직 불확실하며 분쟁 가능성 역시 배제할 수 없다. 특히 중요한 과제는 (1)중국의 부상, (2)중·일 간 정책·안보 대화의 부재, (3)북한의 핵개발 프로그램, (4)몇몇 영토분쟁이며, 최근 불거지고 있는 중국·일본, 일본·러시아 간 원유 개발과 파이프라인 설치 지역을 둘러싼 갈등은 새로운 분쟁의 씨앗이라 할 수 있다.

에너지는 사실 전통적 안보 개념과 밀접한 관련이 있으나, 본고는 일본·중국·러시아 사이의 대규모 에너지 프로젝트가 이들 국가간 그리고 이를 넘어선[1] 상호 의존 증대의 기회를 제공해 준다고 보며, 이들 삼국은 동북아시아라는 하부 지역에서 에너지 협력 레짐을 형성할 경우 공동의 이익을 향유할 것이다.

에너지 안보 달성을 목표로 한 정책수단의 영역에서 삼자적 협력은 특별한 관심을 기울일만 하다. 동북아시아는 중국의 석유수요가 급격히 증가하여 2030년에는 하루 석유수요가 천만 배럴까지 상승하여 미국의 2000년 원유와 석유류 제품 수입액에 근접할 것으로 보인다. 또한, 동북아시아 지역은 사할린 프로젝트와 러시아가 연계된 다른 프로젝트 덕분에 하나의 해결책을 제시하고 있기도 하다. 추가 에너지 공급을 늘리는 것은 시장 균형에 도움이 될 뿐 아니라, 유사한류의 대형 프로젝트는 이에 관련된 국가들의 장기적 책임을 요하므로 미국과 일본측의 정책 협조로 인해 큰 혜택을 받을 수 있다.

더욱이, 러시아 동부 지역 개발은 일본을 포함한 동북아시아 경제 발전뿐 아니라 미국에도 큰 도움이 되며, 중동국가와 더불어 러시아는 국제 에너지 시장의 수급 균형을 맞추는 데 크게 일조할 것이다.[2]

---

1) 본고는 두 가지 이유에서 삼국 간 협력을 "넘어선"이라는 용어를 사용한다. 첫째, 이들 삼국 간의 협력은 미국의 동북아시아 지역에 대한 간섭을 긍정적인 방향에서 차단함에 따라 협력이 보다 순조롭게 진행될 수 있고, 둘째, 에너지 영역에서의 협력은 환경 협력과 연계될 경우 보다 잘 추진될 것이기 때문이다.

2) 향후 10년 간, 러시아의 세계 석유시장에 공급량은 계획에 대한 정책적 대응이 이루어진다면 하루 약 250만 배럴에 달할 것으로 보인다. 동북아시아 지역에 관련된 또다른 중요한 것은 석유가 원유시장의 불안정성과 환경오염에

그러나 이러한 레짐이 영토분쟁과 같이 당사국간 상호 불신의 소용돌이로 몰아넣는 다른 논쟁적 이슈와 장애에 직면하지 않기 위해서는 보다 신중한 정책적 책임이 요구된다.[3] 우리는 동북아시아 에너지 무역이라는 "거대한 게임"을 정치·경제 협력의 증진이라는 긍정적 측면으로 관심을 전환하여야 한다.

본고는 중국·일본·러시아의 전략적 환경 변화를 인식하고, "러시아 에너지 개발에서 중국과 일본의 이익 증대는 지역 안정을 위한 문제를 일으키는가, 아니면 안정을 위한 기회를 창출하는가?"라는 핵심 질문에 대한 답을 제공하기 위한 것이다.

이러한 질문에 대한 검토로서, 본고는 우선 동북아시아 지역에서 에너지와 안보 간 연계에 대한 대안적 개념을 제시한다. 둘째, 중국과 일본의 에너지 의존에 대한 특성을 간략히 살펴보고, 셋째, 관심 영역이 재조정될 수 있는 정책 수단을 제시하여 각국의 정책 결정자들이 국가 에너지 안보에 관한 이익을 추구할 수 있는 보다 현실적 방안을 살피는 데에 도움을 주려고 한다. 마지막으로, 본고는 동북아시아 지역의 에너지 시장에 접근하기 위한 조치를 취하고 있는 러시아의 기본 전제들을 검토할 것이다.

II. 대안적 개념화

중국의 에너지 대외 의존, 특히 석유 수입은 10년 정도의 역사를 지닌 현상이다. 1993년, 중국은 급격한 경제성장과 이로 인한 수요 급증에 따라 석유 수입국이 되었다. 2003년, 중국의 원유와 석유 제품 수입 총량은

따른 제약에 노정되어 있다는 점을 고려할 때 천연가스라 할 수 있다.

3) 레짐에 대한 대표적인 정의는 스테판 크래즈너가 "특정 이슈영역에서 행위자들의 기대가 수렴하는 원칙·규칙·규범·정책결정 절차"이다. Stephen Krasner, "Structural Causes and Regime Consequences: Regimes as Intervening Variable," *International Organization,* 36(3): 185-205.

전년 대비 30%가 증가한 1억 톤에 달하였고, 2000년 30%였던 수입 원유 의존도가 2020년에는 62%로 증가할 것으로 보인다.[4]

2002년 11월 제 16차 전국인민대회에서 강택민 국가 주석은 2020년의 GDP 목표를 2000년 대비 4배 성장으로 설정함에 따라, 향후 중국은 보다 높은 에너지 수요 증가가 예상된다. 2004년 6월, 중국인민위원회에 의해 제정된 "2004~2020년 에너지 중·장기 개발 계획"은 에너지 안보의 중요성과 에너지 공급원을 다변화하고 석유 비축의 국가적 시스템 구축의 필요성을 확인하였다.[5]

1. 중국의 에너지 취약성

중국의 에너지 수입은 빠르게 증가하여 세계에서 두 번째, 그리고 아시아 최대의 에너지 수입국이 되었다. 2000~2030년 동안 예상되는 연간 에너지 수요 증가는 2.7%에 달하며, 이는 세계 평균 추산 1.7%를 넘어서는 것이다.[6] 같은 기간, 평균 석유 수요 증가율은 3.0%로 세계 평균의 두 배에 달할 것으로 보인다. 자동차, 특히 승용차 보유의 급증은 중국을 미국에 이은 세계 제2의 석유 수입국이 되게 하였으며, 이러한 중국의 폭발적 석유 수요 증가는 유가상승의 한 원인으로 지적되기도 한다. 2000년부터 중국은 세계 석유 수요의 5분의 2를 차지하고 있으며, 2003년에는 일본의 석유 소비 수준을 넘어섰다. 중국은 또한 아시아 지역의 상품과 수입 수요를 주도하여, 2030년까지 석유 소비 수요는 2000년의 2.5배에 달하는 1,200만 배럴에 달할 것으로 보인다. 이때 중국이 세계 총예상수요

4) 刘新華·泰漢「中國的石油安全及其戰略條件」『現代國際體系』2002年 第12期。
5) 『人民日报』 2004年 7月 1日. 국가 개발·개혁위원회(SDRC)는 2020년까지 중국의 가스 소비량이 2억 배럴에 달할 것이며, 이의 3분의 2가 공장과 도시 사용자들에 의해 소비 될 것으로 예측하였다. 또한 동 보고서는 중국의 가스 수입량이 선박을 통한 LNG수입과 러시아·우즈베키스탄·카자흐스탄으로부터의 파이프라인을 통한 수입이 2020년까지 8천 만 배럴에 달할 것으로 보았다.
6) *World Energy Outlook 2002* (Paris: International Energy Agency, 2004).

에서 차지하는 비율은 2000년의 6.5%에서 10%로 상승할 것으로 보이며, 천연가스와 관련해서는 최근 30년간 연 성장률이 5.5% 달하여 세계 평균보다 2배 빠르게 성장할 것으로 보인다.

그러나 2003~4년에는 해외로부터의 석유 공급에 관한 중국의 취약성이 다시금 확인되었다. 2003년 1~2월 중국의 원유 수입은 2002년 같은 기간에 비해 78% 상승하였는데, 원유 지급 대금은 6년 만에 처음으로 월별 무역 수지가 적자를 기록하게 한 주요 원인이 되었다. 전략 원유 비축 능력이 부재한 상황에서 일어난 미국의 이라크 침공은 중국 기업들을 패닉 상태로 몰아넣었다. 이라크 침공이 일어난 후 원유 가격이 급상승하였을 때, 중국 에너지 안보 문제는 경제 정책 전문가와 대중들 사이에 상당한 논쟁을 불러왔다.

에너지 안보 문제가 2003년 3월 소집된 전국인민대표위원회와 중국 인민정치대화의회(the Chinese People's Political Consultation Congress)의 논쟁거리가 된 것은 놀랄만한 사실이 아니다. 두 회의에서 제기된 여러 의견들은 수입 원유에 대한 의존을 줄이자는 것으로 요약될 수 있다. 정책 제안은 전략 원유 비축 시스템 도입, 석탄 산업 발전, 핵발전소·수력발전소 건설·청정에너지 도입을 통한 에너지 다변화, 규제 완화를 통한 중국 영해에서 석유시추의 간소화 등을 들 수 있다. 명백히, 이러한 제안들은 중국의 에너지 수입에 대한 의존을 줄이기 위한 시도들이다.

에너지 안보는 또한 공공정책 영역에서도 중요 이슈가 되었는데, 이는 이라크 문제를 필두로 하는 미디어의 국제문제 보도에 대한 정부 규제가 완화된 데에서 부분적 원인을 찾을 수 있으며, 보다 중요한 점은 신 지도부가 '인민을 위한 통치' 개념을 고수한 데에 있다. 에너지 문제는 평균적 중국인의 삶과 관계된 문제로서 중국 전체의 에너지 문제에 초점이 맞추어 지게 되었다. 다른 모든 사회와 마찬가지로, 이러한 대화는 에너지 보전을 위한 사회 중심의 구상에 기여함과 동시에 국가 정책의 집행을 복잡하게 만들 수도 있다.

그러나 에너지 분야에서의 독립이 바람직한 목표이기는 하지만, 이의 실행에는 엄청난 자본이 투입될 것이며, 장관급 수준의 행정부처 신설을 통하여 에너지 정책의 재집중화를 요구하게 될 것이다. 1998년, 중국 정부는 에너지부를 폐지하고 에너지 관련 업무를 국토자원부에 이관하였는데, 이러한 구상의 논리는 중국의 에너지 수요를 충족하는데 시장이 보다 큰 역할을 하게 하는데에 있었다. 신 지도부는 재편된 국가 개발·개혁위원회 산하에 소규모 에너지 부처를 신설하여 현상유지를 도모하였고, 국가의 전력 개발 정책을 감독하기 위한 국가전기규제위원회 역시 설립되었으나, 이러한 부처의 활동은 미약한 것으로 보인다. 또한, 사실상 연방국가 수준으로 분권화된 재정 정책은 이러한 정책들의 효과를 강화하지 못하였다.

2. 원유 파이프라인을 향한 경쟁

이러한 배경하에서, 앙가라스크(Angarstk)-다칭(Daqing)원유 파이프라인의 건설 착수에 대해 높은 기대가 형성되었다. 2003년 1월, 일본의 파이프라인 건설 참여는 이 문제에 대한 동학을 완전히 바꾸어 놓는 계기가 되었다. 일본은 독자적 연구에 착수하여, 프로젝트와 관련된 중국과의 시각조율을 위한 설명을 제공하는 데 노력하기 시작했다. 러시아 정부의 정책결정 지연에 관한 중국의 대응에서 몇 개 핵심적 주제를 발견할 수 있다.

첫째, 2001년 총리의 주재하에 이루어진 계약에 의하면, 2005년을 시작으로 연간 2,000만 배럴, 그 이후에는 25년 간 매년 3,000만 배럴을 공급하기로 되어 있었던 파이프라인 건설의 착공이 지연되었다. 이는 러시아의 국가-기업 관계의 역동성에 기인한 것으로, 중국의 국가석유공사(CNPC)는 엘친 후기 러시아의 국내 정치의 복잡성을 간과하여 국영 가즈프롬(Gazprom), 로스네프트(Rosneft), 트렌스네프트(Transneft) 대신 민간 기업인 유코스(Yukos)를 선택한 것이 큰 패착이었다.

이는 특히 트렌스네프트의 장려하에 나홋카까지 파이프라인 건설 아이디어가 나왔을 때를 생각하면 더욱 분명한 것인데, 당시 중국석유공사는 후진타오 주석이 2003년 5월 러시아 방문시 유코스와의 계약을 추진하였다. 결국 여러 요인들을 고려하였을 때, 가즈프롬은 중국석유공사의 동-서 가스 파이프라인 프로젝트에 상당한 경험을 가졌을 뿐 아니라 나름의 역할을 하고 있었으므로 가즈프롬과 로스네프트와의 거래를 추진하는 것이 나았을 것이다.

둘째, 2003년 1월 일본은 고이즈미 총리의 모스크바 방문을 계기로 공식적인 사업 참여에 박차를 가하기 시작하였고, 이것이 중국으로 하여금 일본과의 정치적 협력 지속을 더욱 힘들게 만드는 요소로 작용함에 따라 이 프로젝트의 지정학적 의미는 더욱 복잡하게 되었다. 몇몇 전문가들은 러시아가 탈냉전기 양자관계의 전형이라고 할 수 있는 중국과의 '전략적 동반자'와 같은 수사에 충실할 것을 주문하였으나, 파이프라인 건설에 있어 일본측이 제공하는 지원은 부정할 수 없는 이점이라고 할 수 있으며, 왜 중국이 이와 유사한 접근을 취하지 않는가 하는 것은 미스터리라 할 수 있다.

셋째, 비록 분석가들은 러시아로부터 20%에서 30%정도 비율을 수입하는 것이 바람직한 것으로 보고 있으나, 태평양 연안 역시 개발가능한 지역이 되었음을 고려할 때, 중국석유공사는 자신의 프로젝트 참여가 성공에 도움이 됨을 일본과 러시아에 설득해야 할 것이다.

3 대안적 개념화

사실, 중-일 관계와 일본의 러시아 파이프라인 개발 추진과는 인과 관계가 존재하지 않는 별개의 문제라 할 수 있다. 중국과 일본은 에너지 공급원의 다양화를 원하고 있으며, 1980년대 중반까지 원유는 중국의 핵심적 대일수출 품목이었다가, 이후 항공유를 비롯하여 일본이 중국에 대한 핵심적 공급자가 되고있는 바, 에너지 수요에 있어 여전히 양국간 상호의존이 존재한다고 볼 수 있다. 양국 정부는 현재 직면하고 있는 도전에 지혜를 발휘하여 경쟁적 환경을 삼자적 협력을 위한 기회로 활용하여야 한다.

그러나 불행한 점은 양자관계의 발전에 있어 경쟁적 이해관계의 해결이 불가능한 것은 아니라 하더라도 현재 중-일 외교관계가 이를 힘들게 만들고 있다는 것이다.

국제관계의 현실주의적 논리는 중국·일본·러시아 간 경쟁관계를 제로섬 게임으로 만들고 있다. 또한 동북아시아의 안보 상황은 미국과의 양자적 동맹이 중요하다는 점에서 냉전시대와 변한 것이 없으며, 이러한 배경하에서 원유 공급원의 다변화 성공은 중국에 있어 전략적 우위를 점하는 것이 된다. 다칭 파이프라인은 러시아와의 전략적 연계를 향상시키는 기폭제 역할을 할 것이며, 해안지대에 비해 산업화 정도가 뒤쳐진 중국 동북지방의 발전을 보조할 것이다. 중국의 이익은 거품 경제 붕괴 이전 지역적 우위를 점하였던 일본의 손실을 의미하며, 일본 정부가 미국, 한국, 대만 등 제3지역에 공급될 수도 있는 나홋카에 파이프라인 건설을 지원하는 것은 다분히 전략적이다.

그러나 이러한 논리는 중동산 원유에 대한 의존도 감소 모색과 같이 몇몇 중요한 이슈에 충분한 관심을 기울이지 않는 맹점을 지닌다.

첫째, 파이프라인을 통한 중국의 석유 확보는 2003년 초기에 경험한 패닉 상태의 석유 구매를 방지하는 데 공헌할 것인 바, 사실 이는 원유가 폭등을 부채질하여 석유 수입국 모두의 이익에 반한다고 할 수 있다. 중국이 해외로부터 안정적 석유수입을 해나가는 것은 일본을 포함한 모든 원유 수입국이 이익이라 할 수 있다.[7)]

둘째, 에너지 공급 부족에 의해 초래되는 경제적 손실은 예상보다 훨씬 광범위할 수 있다. 중국의 원유공급으로 인한 문제없는 경제성장이 중국의 교역 대상국에게도 이익이 된다는 인식 역시 확산되고 있다.

셋째, 중국의 동북아시아 지역의 군사안보정책 운용에도 상당한 변화

---

7) 이론적으로, 중국은 전략 비축유를 통하여 패닉 상태에서의 구매를 예방하기 위한 노력을 기울여 나가고 있으며, 이러한 비축 시스템의 건설을 위한 굳건한 조치를 취하기 시작하였다.

가 일어나 북한 핵개발을 종결시키기 위한 국제적 협력에 동참하고 있으며, 6자회담 틀 내에서 당사국 간에 협상과정과 최종 목표에 있어 상당한 견해 차이가 존재하는 것은 사실이나, 중국은 이러한 다자적 틀 내에서 협력 의사를 다시금 천명하였다.

또한 사할린 프로젝트는 중국과 일본 양국의 천연가스 공급에 있어 가시적 대안을 제공하는 것이다.[8) 따라서, 중일 간 경쟁 요인에 대한 개념은 파이프라인 루트에 대한 지정학적 전략에 대한 구상을 다시금 강조하게 하는 것이다. 또한, 우리는 다음과 같은 질문을 우리에게 던져야 한다.

- 중국·일본·러시아는 시베리아와 러시아 동부지역 석유·가스 개발에 대한 이익을 향유하기 위해 어떤 입장을 가지고 있는가?
- 중국과 일본은 어떻게 지정된 러시아 지역의 경제발전에 도움을 주어 장기적으로 양국의 에너지 수급에 대안을 마련할 것인가?

에너지 외교는 중국의 외교노선에 있어 중심적 주제로 자리매김하였고, 한 회의에서 후진타오 국가주석은 다음과 같이 국제경제협력에 대한 중국의 시각을 피력하였다.

> 중국은 아시아의 부흥을 위하여 아시아 이웃 국가들과 진심으로 친밀한 협력을 원하며, 이러한 파트너십은 정지적 상호신뢰, 경제적 윈-윈 게임, 문화적 교류, 안보대화와 협력의 모습을 띠어야 하는 것이다.... 중국은 자원을 통합하고, 특정 지역 영역을 우대하고 능력 기반의 협력을 증진시키기 위한 시각에서 모든 종류의 경제 협력 기구 건설을 촉진하기 위한 최선의 노력을 경주할 것이다.[9)]

---

8) Agency for Natural Resources and Energy, The Energy and Resources Today, 4. Natural Gas available at: http://www.enecho.meti.go.jp/english/energy/lng/examination.html 참조.

9) The ACD Foreign Ministers' Meeting is an informal, non-institutionalized forum for dialogue and consultation, established in 2002.

2004년 6월 22일, 칭다오에서 개최된 아시아 협력대화 제3차 외무장관 회의 개막식[10]에서 원자바오 총리는 "중국은 상호호혜에 기초하여 이웃 아시아 국가, 나아가 세계 여러 국가들과 에너지 관련 대화와 협력을 해 나갈 준비가 되어 있다."라고 언급하였다. 원유 수출·수입국으로 이루어진 22개의 참가국들은 에너지 협력에 대한 "칭다오 구상"에 합의하여 전략 비축유 저장과 지역 에너지 수송 네트워크 건설에 착수해 나가기로 하였다.

일본 정부는 러시아를 "에너지 공급원의 다변화에 있어 중요한 파트너"로 정의하고 사할린 원유·가스 프로젝트와 태평양 파이프라인 사업을 외교·경제관계 강화의 계기로 인식하였다.[11] 또한, 2004년 일본 정부는 다음과 같이 본고의 핵심 전제에 다가가 있는 의견을 피력하였다.

> "지리적 근접성은 에너지 자원의 공급-수요 관계와 거래에 있어 상당히 중요한 요인으로 작용한다. 따라서, 한 국가가 비슷한 상황에 처해있는 이웃국가와 에너지 협력을 수행해 나가는 것은 매우 자연스러운 일이라고 할 수 있다. 유럽연합이 지금과 같은 형태로 통합될 수 있었던 것은 하나의 선례라 할 수 있으며, EU-러시아 에너지 협력과 EU-지중해 국가 에너지 협력은 EU와 주변 국가들의 에너지 협력 과정의 중요한 일부라고 생각한다."[12]

더욱이, 2002년 말 경제산업성 장관은 2020년까지 에너지 수급에 있어 천연가스 비율을 EU 평균 수준까지 높이려는 계획을 수립하였는데, 여기에는 사할린과 혼슈 간 가스 파이프라인 건설 계획도 포함되어 있었다.[13]

---

10) 아시아 협력 대화는 2002년에 설립된 비공식적·비 제도화된 대화·협의 포럼이다.

11) *Global Energy Strategy towards 2030* [Focused on the Relationships with Asian Consuming Countries] (April 2004), Agency for Natural Resources and Energy, p.15.

12) Shoichi Nakagawa, Minister of Economy, Trade and Industry, "Achievements of the Osaka IEF and the International Energy Situation Since Then," 9th International Energy Forum (Amsterdam, May 22, 2004), p.3.

2004년 4월 12일, 경제산업성은 2030년까지 일본 국제 에너지 전략의 주요 축으로 기능할 "아시아 에너지 파트너십" 개념을 제시하였다.

III. 새로운 정책 의제의 등장

에너지원에 대한 자국의 우월적 접근성의 확보는 불필요한 애국심을 촉발할 수 있는 민감한 이슈이다. 그러나 일본·중국·한국 간의 경제적 상호의존이 빠르게 증대되고 있음을 감안할 때, 불신의 원인을 대화를 통해 해결할 필요가 있다. 일본·중국·한국과 같은 에너지 수입국은 이미 ASEAN+3의 틀 내에서 에너지 안보에 대한 논의를 진행시키고 있다.

1. 다자적 접근?

필자는 유사한 레짐과 제도의 창출이 동북아시아의 상황에서 유효할 수 있다고 본다. 역내 3개국의 중동산 원유 수입의존도는 상당히 높은 수준이며, 한·중·일 삼국은 아직 유럽과 미국과 같은 경쟁적 유가 책정 메커니즘에 의존하지 못하고 있다. 러시아의 석유 수출을 촉진하여, 동북아시아 국가들은 현재 원유와 LNG공급시장에서 보이는 소위 "아시아 프리미엄"을 줄여나갈 수 있다.

2004년 4월, 일본 천연자원 에너지청(ANRE)은 "2030년을 향한 세계 에너지 전략"이라는 보고서를 발간하였고, 경제산업성 역시 일본 에너지 정책의 중요한 축을 담당할 "아시아 에너지 파트너십"의 개념을 제시하였는데, 이 개념은 다음과 같은 영역에서 에너지 문제에 대해 아시아 국

13) Energy and Resources Today / Natural Gas. 4-2. Examination of Policies Concerning Natural Gas, Agency for Natural Resources and Energy, http://www.enecho.meti.go.jp/english/energy/lng/examination.html.

가들의 협력을 도모하는 데 있다.

- IEA가 취하는 조치들을 보조하기 위한 비상 대응을 위한 협력을 추구해 나가는 동시에 아시아 석유 비축 프로그램을 통한 에너지 안보 강화
- 특히, 현물·선물 시장의 육성과 거래 계약에서 최종 도착지 조항의 삭제를 통한 석유와 천연가스 분야의 시장 개혁
- 국내적·지역적·세계적 맥락에서 환경·에너지 정책의 수립과 규제, 다른 국가들이 이를 따르게 하기 위한 노력 전개
- 자원 개발, 수송 수단 개발, 당사국간 협력을 통한 에너지 공급 안보의 발전 도모

동 보고서[14]는 일본이 다수준적·다차원적 틀을 건설하고 다른 아시아 에너지 수입국들과의 에너지 연계망을 통합하여 보다 유연하고 지속가능한 국제 에너지 시스템의 개발을 목적하여야 한다고 처방하였다.

2. 미국과 러시아의 참여

한반도 핵위기는 동북아시아 최대의 불안정 요인으로 남아있다. 러시아는 부산까지 이어지는 천연가스 파이프라인 건설 계획을 발표하였으나, 이 계획의 실현은 한반도 핵위기의 해결에 달려있다고 할 수 있다. 한반도 분단만 아니었다면, 파이프라인을 포함한 교통 네트워크 건설은 충분히 가능했을 것이다. 그러나, 한반도 핵위기는 6자회담과 같은 정책 조정 틀의 원형을 제공해 주기도 하였다.

미국과 러시아의 역할 확대는 양국이 가지고 있는 정책적 영향력, 투

---

14) 보고서는 국제 에너지 시스템을 국제 원유와 가스시장에서 에너지 공급과 소비의 사슬로 정의한다.

자력, 기술, 자원 등으로 인해 역내 에너지 레짐 형성에 큰 도움을 줄 수 있다. 2002년 10월 개최된 정상회담에서 미국과 러시아는 동 시베리아와 극동 지역의 석유·천연가스 자원 개발에 기본적인 합의를 이루었고, 이는 2002년 5월 개시된 신 에너지 대화의 촉진을 위한 전진으로 보인다. 코노코필립스(ConocoPhillips)를 포함한 미국의 석유 메이저 기업들은 향후 사할린으로부터 서진(西進)을 계획하고 있는 러시아에서 에너지 프로젝트 개발 참여를 확대하고 있다. 더욱이, 러시아로부터 LNG를 수입하려는 계획도 있는데다가 미국과 러시아는 전략 비축유의 보유에 대한 협력에 합의하기도 하였다.

미국과 일본 양국은 모두 사할린 석유·가스 프로젝트에 투자 지원을 제공하여 최근 급증한 수요를 충당하지 못하고 있는 석유와 천연가스 분야 모두에서 미래 공급능력 향상에 도움을 주고 있다.[15) 탐사기법의 발달은 사할린 대륙붕과 같이 탐사가 어려운 곳에서의 개발도 가능케 하여 유전 개발 감소를 어느 정도 충당해 주었다. 미국과 일본의 입장에서 러시아와 동북아시아 국가들 간 에너지 관련 협력의 촉진은 다양한 균열과 불확실성을 제거할 수 있는 '정책적 다리' 역할로 인식될 수 있다.

러시아는 석유, 가스 개발 분야에서 이를 전략적 물품으로 분류·개발하려는 의도에서 정부 통제를 강화하고 있다. 동부 시베리아와 극동 개발을 위해서 수출 지향적 에너지 개발은 중요한 수단으로 기능할 수 있으며, 현재 석유와 천연가스 수출은 러시아 연방 정부 수입의 절반을 차지하고 있다.[16)]

---

15) Harry J. Longwell, Executive Vice President, ExxonMobil, Remarks at the Offshore Technology Conference (Houston, May 7, 2002).

16) 2002년 러시아는 3억 8천만 톤의 원유를 생산하여, 이중 180만 톤을 수출하였다. 2003년에는 세계 총생산의 11%에 달하는 4억 2천1백만 톤을 생산하여 2억 2천8백만 톤을 수출하였고, 2004년에는 4억 5천만 톤 생산, 2억 5천5백만 톤 수출이 예상된다.

3. 러시아의 동부로의 관심 전환

2003년 8월 공표된 2020년 에너지 전략[17]은 에너지 영역의 확대와 에너지 수출 증대를 계획하고 있다. 러시아의 에너지 정책 수립가들은 수출선의 다변화, 아시아-태평양 지역, 특히 동북아시아 지역의 신규 시장에 대한 접근을 제안하였다. 러시아 정부는 에너지 공급을 동부 시베리아, 극동 지역, 극지방, 북부 카스피해 대륙붕 등 자본 집약적인 신규 프로젝트의 성격을 감안하여 에너지 공급원을 "북부, 동부, 남부 지역"으로 다변화하려 한다. 동북아시아와 미국 경제는 보충적 시장으로 여겨지며, '에너지 전략 2020'은 아시아-태평양 지역으로의 석유 수출이 1억 톤에 달할 것이며, 이중 2,500만 톤이 사할린에서 생산될 것임을 언급하고 있다. 이 계획에 따르면, 러시아는 아시아-태평양 지역에의 수출비율을 3%에서 30%까지 늘릴 것을 계획하고 있다.

러시아 석탄 연료 생산을 주도하고 있는 가즈프롬 역시 동북아시아 지역에 관심을 가지기 시작하였다. 이러한 관점에서, 2003년 6월 도쿄에서 발표된 동부 러시아로부터의 천연가스 운송 계획의 청사진은 시베리아 가스 파이프라인과 블라디보스톡과 바니노(Vanino)항에 인접한 LNG터미널에 대한 언급을 포함하고 있다.[18] 중국과 한반도로의 가스 수출에 이용되는 파이프라인의 길이가 2020년에는 250~350억 세제곱미터에 달할 것으로 보이며, 천연가스로의 대용 기술 발달과 지나친 석유 의존을 생각할 때 이는 더욱 늘어날 것으로 예상된다. 이러한 결정은 베이징의 가즈프롬의 대표부가 한반도와 일본으로의 가스 수출과 액화가스 생산 등 다양한 프로젝트에 가즈프롬의 참여를 위한 지역 사무소로 개편하기 위한

---

17) Available on-line: http://www.mte.gov.ru/docs/32/189.html.

18) Alexey B. Miller, "The Eurasian Direction of Russia's Gas Strategy," Keynote Address, 22nd World Gas Conference (Tokyo, June 4, 2003), p.6; See also Green Paper Towards a European Strategy for the Security of Energy Supply (Technical Document), European Commission (2000), p. Figure 5. Gas of the Russian East.

것이다.

종합적으로, 러시아의 동북아시아 지역 가스 수출은 2020년에는 15~20%에 달할 것으로 보이며, 통합된 동-서 파이프라인 건설 계획은 태평양 지역 송유관 건설과 함께 고성능 가스파이프 건설을 모색하고 있다. 그러나 제2사할린 LNG 프로젝트는 2015년까지 연간 960만 톤의 수출을 계획하고 있으며, 이러한 총량은 수요 증가에 따라 더욱 늘어날 것으로 보인다.

2004년 국가 두마 연설에서, 푸틴 대통령은 동부 러시아 지역의 송유관과 가스관을 포함한 에너지 프로젝트에 대해 특별한 언급을 하였다.[19)]트렌스네프트(Transneft)에 의하면, 이 프로젝트는 수정되어 최초 5,000만 톤이 아닌 8,000만 톤 생산을 목표로 하고 있으며 지류에 해당하는 파이프라인이 추가로 3,000만 톤을 중국에 공급할 수 있을 것으로 보이며, 2007년부터는 기차로 1,500만 톤을 수출할 준비를 하고 있다.

이러한 계획은 일본·중국·한국 등 에너지 자원의 시장이기도 한 동북아시아 국가들의 에너지 안보의 이해관계와 밀접한 관련이 있다. 그러나, 사업의 진행에 소요되는 비용과 에너지 수입국들의 에너지 안보에 대한 우려는 파트너십 형태의 관계와 외국인 투자를 필요로 할 것이다.

이러한 의도와 계획을 뒷받침할 투자액은 수백억 달러에 달할 것으로 보이지만 초국경적 에너지 사업은 몇몇 전략적 목적을 충족할 것으로 보이는데, 이를 열거하자면 (1)정치적 관계 향상의 공고화, (2)지역 국가들 사이의 무역, 투자, 기술, 제조업 분야의 연계 촉진, (3)지역적 수준의 경제발전에 부가적 유인 제공, (4)에너지 사용의 효율성 증가와 환경적 영향 감소 등을 들 수 있다.

---

19) Vladimir Putin, Address to the Federal Assembly of the Russian Federation (May 26, 2004).

4. 전략적 원유 비축

1970년대 말에서부터 1980년 초 기간에 일어난 제2차 석유위기는 일본으로 하여금 90일치의 수입물량에 해당하는 원유 비축을 추진, 성공하게 하였다. 2001년에 이르면 국가와 민간 부분의 총 석유 비축분은 150일치 분을 상회하였다. 한국은 2001년 IEA의 최고 기준인 90일치 분을 넘어섰고 2003년에는 IEA의 공식 회원이 되었다. 중국의 경우는 2001년 3월 제9차 전국인민대회에서 승인된 제10차 5개년 계획이 전략적 원유 비축의 필요성을 지지하였다.

공동 석유비축시스템(JORS)의 개념 역시 동북아시아의 맥락에서 상당한 의미를 지닐 수 있으며 이익의 경합에서 오는 위험을 완화시켜 줄 것이다. 이 시스템은 석유 비축의 유지에 드는 비용을 감소시키는 데 상당한 도움을 줄 것이며, 2002년 9월 일본·중국·한국의 에너지 장관이 오사카에서 회합을 가졌을 때, 이들은 석유비축시스템을 포함한 "에너지 협력 구상"을 발표 하였다.

2004년 6월, ASEAN이 공동 석유비축시스템(JORS)도입을 발표하였으며 일본과 한국은 기술 지원 의사가 있음을 밝혔는데, 특히 일본이 타당성 검토를 위한 자금지원 의향 역시 피력하였다.[20] 동북아시아에서 이와 같은 다자적 노력이 현실화되어야 하며 "ASEAN+3", "동아시아 공동체"와 같이 현존하는 지역경제협력 개념은 에너지 안보와 러시아, 미국의 역할을 감안하여 보다 유연해 질 필요가 있으며, 일본·중국·한국은 동북아시아 지역에 통합되려는 진지한 의도를 보이고 있는 러시아를 지원하여야 한다.

그러나 동북아시아 국가들은 러시아가 이익추구를 위한 에너지 인프라스트럭처 개발뿐 아니라 지역 강국과 에너지 공급자로서 책임을 다하도록 설득하는 것이 필요하다. 에너지 공급자로서 러시아는 역내 JORS의

---

20) 『日本經濟新聞』 朝刊、2004年 6月 21日.

성장시, 안정세와 적정량의 공급과 가격 책정이 이루어진다는 가정하에서 이에 상응하는 이익을 기대할 수 있다.

5. 에너지와 환경

역내 에너지 안보 레짐이 뿌리를 내리기 위해서는 효과적인 에너지 공급 루트를 건설하고 에너지 교역량을 늘리는 것만으로는 충분하지 않으며, 에너지의 보다 효율적인 이용을 확보하는 것이 중요하다.

예를 들어, 서로 다른 수준의 에너지 효율로 인하여 미국은 일본보다 GDP 대비 2배가 많은 원유를 필요로 하며, 중국은 다섯 배를 필요로 한다.[21] 일본은 1970년대 대비 약 30% 향상된 에너지 효율과 엔고의 영향으로 이전보다 원유가 변동에 덜 취약하다고 할 수 있다. 그러나 일본은 앞으로 미국과 중국 경제가 정체 상황이 올 경우, 이에 간접적인 영향을 받을 것이다.

국제적 기술 이전에 의해 생성되는 이익은 협의의 에너지 보존에 제한될 뿐 아니라 환경 보호까지 지지할 수 있다. 교토 의정서가 발효됨에 따라, 청정개발 메커니즘(Clean Development Mechanism)의 기본계획과 공동이행 계획(Joint Implementation)은 환경친화적인 프로젝트를 지지할 수 있게 되었다. 중국은 이 분야 신규사업에서 가장 큰 잠재력을 가지고 있으며, 2020에너지 개발 프로그램은 환경보호, 효율적인 에너지 사용, 지속가능한 개발을 목표로 한다. 이와 유사한 기본 개념은 일본의 에너지 전략(2030)과 러시아의 전략(2020)에 그대로 흡수되었다.

중국, 러시아는 에너지 수요증가를 맞추고 환경보호 증진을 동시에 이루기 위하여 일본과 협력해 나가는 동시에, 일본은 단순한 사업적 이익을

---

21) 『讀賣新聞』 朝刊、2004年 9月 14日.
IEA 평가보고서는 원유 배럴당 원유 가격이 10달러 상승하면 세계 GDP성장률은 0.5% 하락한다고 제시했다. 결과적으로 미국과 중국은 각각 0.3%와 0.8%의 GDP 하락이 예상된다.

넘어선 중국과 러시아의 막대한 시장을 발견할 것이며, CDM과 JI계획에 따라 이산화탄소 거래권 배출 거래제도가 시행될 수 있을 것이다. 또한 재생가능 에너지의 공동개발 역시 장기적으로 매우 유망한 사업이 될 것이다.

6. 에너지 협력과 분쟁 방지

한국 정부는 동북아시아의 미래에 관한 중대한 제안을 하였다.[22] 2003년에만 동북아경제중심추진위원회는 26번의 실무 회의, 워크숍을 개최하였고, 이 결과로 에너지 분야를 포함된 다양한 영역에서 지역 경제 협력을 위한 포괄적 계획을 수립하였다. 동 위원회는 “한·중·일이라는 엄청난 에너지 소비국이 잠재적 공급자인 러시아와 접해 있으므로 이는 역내 에너지 협력체 등장의 기회를 제공해 준다고 지적하였다.

- 천연가스 파이프라인 네트워크 건설
- 석유 공동 탐사와 정련
- 장기적 관점에서 대북 에너지 공급 협력
- 시베리아 수력 발전과 같은 청정에너지의 개발

동 위원회는 또한 에너지 협력의 추진 과정에서 장기적 에너지 안보, 환경적 제약, 동북아시아 국가들 사이에서 에너지 협력의 효과 등 단기적 경제적 필요 이외의 요소 역시 고려되어야 함을 지적하였다. 한국 정부는 사할린 프로젝트에 관하여 수입·투자 전망을 논의하려는 에너지 관련 기업들에 매우 협조적이며, 2004년 9월 개최된 러시아-한국 정상회담에서 양국은 동부 러시아에서 원유와 천연자원 개발 협력에 합의하였으며

---

22) *Toward a Peaceful and Prosperous Northeast Asia* (Seoul: Presidential Committee on a Northeast Asian Business Hub, 2003), p.24 참조.

전략 에너지 대화를 개시함으로써 장기적 천연자원 협력에 관한 작업을 진행하고 있다. 또한, 다음과 같이 한국, 북한, 러시아가 참여하는 세 가지 주요 기반시설 건설 사업이 있다.

- 한국이 철도로 러시아와 중국을 거쳐 유럽에 도달할 수 있게 해 주는 남·북한 철도연결 사업
- 사할린에서 북한을 통하여 남한까지 연결될 천연가스 파이프라인 건설 사업
- 극동 러시아와 한국 남부의 발전소를 연결하는 발전시설 연결 사업

여러 정치적 장애요소들의 제거를 가정하였을 때, 이러한 대형 프로젝트들은 동북아시아 지역의 장기적인 안정의 기반으로 작용할 수 있을 뿐 아니라, 북한의 변화를 유도할 수도 있다. 두 에너지 프로젝트의 경제성은 충분해 보이며 여러 유관 산업의 관심을 끌 것으로 보인다.[23)]

IV. 결론

세계 다른 지역에서는 에너지 분야 협력이 확산되고 있다. 유럽에서는 EU와 러시아 간에 궁극적으로 에너지 협력으로 이어질 수 있는 에너지 대화가 전개되고 있으며 동북아시아에도 협력적 결말의 여지가 존재하기는 하나, 이는 이웃국가들의 정책에 달려있다고 할 수 있다. ASEAN+3 에너지 대화는 에너지 소비국들을 불러 모으기는 하지만, 러시아와 같은

23) Victor Minakov, "The 500kV Cross-Border Transmission Line Project Linking the Russian Far East with the DPRK (Chongjin)" and by John Fetter and Rimtaig Lee "Energy and Political Cooperation in Northeast Asia: The KoRus Gas Pipeline," Vladimir I. Ivanov and Eleanor Goldsmith, eds., *The Niigata Energy Forum 2004,* published at *ERINA Booklet,* vol. 3 (December 2004) pp.65-75 참조.

잠재적 생산자를 제외하고 있으며, 이러한 틀의 확대 자체가 목표라고 할 수는 없다. 연성적 형태의 협력 역시 보다 중요한 대형 에너지 프로젝트를 촉진시킬 수 있을 뿐 아니라 정책의 변화를 이끌어 낼 수 있으며, 사실 몇몇 정책 변화는 이미 일어나고 있다.

통합을 향한 열망이 매우 현실적인 유럽과 비교했을 때, 동북아시아는 냉전의 유산이 뿌리깊이 박혀 있다. 이러한 배경하에서, 천연자원을 향한 경쟁은 국가간 장벽을 더욱 높일 것이다. 또한, 동시에 중동의 소요사태와 테러공격의 확산은 에너지 공급에 관한 세계적 관심을 모았으며, 석유 수요, 특히 중국의 수요가 급증하고 있는 실정이다.

국제관계의 현실주의 학자들은 이러한 국가들의 정책들은 궁극적으로 제로섬 게임에 기반하고 있다고 보며, 자유주의적 입장의 학자들의 제도 구축, 국제법에 대한 존중에 의해 포시티브-섬 게임을 국제공동체에 정착시킬 수 있다는 가정을 반박한다. 사실, 현실주의자들의 설명은 일반 대중으로부터 지지를 얻을 수 있는 명료한 기술을 하는 것이 사실이며, 이렇게 보다 명료한 설명이 지지를 얻는 경향은 희소 에너지 자원이 현안이 되는 경우보다 강화되는 경향이 있다.

우리의 목표는 협력을 통해 무한한 기회를 활용하는 방식으로 이 문제에 해결하는 것이다. 사실, 동북아시아 지역에 대량의 석유·가스를 공급하고 싶어하는 것은 중국이나 일본이 아닌 러시아이다. 또한, 중국과 일본이 파이프라인 경로를 놓고 경쟁한다기보다는 러시아 내부의 다양한 이해관계가 갈등의 진정한 원인이라고 볼 수 있다. 사실, 현지 산업과 지역 공동체와의 협의 없이 석유·가스 자원의 현금화를 선호하는 이익집단이 존재하는 것이 사실이며, 이와 반대로 동북아시아 시장에의 접근과 함께 지역 개발, 국가 에너지 안보를 강조하는 집단 역시 존재한다.

문제는 중국이 전자와 연대하려는 움직임을 보이는 반면, 일본은 후자와 손잡으려 한다는 것이다. 일본이 트렌스네프트(Transneft)가 지지하고 푸틴 대통령이 강하게 선호하였던 파이프라인 경로를 지원하고 있는 사실을 고려할 때, 향후 에너지 협력 시스템에서 러시아를 배제하기 보다는 포용하는 것이 동북아시아 그 어떤 국가도 배제될 수 없는 석유와 가스 공급 안보를 강화하는 방향이 될 것이다.

또한 동북아시아에서 JORS의 구축 노력은 지역 에너지 안보 레짐 구축의 시발점이 될 것이다. 만약 지역 정책 결정자들이 보다 큰 에너지 안보 달성을 위한 다자적 파트너십의 구축을 심각하게 원한다면 각 당사국들이 이에 수반되는 책임을 지는 것이 중요하다.

또한 보다 광의의 에너지 안보 레짐은 에너지 보존에 있어 정책 협의를 요구하며, 환경 산업의 잠재성을 볼 때 환경에서의 상호의존을 전체 환경 협력증진의 기회로 삼는 것이 중요하다.

에너지 효율 향상을 위한 기술이전은 특히 가장 중요한 점인데, 이는 동북아시아 지역의 에너지 협력증진을 위하여 전문가들이 국가간 관계를 경쟁적으로 인식할 것이 아니라, 기술과 연료 간 경쟁으로 에너지 공급에 대한 인식을 바꾸어야 한다는 것을 의미한다.

에너지 분야에서 강하고 장기적 연대 형성을 모색하는 당사국들의 의지에 따라서 협력의 이익은 상당한 효과를 발휘할 수도 있고 반대로 제약될 수도 있다. 이러한 정책들을 효과적으로 실행하기 위하여, 정치적 리더십, 장기적 안목과 함께 전통적 협력의 정신이 요구된다. 동북아시아 경제영역 중 이러한 전통이 실현된 영역은 아직 없지만, 현재 장기적 투자와 에너지 수입원의 다변화를 시도하려는 노력에 따라 이러한 기회가 확대되고 있다.

동북아시아의 에너지 전망과 역내 에너지 협력관계

가네키요 켄슈케(KANEKIYO Kensuke)
|일본에너지경제연구소 연구소 연구원

과거 2년 동안, 우리는 전세계적인 자원의 인플레이션과 부족 상황을 경험했다. 에너지와 원자재의 가격은 급격하게 치솟았다. 중국 산업지역의 전력 부족 문제는 심각하고, 에너지 부족은 개발에 대한 심각한 문제가 될 수 있다. 이 보고서에서 저자는 동북아시아의 에너지 상황에 대해서 검토하고 이들 국가들 간의 에너지 협력 가능성의 방향에 대해서 논의하고자 한다. 이는 역내의 지속가능한 발전에 있어서 매우 핵심적인 것이다.

I. 세계 속의 아시아

오늘날, 동북아시아는 북미 그리고 유럽과 함께 전세계의 3대 에너지 시장이다. 역내의 국가들은 20억 톤의 석유와 맞먹는 에너지를 소비하고

〈그림 1〉 세계 에너지 소비 (2003)

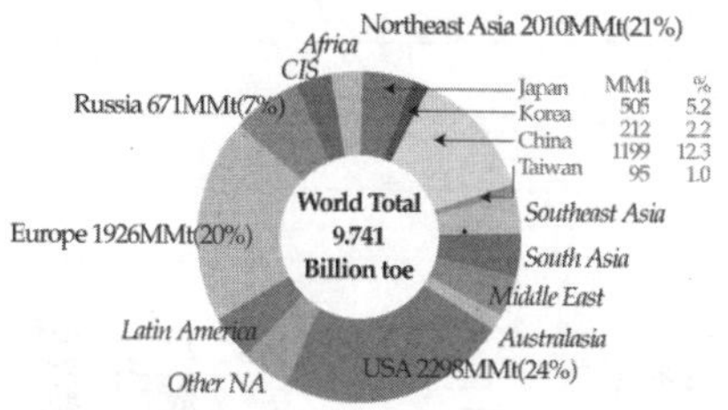

Source: BP Statistical Review of the World Energy 2004

	석유 (10억 톤)	성장률 (%)
중국	1.20	+13.6
아시아 외 다른 지역	2.00	+2.1
미국, 유럽, 여타 지역	8.54	+1.4
세계	9.74	+2.9

있는데, 이는 전세계 에너지 소비의 20%이상을 차지하는 것이다. 이러한 최근의 추세는 중국의 높은 경제성장에 의해서 더욱 촉진되어 왔다. 중국의 에너지 소비는 2003년의 13.6%로 급격한 증가하였는데, 세계의 다른 지역에서는 2%나 그 이하를 기록하고 있다. 이 추세는 2005년에도 계속될 것이다.

세계에너지기구의 2004년 에너지 전망에 따르면, 동북아시아의 에너지 소비는 급격한 성장을 계속할 것이고 2020년대에는 북미의 소비를 초과할 것이다. 향후 에너지 수요를 보면, 일본의 수요는 점진적으로 조절될 것인데, 그 이유는 경제가 성숙단계에 이르렀고 인구가 향후 몇 년 안에 감소될 것으로 보이기 때문이다. 한국은 1990년대에 에너지 소비에서 상당한 증가량을 보였으나, 향후 몇 년 동안은 적절하게 조절될 것으로 보인다. 한국의 경제가 첨단기술의, 에너지 소비가 덜 되는 구조로 바뀌고 있으며, 주거와 상업 분야에서의 에너지 소비가 성숙단계에 이르고 있기 때문이다.

대조적으로, 중국은 급격한 경제성장에 따라 계속해서 급격하게 에너지를 소비하고 있다. 광대한 영토와 거대한 인구를 가진 중국의 도약에는 시간이 걸릴 것이며 거대한 에너지를 소비할 것으로 보인다.

에너지 구조에 관해서는 일본과 한국이, 중요한 역할을 차지하는 석유와 가스와 같은 수입 에너지에 전적으로 의존하고 있다. 대조적으로, 중

〈그림 2〉 2004년 세계에너지기구 에너지 보고서

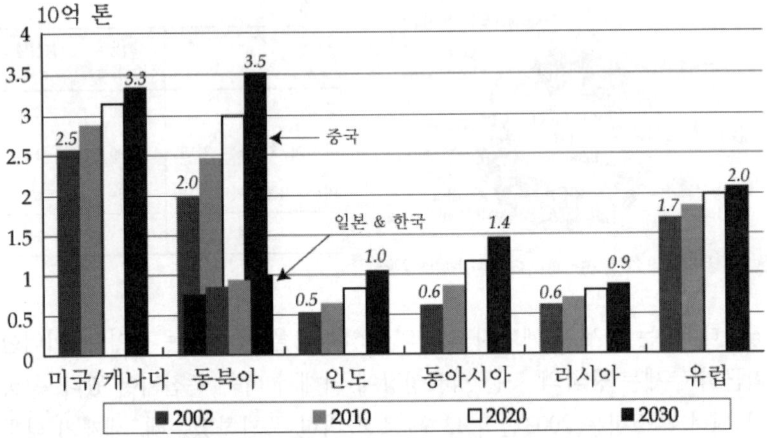

국에서는 석탄이 가장 큰 비중을 차지한다. 국내의 수많은 석탄 탄광을 가지고 있는 중국의 수입의존도는 단지 10% 정도이다. 그러나 중국의 석유 수입은 급격하게 증가하고 있다. 1970년대의 석유 위기 중에 일본은 전력 및 산업분야에서의 석유 사용을 천연가스와 핵원료로 성공적으로 전환시키는 데 성공했다. 그러나 이는 중국에서는 이러한 분야에서의 석유가 거의 사용되지 않고 있기 때문에, 이러한 전환을 다시 기대하기 어

〈표 1〉 동북아시아의 에너지 구조(2003)

	전체	석유	석탄	가스
	MMtoe	%	%	%
일본	505	49	22	14
한국	212	50	24	11
중국	1199	24	67	3
전체	1816	34	51	7

〈그림 3〉 일본 에너지 사용의 역사적 검토

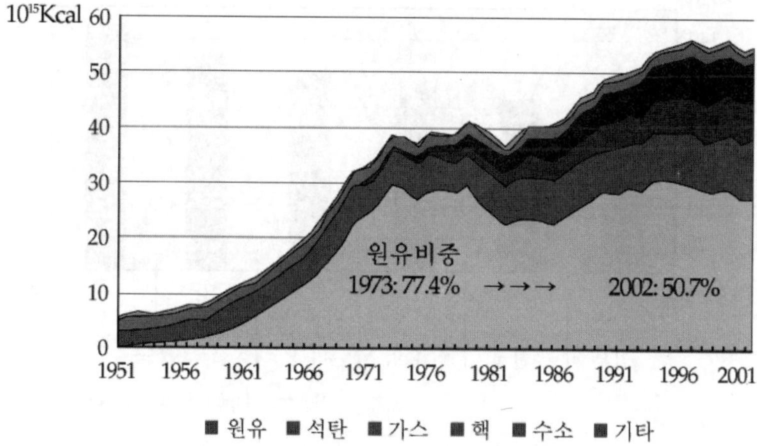

〈그림 4〉 선택 국가들에서의 에너지 효율성

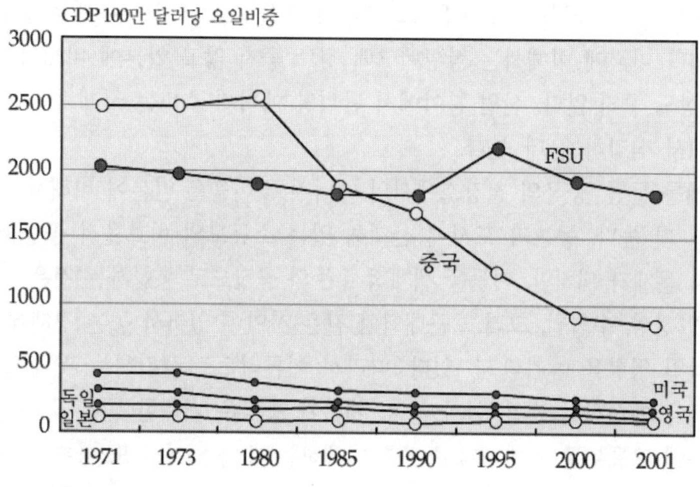

Source: IEA/IMF

〈그림 5〉 철강산업에서의 에너지 효율성

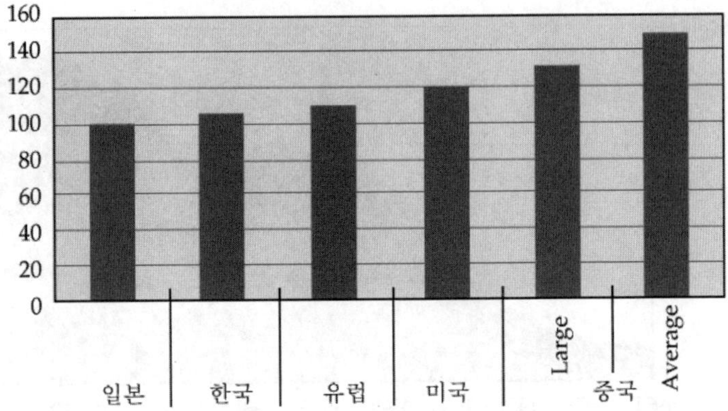

Source: Japan Steel Association

렵다. 따라서 에너지 자원 중에서, 소비를 제어하고 석유의 수입을 확보하는 것이 역내의 가장 심각한 사안이 될 것이다.

과거 몇 십년 동안 중국은 그 에너지 효율성을 극적으로 개선시켰다. 그러나 미국에 비해서는 상황이 3배 정도 좋지 않고 일본에 비해서는 9배 정도 좋지 않다. 산업 분야에서 단위당 에너지 소비는 국제적 수준에 비해서 심각하게 더 높다.

예를 들면, 중국의 철강소에서의 에너지 소비율은 일본에 비해서 50% 정도 더 높다. 농촌과 도시에 산재해 있는 소규모의 비효율적 공장들이 또한 문제가 되지만, 이들을 세계적 수주의 공장으로 통합하는 것은 직업적 안정성, 수입원, 그리고 근대화와 같은 사안에 있어서 농촌 경제에 부정적인 영향을 야기할 수 있다. 따라서 이론적으로 생각하는 것과 같이 이들을 개선하는 것은 쉽지 않다. 게다가 중국은 거대한 대륙 국가이기 때문에 교통부문이 에너지 소비를 억제하는 데에 있어서 또 다른 장애물이 될 수 있다.

II. 동북아시아에서의 석유 및 가스 전망

석유 수요와 공급

세계 원자력 기구에 따르면 동북아시아의 석유 소비는 계속해서 급격하게 증가할 것으로 보여, 곧 유럽을 추월하고 북미 수준에 접근할 것으로 보인다. 3국 중에서 중국의 석유 소비는 급격하게 증가할 것이지만, 일본과 한국은 완만하게 조정될 것이다.

한 가지 심각한 문제는 동북아 국가들이 원유 수입의 3/4 이상을 중동에 의존하고 있다는 것인데, 2003년에 중동 의존도가 일본은 87%, 한국 79%, 중국 51%, 그리고 동북아시아 전체적으로는 77%였다. 따라서, 향후 미래의 거대한 수입 증가량을 감당하려다보면, 중동 의존도가 이보다 더 상승하는 것은 어쩔 수 없는 일이다. 중동의 불안정한 상황을 감안하면, 이는 이 지역의 거대한 취약점이다.

앞서 진술한 경향에도 불구하고, 2004년에 중국의 중동 원유 수입 비중은 총량은 20% 상승했으나, 2003년의 50.9%에서 45.4%로 그 비중이

〈그림 6〉 세계 석유 전망(2004, 세계에너지기구)

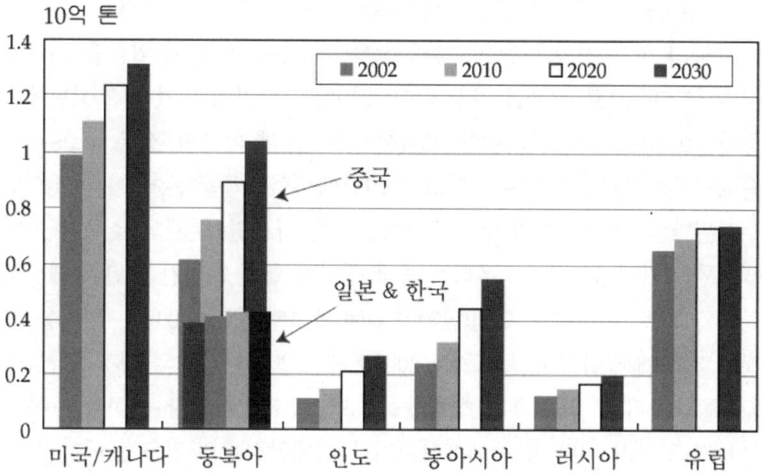

〈그림 7〉 동북아시아의 원유 수입

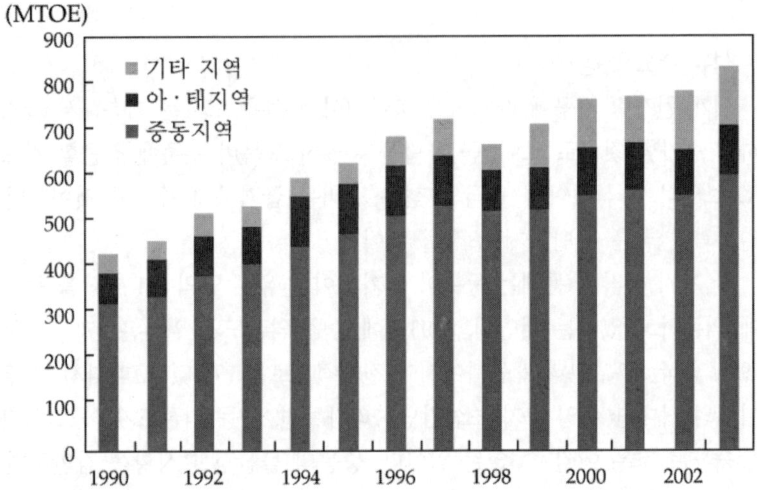

Source: World Oil Trade, etc.

감소했다. 대서양 지역에서의 경질유의 수입이 급격하게 증가했기 때문이다(+66%). 이들 중에서 아프리카 원유의 비중은 24.3%에서 38.7%로 증가했다. 이는 중국에서의 정제 능력이 부족하기 때문인데, 특히 급격한 성장 수요를 따라잡기 위한 열분해와 탈황 능력이 부족하다.

중국의 석유 전망을 보면, 중국 석유 소비는 2003년에 일본을 초과해서 미국 다음으로 석유를 가장 많이 소비하는 국가가 되었다. 2004년에는 증가율이 35%나 더 증가했다. 세계에너지기구에 따르면, 석유 수요는 계속해서 증가할 것으로 예측되고 2020년에 5억 3백만 톤에 이를 것으로 추산된다. 그러나 <그림 8>에 보이는 바에 따르면, 현재의 추세가 이미 6억 톤을 가리키고 있다. 우리는 중국 정부가 향후 20년간 매년 경제성장률을 7.2%로 유지하여, 2020년까지 GDP를 4배 증가시키겠다는 의지를 가지고 있음에도 불구하고, IEA는 2002년에서 2010년까지의 경제성장률을 6.4%로, 그리고 그 이후의 성장률을 4.9%로 계산하였다는 것을 주목할 필요가 있다.[1] 게다가, 세계에너지기구의 대안적 시나리오는 에너지 보

〈그림 8〉 중국의 석유 사용 전망

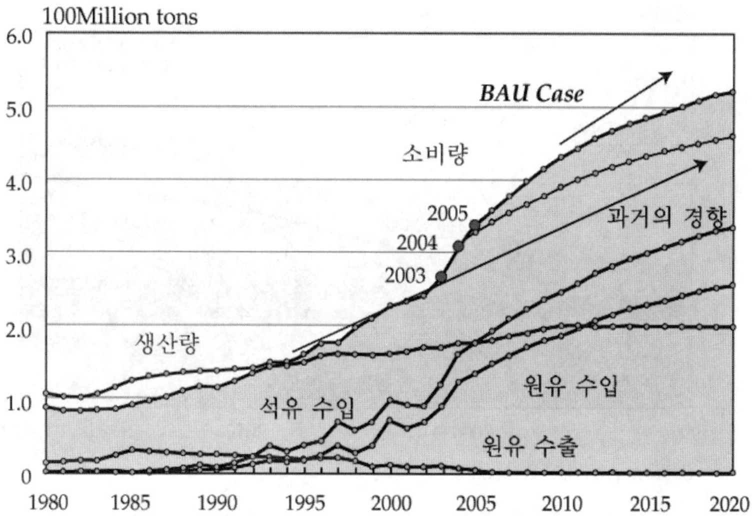

Source: Author's estimation

존을 개선시키고 대안적 에너지를 도입하기 위해, 석유 수요는 10%정도로 즉, 4억 6,400만 톤 아래로 억제될 수 있다고 보고하였다. 그러나 중국이 지금까지 계속해서 급격한 성장을 지속한 것을 감안하면, 우리는 이러한 시나리오가 가능할지 우려할 수밖에 없다.

중국에서 다칭(Daqing)과 같은 주요 유전이 개발되고 있다. 국내의 석유 생산은 점진적으로 조정될 것이지만, 세계에너지기구는 이것이 2020년경까지 1억 4천만 톤으로 줄어들 것으로 추산했다. 그러나 현재의 높은 석유 가격을 감안하면, 우리는 긍정적인 시나리오를 선택해도 될 것 같다. 그렇다면 중국의 석유 수입은 향후 몇 십년간 두 배 이상으로 증가할 것이다. 그러나 만약 세계에너지기구의 대안적 시나리오가 가능하다면 중

1) 그러나, 2005년에 달성한 9%를 초과한 더 높은 경제성장을 제외하면, 이 가정은 2005~2010년간의 기간 동안 단지 평균 4.9%의 평균 성장률을 달성한다는 것을 의미한다.

〈그림 9〉 동북아시아의 석유 사용 전망

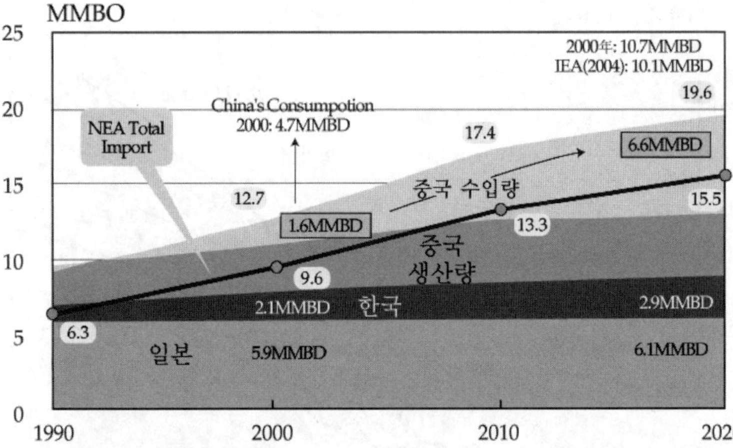

Source: Author's estimation

국의 석유 수입은 같은 기간 동안 두 배 정도로 증가할 것이다.

위의 관찰을 요약하면, 동북아시아의 석유 소비는 거의 2020년경에는 하루에 2,000만 배럴에 이를 것으로 추산된다. 순수 석유 수입은 하루에 1,500만 배럴 정도인데, 현재의 수준에서 하루 사용량이 500만 정도 증가한 것을 의미한다. 이는 세계에서 가장 큰 석유 수입국인 일본과 같은 존재가 역내에 새롭게 등장하는 것을 의미한다. 중동이 석유의 점진적 공급에 대한 실재적 잠재력을 가지고 있는 가장 마지막 근원이기 때문에 중동 의존도는 따라서 불가피하게 상승할 수밖에 없다.

석유가격

위에서 진술한 바와 같은 석유의 수요/공급의 원칙에 따라, 동북아시아는 시장에서의 국제 원유 공급과 관련하여 두 가지의 문제에 직면하고 있다는 것을 알 수 있다. 이는 중동산 원유에 대한 아시안 프리미엄이고 다른 하나는 점점 팽창되는 경질유-중질유 간 격차이다.

역사적으로 중동의 원유는 아시아에 대해서 배럴당 1달러 정도로 높게 책정되었다. 중동이 거대한 양의 석유를 공급할 수 있는 유일한 원천이었기 때문에 아시아에 수출되는 원유에 대한 가격 압박은 중국과 인도가 계속해서 수입을 증진시킴에 따라서 계속 유지될 것으로 보인다. 아시아

〈그림 10〉 중동 원유의 아시아 프리미엄

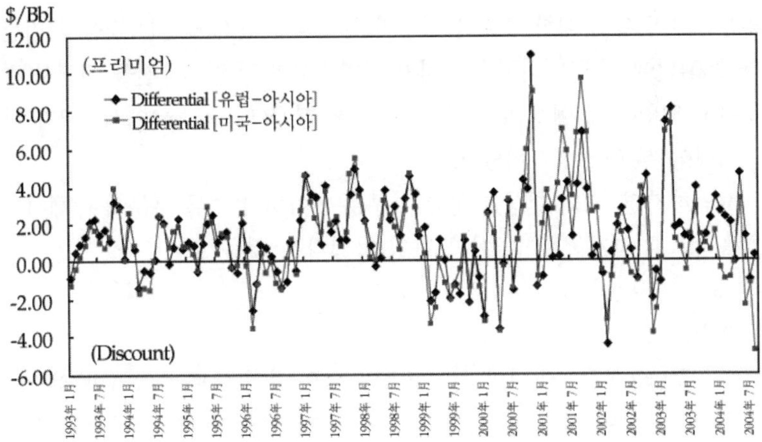

Source: IEEJ

〈그림 11〉 경질류-중질류 격차

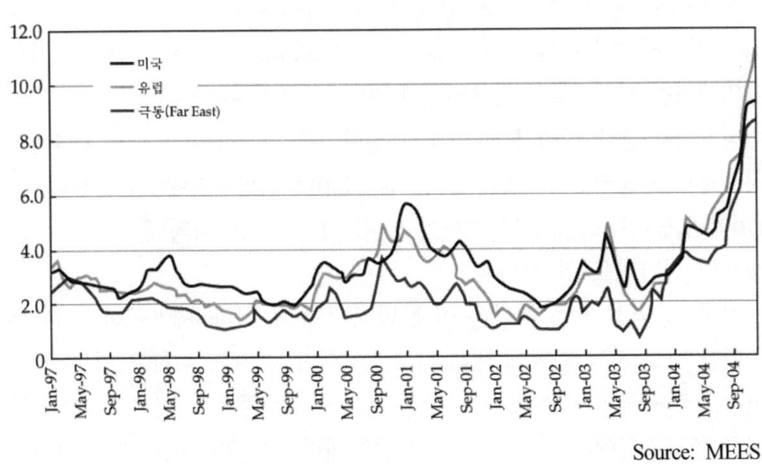

Source: MEES

프리미엄에 대한 효과적인 치료방법은 중동이 아닌 새로운 공급원을 개발하는 것이다.

게다가 기술적 비용이 배럴당 2달러에서 3달러에 머물고 있는 반면에, 중동 원유의 경질유-중질유 간 격차가 2004년에 매우 급격하게 증가했는데, 이는 <그림 11>에 잘 나타나있다. 이는 수요 패턴을 충족시키기 위한 열분해와 탈황에 대한 충분한 시설이 확보되어 있지 않다는 것을 의미한다. 2004년에 중국과 미국은 대서양 지역에서의 경질유 유전을 위해서 경쟁하고 있었는데, 이들 두 국가 모두 하류 부문(downstream)에서의 2차 가공시설이 부족한 상황이었다.

요약하자면, 위의 현상은 상류 부문뿐만 아니라 하류 부문에 대해서도 효율적인 투자가 잘 이루어지고 있지 않다는 것을 보여준다.

천연가스

석유뿐만 아니라 역내의 천연가스의 수요 역시 빠르게 증가할 것으로 예측된다. 동북아시아에서 일본과 한국은 LNG에 기반한 전국적 규모의 가스 사용을 구축하였다. 이들 국가의 시장은 이미 성숙기에 다다랐고 향후 성장은 다소 완화될 것으로 보인다.

중국에서 천연가스는 1997년에 산시(Shaanxi)로부터 북경에 이르는 첫 번째 장거리 수송관이 건설될 때까지 쓰촨(Sichuan)과 같은 천연가스 생산지역에서만 제한적으로 사용되었다. 이 거대 사업은 "동-서 가스 송수관"이라고 불리는데 타림 분지 내부와 상하이를 연결하고 있으며 2004년에 처음으로 가동되었다. 그 수송 능력은 120억 입방미터에(㎥) 달하며, 곧 170억 입방미터로 증진될 계획이 있다. 이는 중국에서의 전국적인 가스 사용의 신기원을 열 것이다.

한편, 전국적 가스 시장은 이제 막 등장하고 있다. 세계에너지기구는 이러한 가스 시장 개발에 대해 다소 보수적인 견해를 취하고 있는데, 일반적으로 중국의 가스 사용은 매우 급진적으로 증가될 것으로 본다. 특별히 피크타임에서의 전력부족 상황에 대비하기 위해서는 가스 터빈이

〈그림 12〉 동북아시아의 천연가스 전망

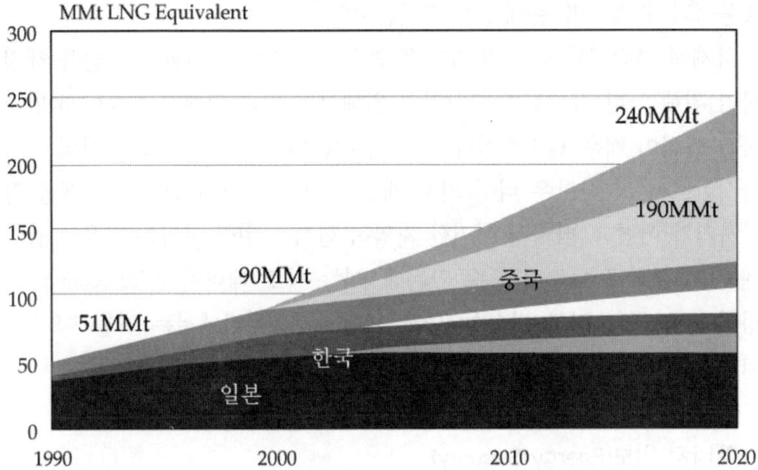

Source: Author's estimation

효율적인 방안이 될 것이다. 현재 매우 공격적으로 개발되고 있는 국내의 가스 공급 계획에 부가하여 수십 개의 LNG수입 사업이 발표될 예정이다. 만약 중국의 가스 시장이 예상대로 개발된다면, 2020년까지 역내의 가스 사용은 두 배가 될 것이다.

III. 역내 협력을 위한 분야: 3가지 S전략

앞서 검토한 내용을 요약하자면, 동북아시아는 세계적 수준의 에너지 시장들 중의 하나이다. 이는 매우 빠르게 팽창하고 있으며, 2020년대에는 세계에서 가장 큰 에너지 소비의 중심이 될 것으로 예상된다. 동시에, 역내 경제권들 간의 상호 의존은 매우 빠르게 진보하고 있다.

따라서, 우리는 에너지와 환경 분야에서 다각도의 도전에 직면하고 있는 형편이다. 예를 들자면 중동에의 과도한 의존, 불안정하며 불공평한 석유 가격 체계, 해로의 확보 등과 같은 문제들을 포함하여, 낮은 에너지 효율성과 환경오염 문제들이 그것들이다.

국제적 복잡성과 아주 밀접하게 연관되어 있는 이러한 문제들을 해결하기 위해 아니 적어도 완화시키기 위해서는 역내 전체적 수준에서의 조화된 협력이 매우 필수적이다. 세계적 수준의 에너지 중심으로서의 동북아시아로서 그 사안은 너무 커서 개별 국가가 독립적으로 그 문제를 감당하기가 어렵다. 따라서 이러한 지역적 협력을 위한 분야는 다음과 같이 세 가지 분류로 나누어질 수 있는데, 이는 바로 에너지 안보(security), 안정성(stability), 그리고 지속성(sustainability)이다. 여기에서는 이를 3-S전략이라고 부르겠다.

에너지 안보(Energy Security)

역내 에너지 안보를 위한 사안은 다시 두 가지로 분류될 수 있다. 이는 단기적 불안정성에 대처하기 위한 조건이고, 다른 하나는 장기적으로 에너지 공급 안보를 강화하는 것이다.

단기적 불안정성에 대처하기 위해서, 작년 이래로 여러 가지 전략들이 취해져 오고 있다. 그 중 하나가 공동 석유 데이터 이니시어티브(Joint Oil Data Initiative)인데, 여기에서는 94개국을 다루고 있으며, APEX, EUROSTAT, OECD/IEA, OLADE, OPEC, UNSD와 같은 6개의 국제기구의 협력에 의해서 증진되고 있다. 이 체제는 석유 생산과 소비, 그리고 다음 달의 20일치에 해당하는 재고량에 대해서 월별로 자료를 모아 그 자료를 조사하는데, 전세계 석유 흐름의 90%이상을 커버하고 있는 셈이다. 다른 하나는 실시간 긴급 에너지정보 공유시스템(Real-Time Emergency Information Sharing System, RTEISS)으로 이는 AEPC국가들 간의 정보 공유를 목적으로 한다. 이는 정부 관리들 간의 실시간 의사소통 시스템으로, 정보와 각국의 의도를 공유하고 교환한다. IEEJ가 양 체계의 사무국 역할을 하고 있다.

석유 저장에 관련해서는 일본이 173일 분을, 한국이 67일 분을 이미 보유하고 있다. 최근에 중국이 20일치의 수입분과 동등한 양을 보관할 수 있는 4개의 터미널을 건설할 계획을 가지고 있다. 그러나 그것들을 공동 사용하는 것에 대해서는 국제적으로 논의가 이루어진 바가 없다.

한편 우리는 말라카 해협의 해적문제들과 같은, 항로의 핵심 지점에서의 안보 문제에 대면하고 있다. 거대량의 석유가 항로를 통해서 이동되기 때문에, 석유 탱커를 안전하게 확보하고 석유의 유출문제를 해결하는 것은 국제사회 공통의 중요한 문제라고 볼 수 있다.

에너지 안정성

에너지 안정성에 관한 중요한 이슈들은 석유 가격과 관련되어 있다. 동북아시아가 이미 세계적 수준의 에너지 시장임에도 불구하고, 그 현실은 국제 시장에서의 석유 가격에 잘 반영되지 않고 있다. 우리의 관심사는 다음과 같다.

(1) 아시아의 원유가격이 심지어 그것이 기간제 계약에 따른 것이라고 하더라도, 두바이 지역과 오만 지역에 대해 심하게 종속되어 있다. 이에 따라 약간의 사고가 생기거나 투기 현상이 일어나면 가격은 매우 불안정해 진다.
(2) 중동 원유에서의 아시아 프리미엄
(3) 투기에 의해 과장된 경질유 및 중질유(Light-Heavy) 차이

이런 문제들을 해결하기 위한 조처들은, 우선 JODI와 같은 시스템을 통하여 가능한 빨리 시장에 관한 정확한 정보를 수집하고 이용가능하게 하는 것이다. RTEISS와 향후 전망에 관한 빈번한 의견 교환을 함으로써, 정책 결정자들 사이의 긴밀한 의사소통을 하는 것도 필요하다고 본다. 이는 시장에서의 과도한 집착과 시장질서가 교란되는 것을 막을 수 있다. 둘째로, 합리적인 가격체계를 확보하는 것이다. 이는 아시아 시장에서의 새로운 가격체계를 확보하는 것이 바람직하다. 러시아의 옛 페레포즈냐(Perevoznaya)는 태평양의 항구로서, 매우 좋은 표시점을 제공할 수 있는

데, 이는 일본의 석유 시장 가격과 일치시킬 수 있는 새로운 가격체계를 만들 수 있게 되기 때문이다. 이를 더욱 안정시키기 위해서는 국제적 가격 지표를 제공할, 국제적 상품 교역을 증진시키는 것이 바람직하다. 이 목적을 위하여 동북아시아는 적절한 석유 및 가스 시장을 창출하기 위해서 협력해야 하는데, 이것이 유럽에서의 형태와 비슷하다면 매우 바람직할 것이다.

정상화된 시장을 창출하는 노력에 더해서, 석유 정제의 하류 분야를 더욱 유연하게 만드는 것이 또한 필요하다. 이는 정제와 저장 능력을 확장시키고 향상시키는 실질적인 능력을 강화시키는 것을 요구할지 모른다. 상품(석유)의 질을 상승시키는 것은 또한 더 효율적이고 환경 친화적인 사용을 위해 더욱 증진되어야만 한다. 이에 더해, 역내에서와 지역에서의 교통 체계를 정상화하는 것은 에너지 안보에서의 또다른 중요한 요소가 된다.

에너지 지속가능성

지속가능성은 역내의 발전을 안정적으로 유지하기 위한 또 다른 중요한 요소이다. 이 목표를 위해서, 동북아시아는 에너지 공급 기반을 강화시키고 에너지 사용을 합리화할 필요가 있다. 이러한 조처들은 계획에서 실행에 옮겨지기까지 많은 시간이 필요하다. 그러나 이에 대한 어떠한 실질적인 대화도 아직 역내에서 시작되지 않았다. 에너지 지속가능성을 확보하기 위해서는 두 가지 측면이 고려되어야만 한다.

하나는 에너지 자원의 공급을 강화하는 것이다. 동북아시아에 러시아의 자원을 도입하는 것은 하나의 강력한 선택지가 될 수 있는데, 이는 석유와 가스 수송관을 건설하고 석유 정제의 상류 과정을 탐사하고 개발을 증진시키는 것을 포함한다. E&P는 역내의 다른 지역에서 또한 증진되어야 하는데, 이는 지역적 분쟁을 해결하는 것이 먼저 필요할 것 같다. 천연가스와 동력을 도입하기 위해서, 수송 네트워크를 건설하고 근대화하는 것이 적절한 시장을 창출하는데 있어서 또한 필요한 일이다.

또 다른 중요한 측면은 에너지 보존과 합리적인 사용에 관한 것이다. 이 목적을 위해서 기술 이전, 특히 청정 석탄 기술과 CDM은 중요한 역할을 감당할 것이다. 도시 가스와 전기의 합리적인 세금 체계를 포함하여 합리적인 시장을 구성하는 것이 또한 중요하다. 이를 증진시키기 위해서 기술 공동개발은 물론, 사회경제적 시스템에 대해서 적절한 정책이 무엇인지 고려되어야 할 필요가 있다.

핵 동력은 역내에서 고려가 필요한 또 다른 주제이다. 이는 에너지 근원을 증진시키기 위한 단순한 조처로서가 아니라, 정치적 분쟁뿐만 아니라 환경 보존에서의 문제들의 관점에서도 그러하다.

IV. 잠재적 에너지 사업

동북아시아에서의 잠재 에너지 사업은 <표 2>에 잘 나타나 있다. 러시아에 잠재되어 있는 석탄, 석유, 가스, 그리고 수력은 충분하지만 그들을 시장에 수송하는 것은 엄청난 에너지를 요구하는 일이다. 이들 가운데, 시베리아 석유 송유관은 이후에 설명되겠지만 가장 가능성이 높은 사업이다. 그러나, 중요한 점은 석유 원천을 개발하는 것에 대해서, 우리는 연관되어 있는 천연가스를 처리하는 것에 대해서 생각해 볼 필요가 있다. 익은 열매만을 따먹을 수는 없기 때문이다.

<그림 13>은 러시아에서부터 동북아시아에 이르는 잠재적 에너지 공급의 경로가 나타나있다. 석유와 가스가 생산되는 지역은 동서 시베리아와 사할린이다. 한편 석탄은 동 시베리아에 저장되어 있다. 아무르(Amur)강 주변의 산악 지역은 수력의 풍부한 원천을 제공한다. 그러나 이러한 근원들은 시장과 너무 멀리 떨어져있고 국경선을 넘어야 한다. 북한은 남한과 일본에게 지리정치적으로 매우 가까이 자리잡고 있다. 국경선 통과와 같은 국제적 사안들이 수송 루트가 이 지역을 통하여 통과하기 전에 먼저 조절되어야 할 필요가 있다.

〈표 2〉 동북아시아의 잠재 에너지 사업

	원천	교통	시장
석탄	자원이 풍부하지만, 품질은 다소 낮음	철도와 항구가 다소 혼잡함	일본 및 한국: 이용가능 중국: 과다한 사용으로 인해 심각한 오염이 야기되고 있음
석유	잠재적으로 풍부하지만 아직 확보되지는 않았음	송유관이 거대하지만 상대적으로 비용이 쌈	쉽게 접근 가능함
천연가스	풍부한 잠재력	송유관건설이 거대한 사업이고 비용이 매우 많이 듬	일본 및 한국: 성숙되고 있음 중국: 아직 개발되지 않음
수력	풍부한 잠재력	수송가격이 매우 비쌈	일본 및 한국: 성숙 중국: 핵심 시장이 원거리에 있음

시베리아 송유관

2004년 12월 31일에, 러시아 정부는 타이셰트(Taishet)에서 블라디보스톡(Vladivostok)의 태평양 만 쪽에 위치한 페레포즈나(Perevoznaya)만에 이르는 석유 수송관로를 건설하겠다는 공식 입장을 발표했다. 송유관의 총 길이는 4,188km이며 11개의 펌프 시설을 확보하고 있으며 초기 수용량은 하루에 160만 배럴에 이른다. 태평양만 터미널에는, 430만 킬로리터의 석유 저장소가 있고, 300,000dwt 탱커를 저장할 수 있는 한 개의 SBM과 150,000톤을 저장할 수 있는 두개의 SBM이 확보된 수송 시설을 건설할 예정이다. 동아시아의 10개의 지방 정부는 이미 이를 건설하기 위한 합의 의지를 보이고 있다. EIA사안에 대한 조정들이 현재 진행중이고 에너지 및 산업부가 2005년 5월 1일가지 그 사업 계획을 완료할 예정이다.

송유관은 두 단계를 거쳐 건설될 것이다. 1단계는 타이셰트에서 스코

〈그림 13〉 동 러시아에서 나오는 잠재 에너지 흐름

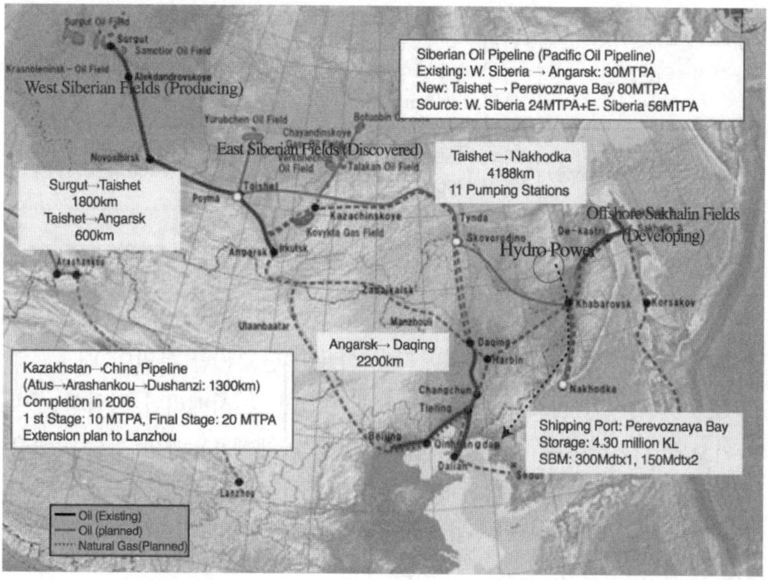

보로디노(Skovorodino)에 이르는 것으로 2006년까지 완성될 예정이며, 그 지점으로부터는 석유는 항구까지 철도를 통해 수송될 예정이다. 중국은 스코보로디노에서 다칭에 이르는 지선을 건설할 예정인데, 이 수송관을 통해 석유가 다롄(Dalian)에까지 수송될 것이다. 2단계는 2008년까지 완성될 것이다.

러시아에서 발표된 최근의 보고서에 따르면, 이 계획에 필요한 총 투자액은 110억에서 140억 달러에 달한다. 2002년에 트렌스네프트(Transneft)가 처음 이 계획에 필요한 예산을 추산한 바에 따르면, 중국에서의 지선 건설을 모두 포함해서 65억 달러가 든다고 했다. 이 예산은 지금까지 약 두 배 정도 증가했다. 2002년의 추측액은 중국이 약 4000km에 이르는 서부에서 동부에 이르는 석유 수송관을 건설하는 데 드는 투자액과 맞먹는 정도이다.

일본인들이 최근 우려하는 바는 1단계의 계획이 단순히 중국의 이익에

〈표 3〉 시베리아 석유 수송관로 건설 계획

목적지: 타이셰트	거리 서부시베리아로부터 1800km	연간 수용능력	건설비용
페레포즈냐 (→ 수출)	타이셰트에서부터 4188km	수출: 50 MTPA 지역: 10 MTPA	$100억~140억
중국 (다칭에서 다롄까지)	스코보로디노에서부터 900km	20~30 MTPA	$10억~20억

만 부합한다는 것이다. 서부 시베리아 석유의 단 240만 톤만이 배정되었고, 몇몇의 러시아 자료에 따르면 2단계 건설이 동 시베리아 지역의 개발이 확보되었을 때에만 시작될 수 있다고 한다. 세계 1등급의 석유 교역을 감당하기에 철도 교역은 매우 비싸고 문제점이 많다. 제도 대출에 대해서 협상하고 있는 일본 정부는 태평양 연안 태평양 연안까지에 이르는 수송로의 동시적 건설을 주장하고 있다.

송유관의 경제학

송유관 건설을 고려해 보면, 여기에는 우리가 고려해야 할 몇 가지 중요한 점이 있다. 단순화된 모델을 이용하여 송유관로의 경제학에 대해서 생각해보자. 차트에서 보는 바와 같이, 상업적 사업은 송유관 세금을 요구하는데 이는 실제 비용인 설비투자비용(Capex)과 영업비용(Opex)을 더한 비용보다 훨씬 더 높다. 따라서 경제적으로 기간 대출 상환에 의해 영향을 받을 수밖에 없다.

여기에서 우리는 다음을 주목하고자 한다.

(1) 사업에 들어가는 비용은 대출 상환 기간에 달려있다.

(2) 상업 사업은 설비투자비용과 영업비용을 더한 값인 기술 비용의 1.5배에서 3배에 달하는 금융 서비스 비용을 필요로 한다.

(3) 상업성의 가격 위험 장벽은 실제 비용의 2.5배에서 4배에 달한다.

위의 특징들은 현대의 상업적 사업에 공통적으로 적용되는 점이기는 하지만, 여기에는 사업의 경제적 측면을 취급하는 데에 큰 공간이 있다는 것을 우리가 주목해야 한다. 이는 송유관 경제의 초기단계에 연구할 것은 비용예측을 높이는 것이 아니라 적절한 금융구조를 고려하는 것을 암시한다.

러시아 정보에 따르면, 트렌스네프트(Transneft)가 1배럴당 세금이 6.7달러가 되는 것이 적정하다고 예측했는데, 이는 BTC수송관보다 약간 높은 수치이다. 이는 상환 기간이 10년에서 15년 정도가 될 것이며, 현재 사용가능한 제도 금융을 감당하는 것이 적정하다는 뜻이다. 그러나 이 도표는 장기 대출, 세금 면제나 보조금의 지급과 같은 방법을 통해서 사업에 들어가는 비용을 낮출 수 있는 많은 방법이 있다는 것을 또한 드러낸다.

〈그림 14〉 수송관로의 경제학

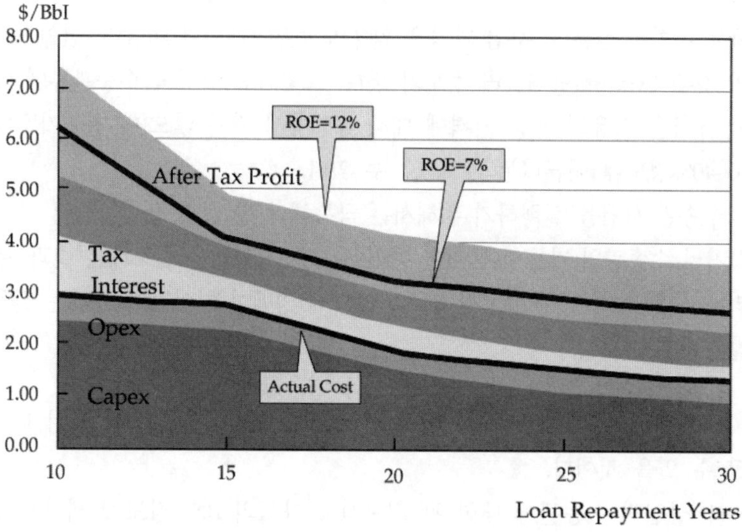

〈표 4〉 석유 수송관과 가스 수송관

사업기간	수송관 세금(A)	실제비용 (B)	시장가격 (C)	B/A	A/C	B/C
석유	$/Bbl	$/Bbl	$/Bbl	%	%	%
15년	4.97	2.70	CIF 50.0	54	10	5
20년	3,77	1.55		41	8	3
천연가스	$/MMBtu	$/MMBtu	$/MMBtu	%	%	%
15년	2.37	1.20	도시가스	51	40	20
20년	1.79	0.69	6.00	39	30	12

한 가지 중요한 점은 전반적인 정부의 수입이 원유의 FOB가격에 의해서 정의되는데, 수송관의 세금에 의한 것이 아니라는 것이다. 정부는 수출을 늘림으로써만 수입을 증가시킬 수 있다.

같은 모델을 이용하면 상업적 수송관에 대한 세금은 석유에 대해서는 배럴당 5달러 이하이며, 천연가스에 대해서는 1MMBtu당 2달러 이하라는 것을 알 수 있다. 이는 <표 4>에 잘 요약되어 있다. 이는 관례적인 해로 수송에 비해서 두 배 이상 돈이 더 드는 것이지만, 기술비용은 이의 반에 미치지 않는다. 수입 가격은 원유의 경우 1배럴당 50달러, 천연가스의 경우 1MMBtu당 6달러 정도가 된다. 그렇다면 상업적 수송관류에 대한 세금은 석유의 최종 가격에 대해 10%밖에 되지 않으며, 천연가스의 30~40%정도에 이른다는 것을 알 수 있다.

수송관 사업을 실행하기 위해서는 극복해야 할 여러 장애물들이 있다. 장거리 수송관의 가능성에 대한 여러 주요한 요인들을 검토해본 결과, 우리는 석유와 가스 사이의 장애물의 강도에 명백한 차이점이 있다는 것을 발견했다.

석유 수송관의 가능성에 영향을 주는 주요 요인들은 다음과 같이 분석될 수 있을 것이다.

(1) 상업적 수송관에 대한 관세는 시장 가격의 10% 정도에 해당한다.

(2) 상업적 수송관 관세는 1Bbl당 10달러가 넘는 철도 관세에 비해 잠재적으로 훨씬 더 낮다.
(3) 원유의 계약기간은 더 짧고 유연성이 있지만, 동북아시아는 교역에 충분하게 적당한 규모의 국제 시장을 제공할 것이다.
(4) 원거리 수송관은 사부문이 맡아서 건설하기엔 규모가 너무 크다.

가스 수송관 가능성에 영향을 줄 수 있는 주된 요인은 다음과 같이 분석될 수 있다.

(1) 상업적 송유관에 대한 관세는 시장의 가스 가격의 30~40%에 이른다.
(2) 기존의 천연가스 시장은 장기적인 LNG계약에 의해서 확보되고 있지만, 몇몇 계약은 만료 기간이 가까워오고 있다.
(3) 수송되는 천연가스는 시장 개발의 측면에서 LNG보다 조건이 열악하다. 전자는 수송로 주변에 있는 것으로 기대되는 소비자들에게만 공급될 수 있는 반면, 후자는 교통으로 운반될 수 있는 거리에만 있다면 보다 넓은 지역의 소비자에게 공급될 수 있다.
(4) 원거리 수송관은 사부문이 맡아서 건설하기엔 규모가 너무 크다.

위에서 살펴본 바와 같이, 석유의 경우 거대한 사업의 경우만 실제적인 문제가 된다. 그러나 우리 사회에서 제도적 금융은 이를 돕기 위한 도구로서 이미 사용가능하다. 러시아와 일본이 시베리아 석유 수송관의 건설을 위해 이러한 종류의 기금을 공급하기 위한 조건에 대해서 협상하고 있다. 반대로 천연가스의 경우, 여기에 진술된 사안이 모두 실제적이지만, 해결하기엔 그렇게 쉽지 않을 것이다. 이를 개발하기 위한 올바른 방법을 찾는 데에는 조금 더 많은 시간이 걸릴 듯 하다.

V. 결론과 참고사항

결론적으로, 우리는 동북아시아가 이미 세계적 수준의 에너지 시장이고 매우 급속하게 성장하고 있음에도 불구하고, 이 지역이 단기적인 불안정성에 대해 취약하다는 점과 역내의 지속적인 발전 가능성이 위협받고 있다는 점을 지적했다. 사안의 규모에도 불구하고, 우리는 공급 문제와 투기적 가격 변동에 대항하는 역내 전체 차원의 공통된 정책을 확보하고 있지 못한 실정이다. 장기적 조처를 준비하는데 있어서 더욱 중요한 것은 이 지역이 에너지 공급원으로부터 지리적으로 너무 멀리 떨어져 있다는 것이다. 중국의 에너지 수요는 매우 크지만 에너지 효율성은 매우 취약하다.

긴급상황에 대비하기 위한 준비를 강화하는 에너지 안보를 확보하기 위한 전 지구적인 조처가 이미 취해지고 있는 상황이다. 그러나 동북아시아 각국은 이 지역에만 해당하는 특수한 사안과 사업에 대한 논의를 시작하지 않고 있는 상황이다. 이 상황을 개선하기 위해서 주요 안건은 다음과 같은 것들이 될 것이다.

(1) 공급 불안을 해결하기 위한 공동의 대응 프로그램
(2) 역내 전반적인 에너지 시장의 창출
(3) 에너지원, 교통 및 시장에 대한 투자 및 에너지 가공 시설의 확장과 개선 노력
(4) 사회경제적 시스템을 포함한 분야에서의 기술 이전과 합작 기술 발달

세계적 수준의 시장은 세계적 수준의 정책을 필요로 한다. 예를 들면, 러시아의 자원을 개발하고 동원하는 데에는 엄청난 사업이 요구된다. 이는 또한 적절한 규제의 틀과 안정적인 초국가적 투자 증진 프로그램 및 교역과 기술 협력을 요구할 것이다. 이들을 실행하기 위해서 역내에서의 조화된 노력의 정부 차원에서 이루어져야 할 필요가 있다.

결론적으로, 우리는 동북아시아 에너지 협력관계 구축과 같은 지역적 수준에서의 협력이 필요다. 이는 사업의 거대한 규모를 반영할 뿐 아니

라, 에너지와 관련된 사안에 얽혀져 있는 국제관계를 조정하고 안정적이고 지속가능한 개발을 이루기 위해서이다. 따라서 이러한 조처에 대한 노력은 단순히 도움을 주는 것 이상을 넘어 협력관계로 전환되어야 하며, 여기에서의 원칙은 공동 사업에서 창출되는 혜택을 공평하게 분배하는 것이 되어야만 한다.

역내의 대화를 활성화시키기 위해서는 민간부문의 행위자들 간의 대화뿐만 아니라, 정부 수준에서의 실행 기구를 만들 필요가 있다. 이에 대한 첫 번째 접근방식으로, 안건의 우선순위를 밝히기 위해서 구속력이 없는 대화 채널이 확보될 필요가 있다. 단순한 개인적 의견의 교환이 아니라, 지역 에너지 전망에 관한 합동 연구가 공동 작업의 제일 첫 부분이 될 것이다. 이는 우회하는 것처럼 보일 수 있지만, 뒤이어 나올 여러 작업에 대한 가장 기본이 될 뿐 아니라 권위를 제공하는 것이 될 것이다.

다음 단계는 대화 채널과 공동 연구를 통해서 특정 로드맵이 일단 확보되고 난 후에, 지역 협력관계를 위한 조직을 창출하는 것이어야 한다. 여기에서 나오는 합의는 법적인 구속력이 있어야 하며, 각국에서 합의를 이행할 것이 확보되어야 한다.

이 과정은 시간이 걸릴 것이나, 모든 회원국들이 이러한 조처의 필요성을 인식함에 따라 점진적으로 발전할 수 있을 것으로 보인다. 그렇게 되면 머지않아 역내의 지속가능한 발전을 위한 지혜를 확보할 수 있을 것이다.

제6부

동북아시아의 금융협력

금융 및 화폐 통합이 동아시아의 평화를 증진시킬 것인가?

하마다 고이치(HAMADA Koichi)
|예일대학교 교수

"만약 상품이 국경을 넘지 않는다면, 군대가 국경을 넘어갈 것이다."

I. 도입

고대에는 극동, 특히 중국이 문명의 중심지였으며, 뛰어난 용병전략을 보여주는 극장과도 같은 곳이었다. 이제 중국 경제는 그 엄청난 규모만으로도 전세계에서 가장 주요한 행위자로 등장하고 있다. 일본경제의 급격한 성장은 떠오르는 태양이라고 불리우며 칭송되었고, 한국, 대만, 그리고 그 외의 아시아의 기적을 체험한 여타 국가들은 동아시아의 위기로 붕괴 위험에 처하기도 했으나, 곧 성공적으로 그 위기에서 회복되었다. 한편, 북한은 무모하고 군사주의적인 태도를 견지하고 있다. 따라서 동아시아는 — 사람들은 이 지역을 더 이상 "극동"이라고 부르지 않는 것 같다 — 극적이고 복잡하며 심지어는 위협적인 지역이 되어가고 있다.

따라서, 동아시아 국제관계의 중요한 측면에 대해서 진지하게 고려해보는 제주포럼과 같은 행사가 열린 것은 매우 시기적절한 것이다. 이웃 국가들이 서로 정보를 교환하는 의사소통의 네트워크를 가지고 국경을 넘나드는 국제적 충돌을 방지할 수 있도록 인적 네트워크를 공유하고 있는 것은 매우 중요하다.

이 논문의 상당 부분은 금융 및 화폐 통합의 경제적 측면을 다루고 있다. 현재 동아시아가 처해있는 복잡한 정치적 상황을 고려하고 이 포럼이 가지고 있는 통합적인 학문의 특성을 고려해보면, 학문 간의 경계를 뛰어넘어 무역 자유화뿐만 아니라 통화 및 금융의 통합이 가져올 수 있는 안보상의 의미에 대해서 주목하지 않을 수 없다. 평화를 보장하는 것은 우리 이웃 국가들뿐 아니라, 전세계 국가들에게 모두 다 매우 중요한 의미를 가지고 있기 때문이다.

2절에서는 먼저 금융 통합, 특히 아시아 채권 시장의 통합이 가지는 경제적인 의미에 대해서 설명할 것이고, 은행 대출, 채권 금융 및 주식 투자에 의한 금융의 조정자적 거버넌스에 대해서 설명할 것이다.

3절에서는 화폐 통합의 의미로 그 질문을 돌려, 화폐 통합을 달성하기 위해서 어떠한 선행조건이 필요한지에 대해 논의할 것이다. 특히 실질 부문에 있어서 경제적 통합의 중요성에 대해서 탐구할 것인데, 이는 화폐 통합의 기틀을 높이는 조건인 투자 자유화와 외국인 직접투자의 증진 등을 포함한다. 경제 통합과 연관되어 있는 이슈들에 대해서 이해하기 전에 우리는 각 참가국들이 가지고 있는 유인책에 대해서 인식할 필요가 있다. 비용-편익 계산을 통해서 자유무역 지대나 공동 통화 지역의 형성에 대해서 추천하는 것도 중요하지만, 어떤 조건하에서 각국이 이러한 클럽에 기꺼이 가입할 것인지 그 조건에 대해서 연구해 보는 것도 중요하다. 정치경제적 측면은 각 장의 마지막 부분에서 논의될 것이다.

4절에서는 화폐적 통합이나 경제적 자유화가 역내의 안보 이슈와 어떠한 관계를 갖는지에 대해서 논의한다. 화폐 통합의 정치경제적 측면에 대한 이해에서 드러난 바와 같이, 각국이 통화 연합에 가입하게 하는 순수하게 경제적인 유인책은 존재하지 않는다고 봐야 한다. 유럽 통합 및 유로화의 경우에서와 마찬가지로, 안보적인 이유가 동아시아에서의 화폐 통합을 달성하는 데 매우 중요한 동기가 될 것이다.

II. 금융 통합과 공동 채권 시장

1. 경제 및 개념상의 이슈들

채권 시장 통합과 관련된 여러 정책적 이슈들에 대해서 생각해보기 이전에, 금융 중개의 3가지 기본적인 형태, 즉 은행 대출, 채권, 주식 간의 개념적 구분에 대해서 다시 한번 검토할 필요가 있다. 우선 금융 통합은 화폐 통합과 매우 밀접하게 연관되어 있으나, 이들 간에는 근본적인 기능적 차이가 있다는 것을 인식하는 것이 중요하다.

은행 대출은 대부자와 차용자 사이의 직접적인 관계에 의해서 이루어지며, 금융 중재의 "협상 가능한 형태"에 의해 특징지어진다. 대출 조건은 관계된 당사자들 간에 관계에 의해서 정해진다. 자금을 대출하려는 차용자는 자금을 빌려주는 사람들이 제시하는 조건들을 검토하고 보다 안전한 대부자와 덜 안전한 대부자들을 가려낸다. 대출이 이루어지고 나면, 대부자들은 종종 차용자들의 사업 실적 및 환경을 감시한다. 정보 수집 및 감시와 관련된 행동들은 대부자와 차용자의 쌍방 간 활동에 의해 이루어진다. 명목상으로 대부자는 차용자가 대출금액을 다 갚겠다고 결정하지 않는 한 계약기간이 만료될 때까지 권리를 유지하고, 몇 가지 경우에 한해서만 제3자에게 권리를 양도할 수 있다. 협상이 가능한 대출 예약은 익명으로는 이루어질 수 없다.

이러한 이전(transfer)의 형태는 일반 대중에게는 알려지지 않은 특정 대부자와 특정 차용자들의 정보를 활용할 수 있다. 이는 "관계 은행업(relationship banking)"의 긍정적인 측면이라고 간주된다. 반면에 이러한 기금 이전은 경제적 성과에 따라서가 아니라, 단지 차용자의 친족이거나 친구라는 이유로 돈을 빌려주는 자이바츠(Zaibatsu)나 재벌과 같은 "친족 은행업(crony banking)"의 위험을 낳을 수 있다는 문제점도 있다. 원래 가족 관계에서 파생된 자이바츠 관계에서 주요 은행들이 생겨났다는 것은 우연의 일치가 아닐 것이다.

반면에 채권 금융이나 주식 금융은 금융 중개의 "시장형태"로 규정할 수 있다. 대부자와 차용자 간에 직접적 정보의 채널이 없기 때문에, 기업들은 그들의 주된 금융 정보를 공개해야만 한다. 증권인수업(underwriting)은 금융거래 정보의 공공 제공(public offer)에 관련된 위험을 관리하는 데 있어서도 중요하지만, 대중에게 차용자들의 정보를 공개한다는 점에 있어서도 매우 중요하다. 채권은 표준화될 것이고, 가장 중요하게는 공개 시장에서 한 소유자에게서 다른 소유자에게로 이전될 수 있다. 공시된 사업정보는 시장에서 누구에게라도 전송될 수 있도록 표준화된다. 채권의 경우 매우 즉각적으로 팔릴 수 있기 때문에 채권의 소유자는 더 많은 유동성을 갖게 된다. 이러한 금융 중개의 시장 형태에서는 익명성의 원칙이 작동할 수 있다.[1)]

정상적으로 작동하는 채권 시장을 도입하는 데에는 여러가지 긍정적인 측면이 있다. 첫째, 대부자들은 언제나 투자를 다양화시켜서 위험을 최소화하고자 하는 경향이 있기 때문에, 새로운 형태의 투자는 언제나 도움이 된다. 따라서, 은행 대출이 거의 전부를 차지했던 경제계에 채권이라는 새로운 수단을 도입하는 것은 경제계가 새로운 형태의 금융 수단을 소유하고 있다는 것을 의미한다. 둘째, 공개 시장에서 그들의 건전한 금융 전망을 공시할 수 있는 기업들이 채권 금융에 의존하면 새로우면서도 수익성이 높은 기회를 만들 수 있다. 이것이 일본과 한국의 유망한 기업들이 성공적으로 채권을 통하여 공식적으로 기금을 획득하는 이유이다. 셋째로, 이는 "친족 금융"에서 벗어날 수 있는 좋은 방법이다.

그러나 우리는 우발적인 지급 스케줄의 관점에서, 채권의 소유자는 질

---

1) 금융 중개의 협상 가능형태와 시장 형태에 관한 개념에 대해서는 T. Cargill과 S. Royama를 참조하시오.

〈도형 1〉 기업수익과 대출·채권 수익의 균형

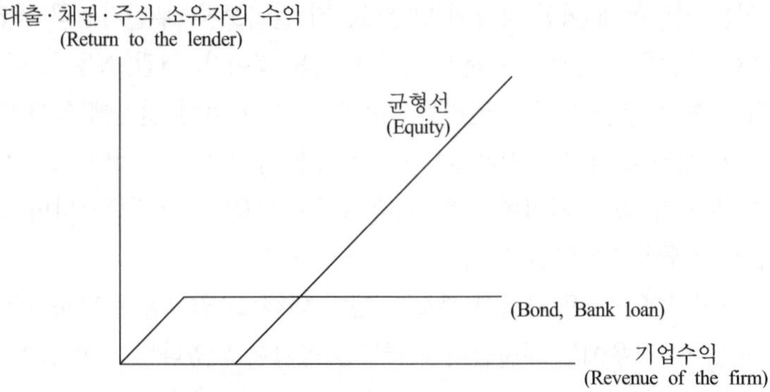

Source: Ryou, J-W, K. Hamada, and S-C Jeon (2004). "The Asian Bond Market: Issues and Tasks for Financial Cooperation in Northeast Asia." Chapter 2, in *Northeast Asian Economic Cooperation and the Korean Economy,* J-H Hahm(ed), Institute for Monetary and Economic Research, The Bank of Korea, Seoul, Korea.

적으로 대출자와 비슷한 지급 추이를 가지는 것에 주목해야만 한다. <도형1>에서 수평축은 기업의 수입을 가리키고, 수직축이 대출 소유자, 채권 소유자, 그리고 주식 소유자가 갖는 수익을 가리킨다. 처음 2년 동안 수익 스케줄은 45도 각도로 총 이자 지급이 이루어지는 결절점(cut-off point)까지 기업의 수익선과 함께 움직이다가, 그 이후 수평적으로 확장되었다. 주식소유자의 스케줄은 0점에서 시작되었고, 이 점에서 45도 각도로 회사의 수익이 증가한다.

따라서 부채계약과 채권발행은 우발성(contingency)에 의존적이라는, 비슷한 수익의 특성을 지니고 있다. 그러나 이들은 계약 및 실행 과정에서 각각 다르고, 특히 채무자가 성실하게 채무를 갚아나가지 못할 때 그 조건은 더욱더 달라질 수 있다. 또한 관계된 기관들을 감시하는데 필요한 방법과 비용도 다르게 나타날 수 있다. 따라서 한 나라의 경제가 이러한 대안적 방식의 금융 수단을 모두 사용할 수 있도록 하는 것이 언제나 더 낫다고 하겠으며, 채권 시장을 개발하는 것은 이러한 관점에서 경제발전의 긍정적인 방향으로 간주될 수 있겠다.[2]

이를 적용하여서, 채무국에 금융위기가 발생할 때 대안 자산을 소유하고 있는 사람에게 어떤 상황이 발생하는지 알아보자. 부실기업의 채권을 소유한 사람은 즉각적으로 자신의 부를 잃을 것이다. 채권 소유주들은 기업의 잔여 재산을 요구할 권리를 여전히 가지고 파산 절차에 참가할 수 있으나, 채권의 가치는 평가절하 될 것이다. 좀더 비공식적인 표현을 쓰자면, 문제가 있는 기업에 대한 권리 주장은 거의 부분적으로나마 즉시 자산시장에서 다루어질 것이다.

반면에, 만약 어떤 기업이 주로 은행에 의해 그 금융을 충당하고 있다고 하자. 이 경우에는 대출금이 지급불능 상황이 되었다는 것이 알려지는 데에만 해도 시간이 걸릴 것이다. 이는 "롤 오버 대출(rall-over-loans)"— 즉 은행관리가 만기가 되었는데도 돈을 갚지 못하는 기업이 도산 위기에 빠져 있다는 사실이 알려지지 않기 위해서, 은행이 채무 지급이 불가능한 대출의 기한을 연장해주는 대출 관행—때문이다. 따라서 만약 한 회사가 협상 가능한 방식의 수단보다는 시장 방식의 수단에 의해 그 재원을 충당하고 있다면 금융 위기의 비용은 조금 더 줄어들 수 있다.

2. 수치적 평가

류재원, 하마다, 전승철(2004)의 연구에는 일본 엔과 홍콩 달러, 그리고 싱가포르 달러가 사용되는 세계 시장에서 채권이 희귀한 이유에 대해 설명한 부분이 있다. 2002년에 단기 우량 채권의 5.3%, 중장기 채권의 4.9%만이 일본 엔으로 발행되었다. 홍콩 달러의 경우, 단기 채권의 1.9%, 장기 채권의 0.4%, 싱가포르 달러의 경우 단기 채권의 0.0%, 장기 채권의 0.1%가 발행되었다. 한편 미국 달러 표기 채권의 경우에는 단기 채권의 33.2%, 장기 채권은 46.2%, 그리고 유로화의 경우는 단기채권의 40.8%, 장기 채

2) 금융기관의 우발적 성격과 그 의미에 대해서 알아보기 위해서는 Allen and Gale의 2000년도 책을 살펴보시오.

권의 37.5%를 차지했다.

도미니그쿤트(Domirgue-Kunt)와 레빈(Levine)(2001)의 자료들을 활용하면 채권 시장의 형성에 대한 경험적인 분석을 시도할 수 있다. 채권 시장의 발전은 초기 GDP에 의해 결정되는데, 부패의 정도는 낮고, 투명성 규제의 정도는 높아야 한다. 국제 채무의 총액에 있어서 아시아 더미(dummy)가 갖는 비중이 매우 크다. 무역에서의 개방도가 채권 시장의 발달에 부정적으로 작용한다는 것은 매우 흥미로운 일이다.

마지막으로 발견한 것은, 채권의 발행에 있어서 외부효과가 존재한다는 것이다. 언어와 같이, 사람들은 이미 널리 퍼진 통화를 사용하고자 하는 경향이 있다. 이는 정부가 채권 시장을 촉진하는 좋은 이유가 된다.

3. 정치경제적 측면

채권 시장 통합의 이상적인 형태가 무엇인가 하는 질문에 대답하는 것과 함께, 어떤 종류의 유인책이 있어야 각국이 채권 시장의 통합을 이루는데 협조할 수 있는가에 대한 질문에도 답할 수 있어야 한다. 일반적으로 금융에 대한 규제가 없고 또한 외부효과나 수익 체증이 없다면, 금융시장은 금융 중개에 대한 적당한 방식과 조합을 선택할 것이다. 정부가 여기에 개입하여 특별한 금융 중개의 방식을 촉진해야 할 필요는 없다.

아시아 국가들을 관찰해보면, 정부가 잘 발달한 채권 시장의 필요성에 대해서 이야기 하는 것은 종종 시장이 더 낮은 금리로 공적 채무를 팔아야 할 필요성에 대해 이야기하는 것과 같은 의미이다. 이는 성숙된 채권 시장을 발달시키는 데에 있어서는 좋지 않은 방법이다. 어떠한 경우에서라도, 공동 통화 채권에 대한 제안이 일본, 한국 그리고 몇몇 다른 나라들의 거대한 부채 상황을 해결하기 위한 도구로서 다루어져서는 안된다. 정부의 적자 재정운영을 조장하기 위해서 세금을 더 많이 사용한다는 것은 온당치 못한 일이다. 안보상의 이유에서라도, 더 거대한 정부는 바람직하지 않다.

부수적으로 채권 시장의 특성은 은행의 대출 시장과 대비되는데, 채권 시장의 핵심적 특성은 일반적(universal)이고, 무기명의 성격을 가지고 있다. 따라서 아시아 채권 시장—즉, 아시아인들에 의해 만들어지고, 아시아인에 의해 발행되고, 아시아인들을 위한 채권 시장—이라고 정의할 만한 시장을 따로 만든다는 것은 모순이라고 생각한다. 물론, 특정 화폐를 사용하는 것은 중요한 문제가 될 수는 있다. 그러나 누가 채권을 발행하고, 누가 특정한 종류의 채권을 사는가 하는 문제는 그렇게 중요하지 않은 문제이다. 비아시아인들이 접근할 수 없는 시장은 만들어져도 확장되거나 발전할 수 없다.

역내의 채권 시장을 만들기 위해서 각국의 정부가 예산 지원을 하기 이전에, 각국 정부는 그들이 부과한 불필요한 규제들을 먼저 제거해야 한다. 예를 들면, 채권 발행에 대한 규제나 자본의 자유로운 이동에 대한 제한, 혹은 기업의 매입에 관한 규제 등은 철폐되는 것이 좋다. 아시아 국가들이 협력적인 활동으로 납세자들의 돈을 사용해 아시아 시장을 만들면서, 동시에 아시아 국가들 간의 자유로운 자본 이동을 제한하는 조치를 여전히 놔둔다는 것은 자가당착적인 정책이다.

또한 정부는 회계, 법률, 그리고 기업 운영체제를 보다 투명하고 동기를 유발시킬 수 있는 것으로 개선할 필요가 있다. 다카기(Takagi)가 주장한 바와 같이, 적절한 하부구조를 만드는 것은 건전한 채권 시장 구축의 선행조건이 되어야 한다. 물론, 정치적으로 건전한 채권 시장을 창출하는 것이 하부구조 구축을 오히려 촉진시킬 수 있다.

정상적인 조건하에서, 채권 시장을 창출하기 위한 우리의 제안은 바로 자유방임(laissez-faire)방식이다. 시장이 스스로 새로운 형태의 시장을 만들 수 있도록 하라. 이 원칙에 대해 그 무엇이 예외가 될 수 있겠는가?

일반적으로 말하면, 정부의 개입은 다음의 조건하에서만 정당화될 수 있다. (1)다양한 금융시장 혹은 지역 시장들 간에 외부효과가 존재해서, 채권 시장의 활성화나 각국 시장 간의 협력이 긍정적인 수익을 창출해낼 수 있을 때가 그때이다. 실험적인 채권 시장을 개시함으로써 국제 협력을 달성하는 것이, 시장 참여자로 하여금 아시아 시장이 세계 중심이 될 수 있다는 신호를 줄 수 있을지도 모른다.

(2)통화바스켓으로 채권을 발행하는 것이 시장참여자들의 주의를 끌어 모으고, 단일한 통화로 발행되는 채권보다 더 깊은 수준의 시장을 만드는 데 도움이 된다. 여기에 언어 사용의 경우와 유사한 점이 있다. 이는 훨씬 더 자세한 경험적인 연구가 필요하겠으나, 공적 자금을 가지고 초기의 진흥 조치를 취함으로써 정부는 아마도 그들의 정부 채권을 좀더 나은 조건으로 거래할 수 있는 깊은 시장에 의한 이점을 누릴 수 있을지도 모른다. 다른 지역으로 한 언어를 전파하는 것이 어려운 것처럼, 이 과정도 꽤 오랜 시간이 필요할 것이다.

(3)이와 비슷하게, 새로운 시장을 개시하는 데에 있어서는 국제적인 협력이 규모의 경제를 이룩하는 데에 매우 유리할 것이다. 단일 국가의 시장만으로는 그 규모가 너무 작기 때문이다.

이러한 시도들은 초기 케인즈 경제정책의 잔여물과 같이 남아있는 "경기부양정책"과 유사한 경우에만 정당화될 수 있다. 외부효과나 수익체증과 정보의 비대칭성이 충분히 중요하지 않다면, 그리고 그 문제 상황의 특성상 정부의 개입이 결코 해결책이 될 수 없다면, 인위적으로 부채 시장을 활성화하려는 정부의 정책은 승인될 수 없을 것이다.

결론적으로, 금융 수단이 점차로 증가해가는 것은 언제나 환영받아야 할 일이다. 따라서 자연스러운 시장 기제에 의해서 채권 시장을 창출하는 것은 추천할 만한 일이다. 이와 동시에 규제완화와 금융 하부구조의 건설 등이 필요하다. 그러나 납세자들의 세금을 사용해서 특정한 채권 시장을 인위적으로 증진시키려고 하는 것은 국내 경제뿐만 아니라, 국제 경제의 측면에서도 그 비용이 매우 크다 하겠다.

III. 통화 연합 혹은 화폐 통합[3)]

1. 경제적, 개념적 측면

통화 연합에 참가함으로써 얻는 이익뿐만 아니라 비용까지도 논의하기 위해서는 구속력을 가진 조약의 강도에 따라서 다르게 나타나는 화폐 통합의 여러가지 형태에 관해서 명백히 할 필요가 있다.[4)]

(1) 가장 약한 형태로서, 화폐 통합은 어떠한 공동의 외환 수단이나 공동의 중앙은행을 건설하지 않고, 교환의 폭을 줄이거나 없앰에 따라 발생하는 고정된 환율에 각국의 화폐를 연동시키는 것을 의미한다. 이것은 고든(Corden)(1972)이 의사-환율 연합(pseudo-exchange rate union)이라고 명명한 것이다. 경제정책, 특별히 통화 정책의 조화는 국제수지의 불균형을 제거하기 위해서 필요하다. 이러한 종류의 연합에 대해서는 몇 가지 예들이 있다.

정부는 환율의 고정도에 대해서 공시할 수 있다. 대중이 고정환율의 지속성의 정도를 어떻게 받아들이느냐 하는 것은 경제적, 정치적 요인에 달려있다. 브레튼우즈 체제와 같은 "조정가능 고정환율제"는 이에 대한 아주 전형적인 예이다. 참가자들은 "근본적인 불균형" 상황하에서는 그 환율의 패리티를 바꿀 수 있는데, 근본적인 불균형 상황이라는 말이 의미하는 바는 학계에서도 실생활에서도 논란을 불러일으키고 있으며, IMF에 의해서도 결코 규정된 적이 없었다.

혹은, 금본위 체제나 상품본위 체제(commodity standards)하에서는 금속이나 상품이 각국 화폐들 간의 고정환율 비율을 유지시키는 닻과 같은

---

3) 하마다(2004)는 경제 및 화폐 통합의 정치 경제적 측면뿐만 아니라 개념적인 사안들에 대해서 훨씬 더 자세한 설명을 하고 있다.

4) "화폐 통합"이나 "화폐 통일"이라는 용어는 서로 다른 종류의 통합을 모두 포괄하는 개념으로서, 일군의 국가들의 연맹에 주로 사용되며, 전세계 모든 국가들에 동시에 사용되는 개념은 아니다.

역할을 했다. 각국 통화 정책의 조정은 자동적으로 그 기능이 이루어져야 한다고 규정되어 있다. 그러나 이 체제에서는 비율의 지속성이 갖는 신뢰도가 절대적이지 않다. 예를 들어, 정부는 금에 대한 각국 화폐의 비율을 바꿀 수 있는 선택권을 가지고 있었다.

(2) 화폐 통합의 정도는 고정환율 비율의 불변동성에 대한 대중의 신뢰가 구축되었을 때 훨씬 더 증진된다. 이는 자본 혹은 당좌계정 이체 거래(current account transaction)에 대한 화폐들 간의 완전 전환성이 확보되었을 때 생기는 것이다. 이러한 신뢰도는 명목상으로는 고정환율의 비율이 성공적으로 유지되는 전환기를 지나고 나거나, 특정 종류의 정치적 통일이 있은 이후에 생겨나는 경우가 많다.

(3) 완전한 화폐의 통합이나 통일은, 화폐 연맹 영역 내에 있는 단 하나의 중앙은행이 발행하는 공동 통화가 있을 때에 실현 가능하다. 우선, 통일된 화폐는 다수의 정부가 있는 곳에서 통용될 수 있다. 이는 유로화와 같은 통일된 화폐가 유로 지역에 통용되고 난 이후에 생긴 현상이다. 각각의 참여국들은 연맹을 탈퇴할 수 있는 권리를 갖고 있으며, 탈퇴의 선택은 개념상으로 얼마든지 가능하다. 혹은, 통일된 화폐의 순환이 단일국 정부에 의해서 이루어지는 경우가 있다. 단일 화폐가 한 지역 내에서 유통될 것이다. 정부 역시 통일되어 있기 때문에 재정정책에 있어서의 불일치성은 무시될 수 있다. 더 중요하게는 사람들이 이 통화가 다시는 나뉘지 않을 것이라고 믿는다는 것이다. 예를 들어, 독일의 통일 이후, 독일인들은 도이치 마르크와 구동독 마르크 사이의 "환율"이 변경될 수 없을 것이라고 믿었다. 그러나 역사적으로는 합스부르크 왕조와 소련의 경우에, 통일 정부에 의한 단일 화폐가 그 지역 내 다수의 통화 사용으로 전환되는 경우가 있었다.

(4) 연동 환율체제에 대해 생각해보자. 연동 환율체제 하에서는 통화당

국이 환율이 특정 범위나 지역 내에서만 움직일 수 있도록 협력적 조치를 취한다. 자연적으로 협력적 개입이 단일 개입보다 훨씬 더 효과적이다. 하마다(1985)가 보인 것처럼, 고정환율제는 적어도 부분적으로는 그 규칙의 성격상 환율 조정의 필요성을 제기하고, 반드시 필요한 것이 아니라고 할지라도 정책을 조정하는 것이 고정환율제하에서는 긍정적인 효과를 가져 올 수 있다. 그러나 유연성 있는 환율 체제하에서는 각국의 통화당국이 통화 정책의 독립성을 회복한다. 정책 조정으로부터 오는 혜택뿐만 아니라, 정책 조정의 필요성도 무시할만한 것이 되어버린다.

이제 화폐 통합을 시도했을 때의 효과와 비용의 성격에 대해서 생각해보자. 나중에 논의할 가능한 전략적 혜택은 별도로 한다고 할지라도, 화폐 통합으로부터 오는 혜택은 미시경제적인 효과를 가지고 있다. 공동 통화의 사용자들은 정보비용과 거래비용을 최대한 아낄 수 있다. 화폐 연맹의 구성원들은 회원국들의 화폐 간 교환 비율인 환율이 갖는 변동이 수반하는 불확실성을 감소하거나 심지어 없애버림으로써 무역이 증가되는 이점을 누릴 수 있었다. 이 혜택은 부분적으로는 의사-환율 연맹에 의해서도 구축이 가능한 것이지만, 실제적으로는 환율의 고정성에 대한 대중의 자신감이 생겨나야만 실현가능하다. 완전한 형태의 화폐 통합이 가능해지고 난 이후에서야 환율 교환에서 나타나는 거래비용이 없어질 수 있고, 그 결과로 무역이 증가하고 관광업이 발달할 수 있다.

2. 경험적 평가

우선 제프리 플랭클(Jeffery Frankel), 앤드류 로제(Andrew Rose) 그리고 다른 학자들은 여러 논문에서 단일 화폐가 가지고 있는 이점에 대한 광범위한 연구를 진행했다. 그들은 주로 국가간의 데이터에 중력방정식을 적용하여, 단일 화폐가 국별 무역과 국가 수입의 흐름에 대해서 실제적인 영향력을 행사한다는 결론을 내렸다. 그들의 추산에 따르면, 단일 화폐의 사용은 무역의 양을 3배로 증가시키고, 국가 수익을 거의 50퍼센트 이상으로 증가시켰다(e.g. Frankel and Rose, 2002; Glick and Rose, 200; and Rose and Engel, 2002). 이러한 단일 화폐의 사용이 가져오는 효과는 환율 고정의 효과보다 훨씬 크다. 환율을 고정함으로써 얻는 제도 구축과 단일 화폐 사용 그 자체가 가지고 있는 특성은 엄연히 다른 것이다. 후자는 미래 환율의 즉각성에 대해서 훨씬 더 높은 신뢰감을 줄 것이며, 미래의 무역에 대해서 불확실성을 없앨 것이다. 유럽 지역 회원국가들 간의 무역이 결코 줄어들지 않았다는 것은 언급할 가치가 있다. 따라서, 해외 무역이 유로화 내부 무역 지역으로 들어옴으로써 생겨나는 무역 전환의 효과는 일어나지 않았다.

둘째, 알렌시나(Alesina)와 베로(Barro)(2002)의 연구와 알렌시나, 베로와 테레노(Tenreyro)(2002)의 연구에 따르면, 유럽 내의 무역이 매우 활발하다는 것과 미국과 다른 나라들 사이에는 위성(satellite-like)과도 같은 관계가 형성되어 있다는 징후가 나타난다고 한다. 즉 유럽무역지대, 북미무역지대와 같은 특정 지역을 규정짓는 것이 가능하다는 것이다. 하지만 이와는 대조적으로 일본은 전세계 다른 많은 국가들과 교역을 하고 있긴 하지만, 일본 무역 지대라고 부를 만한 어떤 특정 지역이 있다고 보기는 어렵다. 그들의 의견에 따르면, 유럽과 북미자유지역은 공통 화폐를 사용할 수 있는 선행조건을 갖추고 있으나 아시아 경제 지역은 아시아 무역 지대로 나아가기 위한 동기가 아직 불충분하고, 따라서 아시아 통화 연맹을 만들 만한 토대가 충분치 않다는 것이다.

셋째, 고토(Goto)(2002)는 아시아 국가들 간 사업 주기의 결합점이 유럽 국가들과 북미자유지역 국가들 사이의 그것보다 훨씬 더 크고 강하다는 것을 주성분 분석법을 사용하여 보여주었다. 주성분 분석법(the principal component analysis)은 국가들 간의 양자간 결합을 고려하여 분석하는 과거의 전통적인 방법과 비교하면 다수의 변수들 간의 동조(synchronization)의 정도를 측정하는데 유용하고도 적절한 방법이다(Goto and Hamada, 1996). 고토(2002)는 특별히 시계열의 관찰 방법을 사용해서 아시아 국가들 간의 통합이 최근 몇 년 사이에 진행되고 있다는 것을 밝혔다. 대부분의 변수들은 과거에는 미국의 변수들과 연관이 되어 있으나, 이들은 현재, 역시 일본의 변수들과 같은 방향으로 움직이고 있다.

그의 발견에도 몇 가지 문제점이 있다. 우선, 주성분 분석에서 드러난 바와 같이, 거시경제적 요소와 무역의 변수가 함께 움직이고 있기는 하지만, 아시아 국가들 간의 교역 개방도는 유럽에 비해서 그렇게 높지 않다. 교역은 함께 움직이고 있지만, 교역의 양은 종종 너무 적다. 따라서 레벨 테스트는 실패할지도 모른다. 무역강도 지수의 이용은 무역 흐름의 상호 연관성을 묘사하는 데에 매우 효과적인 도구일 수는 있지만, 국가들 간에 밀접한 관계는 나타내지 못할지도 모른다. 왜냐하면 무역강도 지수는 결국 특정 상품이 전혀 교역되지 않아도 충분히 높을 수 있기 때문이다.

이러한 미시경제적 효과는 교환의 수단으로서의 돈의 기능과 밀접하게 연관되어 있다. 돈은 거래에 필요한 정보비용을 사용하게 하고, 물물교환 체제에서 더 낮은 가격으로 안정적인 상품들의 조달을 가능하게 한다. 이렇게 비용 절감의 속성에 대해 분석하려는 시도에 대해서는 류(Ryou)(2003)를 참조하라. 공동 통화의 사용은 그 정보 기능의 속성으로 인해, 근원적인 외부 효과를 가지고 있다. 거래비용의 경제 및 정보 유출로 인한 이러한 혜택은 소비에 있어서 비경쟁적인 속성을 가지고 있다. 게다가 한 회원국이 그 혜택을 향유한다고 해도 그것이 다른 회원국들의 혜택 향유를 제한하지 않는다. 이런 비배제성은 공공재의 한 가지 특성이라고 할 수 있다. 이러한 완전한 화폐 통합이 갖는 혜택은 고정환율 레짐의 채택에 의해서만이 부분적으로 얻을 수 있다.

화폐 통합이 갖는 또 다른 부가적인 이점은 거시경제적인 것이다. 먼델의 정책 할당 이론에 따르면, 지역적으로 나타나는 특정 충격의 효과는 변동환율체제에 의해 흡수될 수 있다(Mundell, 1968). 그러나 레짐 선택에 관한 최근의 연구들은, 외국의 특정 화폐 충격은 고정환율체제나 혹은 엄격하게 통제되는 환율체제하에서 훨씬 더 잘 다루어질 수 있다는 것을 밝혔다(e.g. Fukuda and Hamada 1987, Eichegreen 1998).

따라서 화폐 연맹에 참가했을 때 생겨나는 주된 효과는 미시경제적인 것이며, 거시경제적 효과는 화폐 불안을 줄이는 것에 한정되어 있다는 것을 알 수 있다. 대조적으로 그 비용은 주로 거시경제적인 것인데, 각국이 실질적으로 특정 국가에 대한 충격에 대해 매우 취약하게 되기 때문이다. 국가들의 생산성 성장의 비율이 다르기 때문에, 그리고 실업률과 인플레이션 사이에 어떤 선택을 할지에 관한 선호가 너무 다르기 때문에, 고정환율체제나 단일화폐체제를 도입하는 것은 각 참여국들이 개별 국가의 정책 목표를 일부분 희생해야 한다는 것을 의미하는 것일 수도 있다. 즉, 화폐 연맹에 참가하고 고정환율제도를 도입하면, 개별국가의 통화 독립성을 얼마간 포기해야 한다는 뜻이다. 특별히, 국제 자본 이동이 활발하고 임금과 가격이 어떤 이유에서든 경직적일 때 더 그러하다.

따라서, 한 나라는 바람직한 수준의 실업률과 가격 수준을 희생해야 할지도 모른다. 연동환율제는 개별국가 경제에 독립적으로 획득될 수 있는 최소한의 상태를 확보할 수 있는 기회를 제공해주는데, 이는 통화 정책의 상호 작용하에서 작동하는 최대 및 최소 전략을 따라가는 것이다. 화폐 연맹에 참가함으로써 한 나라는 최대 및 최소 전략을 포기하는 것인데, 이는 정책 조정에서 나오는 상호간 합의의 정신을 고수해야만 하기 때문이다.

일반적으로 화폐 통합의 혜택과 비용에는 여러 가지의 특성이 있다. 우선, 집단적으로 향유되는 공공재적인 성격을 띠고 있는 화폐 통합의 혜택과는 대조적으로, 화폐 연맹에 참가함으로써 만들어지는 희생들은 공적인 성격을 띠는 것이 아니라 대부분 개별 국가에 해당하는 성격을 띤다. 혜택은 공적으로 이루어지고 비용은 개별 국가가 지불해야 하는 이 화폐 통합의 특성은 화폐 연맹에 대한 참가의 유인책을 분석하는데 있어서 가장 핵심적인 요인이 된다.

둘째로, 참가국들의 비용-이익 분석은 시간에 따라 달라진다. 초기에는 국내의 경제적인 목표와 독립적인 화폐 정책을 희생시키는 비용이 클 수 있다. 그러나 자본시장의 통합이 진행됨에 따라 재정적자를 해소시키는 금융비용을 마련하는 것은 점차로 쉬워지며, 따라서 이러한 조정 비용은 점차로 줄어든다. 그러나 화폐 통합의 공동 혜택은 고정환율제의 신뢰도가 확보되거나 화폐들이 단일한 체제로 통일되는 이후의 단계에서만 이루어질 수 있다. 예를 들어, 화폐 전환의 비용 절감은 완전한 환율 연맹이 확보되고 난 이후에만 이루어질 수 있고, 또한 환율 체제의 안정성으로부터 나오는 효과는 환율의 고정성에 대한 신뢰성이 구축된 이후에만 거두어질 수 있다. 이 혜택 향유의 시간표를 앞당길 수 있는 유일한 방법은 단일 화폐를 도입하는 것이다. 사실, 유로 지역은 외관상으로는 성공을 거두었다. 필자가 "외관상으로"라는 말을 언급하는 것은 유로화의 거대한 실험에 대한 평가가 매우 주의깊게 이루어져야 하기 때문이고, 이후에 다루어질 것이기 때문이다.

셋째로, 화폐 연맹 회원국들의 경제에서 무역 개방도와 요소 흐름의 개방도는 화폐 통합에서 나올 비용과 혜택의 강도에 매우 중요한 영향을 준다. 만약 한 국가의 경제가 국내의 거래에 비해 상대적으로 거대한 수입 및 수출의 흐름을 가지고 있는 개방적인 성격이라면, 경상수지의 수준에 대해서 산출물이나 실업률의 수준을 조정하는 비용이 매우 적을 것이다(Mckinnon 1963). 화폐 전환의 비용을 줄이는 것은 더욱 개방적인 경제일수록 더 커질 것이다. 그러나 한 나라의 경제가 폐쇄적이라면 이 비용 절감의 효과가 갖는 비중은 더욱 적을 것이고, 오히려 조정을 위한 비용은 상대적으로 클 것이다. 회원국들 간의 상품과 서비스 시장 및 생산 요소들의 통합이 이루어지기 전에, 개방도의 평균적인 수준을 증가시킴으로써 화폐 통합에 대한 준비 조건을 증진시키는 것이 좋겠다.

요약하자면, 중국, 한국, 일본 및 주변의 다수의 이웃국가들을 모두 포함하는 화폐 연맹의 제안이 가지는 긍정적인 면은 다음과 같이 정리할 수 있다.

화폐 연맹에 대한 실험이었던 유로 지역의 예는 화폐 연맹에서는 이웃국가들 간의 관계에서 뿐만 아니라, 참가국들 간의 교역을 증진시키는 효과가 있다는 것을 보여준다(<그림 4, 5>의 수출 자료 참조). 수입에 관해서도 비슷한 경향이 적용될 수 있으며, 화폐 통일은 훨씬 더 안정적인 가격 수준을 제공하는 경향이 있다는 것을 알 수 있다(<그림 6과 7> 참조). 미시 경제적 효과는 참가국들이 차별화된 제품으로부터 얻는 이익을 향유할 수 있도록 하는데 매우 효과적이다. 게다가 연맹 외부의 이웃국가들은 정보비용과 거래비용을 절감함으로써 이득을 거둘 수 있다. 요약하면, 유로화의 역사는 비록 짧긴 하지만 우리에게 화폐 연맹의 혜택뿐 아니라 비용이 어떠한지도 보여주는 것이다. 유럽 국가들은 화폐 통합이 가격 안정성에 대한 기대를 창출할 것이며, 유로 국가들 간의 인플레이션율을 안정화시킬 것이라는 것을 보여준다. 유로 지역 내외의 교역의 양도 매우 증가했다.

화폐 연맹의 제안에 대한 반대점 역시 다음과 같이 제기될 수 있다. 화폐 연맹의 진정한 효과를 누리기 위해서는 환율 연맹 그 자체로만은 충분하지 않다. 단일 화폐가 바람직한 목표가 되어야 한다.[5] 그런데 과연 아시아 국가들이 국가별로 다르게 나타나는 제도적, 혹은 문화적 차이점에도 불구하고 환율 체제를 통일할 준비가 되어 있을까? 중국은행, 일본은행 그리고 한국은행을 포함한 중앙은행들이 과연 자국의 통화 자주성을 기꺼이 양도하려고 할 것인가?

유로 지역 외부에 있는 유럽 국가들의 경우, GDP는 유로 지역 내부의 국가들의 평균에 비해서 조금 더 높은 수준으로 증가했으며(<그림 1, 2>), 실업률은 좀 낮은 경향이 있었다(<그림 9, 10>). 무역의 긍정적인 효과에 대해서 플랭클과 로제(Frankel-Rose)가 알아낸 명확한 사실들을 인정한다고 할지라도, 이 교역 흐름의 효과가 화폐 상호 의존 효과 상실의 비용을 능가할 것인지 대해서 확실치 않다. 또한 홍콩의 경우를 살펴보자(<표 3, 8, 11> 참조). 화폐 통일 이전에 홍콩은 화물 집산지로서의 역할을 하고, 고정환율제도를 통해 무역을 확대시켜 나감으로써 혜택을 보고 있었다.

5) 류재원은 나에게 신관호 등이 연구한 환율 정렬 체제가 역내 무역의 양을 증가시킨다는 결과의 연구가 있다는 것을 알려주었다. 언급한 효과는 23%로 화폐 통일의 효과 200~300%에 훨씬 미치지 못하는 것으로 나타났다.

그런데 현재 홍콩이 화폐 정책의 부족으로 인한 문제점을 겪고 있지 않는가? 현재의 고정환율제도를 넘어서 단일 화폐를 채택함으로써 나타나는 비용은 매우 심각한 수준일 수 있다. 인플레이션이 지금은 그렇게 심각하지는 않지만, 사람들은 전세계적인 디플레이션을 걱정하고 있다. 우리는 아마도 아시아존을 창출함으로써 전세계적인 디플레이션을 확대시키는 것일지도 모른다. 유로존에서의 리더 국가인 독일이 불경기로 인해 고생을 하고 있는 듯한데, 일본이 화폐 통일 이후에 디플레이션의 압력으로 인해 이와 같이 고생하지 않겠는가?

단일화폐의 무역 창출이 가까운 시일 내에 가져올 장기적인 혜택에도 불구하고, 화폐 통제의 관점에서 생겨날 비용이 내게는 훨씬 더 심각해 보인다. 따라서 경제적 효과에만 한정한다면, 나는 아시아의 화폐 통합이 가져올 혜택의 중요성에 대해 매우 회의적이다.

3. 정치경제적 측면

아직 유인책에 대한 질문이 남았다. 어떤 조건에서 각국 정부는 화폐 연맹에 대해 참가할 유인책을 발견할 것인가? 이 질문에 대해서는 아주 상세하게 언급하였는 바(Hamada, 2004), 여기에서는 논쟁점만 아주 간단하게 정리하도록 하겠다.

필자는 고정환율제가 활성화 되어있는 세계에서 정책 조정의 유익함과 필요성에 대해서는 매우 굳게 믿고 있다(Hamada, 1985). 연동환율제하에서, 화폐 수단은 매우 충분하지만, 각국은 그 화폐 정책을 물가 수준과 거시경제적 상황에 맞추어서 사용해야만 한다(Feldstein, 1997, 2000). 반면에 12개의 나라가 화폐 연맹에 가입한다면, 11개의 정책 도구는 상실될 것이다. 따라서 경제적인 관점에서도 솔직한 질문(명목적인 질문이 아니라)에 대한 대답을 한다면, 단일 화폐를 강력하게 선호하는 편은 아니다.

IV. 국가 안보와 경제 통합

우리는 화폐 통합에 대한 규범적인 정당화가 경제적 관점에서는 그렇게 중요하지는 않다는 것을 알 수 있다. 그러나 동아시아 국가들이 단일 화폐 지역에 동참하는 것에 대한 유인책에 대해, 실증적·정치경제적 분석의 잣대를 들이대면, 동아시아에서의 공동 통화 창출을 야기하는 힘에 대해 알 수 있게 된다. 그러나 우리가 논의를 순수한 경제학적인 측면에서 정치학적인 측면으로, 혹은 군사 안보적 관점으로 확대한다면, 상황은 매우 달라질 수 있다.

국가 안보와 경제 통합 간의 관계에 대한 정치학자들의 관심은 주로 안보와 무역 간의 관계를 주로 다루고 있다. 많은 연구들 중에서 오닐과 러셋(Oneal and Russet)은 경제 통합과 국가적 갈등 사이의 관계에 대해 광범위한 연구를 진행했다. 그들은 일반적으로 국가들 간의 개방도가 높으면 높을수록 이들 간 분쟁의 가능성이 줄어든다는 주요한 결과를 찾아냈다. 경제성장과 유사한 다른 요소들 가운데, 민주화의 정도, 국가의 역량, 개방도 측정 등이 중요하다. 예를 들면, 쌍을 이루고 있는 국가들 간의 무역 대 GDP의 비율이 표준편차 이상으로 커지면, 이들 국가 간 갈등이 일어날 가능성은 약 4.7%정도로 줄어든다. 만약, 총무역 대 GDP비율이 표준편차 이상으로 커지면, 국가 간 갈등의 가능성은 6.1%정도로 줄어든다.

맨스필드와 폴린스(Mansfield an d Pollins)의 관찰한 바와 같이, 인과관계의 방향과 시기에 대해서도 관찰이 되어야 한다. 가즈커, 리, 보우머(Gartzke, Li an d Boehmer)(2001)가 이야기한 대로, 투자의 방향 역시 중요하고 유인책의 측면도 명백히 해야 할 필요가 있다. 이러한 수치들의 중요성에 대해서 명확하게 규정하는 것이 어렵지만, 전쟁으로부터 발생하는 심각한 손상에 대해서 생각해 보면 오닐과 러셋이 주장한 시장 개방으로 인해 얻어지는 평화의 측면을 심각하게 생각할 필요가 있다. 유럽에서의 화폐 및 무역 통합 역시 이러한 전략적 고려에 의해서 이해되었다.

만약 교역에 대한 개방이 중요한 요소라면, 자본시장과 금융 통합에 대한 개방 역시 평화 유지를 위한 중요한 요소이다. 공동 화폐를 사용하면 이러한 혜택이 더욱 커질 것이다. 아쉽게도, 화폐 통합과 평화 간의 관계에 대한 경험적 조사는 매우 드물다. 그러나 내가 여기서 아주 대략적으로 추산을 해보자면, 공동 통화를 사용하면 무역의 양은 3배 정도로 증가할 것이고 이는 전쟁의 가능성을 눈에 띄게 줄일 수 있다. 만약 무역이 어림잡아 3배 정도 증가했다고 하면, 갈등의 가능성은 15% 이상 줄어들 것이다. 안보적인 이유를 근거로 한 화폐 연맹의 경우, 경제적 가치에 의한 화폐 연맹의 경우보다 그 토대가 훨씬 더 굳건할지도 모른다.

일종의 경고로서, 나는 화폐 연맹이 해체된 복잡한 역사에 대해서 언급할 필요가 있다고 생각한다(예를 들면, 오스트리아·헝가리 연합, 독립국가연맹(CIS) 등이 그것이다). 이런 예들로부터, 화폐를 통일시키는 것이 반드시 정치적 국가의 분열, 혹은 갈등의 가능성 자체를 봉쇄하지는 않는다는 것을 알 필요가 있다. 이러한 사례들을 구체적으로 설명하지는 않겠지만, 나는 스칸디나비아 화폐 연맹이 전쟁에 의해 해체되었다는 것을 예로 들고자 한다.[6] 또한 유럽 연맹의 경우에는 정치적 리더십이 명백히 경제적 어려움들을 극복하는 데에 성공했음을 설명하겠다.

스칸디나비아 화폐 연맹은 1873년에 스웨덴과 덴마크의 국가들이 모여서 형성되었다. 노르웨이는 1875년에 이 연맹에 동참했으며, 공동 화폐 단위인 크로네는 금화였는데 회원국가들 간의 법적 통화로 유통되고 있

---

6) 서부 아프리카 통화 연맹인 West African Monetary Union은 현재까지 지속된 가장 오래된 통화 연맹이다. 여기에서는 프랑스가 은행 이사회의 구성원들을 지명함으로써 가장 직접적인 영향력을 행사한다. 또한, concessive assistance와 상업적 연결망을 통해 개별 회원국들에게 상당한 간접적인 영향력을 행사한다. 따라서, "지원"한다는 말은, "지도력"과 동일한 의미를 가지고 있는 것이지, "착취"한다는 말은 아닐 것이다. Broughton(1991)은 WAMU가 화폐 연맹에 대해서 전형적인 기준을 충족시키는 것은 아니라고 하고 있다. 이 연맹이 오랫동안 지속될 수 있었던 것은 프랑스 프랑화에 대해서 직접적인 연관이 있었기 때문이었지, 화폐 연맹으로 규정지어진 어떤 특성들 때문이라고 보긴 어렵다.

었다. 1894년에 이 연맹은 지폐도 받아들이기로 하고, 노르웨이와 스웨덴의 지폐 유통 은행들은 각자의 지폐를 동등한 조건으로 수용하기로 협의했다. 덴마크는 1900년에 이 협약에 가입했다. 1905년부터 지폐 유통의 조건이 개정되어 외국 지폐에 커미션이 부과되는 것을 허용하였다. 이러한 부가적인 비용에도 불구하고, 지폐의 공동유통(joint circulation)은 제1차 세계대전이 발발할 때까지 계속되었고, 은행 지폐의 개시가 중지되자 연맹은 실질적으로 종료되었다(Nielsen, 1933).

1979년 이래로 유럽 통화체제의 발전은 화폐 통합의 과정에 매우 근대적인 사례를 제공해준다. 유럽 통화체제는 유럽에서의 통화 연맹의 오랜 계획을 가지고 "브레튼우즈 시스템의 유연하고도 체계적인 버전"으로서 건립된 바가 있다(Kenen, 1992). 1970년의 Werner 보고서는 1980년까지 통화 연맹의 발전을 경제 정책의 조화(policy harmonization)에 의해 구체화한 적이 있다. 여기서 조화란 핵심국가 경제지표들 간의 차이점을 조정하는 과정을 의미하는데, 핵심국가 경제지표에는 인플레이션율, 이자율, 정부재정적자 정도, 부채의 축적 정도 등을 점차적으로 좁혀가는 것을 의미한다. 초기 8개국이 1989년 스페인에서 가입했고, 영국이 1990년에, 포르투갈이 1992년에 가입했다. 초기 환율 기제의 잦은 조정 이후로는 1987년부터 1992년까지의 기간 동안 어떠한 큰 재조정이 없었다. 조용한 시기가 고정환율체제의 발전이 불가피하다는 것에 대한 인식이 생기는 데에 공헌했지만, 이는 1992년 9월에 회원국 화폐가 중지되고 평가절하되는 폭풍 속에서 잠잠해졌다.

독일연방은행은 독일경제의 규모와 도이치마르크의 강세 때문에 유럽 통화체제를 안정시키는 역할을 했다. 도이치마르크의 가치는 인플레이션을 강력하게 혐오하는 독일연방은행에 의해 유지되었다.

그러나 독일연방은행에 의해서 유지된 화폐 가치는 독일이 통일로 인한 재정상의 충격을 겪게 됨에 따라 점차 약해졌다. 독일연방은행의 신뢰도를 향유했던 다른 국가들이 지불해야 하는 비용은, 독일의 실질 금리가 유럽환율제도를 통해서 전이됨에 따라 급격히 상승했다. 완전 고용을 달성하지 못했던 회원국들은 금리에 매우 민감한 분야들, 예를 들어 주택이나 건설과 같은 분야가 곤경에 빠지고 있다는 것을 알았다. 고정환율제도를 유지함에 따른 비용과 혜택이 점차로 나누어지자, 단일화폐에 대한 신뢰도는 떨어지기 시작했다. 투기꾼들은 가치가 떨어지는 화폐들이 유지되기에는 유럽환율제도에 드는 비용이 매우 값비싸다는 것을 확신하기 시작했다. 이러한 화폐들 간의 연계성을 계속해서 확보하겠다는 주기적으로 계속되는 당국의 공언과 허약한 화폐들을 수호하기 위한 중앙은행들의 방어적 메커니즘에도 불구하고, 1992년 9월의 투기적 공격은 결국 여러 차례의 통화가치 절하를 가져왔다. 따라서, 유럽환율제도의 능력에 대한 자신감은 눈에 띌 만큼 저하되었다.

화폐 통합의 과정을 포기하는 대신 각국은(영국과 이탈리아를 제외하고) 환율을 통합시키려는 다소 긴 과정 없이, 공동 통화 지역을 구축하는 단호한 전략을 쓰기 시작했다. 1994년에 유럽 화폐 단위(European Currency Unit, ECU)가 결정되었고, 1999년 1월에 유로라는 단일 화폐가 단위로서 도입되었으며, 유럽중앙은행(European Central Bank, ECB)이 단일한 화폐 정책을 추진하기 위해서 설립되었다.

유로화는 화폐 통합에 대한 실질적인 이론을 연구하는 이들에게 새로운 통찰력을 제공해준다. 흔히 알려진 바와는 달리, 화폐의 통합은 정치적 통합에 선행할 수 있다. 혜택이 어떻게 확보되고 나누어질지에 대해서는 약간 다를 수 있는데, 공동화폐의 혜택은 언제나 이에 대한 비용을 수반하기 때문이다. 다시 말하면, 우리는 유로화의 경험이 화폐 통합을 염두에 두고있는 아시아의 각국 정부들에게 어떠한 종류의 교훈을 주는지에 대해서 배울 수 있을 것이다.

경제학자들이 제기한 수많은 회의론에도 불구하고(e.g. Feldstein, 199; 1997, Neumann, 1997에 의해 대표되는 많은 독일경제학자들), 그리고 1992년에 심각했던 투기적 행태의 공격에도 불구하고, 유로화의 모멘텀은 유로존을 구축할 수 있을 만큼 충분히 강력했다. 통합의 경제적 혜택은 분명했다. 이를 통해서 거래비용과 정보비용을 절감할 것이기 때문이었다. 단일 화폐가 유통된다면 분명히 이 혜택은 증진될 것이다.[7] 단일 화폐인 유로화를 구축하기 위한 유럽의 대구상은, 정치적·전략적 고려를 배제하고는 설명하기 어렵다.

V. 결론

금융 통합, 특히 화폐 통합의 경우에 대해서는 단순히 경제적인 관점만으로 명확한 평가를 내리기 힘들다. 회원국들의 참여에 의한 경제적 이득을 계산해 보면, 그들은 아마 공동의 통합된 금융시장, 공동 채권 시장 및 단일 통화를 구축하는 것에 대해 강한 동기 부여를 받은 것은 아닐 것이다. 그러나 정치적·전략적인 측면을 고려하기 시작하면 상황은 급격하게 달라질 수 있다. 이 논문은 경제학자들과 정치학자들이 현재도 계속하고 있는 잠정적인 연구의 일부분이며, 이 사안에 대해 안보적인 고려가 얼마나 중요한지에 대해 확인하고자 하는 것이다. 경제적 비용과 혜택을 비교해 보는 것은 매우 의미있는 일이다. 그러나 동시에 우리가 역내에서 발생할 수도 있는 많은 잠재적 분쟁이 가져올 인적·물적 비용을 고려해 본다면, 경제적 통합과 국제적 분쟁 사이의 상호 인과관계에 대해서도 심각하게 고려해볼 필요가 있다.

유럽연합에 대해 합의하고 유로존을 발전시킨 유럽 국가들의 동기가 무엇이었을까? 유럽에서 일어난 과거의 군사 분쟁에 대한 혐오가 아마도 매우 중요한 역할을 했을 것이다. 이는 경제적 의미에서의 지도 국가인 독일과 이미 주도적인 역할을 하고 있었던 독일의 중앙은행인 독일연방은행이, 유럽에서의 헤게모니적 역할의 일부를 포기하고자 한 것에 대한 중요한 이유가 될 것이다.[8] 아시아에서의 경제 및 화폐 통합을 이루는

---

7) 역사적 사실을 보면, 단일 화폐가 실현되고 난 이후에도 이 과정을 되돌릴 수 있다는 것을 알 수 있다.

것에는 아마도 강제하는 시기가 필요할지 모르는데, 이는 단순히 경제적인 효과를 얻기 위한 것뿐만 아니라 제2차 대전 중에 일어난 것과 같은 형태의 또 다른 불행한 군사 분쟁을 방지하기 위한 것이다. 2003년의 독일연방은행의 부행장이 발표한 다음의 선언문은 평화를 위한 유럽의 의지를 잘 보여준다.

"마하스트리트 조약으로 잘 알려져 있는 유럽연합 조약은 1993년 11월 1일 이래로 실효된지 10년이 지났습니다. 그 당시 12개국의 유럽연합 회원국들이 유럽경제통화동맹(Economic and Monetary Union, EMU)을 구축하기 위한 혁신적이고 독창적인 접근법을 채택했습니다."

이는 50여 년 전에 시작된 경제 통합의 광범위한 과정 중, 가장 최근의 단계에 불과하다. 그 당시, 정치적 통합을 위해서는 아직 때가 이르지 않았다는 것이 금새 분명해졌다. 유럽에서 평화와 번영을 위한 공간을 구축하고자 하는 보다 광범위한 정치적 목표는 크고 작은 문제점과 저항에도 불구하고, 이 접근법에 의해 매우 잘 충족되었다(Jurgen Stark, 독일 연방은행 부행장. 2003년 12월 2일 런던의 제17회 유럽 금융 회의에서 발표).[9)]

---

8) 어떤 국민들은 유럽에서 가장 주된 화폐를 발행하는 역할을 포기하는 데에 대해서 심지어 심리적 저항감을 가졌을지도 모른다(Jonas, Fritsche and Greenberg, 2005 참조).

9) 출처: www.bis.org/review/r031215d.pdf.

〈그림 1〉 유럽연합 회원국가들의 GDP 성장률(1994~2002)

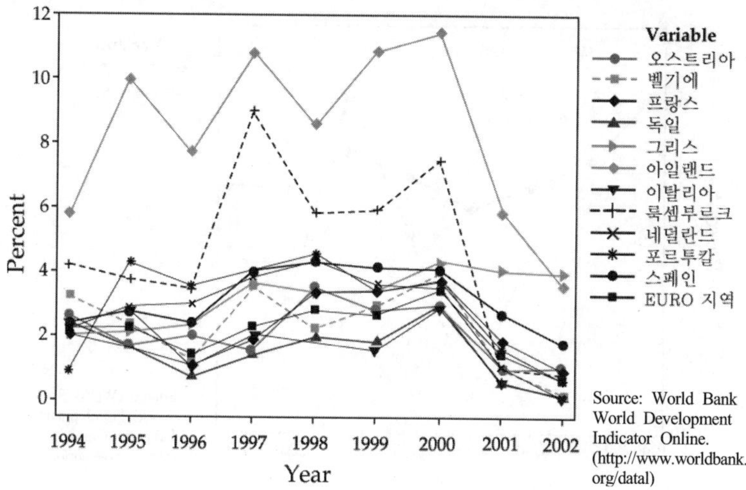

Source: World Bank World Development Indicator Online. (http://www.worldbank.org/datal)

〈그림 2〉 비유럽연합 회원국가들의 GDP 성장률

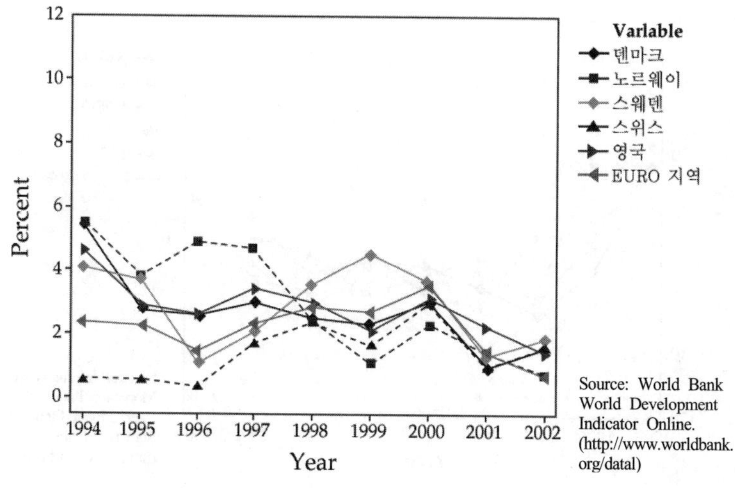

Source: World Bank World Development Indicator Online. (http://www.worldbank.org/datal)

〈그림 3〉 중국과 홍콩의 GDP PPP 성장률 (1995~2002)

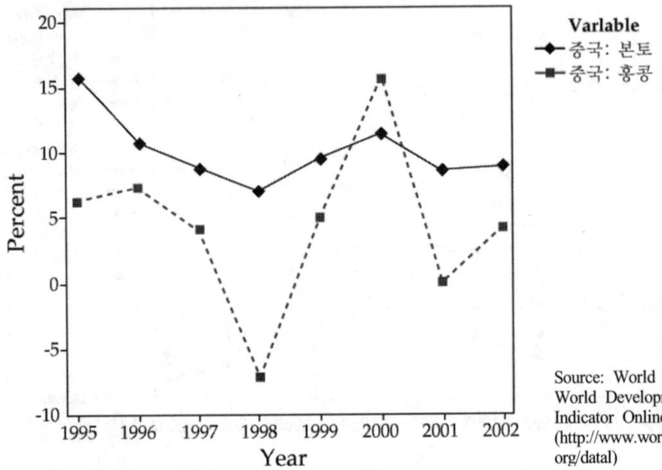

Source: World Bank World Development Indicator Online. (http://www.worldbank.org/datal)

〈그림 4〉 비유럽연합 국가들의 수출 증가율 (1995~2003)

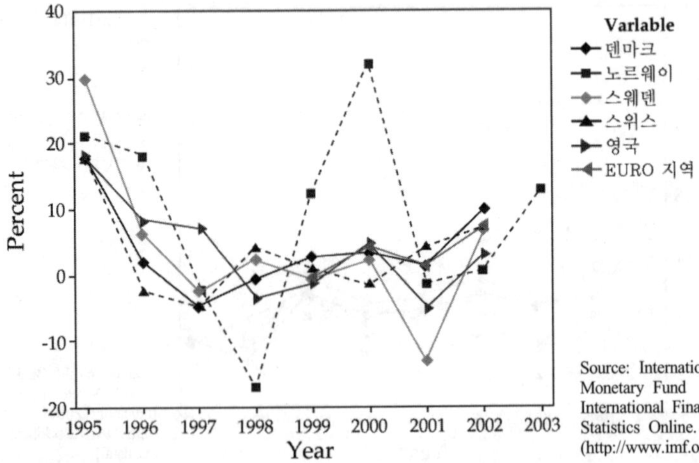

Source: International Monetary Fund International Financial Statistics Online. (http://www.imf.org/)

〈그림 5〉 중국과 홍콩의 수출 증가율

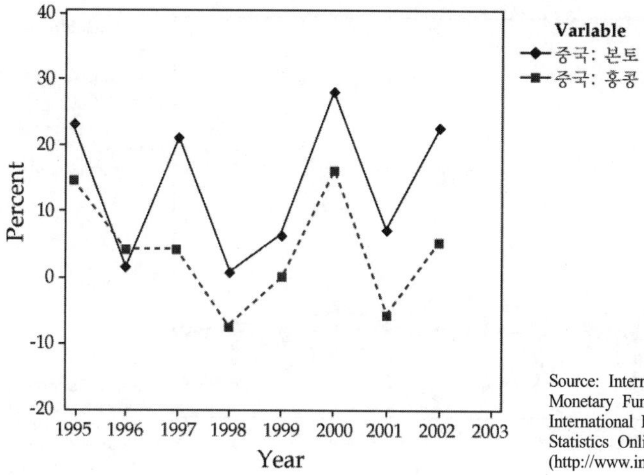

Source: International Monetary Fund International Financial Statistics Online. (http://www.imf.org/)

〈그림 6〉 유럽연합 회원국들의 소비자 가격 변화(1994~2003) (1995=100)

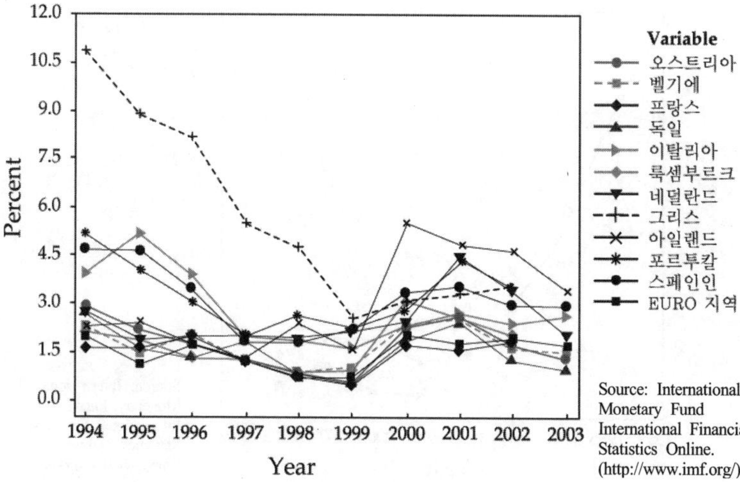

Source: International Monetary Fund International Financial Statistics Online. (http://www.imf.org/)

〈그림 7〉 비유럽연합 국가들의 소비자 가격 변화 (1994~2003) (1995=100)

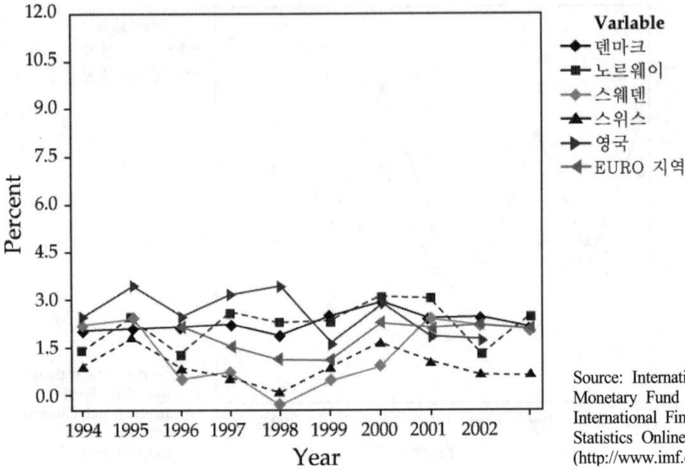

Source: International Monetary Fund International Financial Statistics Online. (http://www.imf.org/)

〈그림 8〉 중국과 홍콩의 소비자 가격 변화(1994~2002)

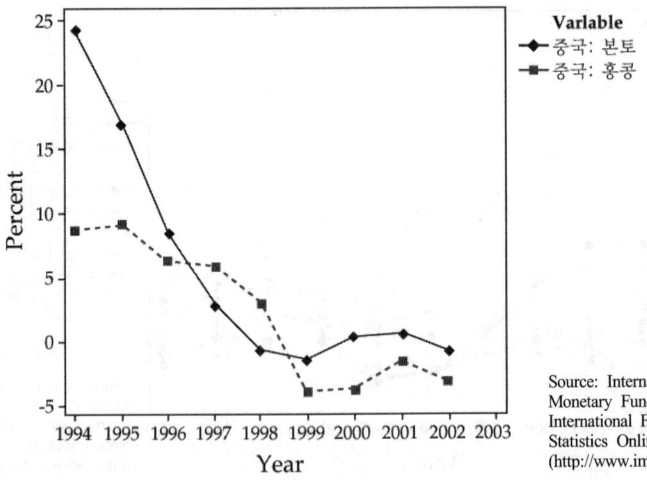

Source: International Monetary Fund International Financial Statistics Online. (http://www.imf.org/)

〈그림 9〉 유럽연합 회원국들의 실업률 (1994~2002)

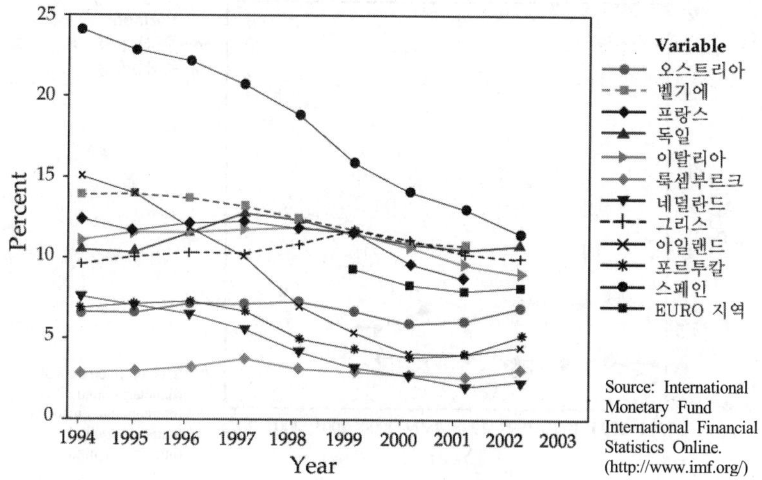

〈그림 10〉 비유럽연합 국가들의 실업률(1994~2003)

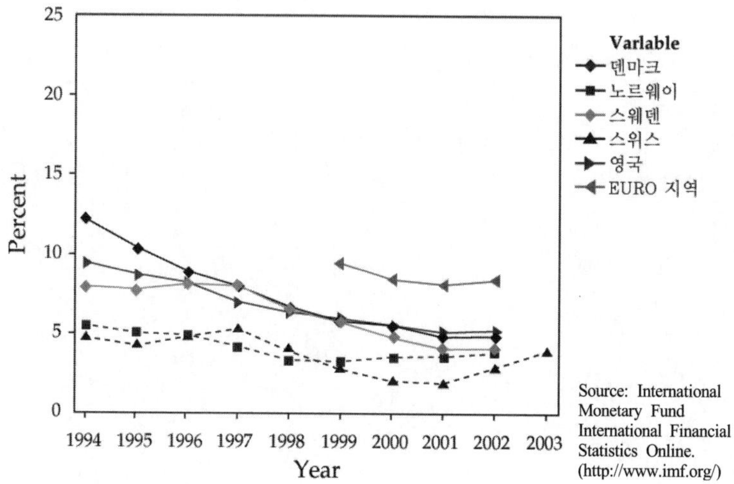

〈그림 11〉 중국과 홍콩의 실업률(1994~2002)

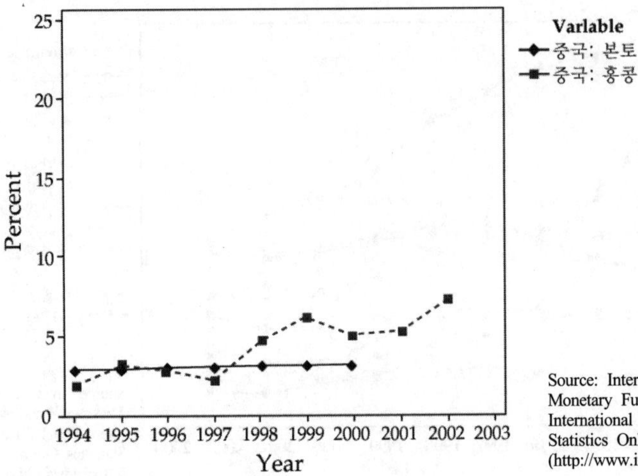

Source: International Monetary Fund International Financial Statistics Online. (http://www.imf.org/)

|참고문헌|

Alesina, A., and R. Barro. 2002. "Currency Unions." *The Quarterly Journal of Economics,* May, 409-436.

______, R. Barro, and S. Tenreyro. 2002. "Optimal Currency Areas." Harvard University, mimeo.

Allen, F., and D. Gale. 2000. *Comparing Financial Systems.* The MIT Press.

Akerlof, G., et al. 1991. "East Germany in from the Cold: The Economic Aftermath of Currency Union." Brookings Papers on Economic Activity 1.

Bank of Korea. 2005. *Northeast Asian Economic Cooperation and the Korean Economy.* Seoul.

Broughton, J.M. 1991. "The CFA Franc Zone: Currency Union and Monetary Standard." IMF Staff Working Paper 91/133.

CARGILL, T.F., and S. Royama. 1988. *The Transition of Finance in Japan and the United States.* Hoover Institution Press, Stanford University.

CORDEN, W. M. 1972. "Monetary Integration." *Essays in International Finance* No.93. Princeton: Princeton University Press.

Demirguc-Kunt, A., and R. LEVINE. 2001. *Financial Structure and Economic Growth.* The MIT Press.

EICHENGREEN, B. 1998. "Exchange Rate Stability and Financial Stability." In *Open Economies Review* 9:S1.

FELDSTEIN, M.1992. "The Case against EMU." *Economist* 13 June: 19-22.

______. 2000. "The European Central Bank and the Euro: The First Year." Remarks prepared for presentation at the annual meeting of the American Economic Association, January 8, 2000.

______. 1997. "EMU and International Conflict." (European Monetary Union) *Foreign Affairs,* November-December, Vol. 76, No. 6, pp.60-74.

FRANKEL, J., and A. ROSE. 2002. "An Estimate of the Effect of Common Currencies" on Trade and Income" *The Quarterly Journal of Economics,* May, pp.437-466.

FUKUDA, S., and K. HAMADA. 1987. "Towards Implementation of Desirable Rules of International Coordination and Intervention." Chapter 11 in Y. Suzuki & M. Okabe, eds. *Towards a World of Economic Stability.* Tokyo: University of Tokyo Press.

GARTZKE, E., Q. Li., and C. BOEHMER. 2001. "Inveswting in the Peace: Economic Interdependence and International Conflict." *International Organization,* Vol.55, 391-438.

GLICK, R., and A. ROSE. 2002. "Does a Currency Union Affect Trade? The Time-Series Evidence." *European Economic Review* 46, pp.1125-1151.

GOTO, J. 2002. "Economic Preconditions for Monetary Integration in East Asia." Kobe University, mimeo.

GOTO, J., and K. HAMADA. 2001. "Asia as an Optimal Currency Area?" Prepared for the International Conference on Trade and Monetary System in the Asia and Pacific Region, February 3-4, 2001, Kobe, Japan, mimeo.

______, and K. HAMADA. 1996. "Regional Economic Integration and Article XXIV of the GATT." Yale University Economic Growth Center Discussion Paper No.754.

HALE, G. 2003. "Bonds or Loans? The Effect of Macroeconomic Fundamentals." Cowles Foundation Discussion Paper, No. 1403, Yale University.

HAMADA, K. 1998. "The Choice of International Monetary Regimes in a Context of Repeated Games." *Open Economies Review* 9:S1, pp.417-445.

______. 1985. *The Political Economy of International Monetary Interdependence.* Cambridge: MIT Press.

______, and D. PORTEOUS. 1992. "L'integration Monetaire en Perspective Historique." (Monetary Integration in Historical Perspective) In *Revue d'economie financiere,* No. 22, Antomne.

HAMADA, K. 2004. "A Calculus of Participation Approach to Monetary Integration in Asia." Paper presented at the Seoul Conference of Korea

Money and Finance Association.

JONAS, E., I. Fritsche, and J. GREENBERG. 2005. "Currencies as Cultural Symbols An Existential Psychological Perspective on Reactions of Germans Toward the Euro." *Journal of Economic Psychology* 26, pp.129-146.

KIM, Tae-Joon, Jai-Won RYOU, and S. TAKAGI. 2003. "Regional Monetary Integration in the Presence of Two Large Countries: What Modality Makes Sense for East Asia?" mimeo.

MANSFIELD, E., and B. POLLINS. 2001. "The Study of Interdependence and Conflict: Recent Advances, Open Questions, and Directions for Future Research." *The Journal of Conflict Resolution,* Vol. 45, No. 6, 834-859.

McKINNON, R. 1963. "Optimum Currency Areas." *American Economic Review* 53:712-724.

MUNDELL, R. A. 1968. *International Economics.* New York: Macmillan.

NIELSEN, A. 1933. "Monetary Union." *Encyclopedia of Social Science,* Vol.10. New York: MacMillan.

ONEAL, J. R., and B.M. RUSSETT. 1997. "The Classical Liberals Were Right: Democracy, Interdependence, an d Conflict, 1950-1985." *International Studies Quarterly,* Vol. 41, No.2, (June).

PUTNAM, R. 1988. "Diplomacy and Domestic Politics: The Logic of Two-Level Games." *International Organization Summary,* Vol. 42, No. 3, pp.427-460.

ROSE, A., an d E. ENGEL. 2002. "Currency Unions an d International Integration." *Journal of Money, Credit, and Banking,* Vol. 34, No. 4, 1067-1087.

RYOU, JAI-WON. 2003. "Transaction Costs and Welfare Effects of Currency Unions."

RYOU, Jay-Won, K. HAMADA, and Seung-Cheol JEON. 2004. "The Asian Bond Market: Issues and Tasks for Financial Cooperation in Northeast Asia." Chapter 2 (pp.21-63) in Bank of Korea (2004).

TAKAGI, S. 2002. "Fostering Capital Markets in a Bank-based Financial System: A Review of Major Conceptual Issues." *Asian Development Review* 19 (1), pp.67-97.

러시아와 동북아시아 국가들: 다자간의 혜택을 가져올 수 있는 금융 분야에서의 협력

가레긴 토스니안(Garegin TOSUNYAN)
|러시아은행연합회 회장

I. 러시아와 동북아시아 국가들 간 관계 발전의 중요성

러시아는 지경학적, 지정학적으로 유럽과 아시아의 양 대륙에 걸치고 있다. 따라서 서유럽과 중앙아시아, 그리고 아시아 태평양 북부 간의 지정 전략적 삼각형(geo-strategic triangle) 안에 위치하고 있는 셈이다.

러시아는 1998년 이래로 APEC의 회원국이었다. 이 단체에 가입함으로써, 러시아는 국제 경제 영역의 분야에서 그 역할을 더욱 증진시키고 있다. 특히 교역의 양을 늘리고, 러시아의 극동 및 시베리아 지역으로 그 경제 활동의 방향을 확장시킴으로써 빠르게 성장했다.

현재 APEC은 20개국으로 이루어져 있으며, 이 지역의 인구는 25억이 넘고, APEC 국가들의 총 생산량은 200억 달러에 이른다. 전세계 교역의 반 정도가 이들 국가들 간에 이루어지고 있으며, 러시아는 13개국과 교역 관계를 맺어 최혜국 조치를 담고 있는 상호 조약을 실현하고 있다. 러시아는 상호 지원과 투자액의 보호를 위해 미국, 캐나다, 중국, 그리고 한국과 정부간 협정을 체결하였다.

이들 국가가 러시아 경제에 대해 투자한 금액은 전체 해외 투자 규모의 25퍼센트 정도에 달하고, 외국인 직접 투자까지 포함하면 40퍼센트에 달한다.

이들 APEC 회원국들 중, 러시아가 더욱 중요하게 생각하고 미래에 그 관계가 더욱 발전할 것으로 보는 나라들이 바로 한국, 일본 그리고 중국이다. 아시아 태평양 지역에서, 동아시아 공동 시장을 형성하는 문제는 이미 결정되었다. 현재, 통합 과정은 동북아시아의 이들 국가들에서 더욱 더 밀도 있게 진행되고 있다.

공동 시장을 건설하는 문제에 있어서는 러시아가 그 초기 단계부터 매우 적극적으로 참여하는 것이 바람직하다고 생각한다. 러시아의 극동지역을 발전시키는 문제는 동북아시아 국가들과의 밀접한 교류 없이는 가까운 시일 내에 해결되지 못한다. 미래에, 러시아 경제의 동서부지역과 서부 유럽 및 동북아시아와의 밀접한 교류를 통해, 러시아는 서부 유럽 및 동부 아시아를 연결하는 중요한 고리가 될 것이다.

II. 러시아와 동북아시아 국가들 간 협력의 경제적 토대

1. 러시아와 한국 간의 경제관계

교역 협력

지난 4년간, 러시아와 한국 간의 상호 교역의 양은 두 배 이상으로 증가했다. 2004년에는 2003년도에 비해 교역의 양이 38퍼센트나 증가하여, 58억 달러를 기록했다. 한국과의 해외 무역 협력은 극동 아시아와 시베리아 지역에서 더욱 효율적으로 발전하고 있다.

2003년에, 캄차카 지역의 해외교역 거래액의 총 비중 중 한국이 차지하는 비중은 45퍼센트, 사할린의 경우는 29퍼센트, 프리모리 (Primorie)의 경우는 25퍼센트, 하바로프스크는 6퍼센트였다. 지역에 따라서 다르지만, 교역의 연간 증가분은 25퍼센트에서 40퍼센트에 이른다.

투자 협력

러시아의 한국에 대한 해외 채무의 문제가 해결되고 나서, 이 두 나라 간의 협력은 눈에 띌 만큼 효율적으로 변해갔다. 전통적인 교역에서, 더 높은 수준의 협력으로 — 예를 들어, 합작 벤처 창출, 투자 사업의 실행 그리고 무엇보다도 첨단 기술에서의 협력의 분야 등 — 전환되는 데 필요한 선행조건이 미리 갖추어져 있었기 때문이다.

현재는, 한국의 러시아에 대한 총 투자는 그리 많지 않은 수준이어서 약 5억 달러 정도에 그치고 있다. 러시아에는 현재 300여 개의 러시아와 한국의 기업들이 활동을 하고 있다.

투자의 주된 부분은 프리모리지역과 하바로프스크 지역으로 결집되어 있는데, 여기는 경공업, 농업, 임업, 교역, 통신서비스, 호텔 사업, 연예 사업 등과 같이 더욱더 성공적인 사업들이 구축되어 있는 곳이다.

2. 러시아와 일본 간의 경제관계

교역 협력

2004년에 러시아의 대외 교역 회전율은 34.6퍼센트 가량 증가하여, 흑자는 1,060억 달러에 이른다.

러시아와 일본 간 교역의 동력에 있어서, 2004년에는 뚜렷한 상승(48.4퍼센트 정도)이 보였다. 동시에, 일본 관세청에서 기록한 88억 달러라는 기록적 수치는 러시아의 총 무역 거래액의 3퍼센트 정도에 달하고, 일본의 해외 교역 거래액의 1퍼센트 정도에 달한다. 2004년에 러시아는 일본 총 수출의 0.6퍼센트를 차지하였고, 수입에서 일본이 차지하는 비율은 1.4%였다. 러시아의 해외 교역에 있어서의 일본의 점유율은 작년에 2.3퍼센트에서 3.5퍼센트 사이에 이른 것으로 나타났다. 이 수치들은, 이 두 나라 사이의 교역의 잠재적 성장 가능성이 높다는 것을 보여준다.

러시아와 일본 사이의 교역 거래액의 연간 증가가 얼마나 가능한지에 대해서 측정해 보면, 가까운 장래에 35퍼센트에서 40퍼센트에 이를 것이고, 이는 총 30억 달러에서 50억 달러 정도에 달할 것이다.

투자 협력

과거 6년 동안 러시아 경제는 안정적인 성장을 달성했는데, 이는 투자 활동과 관련이 있었다. 2004년에 고정 자본에 대한 투자는 10.9퍼센트 정도로 증가했고, 이는 94억 달러의 외국인 직접 투자 유입의 증가가 있었기 때문이다.

앞에서 언급한 외국인 투자가들의 활동이 증가한 것과는 달리, 1998년에서 2004년 사이에 러시아 경제에 대해 일본 투자가들의 투자 유입의 증가는 매우 불안정했고, 일본의 투자 잠재력과 양국간 무역의 가능성을 충분히 활용하지도 못했다. 즉, 러시아 통계청의 통계에 따르면, 1998년과 2002년 사이에 일본의 러시아 국가연합에 대한 외국인 직접 투자의 연간 총액은 1억 달러에서부터 2억 6천만 달러에 이르기까지 매우 다양하다. 2003년에 이 수치의 상당한 증가가 이루어져, 2002년과 비교했을 때, 3.2배에 달했고, 8억 2,800만 달러를 기록했다. 이는 외국인 직접투자(FDI)유입 총 수치의 12퍼센트가 넘는 양이다. 그러나, 전문가들의 추산에 따르면, 이는 생산 점유율에 관한 협정의 특징에 의한 사업과 관련 있는 투자의 통계적 기록의 특이성과 연관 있는 것이라고 한다. 2004년에, 일본의 러시아에 대한 외국인 직접투자는 눈에 띌 정도로 급격하게 줄어들어, 5,390만 달러를 기록했다. 동시에, 2004년 12월 말까지 러시아에 축적된 일본의 외국인 직접투자의 할당량은, 0.4 퍼센트에 그쳐, 약 3억 3천만 달러에 이르렀다. 기금의 60퍼센트 이상이 러시아의 연료 산업에 투자되었다.

세계은행 자산의 약 40퍼센트가 일본의 몫으로 할당되었다. 일본의 직접 투자는 600억 달러에 이르렀다. 그러나, 러시아에 대한 투자국 명단에서 일본은 미국, 유럽의 여러 나라들, 그리고 라틴 아메리카와 아시아의 각국보다 뒷부분에 있었다.

일본은 러시아의 경제에서 그 투자의 위치를 눈에 띌 만큼 강화시킬 수 있었다(일본의 통계에 따르면, 2002년에서 2004년 사이에, 일본에 의한 외국인 총 직접투자의 수출량에서 러시아에 투자된 몫은 기본적인 수준 이상을 넘지는 못했다).

3. 러시아와 중국 간의 경제관계

교역 협력

최근 중국과 러시아의 교역은 급속도로 증가하고 있다. 2004년에, 러시아의 통계청에 따르면, 양국간 교역은 148억 5천만 달러에 이르렀고(전문가들의 추산에 따르면, 모든 불법적인 거래를 포함하여 200억 달러 이상이 될 것이라고 한다), 2003년에는 115억 7천만 달러를 기록했다. 현재로서는 러시아가 중국의 여덟 번째로 큰 교역 상대국이다. 교역의 양을 기준으로 하여 보면, 중국은 러시아의 교역 상대국 중, 유럽연합, 벨로루시, 그리고 우크라이나에 이어 네 번째로 큰 교역 상대국이다.

중국과 러시아의 국경 간 무역 또한 계속해서 발달하고 있다. 2003년에, 중국과 러시아의 국경 간 무역은 35억 달러를 기록했는데, 이는 양국간 무역의 22퍼센트에 달한다. 2004년에는 국경 간 무역의 양이 45억 달러에 이른다고 평가되고 있다.

1999년부터 러시아와 중국 간의 양국간 교역량의 연간 증가량은 24퍼센트에 달했으며, 계산에 따르면 이런 교역의 성장 추세가 지속되면 2010년까지 교역은 800억 달러에 이를 것으로 추산된다.

투자 협력

2004년 8월 말까지, 5억 8,200만 달러로 계약된 549개의 중국 투자 사업이 러시아에 등록되었다. 2003년에 중국의 러시아 경제에 대한 투자액은 3억 3,900만 달러로 2002년에 비해 9퍼센트 증가한 것이었다. 러시아에 대한 중국 투자는 주로, 무역, 소형 가전, 의류 생산, 가전제품 연결, 요식업, 목재 가공, 농업과 같은 분야에 이루어졌다.

2004년 8월 말경에는 러시아 자본이 참여하고 있는 1,644개의 사업체(중국에 운영하고 있는 외국인 투자를 하고 있는 총 사업체 수의 0.5퍼센트)가 중국에 등록했다. 실제로 중국 개발을 목표로 두고 있는 러시아 투자 사업은 4억 1,400만 달러에 이르렀는데, 이는 중국이 효율적으로 발전시켜 유입 하려고 하고 있는 외국인 투자의 0.08퍼센트에 해당하는 것이었다. 중국에 대한 러시아의 투자는 주로 핵에너지를 개발하고, 자동차와 농업 기계를 조립하는 것, 화학, 산업 시설의 구축, 의류 산업 등에 맞추어져 있다.

2004년의 1월부터 8월까지, 중국은 러시아로부터 총 비용 1,530만 달러에 해당하는 비용으로 25가지의 기술을 차입했는데, 이는 주로 핵에너지, 항공우주, 전기와 기타 분야와 관련된 것이었다. 2003년에 러시아는 중국에 2,400만 달러에 해당하는 총액으로 39가지의 기술을 넘겨주었다.

중국은 선양에 러시아 과학기술센터를 구축하는 데 1억 2천만 달러 이상을 투자할 계획이다. 항공우주, 생명공학기술, 신소재, 레이저 기술 등에 관한 러시아의 첨단 기술은, 러시아 과학아카데미의 시베리아 부서와 톰스크 폴리테크 대학의 참여로 만들어질 과학기술 공원을 통해 도입될 예정이다.

지금 개발되고 있거나, 개발될 것으로 계획되고 있는 연료, 에너지, 교통과 관련된 러시아 및 중국 사업의 총 액은 몇 백억 달러에 이를 것으로 추산된다.

III. 러시아 은행 체제의 현대적 상황과 개발 동학

이전 3년간의 기간과 마찬가지로, 2004년에도 러시아의 은행들은 높은 수준의 성장률을 보였으나 경제 전체의 성장 속도 그 자체에는 한참 뒤져 있었다.

지난 몇 년간의 은행 체제의 기본을 바꾸는 동학은 은행 시스템의 개발 흐름을 강화시키는 것을 보여준다. 2001년부터 2004년의 기간 동안의 러시아 은행 체제의 자산은 3배 이상으로 증가했고, 자본은 3.3배, 신용은 4.4배 증가했으며, 외부 투자와 적립금(deposit)의 총액은 4배 증가했다. 채무자와 투자자들은 은행에 대한 신뢰를 발전시켜갔고, 이는 러시아의 은행 시스템 운영의 가장 중요한 요소들 중 하나가 되었다.

2004년의 전반기에는, 금융 체계 성장이 조금 느려졌다. 그러나, 2004년 9월에 이미, 다소 불안정하던 여름을 보내고 난 이후에 정상적인 운영방식을 회복한 것을 알 수 있는데, 이를 통해서 은행 체제가 불안정하게 하는 영향력에 대항하는 안정성, 견고함 등과 같은 주요한 요인들을 축적해 왔다는 것을 알 수 있었다. 투자, 적립, 대출 등의 증가 비율을 보면, 2004년은 매우 유리한 환경이었던 2003년의 수준을 보였던 것으로 나타난다. 당시, 은행에 의한 대출의 양은 45.3퍼센트 가량 증가하였고, 외부 투자와 적립은 37.9퍼센트로 증가하였다.

IV. 러시아은행과 동북아시아 주요 국가들 간 교류의 근대적 상황

잘 알려진 바와 같이, 여러 다른 나라들의 주요 은행들 간의 교역은 해외 경제, 즉 해외 무역 분야에서의 상호 작용의 결과이다. 최근의 러시아와 다른 동북아시아 국가들 간의 교역 및 투자 협력의 팽창은 러시아은행과 관련된 국가들 사이에 직접적인 사업 관계를 구축시키는 과정을 가속화시키는 역할을 했다. 러시아 및 동북아시아 국가들의 20여 개가 넘는 은행들이 상호 협력 조약을 체결하여 이를 기반으로 하여 적극적인 교류 활동에 나서고 있다.

러시아에서는 100퍼센트 외국인 자본으로 운영되는 2개의 은행이 있다. 이는 모스크바에 있는 일본의 미치노쿠 은행인데, 총 자산 기준으로 2005년 1월 1일 현재 러시아의 총 1,238개 은행 중에서 231위를 차지하고 있다. 그리고 다른 하나는 엘로스에 위치한 중국 은행이며, 자산 기준으로 370위를 기록하고 있다.

1. 러시아와 한국 은행들 간의 협력

2003년에 러시아의 보네쉬토그 은행(Vneshtorgbank)과 한국의 수출입은행은 협약을 채결했는데, 이는 수출입은행에 의한 2년 짜리 리볼빙 채권을 발행하는 것으로 이를 통해서 한국의 물건을 수입하여 러시아에 파는 러시아 기업들의 재정을 돕는 것이었고, 총 3천만 달러의 규모에 달하는 것이었다. 이 대출 가치 중 일부는 러시아 사업체가 한국의 시설을 구입하는 데에 대한 비용을 충당하는 것을 목표로 하고 있다. 2004년 9월에, 이 은행들은 총액 5천만 달러에 이르는 채권 조약에 사인하여, 러시아에 대한 한국의 물품과 서비스의 공급에 대한 지불금액을 충당하는 데 사용했다.

2004년 9월에, 러시아 저축은행(Sberban k of Russia)과 한국의 수출입은행은, 5천만 달러에 이르는 수출 채권에 대한 협약을 체결했다. 이 협약은 장기간의 것이었으며, 2년에서 10년에 이르는 기간 동안 채권을 제공하는 것을 목표로 하고 있다. 이 채권이 만기될 때까지 정유 시설을 개발하고 가스 송유관을 개발하는 한편, 철도를 건설하는데 필요한 비용이 충분히 충당될 수 있을 것이다.

2. 러시아와 일본은행들 간의 협력

러시아와 일본의 협력에 있어서 경제적 이익의 주된 지역은 모스크바, 상트페테르부르크, 극동 러시아, 시베리아, 우랄 지역 등이다. 전력, 교통, 가공 산업을 포함하는 상당한 숫자의 합작 사업이 여기에서 진행 중 이다.

이들 국가들의 은행 간의 관계가 발전하는 것, 즉 합작사업에 대한 여신을 확장시키는 것은 러시아와 일본에 있어서 가장 절대적인 우선순위였다.

일본 국제협력 은행이 2002년에 브네쉬토그은행(Vneshtorgbank)에 국가의 보증이 없이도 신용공여를 제공함으로써, 그 효율성이 증명되었다. 2003년에 이미 비슷한 형태의 국가 보증이 없는 신용공여가 개인 상업은행-국제 모스크바은행에 제공되었다.

2004년 10월에, 브네쉬토그은행은 일본국제협력은행과, 일본 수입에 대한 자금을 공급하는 협약을 체결하였다. 이 협약을 준수하기 위해서, 일본 국제협력은행은 동경 미쓰비시은행과 합작으로 브네쉬토그은행에 대해서 채권을 부여하였다. 자금제공은 일본의 수출 보험회사인 NEXI의 보증을 기반으로 하여 이루어졌다.

2004년 11월에, 러시아 저축은행과 일본국제협력은행은 7,000만 달러의 금액에 달하는 채권협약을 체결했다. 이는 러시아 저축은행 고객의 중장기 대출의 가능성을 그리는 것이었는데, 일본에서 러시아에 대하여 제품과 서비스를 제공하는 것이다. 이는 일본국제협력은행 및 여러 개의 일본 내 상업은행들의 대출 능력을 활용하기 때문에 가능했다.

2005년 2월에 "러시아에서의 은행 및 금융기관, 투자 및 구축 활동"에 대한 양자간 회담이 도쿄에서 열렸다. 이는 러시아은행연합과 일본 기업가연맹의 러일사업협동위원회에 의해 조직된 것이었다. 러시아의 투자 및 금융시장의 특징과 러시아의 부동산 시장의 발전에 대한 투자의 가능성이 이 회담에서 논의되었다.

러시아의 유럽신탁은행(European TrustBank)은 자동차 및 주택담보 대출을 제공하는 것에 대해서 미치노구(Michinoku)은행과 협력하기로 했다. 러시아 은행에 의해 제공되는 이들 대출보증을 위해 재무계획 및 러시아 은행의 일본은행의 대차대조표 열람권이 개발되었다. 2005년 초에, 일본 미치노쿠은행(Michin oku Bank)의 자회사가 500만 달러에 자동차 채권을 유로신용은행으로부터 구입하였다. 이와 비슷한 거래가, 장기의 자원을 확보하지 못하고 있는 러시아 은행과 러시아 시장에서의 입지를 확대하려는 목표를 가진 일본은행 모두에게 매우 유리할 것이다.

3. 러시아와 중국 은행들 간의 협력

최근에, 러시아와 중국 사이의 경제적 관계는 매우 효율적으로 발달하였다. 이들 간의 경제관계를 뒷받침하기 위해, 러시아의 브네쉬콤은행, 브네쉬토그은행, 그리고 러시아 저축은행은 2001년에 중국은행들과 협력을 위한 체결을 맺었다.

2002년 8월 22일에 러시아 은행과 중국의 인민은행은, 양 은행 간의 정보 교환 및 양국간 국경선 부근에서의 교역에 대하여 체결을 맺었다.

2003년 이래로, 러시아와 중국의 국가 화폐를 이용하여 추진되는 국경선간 교역에 관한 실험이 중국의 아무르 지역과 카알룬티지안(Khayluntsyan) 부근에서 진행되었다. 2003년에 이 실험을 프리모스크와 하바로프스크 지역의 국경선 지역에서 이 실험을 확장할 것이 결정되었다. 러시아저축은행(sberbank)은 여기에서 매우 적극적인 역할을 감당했다. 2004년에, 러시아와 카알룬티지안 간의 교역은 2003년에 비해 45퍼센트 정도 상승했고, 30억 달러에 이르렀다.

2004년에 브네쉬콤은행, 러시아 수출입은행과 중국수출보증기금(Sinosure)의 중국국가개발은행이 협력 조약을 체결했다. 이 문서는 러시아 수출입은행과 중국수출보증기금의 지원으로 브네쉬콤은행과 중국국가개발은행이 제3국에서 추진하는 중-러 합작 사업들에 대한 자금제공 계획을 구체화하고 있다.

산업 생산의 수출에 대한 지원과 금융기관들의 효율적 협력이 구체화되었다. 이보다 더 일찍, 러시아와 프랑스의 AFB export, 독일중앙은행(State bank of Germany), 미국 수출입은행, 이탈리아 수출보험공사(SACE)와 해외기업공사(Simest), 그리고 멕시코의 방코멕스(Bankomext)들 간에 비슷한 협정이 완결되었다.

러시아 푸틴 대통령의 중국 공식방문 중에 러시아중앙은행과 중국은행 간에 정보를 교환하는 협정이 체결되었다. 이는 불법적으로 획득된 자금을 합법화하는 것을 막는 정보를 교환하고, 테러리즘에 대한 대출과 자금유출, 그리고 외환통제의 영역에서의 국가 간 협력을 구체화하고 있다.

한편, 중국이 2001년에 세계무역기구에 가입할 때 구축한 경험에 대한 정보는 러시아에게 매우 소중한 자산이 될 것이다.

러시아의 대중매체에 따르면, 금융시장에서의 장벽들이 빠르게 없어져 가고 있는 추세하에서, 중국의 규제관리들은 외국 투자의 확대를 중국의 미개발지역에만 한정하도록 허락하고, 거대 은행에서의 매입은 제한하고 있다고 한다.

WTO가 이 모든 제한을 취소하기를 요청하기 이전에, 북경은 보호주의적인 조처의 도움을 받아 중국 금융기관들의 힘을 증가시키기를 원했다. 이 제한조처는 지역에 따라 매우 다양화되어 있는데 외국인 투자가들을 위한 가장 호의적인 조건이 중국의 서부 지역의, 가장 개발이 덜 되어 있는 지역에 마련될 것으로 보인다. 동시에 외국인 은행가들은 한 번에 두 개 이상의 은행에 대해서는 투자를 할 수 없게 되어 있다.

4. 국가 간 금융 공동체의 관계를 강화시키기: 러시아은행연합과 전국 국민 금융 연합 간의 상호 작용

2001년 이래로, 러시아은행연합은 전국국민금융연합과 매우 밀접하게 협력해왔다. 2001년 11월에 러시아와 중국 양국의 금융기관들의 협력을 강화하고 교류를 증진시키기 위한 목적으로 조직된 뱅킹 포럼(Banking

Forum)이 개최되었다. 그 이후로, 중국의 인민은행과 은행 간 협력에 관한 러시아 및 중국 하부위원회 및 정부 수반들 간의 정기 회담을 준비하는 위원회의 지원으로 이 회담은 정기적으로 개최되고 있다.

2003년에 러시아은행연맹과 전국국민연합 간에 협약이 체결되었다. 양측은 금융 및 은행 문제에 대해서 과학적이고 실질적인 회담이 개최될 경우 양국간의 은행 시스템, 금융분야에서의 정부정책, 그리고 외환 규제에 대한 각종 정보를 공유할 수 있도록 협력하기로 했다. 또한 이들은 러시아와 중국 양국의 금융기관에 대해서 조직적이며 상호호혜적인 도움을 위한 정보를 제공하기로 했다.

2003년 11월 27일에서 28일 양일간, 러시아 및 중국 간의 두 번째 포럼이 개최되었다. 러시아와 중국 간의 경제 및 사업 협력의 현재와 앞으로의 전망에 대한 사안들이 이 포럼에서 다루어졌고, 이 사안들에는 상업은행들 간의 협력도 포함되었다.

참석자들에 따르면, 러시아와 중국 간의 제1회, 2회 뱅킹 포럼은 양국간 대화에 참석하는, 금융 및 은행 분야에서의 긍정적이고 동적인 발전에 관심이 있는 모든 참석자들의 노력을 공고화시키는 과정에서 아주 의미있는 지표가 되었다고 한다.

러시아은행연합과 전국국민연합의 주최로 기획된 제3회 러중 뱅킹 포럼이 2005년 4월 16일과 17일 양일에 걸쳐 계획되었다. 이는 정보 교환과 분석적 발달을 보다 효율적으로 만드는데 협력하는 것과 양국의 은행들, 주식 및 외환시장 그리고 보험회사들 간의 보다 밀접한 관계를 구축하는 것을 목적으로 하고 있다. 또한 금융 및 은행 분야에서의 양국간 관계의 발전이 매우 중요한 사안으로 다루어지고 있다.

V. 러시아와 동북아시아 국가들 간의 경제 및 금융 협력의 발전 전망

2002년에 러시아의 푸틴 대통령은 "러시아의 APEC 참여에 대한 개념"을 허용했다. 이 개념은 러시아가 유럽에서 이룩한 수준과 비슷한 정도로 APEC국가들 간의 정치 및 경제 협력의 수준을 증가시키겠다는 전략적 목표를 가지고 있다.

아시아 태평양 지역의 발전의 구체적인 추세를 고려해 보면(현재 전세계 GDP와 수출의 전세계 생산의 60퍼센트 정도가 APEC의 몫으로 추정되고 있으며 전체 GDP와 APEC수출의 1/3 이상이 동북아시아 지역에서 창출되는 것으로 알려져 있다. 동북아시아 국가들은 APEC의 일반적인 다른 지역들보다도 더 빠른 경제성장을 달성하고 있다), 우리는 동북아시아 국가들이 러시아의 사업체와 자본가들에게 있어 가장 특징적인 우선순위가 되어야 한다고 말할 수 있다. 중국, 일본 그리고 한국 간의 상호 연관성이 점차로 커짐에 따라서 더욱더 배가되어가고 있는 동북아시아의 경제 및 금융 잠재력은 현재 러시아 사업체들이 많이 활용하고 있지는 않지만, 앞으로 더욱더 광범위하고 효율적으로 활용될 수 있을 것으로 보인다.

동북아시아에 있는 러시아 기업들에게 더욱더 매력적인 협력의 3 단계는 다음과 같다.

1. 경제 및 금융 사업에 대한 다자간 협력
2. 러시아 사업체들이 활용할 수 있는 중국, 일본 그리고 한국의 잠재력과 정보통신기술 및 신지식 경제하에서의 급속한 발전 현상
3. 러시아가 동북아시아 각각의 국가들과 맺어야 할 양자적 관계

한편, 러시아의 사회 및 경제발전이 중장기적으로 계속되려면 러시아는 연간 약 200억 달러에서 220억 달러에 이르는 외국인 직접투자자본이 필요하다. 무디스(2003년 10월), 피치(2004년 11월)등과 같은 기업들이 주요 투자 등급을 할당함에 따라 더욱 커진 러시아의 투자유인 상황을 고려해

보면, 이러한 틈새시장은 1조 달러 이상의 잠재력을 보유하고 있는 전세계 투자 공급의 유입에 의해서 쉽게 메워질 것이다. 동북아시아 국가들이 러시아에 대한 투자를 증가시키는 것도 하나의 중요한 가능성이라고 할 수 있다.

VI. 러시아 은행과 동북아시아 간의 협력 증가 방향

해외 경제 협력을 질적으로 새로운 수준으로 상승시키기 위해서, 이들 국가들의 은행 구조는 경제관계를 증진시키고 중앙은행과 상업은행 사이의 협력을 확대하기 위한 적극적인 노력을 기울여야만 한다. 이를 위해서는 대출 및 금융 서비스의 발달, 해외 경제관계의 서로 다른 영역에서의 협력, 거대 은행뿐만 아니라 중소 수준의 은행 간의 효율적 교류 등이 모두 요구된다.

1) 러시아와 동북아시아 국가들 간의 교역 및 경제관계가 발달하면서 나타나는 문제 중 하나는, 미국 은행을 통해서 계산을 해야할 필요성인데, 대부분의 은행들이 서로간의 직접적인 연락체계를 확보하지 못하고 있기 때문이다. 하지만 현재, 상황은 점차로 개선되고 있다. 러시아 극동 지역 은행들이 결과적으로 아시아 태평양 지역에서의 국제관계를 확대하고 있으며, 해외 은행에서의 그들 통신원 간의 네트워크를 증진시키고 있다.

   직접적 접촉관계를 확보하는 것은 러시아와 동북아시아의 국가 간 경제관계가 더욱 많이 발생함에 따라 나타나는 자연스러운 현상이다. 계산과정에서 미국은행을 배제하고 직접적으로 거래가 이루어지면 고객의 시간을 줄이고 거래비용을 단축시킬 수 있다.

2) 연락체계 관계를 확보하는 것은 대개 관련 국가들의 수출입자들 간

의 교역 금융에 대한 대출 시설을 부여하고, 신용장을 상호 승인하는 한편, 은행 보증을 제공하고, 국제 계산의 과정에서 용인되는 다른 금융 도구들을 광범위하게 사용하는 것에 따라 수반되는 협력을 더욱더 넓히는 한 가지 방법일 수 있다. 은행 간 컨소시엄을 구성하여, 러시아의 에너지가 동북아시아로 운반될 수 있도록 하는 사업에 자금을 대려고 하는 계획이 추진되었다.

2003년 11월에 베이징에서 개최된 제 2회 러-중 뱅킹 포럼에서, 그 참가자들은 양국의 은행 간에 가능한 협력의 폭을 넓히는 방향과 관련하여 다음의 제안들을 했는데, 이는 러시아 및 동북아시아 국가들의 은행 간 관계를 발전시키는 데 매우 유용하다.

- 신용장 거래를 확대시키고, 신용장과 보증인을 확증하기 위한 상호 신용시설을 구축함.
- 러시아의 일류 은행들을 위한 중국은행의 신용시설을 확보한다. 이는 중국에 대한 러시아의 수출에 대한 자금을 공급하기 위해서이다.
- 국경 무역의 서비스와 관련한 협력-일반적으로 국제 관행과 거래에서 사용되는 수표와 신용카드와 같은 도구들을 도입하고, 상호 계좌를 구축하여 러시아 루블화와 중국의 위안화로 되는 거래를 활성화시킨다.

은행 간 협력의 발전은 사업체들의 금융 서비스 이용가능성을 더욱 증가시켜서, 많은 사업체들의 법적 거래를 가능하게 한다. 러시아의 은행들과 동북아시아 국가들은 지불 결제 기술을 창출하고 결제 수단과 수출 신용의 보증의 수준을 국제 기준에 맞게 발전시키는 데 더욱 큰 노력을 기울여야 할 것이다.

3) 최근, 부동산 시장은 러시아에서 가장 수익이 높은 시장이 되어가고 있다. 주택과 상업 용지의 가격은 대도시에서는 1년에 40퍼센트 이

> 상씩 상승하고 있고, 러시아 전역에서는 평균 30퍼센트 정도 상승하고 있다. 전문가들은 이들 가격이 앞으로도 계속 상승할 것이라고 예측하고 있다. 이는 무엇보다도 계속되는 연간 경제성장에도 불구하고, 신규 건물들의 수량이 현재의 수요에 한참 못 미치기 때문이다. 이 사실은 부동산 분야에 대한 효율적인 투자를 위한 아주 주요한 조건이다.

전문가들의 추산에 따르면, 러시아 인구의 숙박 시설을 위한 총 수요는 15억 6,980만 평방미터에 이르고, 이는 자산 기준으로 6,000억 달러에 이른다. 새로운 숙박 시설 건설을 위한 수요는 약 5,000억 달러에 달한다.

가까운 미래에, 숙박시설 건설량은, 2004년의 4천만 평방미터에서 2010년의 7천 2백만 평방미터로 상승할 것으로 추정된다. 거의 두 배 이상의 성장에도 불구하고, 아직도 공급량은 수요에 한참 미치지 못한다. 따라서, 대출과 빌딩 복합 단지에 대한 자금 지원의 여러가지 다른 형태들, 또한 주택담보 대출과 같은 신용시설 등은 투자가와 자본가 모두에게 장기적으로 안정적인 소득원이 될 것이다. 은행들은, 주거용 건물 건설을 위해 주택 자금 대출의 양을 증가시키고 있는데, 그 양이 연간 평균 1.5배에서 2배 정도에 이른다.

부동산 시장에 대한 자금 지원을 성공적으로 개발해나가기 위해서는, 자본시장에서 투자 및 자금의 원천을 끌어들일 수 있는 믿을 만한 체계를 확보해 나가는 것이 필요하다.

현재, 러시아에서는, 주택담보 대출 지급에 대한 직접적인 참여와는 별도로, 여러가지 다른 형태의 주택담보 대출 형태가 있다.

- 주택담보 대출을 전문화하고 있는 러시아 은행들에 대한 적극적 신용 수단
- 투자가들에 대한 대출 상품 판매
- 주택담보 채권 발행의 가능성을 포함하여, 대출 자산의 확보

할당 투자의 형태는 금융시장에서 빠르게 개발되고 있는 분야이다. 러시아에서는 수십 개 이상의 할당 투자의 형태들이 이미 개발되었다. 그들 중에는 부동산 펀드가 급격하게 발달하고 있다. 외국인 투자가들의 참여는 위에서 언급된 모델들 중 어디에서라도 가능하다. 투자의 효율성과 안정성은 국가 등록의 형태를 통해서라기보다는, 대출 상품의 기준과 기본 하부구조의 발달 서로 다른 형태의 보험에 의해서 보증되고 있다.

전문가들은 앞에서 언급한 형태의 투자 형태가 개발되고 있는 동안에도 주택 채권에 대한 공급은 잠재적으로 2004년의 5억 달러에서 2010년의 300억 달러로 증가할 것으로 추산한다. 그러나, 주택 채권에 대한 수요는, 단지 40퍼센트 정도만 확보될 것으로 보인다.

따라서, 이 분야 개발의 전망이 매우 밝다. 러시아 은행들은, 동북아시아의 은행 대표나 사업가들을 포함한 외국인 투자가들이 이 분야에 보다 적극적으로 참가해주기를 기대하고 있다.

4) 추산에 따르면, 동북아시아의 사회 간접 시설을 개발하고 에너지 통합을 이루는데 연간 75억 달러의 비용이 든다고 한다. 투자액을 확보하기 위해서 동북아시아 개발은행의 창설이 현재 제안되고 있다. 그 창설자는 일본, 한국, 중국 러시아와 지리적으로는 동북아시아 국가가 아니지만 이 지역에 이해관계가 있는 여타 국가들의 정부와 거대 금융 기업들이 포함된다.

5) 이 은행은 아시아 개발은행에 관련된 부가적 기구로서, 동북아시아 사업에 주된 초점을 맞추는 것을 원칙으로 한다. 이 은행은 채권을 발행함으로써, 세계 금융시장의 장기적 자원을 유입하고 동북아시아의 하부 시설들, 무엇보다도 러시아의 교통 및 석유 가스 개발 사업 시설을 개발하는 장기적 채권을 부여하는 것을 목표로 한다.

6) 동북아시아의 정보통신기술 시장에는, 세계적으로 공인된 리더(일

본)와 일류 선진국가가 되기를 바라는 국가들이 공존하고 있다. 한국에서는 300억 달러의 자금이 정보통신기술을 발달시키기 위해서 할당되었다. 중국에서는 이러한 신지식 경제를 발달시키는 것, 즉 정보통신기술, 극소전기통신기술, 바이오기술, 레이저기술 등을 포함한 시장을 발달시키는 데, 최우선의 우선권을 두고 있다. 동북아의 모든 국가들에서는 지식 집약적인 중소 벤처들을 개발하는 데 커다란 관심이 기울여지고 있으며, 여기에는 러시아 개발 시설의 효율적인 사용이 포함된다. 이들 기업들을 재정적으로 지원하고, 이들이 처해 있는 위험에 대한 보험을 제공하며 동북아시아 시장에서의 생산을 증진시키는 것들이 이들 러시아 자본가들이 할 수 있는 잠재적 시장이다.

7) 2004년에, 러시아 시장에서 더 시장성이 높은 기업들의 점유율에 관한 동학(dynamics)은 그들이 역사적 과소평가의 인식이 증점유 가함에 따라 결정되고, 그리고 국가 참여와 함께 기업들의 점유율에 대한 투자유인성이 증가한다. 경화를 이용한 투기적 거래 행태의 수익성을 감소시키려는 목적으로, 주식 시장의 투기 분야를 감소시키고 러시아의 투자 등급을 할당한 그들의 회원에 대해서 반응으로, 러시아 기업 12개 우수 기업 중 9개 기업의 연간 점유율 증가를 기록한 것은 일반적이다.

앞서 언급된 회사들의 유동성 성장 평균이 26~28퍼센트에 달하는데, 이 과정은 모스에네르고(Mosenergo)(119.2 퍼센트 성장) 가즈프롬(Gazprom)(111.2퍼센트 성장) 러시아 저축은행(85.4퍼센트 성장)에 의해 주도되었다. 2004년의 주된 특이점은 전통적인 투자 선호가 바뀌었다는 것이다. 몇몇의 생산 업체들이, 투자 원천으로서 대출 금융시장을 주식 할당 시장에 비해서 더 선호했다. 2004년의 또 다른 눈에 띌 만한 사건은, 많은 거대 공동 주식회사들의 "투명성"이 성장했다는 것인데, 이들은 기업 행동의 국제 규범을 준수하는 방향으로 기업 운영 방식을 바꾸었다. 이와 같은 긍정적인 추세는 양적 성장의 전망이 긍정적이라는 것과 국내 및 외국의 잠재적 투자자들의 러시아 시장에서의 점유율을 높이고자 한다는 것을 예측하게 한다.

오늘날, 러시아의 외국과의 교역 구조에서 APEC국가들이 차지하는 비중은 15~17%정도에 이른다. 그러나 전문가들은 2025년경에는 이 비중이 25~30%정도로 증가할 것이라고 예측한다. 현재 러시아의 한국, 일본 그리고 중국에서의 공동 자금 거래액은 300억 달러에 이른다. 이들 국가와 러시아의 상호 교역 증가율은 1년에 25~40%에 이른다. 수십 억 달러에 이르는 투자 사업은 개발 및 실행 중에 있다.

경제 협력의 팽창은 러시아와 동북아시아 국가들의 경제의 미래 발달에 있어서 매우 중요하다.

러시아와 동북아시아 국가들의 금융 공동체 구성을 위한 공동의 목표는, 이들 국가들 간의 경제관계를 발전시키고, 은행들 간의 관계 및 공동 사업을 강화시킴으로써 이들 사회 복지를 증진시킬 것이다.

한국의 금융·자본허브 구축:
기회, 제약, 전망

최명주
|교보생명 사장

I. 한국의 동북아시아 자본허브 구상의 배경

동북아시아 경제가 세계경제에서 유례없는 중요성을 점하게 됨에 따라, 한국이 스스로의 역할을 장기적 관점에서 고려해 보는 것은 필수적인 과제라 할 수 있다. 현재, 한국은 60년대부터 고도성장을 주도해 왔던 제조업 경쟁력 쇠퇴에 대해 위기의식이 팽배해 있다. 신흥 공업국들이 빠르게 한국과의 기술격차를 좁힘에 따라, 한국은 서비스 산업, 특히 금융 부문에서 신 성장동력을 찾아야 한다고 볼 수 있다. 금융산업은 근본적으로 세계 경제의 통합과 금융산업 경쟁력 제고에 필요한 인프라스트럭처와 유관산업 발전의 결합에 따라 전체 경제에 긍정적 파급 효과가 매우 큰 산업이라 할 수 있다.

한국 금융산업 진흥의 의의는 현 세계 경제에서 가장 역동적인 동북아시아 경제의 맥락에서 보았을 때 결코 과장된 것이 아니다. 한국은 역내

〈그림 1〉 금융허브건설을 위한 로드맵

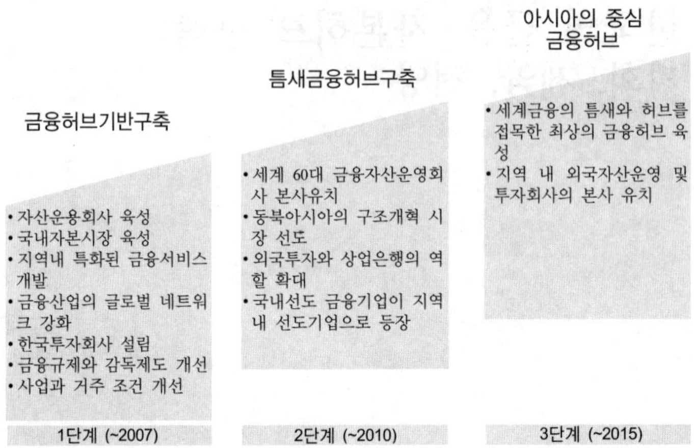

상당한 자본 수요를 고려하여 적극적 역할을 할 수 있는 국제적 자본허브를 구축하여야 한다. 자본시장의 세계화라는 광범위한 추세와 함께, 시대조류의 변화에 대한 한국의 대응은 금융산업을 강화하고 미래를 강화하는 방향이어야 하며, 세계적 경쟁의 영향을 최소화하기 위해 소극적 보호정책을 취해서는 안 된다.

이러한 관점에서 한국정부는 2003년 12월 11일, "동북아시아 금융허브 구상"을 발표 하였다. 이 구상의 본질은 금융산업에 투자를 집중하여 신산업 모델을 발전시킨다는 것인데, 특히 한국은 2010년까지 틈새 금융시장을 발전시키고, 2015년까지는 아시아 3대 금융허브를 구축하는 것을 목표로 설정하고 있다. 공표된 구상은 한국과 다른 금융허브 간의 격차를 줄이기 위한 개혁조치와 함께 금융허브로서 현 한국의 능력에 정확한 평가를 요구하는 것이다.

한국을 동북아시아의 금융허브로 발전시키기 위한 전략은 현재 세계경제의 21%를 차지하고 있으며, 2015년에는 30%를 차지할 전망인 동북아 역내 경제의 역동성이 주는 기회를 십분 활용함과 동시에, 세계 경제에서의 역할 증대를 위한 기초를 제공할 것이다. 또한, 이러한 구상의 함의는 세계화의 확산을 포함하는 것인 바, 97년 경제 위기가 국내 금융산업 발전에 중대한 계기가 되기는 하였으나 한국은 아직 전반적으로 뒤쳐져 있으며, 세계화의 추진력을 결여하고 있다.

한국 제조업의 약화와 이에 따른 대안적 산업 성장의 필요와 함께, 금융산업의 발전은 마케팅, 컨설팅, 시장조사, IT, 법률자문 사업 등 유관 서비스 산업의 발전을 가져올 것이다. 이러한 분야의 발전은 금융산업의 발전을 가속화할 뿐 아니라 다른 모든 산업 발전에 필수적이며 세계적 경쟁이라는 도전을 헤쳐나가는 데 보다 유리한 위치를 점하게 할 것이다. 허브전략을 통한 한국 금융시장의 개방과 세계화는 보다 효율적인 자원배분에 기여하고 다양한 경제 영역에 다중적 연계를 만들 뿐 아니라 미래 지속적 경제성장을 가능하게 해 준다.

II. 비전과 전략

그러나 단기간에 한국이 세계 금융의 중심지가 되리라 기대하는 것은 비현실적이다. 이러한 이유로 동북아 허브 구상은 동북아시아 지역에서 일어나고 있는 역동적 변화에 맞는 틈새시장의 공략을 목표로 하는 것이며, 이는 홍콩이나 싱가포르와 같은 기존의 금융중심지를 대체하기보다는 보완하는 것이다. 자산관리 등의 금융 서비스에 초점을 맞추는 한편, 틈새시장 공략과 세계시장의 요구 간에 균형을 맞추어 궁극적으로는 런던과 뉴욕의 수준에 도달하는 것을 목표하고 있다.

본 구상은 한국 산업구조 개편을 위한 세밀하고 실용적인 책임을 강조하는 3단계의 발전을 목표로 하고 있는 바, 2007년, 2010년, 2015년을 각각의 목표시점으로 잡고 있다. 2007년을 종료시점으로 하는 첫 단계는 국제적 금융중심지로서의 핵심 요구조건 충족을 위한 작업들이 진행되는 시기이다. 이 시기는 한국의 제도적 인프라스트럭처의 급격한 개혁이 요구되므로 상당한 도전에 직면하게 되는 때라 할 수 있으며, 단기적 목표는 자산관리산업의 진흥을 위한 전략에 집중되어 있다고 할 수 있다. 이러한 전략은 주식, 채권, 외환시장의 정밀한 분석과 투명성에 초점을 맞추어 주식, 채권, 외환시장을 세계적 기준에 맞추는 노력을 포함하는 것이다.

2010년을 종료시점으로 하는 두 번째 단계는 주안점을 해외로 돌리는데 주력하여 한국이 동북아시아의 주도적 자산관리자 역할을 강화하는데 초점을 맞추고 있다. 금융허브건설 구상은 국제 공동체와의 직접적 대화, 동북아시아 국가들의 개발 투자에 적극 참여, 금융산업 재편, 한국 지부 개설을 위하여 세계 50여 개의 유수 자산관리 기업과의 협력이 요구된다. 세계화를 향한 이러한 움직임은 이를 위한 국내의 이익과 지역 금융의 경쟁력 향상을 통하여 가속화될 수 있을 것이다. 이 단계에서의 허브구축 구상은 해외투자에 보다 역점을 두고 국내 기관 중 아시아 금융을 선도하는 우량은행을 만들어 내는 것이다.

이 프로그램의 세 번째이자 마지막 단계인 2015년까지 한국은 아시아에서 세 개 주요 금융허브 중 하나가 되는 것을 목표로 한다. 한국은 해외 유수 상업·투자은행을 유치하고 글로벌 네트워크에 완전히 통합되어 그 활동에 있어서 세계적인 경쟁력을 보유할 것이다.

이러한 허브 구축의 전략적 방향에 있어 핵심적인 것은 틈새시장의 정확한 검증과 평가이다. 지역·국내 시장의 특정 조건을 고려하여, 한국은 자산관리 분야를 금융허브의 주요 동력으로 선정하였다.

이러한 결론은 자산관리 시장에서 확인되는 기회들이 광범위하고 상당기간 오래 지속될 것으로 보이기 때문이다. 우선, 지역 개발·투자·부채 조정과 관련한 금융 서비스의 수요가 꾸준히 증가하고 있으며, 역내 점증하고 있는 세계화 추세는 현재 미국과 유럽시장에 집중되어 있는 투자 자본이 성장 잠재력이 있는 아시아 지역으로 전환될 것으로 기대된다.

이러한 자본 유입에 대한 기대에 더하여, 아시아에 이미 존재하거나 곧 생성될 자본기지 역시 주목할 만 하다. 다수 아시아 국가들은 현재, 역내 외환 보유고의 증가로 인해 자본 수입국에서 자본 수출국으로 변모하고 있다. 또한, 아시아 국가들의 인구 노령화 추세에 따라 장기 연금 펀드에 대한 수요 역시 저리 예금에 대한 대안으로 큰 폭으로 증가할 것으로 기대된다. 결국, 동북아시아 지역은 허브구상을 실현시킬 수 있는 기회들로 충만해 있다고 할 수 있다.

자산관리에 역점이 주어지는 것은 다른 영역에 파급될 효과를 고려해서이다. 자산관리 분야의 발전을 위한 조건 충족을 위해서 정부는 국가의 세계적 경쟁력 향상을 촉진하여야 한다. 이는 해외 기업들의 활동을 위한 매력적인 환경을 조성할 뿐 아니라 한국에 대한 인지도 향상에도 큰 도움을 줄 것이다.

III. 주요 구상

한국을 동북아시아의 국제적 금융중심지로 변모시키겠다는 구상은 보다 매력적인 국내 금융시장 창출, 강력한 지역 리더십 확보, 경쟁력 있는 제도적·환경적 인프라 구축이라는 세 가지 큰 목표아래 7단계의 실행전략을 수반하고 있다.

한국의 고령화 추세와 막대한 외화 보유고를 감안하였을 때, 자산관리에 대한 엄청난 잠재수요가 있는 것으로 파악되며, 이는 한국을 외국계 금융회사들이 선호하는 시장으로 만드는 요소이다. 더욱이, 퇴직 수당에 관련된 법이 제정됨에 따라 한국정부는 국민연금 비율을 높이고 외국계 기업에 대한 보유외환 지불을 늘릴 것이다. 또한, 전문적 자산관리기업에의 신탁 과정을 감시할 특수 기구를 설립하고 실적을 자산 분배에 연계함으로써 효율성을 제고해 나갈 것이다. 이에 더하여, 한국정부는 한국투자증권, 대한투자증권 등 현재 고위험 투자보험기업들의 구조조정을 완료함으로써 국내 자산관리 부분의 신뢰도를 향상시켰다. 또한, 자산 운용 상품 개발에 대한 제한을 완화함으로써, 한국정부는 세계의 유수 자산관리기업들의 유치를 위한 교두보를 마련하게 될 것이다.

〈그림 2〉 자산관리 산업을 핵심 성장동력으로 육성

1. 국내 금융시장의 향상

국내 금융부분의 건실한 성장을 촉진하기 위해서는 우선 주식, 채권, 외환시장 등이 국제기준을 충족하여야 한다. 이러한 목표를 달성하기 위해서 정부는 자산 관련 정책들의 완전한 재검토를 계획하고 있다.

주식시장에서 기업 지배구조 개선이 투자자 신뢰를 위한 필수 전제조건임을 감안하여 정부는 국제 기준에 부합하는 새로운 회계 시스템 도입을 고려하고 있으며, 정부는 소액주주 권익보호를 위한 집단소송제의 도입으로 투자자 보호의 실현을 촉진할 것이다. 이에 더하여, 시장기능 회복을 통한 기업 지배구조 개선을 위하여 공공연금과 같은 기관투자가의 역할을 강화할 것인 바, 이를 위해서 금융기관의 정부와 산업자본으로부터 독립성을 확보가 필요할 것이다.

채권 시장에서는 10년 만기의 공채(公債) 비중이 확대되고, 장기 채권 시장의 기반을 강화하기 위해 10년 이상의 공채 역시 발행될 것이며 보다 유동적이고 효율적인 시장작동을 위하여 만기 구조도 다양화될 것이다.

정부의 계획을 보완하기 위하여, 2002년 설립된 한국주택금융공사 역시 보험에 의해 안전이 보장된 장기 모기지론을 확대하고 있다. 더욱이, 정부는 채권 이자 수입에 대한 조세 법률을 검토하고 국내 채권 시장에의 외국인 투자를 진흥하기 위하여 위험 분산 기법(risk-hedging tools)을 강화할 것이다. 현재, 한국정부는 외국인들에 대한 원화 채권 발행을 장려하고 있다.

외환시장을 발전시키기 위하여 정부는 외환거래에 대한 규제를 완화하고 그 효율성을 높여 나갈 것이다. 자본 유출을 억제하고 자본 유입을 촉진하던 기존의 외환거래 정책을 완화하여 정부는 건전한 외환 유출을 촉진할 것이다. 시장친화적 외환거래 시스템의 구축을 위하여 정부는 외환거래에 있어 절차적 규제를 완화할 것이며, 외환거래 시장의 효율성을 높이기 위하여 정부는 거래 시간을 변경하여 주식·외환·채권 거래 시장 간의 연계를 높이고, 보다 많은 중개업체들의 시장 참여를 허용하여 경쟁을 유도할 것이다. 더욱이, 통합된 단일체제는 주식, 선물거래의 효율성을 최적화할 뿐 아니라 거래, 어음교환, 결산을 위한 통합 컴퓨터 시스템 역시 구축될 것이다.

2. 동북아시아 지역에 맞는 특수화된 금융 서비스 개발

아시아 경제가 급속한 성장과 구조조정의 순환을 겪음에 따라, 동북아시아에는 특수화된 금융 서비스에 대한 수요가 있다. 최근 IMF 외환 위기의 경험과 이전의 유례없는 고도 경제성장은 역내 개발도상국에 이러한 서비스를 제공할 수 있는 시각을 제공해 준다. 이러한 목적을 달성하기 위하여 정부는 이러한 수요를 충족시키려는 한국 금융기관을 적극적으로 조력할 것이다.

특수화된 금융서비스에 대한 수요는 물류 허브에 대한 구상과 중국·북한·러시아 극동지역의 대규모 개발에 기인하는 것이며, 한국과 유사하게 중국·대만·일본은 불량채권 처리에 따른 다양한 금융수요가 생겨나고 있다.

따라서 한국정부는 국내 금융기관의 동북아시아 개발 프로젝트 참여를 장려할 것이며, 이와 관련하여 한국개발은행(KDB)과 한국수출입은행(KEXIM)은 정보수집과 위험분석팀을 설립할 것이다. 더욱이, 역내 국가들의 부채 규모가 1조 2,000억 달러에 달하는 것으로 추산됨에 따라, 정부는 부채 조정 관련 금융시장에 대한 정보 수집·분석을 하고 있으며 부실 증권 처리과정에서 생성되는 사업기회를 이용하기 위한 투자기금을 조성하고 있다. 동북아시아 금융허브 구상은 이러한 기회를 십분 활용할 뿐 아니라 역내 국가들의 협력을 강화하여 궁극적으로는 역내 평화와 공동번영에 기여할 것이다.

3. 금융산업의 세계적 네트워크 강화

한국이 동북아시아의 금융중심지로 성장하기 위해서는 수요·공급을 연결하는 많은 금융기관들이 한국 내에 설립되어야 한다. 비록 많은 외국계 금융기관들이 한국 내에서 활발한 활동을 펼치고 있기는 하지만, 대부분은 국내영업에 한정되어 있고 동북아시아 전 지역을 포괄하는 지역 본부는 매우 적은 실정이다. 그러므로, 한국정부는 주요 국제 금융기관 지역 본부의 한국유치를 유도하기 위한 방안 마련을 위해 노력하고 있으며 국내 금융기관의 해외 진출을 촉진하고 있다. 금융부문의 세계화는 경쟁력 향상을 위한 제도개혁의 촉진제 역할을 할 것이다.

금융산업의 세계적 네트워크를 강화하기 위하여 한국정부는 한국에 위치한 외국계 기관과 대화 채널을 확대하고 한국진출의 제도적 장애 제거에 노력을 기울이고 있다. 이러한 프로젝트의 체계적 실행을 위해서 정부는 외국계 금융기관들을 유치하기 위한 활동을 전문적으로 하는 기구를 설립하여, 각국 대사관의 금융담당관과 유관기관의 전문가들과의 직접대화에 주력할 것이다. 또한 정부는 이러한 조직에서 축적된 투입 요소를 국제적 금융기관의 국내 활동을 촉진하기 위한 규제 개혁을 계기로 삼을 것이다. 이와 동시에 정부는 국내 금융기관이 독자적으로 인수·합병을 추구할 수 있는 환경을 조성하고 신규시장에 대한 정보 제공을 할 것이다.

4. 한국투자공사(KIC)의 설립

한국정부는 싱가포르 투자공사(GIC)를 벤치마킹하여 한국투자공사(KIC)를 설립하였다. 본 기구의 주요임무는 국내 자산관리기업의 경쟁력 향상과 세계적 수준의 금융기관 유치를 위하여 보유 외환과 공공기금을 효율적으로 관리하는 것이다.

한국투자공사(KIC)는 200억 달러 정도로 추산되는 여유 외환의 일부로 활동을 시작하며 곧 공공기금으로 그 자금원을 확대할 계획을 가지고 있다. 우선, 이러한 기금은 채권, 주식, 부동산 등의 외환 표시 자산에 투자될 것이며, 한국투자공사는 기금의 상당 부분을 민영 자산관리기업에 아웃소싱할 것인데, 한국에 상당한 활동을 하는 기업이 이의 우선 고려대상이 될 것이다.

한국투자공사의 독립성과 책임성을 확보하기 위하여, 동북아시아시대위원회는 민간 분야 전문가의 도움을 받아 한국투자공사의 지배구조에 대한 연구에 착수하였다. 한국투자공사 설립에 관한 법률은 투자공사의 직원은 엄격하고 공정한 절차에 의해 선발된 민간 전문가로 구성되어야 하며, 정부의 불필요한 간섭은 최소화 되어야 한다고 규정하고 있다. 또한, 본 법률은 중·장기적 투자 정책은 공표되어야 하며, 조정위원회가 끊임없이 활동을 감시하고 국회와 감사원이 투자공사의 투명성과 책임을 확보하기 위한 감독활동을 해나간다고 규정하고 있다.

5. 금융규제와 감독 시스템의 개혁

국제 금융중심지를 구축하기 위한 모든 프로젝트는 시장 자유를 높이는 것이어야 한다. 금융중심지 구축을 위한 조건을 최적화하기 위해서 정부는 관련 금융 규제 시스템을 간소화하고 금융감독 행정기구의 급격한 개혁을 계획하고 있다. 또한, 정부는 금융관련 규제에 대하여 금지사항만 열거하고 나머지는 모두 허용하는 방식으로 개혁하여 기업에 상당한 재량권을 줄 것이다. 2005년으로 계획된 공청회에서 개혁을 위한 스케줄이 마련되고 이에 따른 후속 조치들이 실행될 것이다. 또한 정부는 시장 기능을 교란하는 투기 행위에 대해 관심의 끈을 놓치지 않고 이의 방지를 위한 기본적 감시·감독 수준을 유지할 것이다.

한국정부는 이미 민간에서 초빙된 전문가로 구성된 "자본 규제·감독 행정개혁 태스크 포스팀"을 만들었는데, 본 팀의 임무는 과도하게 규제적인 법률과 규제관련 규정을 밝히고, 이를 국제수준에 맞게 개정할 것을 정부에 제안하는 임무를 맡고 있다. 정부는 태스크 포스팀이 제출한 제안을 감시기관의 전문성과 기능향상 제고를 위하여 통합한다.

감시기관 역시 보다 서비스 마인드를 갖추어야 하며 시장 참여자에게 자문 역할을 하여 시장과 열린 대화 채널을 구축하여야 한다. 보다 시장 친화적이 되기 위하여, 감시기관은 현장감사를 제외하고는 서면으로 감시활동을 진행하며, 몇몇 감시기능을 기업에 이관, 자기감시 기능을 높여 금융기관에 스스로에 의해 만들어진 실행 기준을 도입할 것이다.

6. 기업 진흥과 기업활동 환경 조성

한국이 금융중심지로 성공하기 위해서는 국내 금융개혁 조치들을 제도화하고 세계화를 촉진하는 것만으로는 충분하지 않다. 정부는 국제 금융 공동체와 전문가들의 투자를 유인하기 위해서 한국의 기업 활동 환경을 개선해야 한다. 정부는 이러한 자본 중심지의 야심을 실현하기 위한 사업·생활 인프라 구축을 위한 계획을 수립하고 있다.

특히 재정경제부는 조세·금융서비스·노사관계·행정 절차 등을 포괄하는 "외국인 투자기업 사업환경개선 계획"을 검토하고 있다. 산업자원부 역시 외국인의 교육·의료·교통·주택·이민·문화·통신 등의 향상을 도모하기 위한 "외국인 거주 환경개선 5개년 계획(2004~8)"을 감독하고 있다.

외국인 노동자들의 유치와 별도로, 한국정부는 전문 금융교육기관의 설립을 통하여 금융부문의 전문인력 육성을 도모해 나가, KDI 산하의 금융전문대학원은 2006년 개교를 앞두고 있다.

IV. 금융허브 전략의 이행

2003년 12월, "동북아시아 금융허브 구상"의 발표 이후 여러 이행 임무가 할당되어 스케줄에 따라 진행되고 있다. 실무반 수준의 지원을 제공하기 위하여, 2004년 8월 재정경제부 내에 금융허브팀이 조직되어, 7개 주요 프로젝트가 49개의 세부 프로젝트로 나뉘어져 관련부처 혹은 기관에 할당되었다.

자산관리 사업의 경쟁력 향상을 위해서 한국정부는 2003년 9월, '사모펀드(Private Equity Fund)'의 촉진을 위해 자산관리 법안에 새로운 조항을 도입하였다. 이에 더하여 정부는 퇴직수당제를 도입하여, 장기 자산관리 분야에 71조 원의 신규수요가 창출될 것으로 기대된다. 또한 한국은 자산관리산업의 신뢰회복에 있어 장애가 되고 있는 수익률이 낮은 신탁기금의 구조조정에 있어 최종 단계에 도달해 있으며, 현대투자신탁의 매각은 완료된 상태이다. 또한, 한국투자신탁의 매각 계약은 대한투자신탁이 최종 매입자로 인수 계약이 완료되었다.

연금과 공공기금 관련 자산관리 서비스의 아웃소싱을 늘리기 위해서는 자산관리에서 아웃소싱 비율 확대를 규정하는 새로운 지침이 도입되었다. 예를 들자면, 국민연금관리공단의 경우 외부 자산관리사에의 신탁 비율이 2004년 8.7%에서 2005년 10.9%로 늘어날 것이다.

한국투자공사 설립에 관한 법률이 2005년 3월에 제정되어 올 7월에는 설립될 것이다. 투자공사의 설립과 함께 한국정부는 한국에서의 금융허브 구축과 자본시장 발전 전략을 위한 비전에 초점을 맞춘 국제회의를 개최할 것이다.

정부는 또한 계획대로 다양한 국내 금융시장의 개혁 작업을 진행 중에 있고, 시장 투명성을 국제 수준에 맞추기 위하여 회계기준에 관한 세 개 법을 개정하고 2003년 말 소액 투자자 권익보호를 위해 집단소송제를 도입하였다. 또한, 분산화된 한국 주식 거래 시장과 코스닥을 통합하기 위하여 통합된 단일 거래 시스템이 도입됨에 따라 자본·증권 시장의 통합성과 효율성의 향상을 모색하고 있다.

채권 시장과 관련하여, 장기 채권의 발행은 확대되어 10년 만기 공채 비율은 2003년 상반기 25%에서 2004년 하반기 27%로 상승하였고, 2003년부터 2004년 6월까지 11조 원에 달하는 외환 안정화 채권이 국채로 전환되었다. 이에 더하여, 한국주택금융공사가 보증하는 장기 모기지 역시 2004년 9월 1조 9천억 원에 달하였고 국내 채권 시장에 외국인 투자 참여를 늘리기 위하여 정부는 금융 이자 소득세를 면제하는 새로운 법을 통과하고 국내 채권 발행 과정에서 외국 문서화 작업을 허용하는 신규 정보공개 규칙의 도입 가능성을 시험하고 있다.

외환거래 시장에 관하여, 2005년 3월 거래 시간이 '9:30~12:00, 13:30~16:30'에서 9:00~3:00로 조정되었는데, 이러한 조치는 거래의 지속성을 보장하고 주식, 채권, 외환시장 간의 긴밀한 관계를 구축할 것으로 기대된다. 2006년 6월, 한국정부는 외환시장을 완전 자유화하기 위해 예정보다 빨리, 2009~11년까지 '보호조항'을 제외한 외환거래에 관련된 모든 규제들을 철폐하기로 하였다.

금융 규제와 감독 시스템을 개혁하기 위한 방안으로 민간 부분의 전문가들로 구성된 금융 규제·감독 개혁 태스크 포스팀은 특정 분야에 있어 규제의 철폐 또는 완화를 제안하고, 정부는 이 문제를 논의하기 위한 태스크 포스팀의 회의를 소집하여, 감시·감독의 향상 방안의 세부 계획이 2005년 1/4분기에 발표 되었다.

〈그림 3〉 금융허브 전략의 성공적 실행에 따른 기대 효과

	현재	2010
특화부문의 지역내 선도	• 미약함	• 동북아시아 자산운영의 선도자 • 구조개혁시장의 선도
국내금융시장의 발전	• 증권시장: 아시아 5위 • 채권시장: 아시아 2위 • 자본 수익률: 세계 20위	• 증권시장: 아시아 2~3위 • 채권시장: 아시아 2위 • 자본 수익률: 세계 10위
국제금융시장과의 관계강화	• 세계 50대 자산운용관리사: 7 • 50대 세계 금융기업존재: 50%	• 세계 50대 자산운용관리사: 지역본사유치 • 50대 세계 금융기업존재: 80% • 지역내 상업은행과 생명보험분야 강자
실물경제의 기여확대	• 기업서비스부문 GDP비율3.6% • 1인당 국민소득 10,000$	• 기업서비스부문 GDP비율(9~10%) • 1인당 국민소득 20,000$

금융 감독 서비스(The Financial Supervisory Service, FSS)관련 행정개혁 역시 예정대로 진행되어 의무적 서비스에 관한 조항의 삽입을 위한 시행규칙이 개정되었으며, 금융기관의 부담을 줄이고 감시 절차의 투명성 제고를 위하여 FSS는 감시절차에 대한 지침의 개혁 작업을 진행하고 있다. 또한, 외국인 전문가들의 기업활동 환경을 개선하기 위하여, 정부는 외국인 노동자의 개인 소득세율을 2003년 최고 37%에 달하였던 것을 17%로 줄였다.

제7부

동북아시아의 자동차 산업과 물류

세계 자동차 수요의 성장엔진: 중국시장 개관

황쩐(HUANG Zhen)
|상하이 교통대학교 교수

I. 중국 자동차 시장의 역동적 성장

개혁정책과 시장개방 실행으로 중국은 급격한 경제성장을 이루고 있다. <그림 1>은 중국의 1인당 GDP의 역동적 성장을 보여주고 있다. 1985년 100달러에 불과하던 1인당 GDP가 2003년에는 1,000달러로 지난 20년간 10배 이상 증가하였다. 중국의 동부 해안지역은 1인당 GDP가 2004년에 4,000~5,000달러에 도달하였다. 세계 자동차 산업의 역사에 의하면 자동차에 대한 수요는 국가의 GDP성장률에 비해 1~1.5배 빠르다. 개인소득의 증가와 함께, 중국에서의 자동차에 대한 수요도 지속적으로 증가하고 있다. 중국의 자동차 보유대수는 1980년에 2백만 대에서 연간 12%의 증가율로 2,800만 대에 이르고 있다. 개인차량은 더욱 빠른 속도로 증가하여 <그림 2>가 보여주는 것과 같이 지난 10년간 1,000% 증가하였다.

<그림 3>은 자동차 밀도와 1인당 GDP와의 상관관계를 보여주고 있다.

주목할 것은 1,000명당 자동차 보유대수가 18대라는 점이다. 중국과 다른 국가들 간에는 자동차 밀도에 있어 많은 불균형이 있다. 따라서 중국은 자동차 수요와 자동차 시장에 있어서 엄청난 잠재력을 가지고 있다. 개인 소득이 증가함에 따라 동부해안지역의 자동차 수요가 폭발적으로 증가하기 시작했고 다른 지역도 이에 뒤따를 것이다. 중국정부 연구기관의 평가에 따르면, 개인차량은 2010년까지 1,466만대로 증가할 것이고 2020년까지는 7,200만대까지 증가할 것이다. 2005년 말까지 중국의 전체 자동차 수는 3,360만대, 2010년까지 5,670만대로 증가할 것이고 2020년까지는 무려 1억 3,100만대로 증가할 것이다(<그림 4> 참조).

<그림 5>에서 보는 바와 같이 자동차 수요의 역동적인 수요증가를 충족시키기 위하여 1992년 중국의 자동차 생산이 처음으로 1백만 대를 초과했고 2004년에는 연 증가율 13.9%로 5백만 대에 이르렀다. 중국의 중화학 공업투자 증가로 인하여 1백만 대 생산에 40년, 2백만 대 생산까지

〈그림 1〉 중국 1인당 GDP 증가현황 (1978~2003)

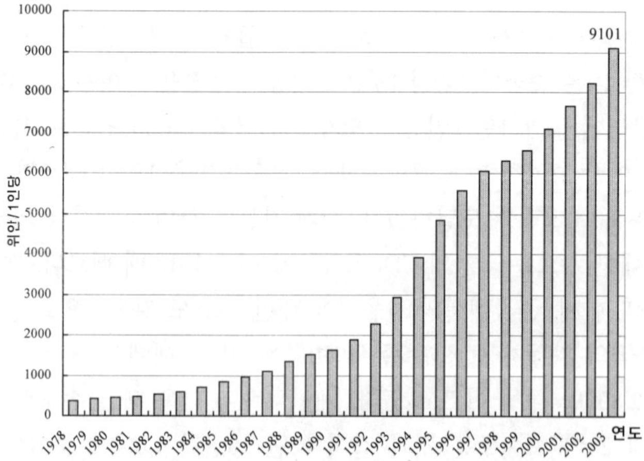

8년, 그리고 5백만 대 생산까지 불과 4년이 걸렸다는 점은 주목할 만하다. 2003년에 중국은 3번째로 큰 자동차 소비시장이고 4번째 생산국가가 되었다. 2010년까지 중국의 자동차 생산은 1,000만 대에 이를 것이고 2020년까지 2,000만 대를 생산하게 될 것으로 예측된다.

〈그림 2〉 중국 차량증가 및 개인차량 현황 (1985~2004)

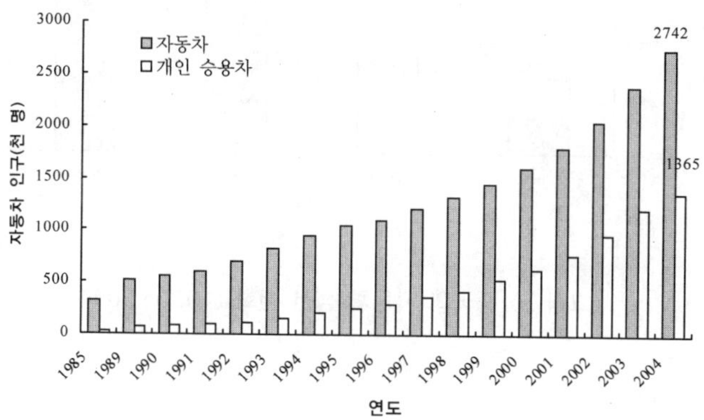

〈그림 3〉 자동차 밀도와 1인당 GDP의 상관관계

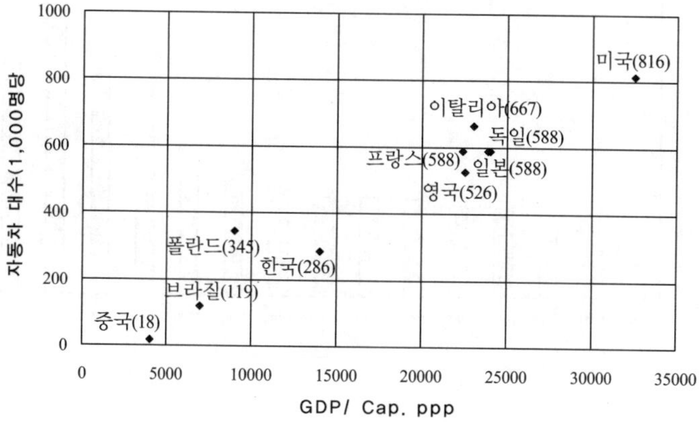

〈그림 4〉 미래 중국 자동차 생산량 추이

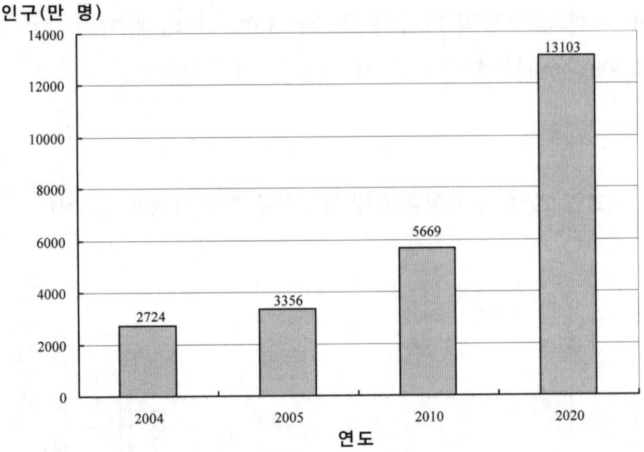

〈그림 5〉 중국의 자동차 생산 변화 (1990~2004)

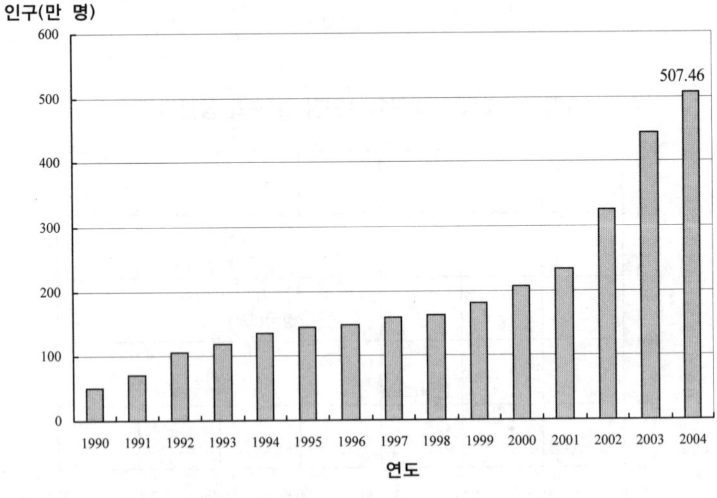

〈그림 6〉 중국의 자동차 생산추이 (2005~2020)

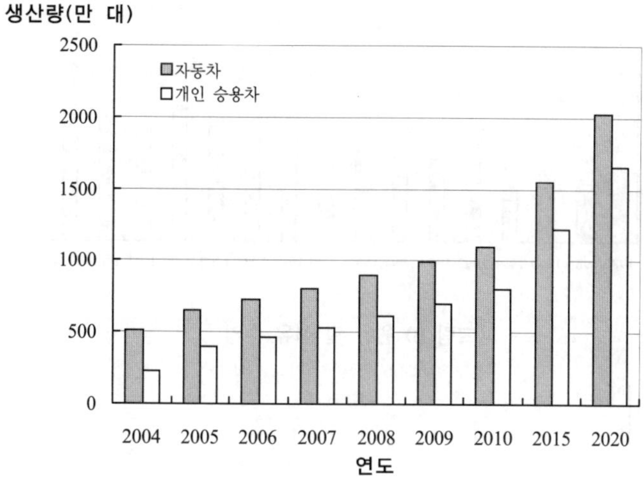

II. 연료와 환경문제

중국은 자동차 수요를 충족시키는 한편으로 에너지 소비를 최소화하고 환경오염을 줄이는 과제를 안고 있다. 중국은 석탄을 주에너지로 사용하는 몇 안되는 국가이다. 석탄은 중국의 성장하는 에너지 수요의 4분의 3을 공급하고 있다. 중국은 2~3천억 톤의 풍부한 석탄자원을 보유하고 있는데, 이는 전세계 석탄매장량의 11%, 중국 화석연료의 90%를 점유하고 있다. 따라서 석탄은 향후 200~300년간 중국의 에너지 수요를 충족시킬 수 있다. 반면 원유매장량은 전세계 매장량의 2.4%정도로 매우 빈약하다. 국내 석유공급으로는 자동차 보유대수의 급격한 증가로 인한 석유소비증가를 충족시킬 수 없다. 이로 인하여 중국은 석유를 수입하게 되었고 1993년에는 순수 석유수입국이 되었다.

원유부족 문제는 급격히 중요한 문제가 되고 있다. <그림 7>과 <그림

〈그림 7〉 원유소비추이 (1980~2002)

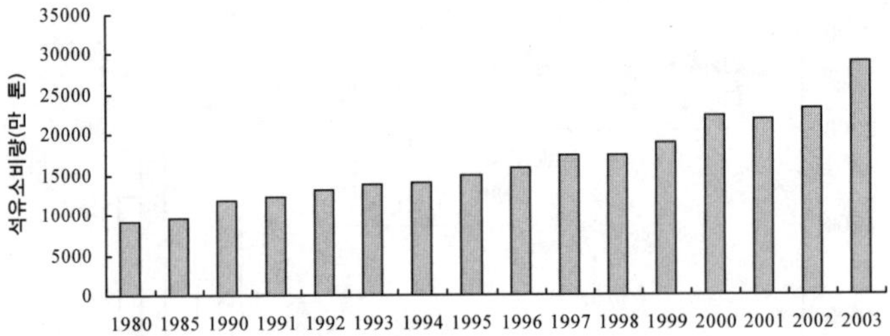

〈그림 8〉 원유 및 석유 수입

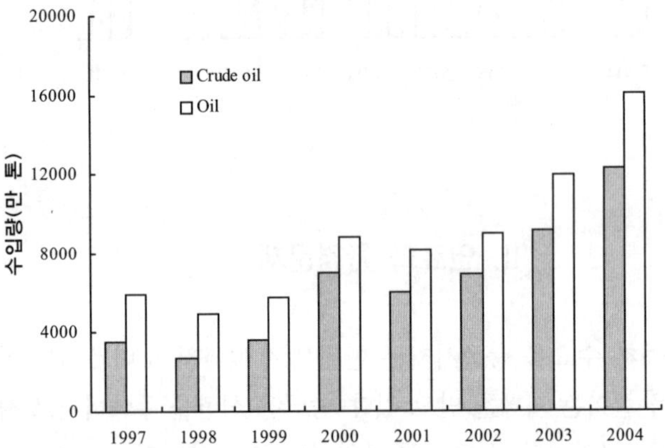

8>에서 보는바와 같이, 중국은 2003년에 9,112만 톤의 원유를 수입하였고 이는 중국 전체 수요의 31%를 점유하고 있다. 예측에 따르면, 2020년까지 중국의 국내원유 생산은 연간 2,000만 톤에 머무를 것이고 총 수요는 4,500~6,100만 톤에 이르러 2,500~4,100만 톤이 부족하게 되어 전체 수요의 55%~67%에 달하는 원유를 해외에서 수입하여야 할 것이다.

전체 자동차 운송부문은 중국 원유소비의 절대적인 비중을 차지하고 있다. 따라서 중국의 에너지 자원공급을 다원화하고 자동차의 원유의존도를 낮추는 것이 에너지 안보의 가장 중요한 문제이다.

다른 한편으로 중국의 주요 대도시들은 심각한 공기오염 문제에 시달리고 있다. 몇 년 전 중국의 공기오염 문제는 전체 에너지 소비의 4분의 3을 차지하는 석탄연료 때문이었다. 석탄화석연료는 북부 베이징과 같은 도시의 미세먼지와 이산화황의 주요 원인이다. 그러나 자동차의 급격한 증가로 인하여 자동차는 도시의 공기오염 문제의 가장 중요한 원인이 되었다.

대기조사 결과에 의하면, 자동차는 북경의 대기오염 물질 중 이산화탄소 60%, 탄화수소 86.7%, 그리고 산화질소의 54.6%의 원인이며, 상하이의 경우 이산화탄소의 86%, 탄화수소의 90%, 그리고 산화질소의 56%가 자동차를 그 원인으로 하고 있다. 자동차로 인한 대도시의 공기오염은 점차 증가하고 있다. 그래서 자동차 배기가스 규제는 중국에서 중요하고 시급한 과제로 대두되고 있다.

III. 문제해결 노력

과학기술부, 국가환경보호청, 기계건설사업청 등은 이미 유럽의 자동차 배기가스 규제를 모델로 한 강력한 규제와 석유소비 규제제도를 만들고 있다. 이 정책은 세제보조를 통해 친환경 자동차의 소비를 촉진하는데 있다. 문제해결을 위해 제시된 중요한 계획은 엔진 내부연소의 개선, 전기자동차, 하이브리드 자동차의 개발 및 대안연료 자동차 등의 개발을 포함하여 1999년도에 발표된 "국가 청정 자동차법"이다. 자동차 배기가스 규제의 목적은 2007년까지 EURO III 수준까지, 2010년까지 EURO IV 수준에 도달하는 것이다.

2002년에 중국정부는 "동서 가스운송계획(West to East Gas Transfer Project)"을 발표했다. 이 계획은 신강, 감숙, 녕하, 섬서, 해남, 안휘, 강소 등을 거쳐 최종 상하이에 이르는 4,000Km의 지역을 지난다. 이 계획은 2004년에 끝났는데 타리무 해역의 원유와 가스가 채굴되어 사용되고 있다. 정부는

〈표 1〉 2002년 LPG/CNG 차량현황

Cities	Population	In which		In which	
		LPGV	CNGV	TAXI	BUS
Beijing	36975	34472	2503	32000	4975
Shanghai	37400	37070	330	37000	400
Tianjing	1360	560	800	800	560
Chongqing	4651	-	4651	808	3843
Guangzhou	7610	7610		7000	610
Xi'an	3977	-	3977	3280	697
Shengzhen	5315	5315		4386	929
Harbin	2290	2290		1530	760
Urumchi	6207	3730	2477	3479	2728
Chuanzhong	42000		42000	24780	17220
Hainan	311	311	-	140	171
Changchun	5344	5344	-	4375	969
TOTAL	153440	96702	56738	119578	33862

CNG 버스, 택시, LPG 버스와 택시, LNG 버스, 메타놀 자동차, 전기 자동차, DME 자동차 등을 사용하는 시범도시 16개를 인가하여 운영 중에 있다.

이 계획의 목표는 대도시 교통의 대안적이고 전격적인 사회기반시설 투자와 메탄올, DME, 혼합연료, 에탄올, 바이오 디젤 등 석탄 및 바이오 연료의 연구와 개발의 증대를 목표로 하고 있다. 2002년까지 시범도시의 LPG, LNG 사용 자동차의 수는 <표 1>에서 보는 것과 같다.

LPG와 CNG 자동차와 연료충전소는 지속적으로 늘어날 것이다. 2000

년 이후 베이징에서는 CNG 버스가 디젤버스를 대체했다고 보고되었다. 상하이시는 4만 2천여 대의 택시를 LPG와 가솔린 혼용차량으로 전환하고 있다.

IV. 결론

급격한 경제발전과 함께 중국은 자동차 수요증가에 따른 에너지와 환경오염문제를 해결해야 하는 과제에 직면하고 있다. 자동차의 급격한 증가에 따라 국내 생산으로 원유수요를 충족시키지 못하고 있다. 중국의 주요 대도시는 환경오염으로 고심하고 있다. 중국의 자동차 산업이 아직 발전초기에 있지만 국제적인 환경보호와 수입에 대한 에너지 의존도를 해결하기 위해 노력하고 있다. 중국은 곧 새로운 대체에너지를 채택한 가장 큰 자동차 시장이 될 것이다.

동아시아 자동차 철판 생산의 경쟁과 협력

후지모토 다카히로(FUJIMOTO Takahiro) | 도쿄대학교 교수
오제훤(OH Jewheon) | 도쿄대학교 교수
게동성(GE Dongsheng) | 도쿄대학교 교수

I. 도입

동아시아의 눈부신 발전사례 중에서 철강산업은 각국 기업 간의 경쟁과 협력의 예외적 사례에 해당한다. 동아시아 지역은 세계에서 가장 경쟁력 있는 철강생산 지역이다. 현재 중국은 강력한 경제발전으로 인하여 지속적으로 가장 큰 철강생산국이며, 한국의 대표적인 철강기업인 포스코는 높은 이윤을 자랑하고 있으며, 일본기업은 첨단기술을 선도하고 있다. 철광석 공급을 확보하려는 노력과 최종 제품 시장에서의 경쟁은 점차로 더욱더 치열해지고 있지만, 대부분의 기업은 합작회사와 대규모 기술 합작 파트너십 등과 같이 협력의 정도가 전에 없이 활발한 단계로 진입하였고, 이에 따라 유례없이 높은 수준의 이익을 창출하고 있다. 이 보고서에서는 철강산업의 거시적 그림을 그리기보다는 자동차에 필요한 철판 생산에 우리의 관심을 집중시켜, 동북아시아 3국의 철강회사들의 비교우

위에 대해서 살펴보고 철강제품 생산 과정의 특징을 분석함으로써, 그들의 미시적 기반에 대해서 살펴볼 것이다.

철강은 자동차체 하중의 70퍼센트 이상을 차지하고 100가지 이상의 자동차 부품의 생산에 사용되기 때문에, 이는 자동차 생산에 있어서 가장 중요한 원천이며, 철강 소비 트렌드는 자동차 산업에 의해서 매우 크게 영향을 받을 수밖에 없다. 중국시장이 급성장하고 한국과 일본의 자동차 생산업자들이 전 지구적으로 그 사업을 확장하고자 하는 야심찬 계획을 확대시킴에 따라 동아시아 지역에서의 자동차 생산이 전 세계 생산의 약 1/3인 2,000만 대 이상이 되었고, 이에 따라 자동차에 필요한 철강제품에 대한 수요도 급격히 증가했다. 한편 연료 효율성, 안전성, 그리고 비용구조를 높이려는 자동차 생산업체들의 열띤 경쟁으로 인해, 철강 생산업자들은 이들이 요구하는 기술적·경제적 요건에 부합하기 위한 노력을 기울여왔다. 한국, 중국, 일본의 철강업자들이 그들의 고객을 만족시키기 위한 합작회사나 전략적 연대를 구축하기 시작한 것은 이러한 환경에 적응한 것이라고 할 수 있다. 예를 들어, 포스코와 닛폰 철강(Nippon Steel Corporation) 그리고 현대 하이스코와 JFE는 2000년에 자동차 철판 생산을 위한 광범위한 연대를 결성했다.

한편, 바오스틸(BaoSteel)과 닛폰 철강, 광저우 철강회사와 JFE는 2003년에 중국에 자동차의 외장 패널에 사용되는 상품들을 생산하기 위한 합작 회사를 구축했다. 교역 수치에 따르면, 자동차 철판과 관련하여서는 여전히 일본이 역내에서 고부가가치 상품의 순수출국(net exporter)이고 중국이 순수입국(net importer)이다. 하지만 자동차 생산 업체들의 철강 조달 현황의 세부 사항들을 살펴보면, 우리는 일본의 몇몇 자동차 업체들이 외장 패널이 아니라 자동차의 조립부품을 생산하기 위한 상품들을 포스코에서 수입하는 것을 볼 수 있다. 또한 자동차 철강의 분류에까지 철강제품의 종류 분류도를 살펴보면, 자동차 부품 영역의 각 특징에 따라서 철강제품 간에는 다양성이 있다는 것을 알 수 있는데, 이는 흥미롭게도 동아시아의 철강회사들의 비교우위를 반영하는 것이다.

실질적으로, 자동차 부품은 4가지 종류로 구분된다. (1)자동차 지붕, 앞면 펜더, 옆면 외장 패널, 문짝 외장, 후드 외장 등과 같은 외부에 노출된 부품이나 패널, (2)바닥, 운전대 안쪽부분, 문 안쪽, 데쉬(dash)패널, 전방기둥, 중앙 기둥과 같은 외부로 노출되지 않은 부품과 내부 패널, (3)전방과 후면 요소, 전방과 후면 교차 부품, 범퍼 강화, 도어 충격 빔(beam) 등과 같은 강화 부품이나 구조적 부품, (4)그리고 서스펜션, 서스펜션 차체와 액샐레이터 하우징과 같은 자동차 하부 부품 등이 그것이다. 이들의 특화된 기능을 각각 적절히 이행하기 위해서, 서로 다른 분야에 쓰이는 부품은 각각 다른 속성과 특질을 지닌 철판이 요구된다.

예를 들어, 외장 패널은 경직성이 요구되고 구김과 부식에 대한 저항이 강해야 하고, 내장 패널은 역시 경직성 이외에도 금속 약화 및 충돌에 강해야 한다. 강화 부품은 탑승자의 안전을 확보하기 위해 충격에너지를 흡수할 수 있어야 한다. 게다가 연료 효율성을 더 높이기 위해서 차체의 전반적 무게는 가능한 한 최소화되어야 하지만, 가형성(formability), 용접성(weldability), 도장성(paintability)과 같은 제조에 필요한 성질들은 증진될 필요가 있다. 이러한 요건들을 모두 만족시키기 위해 철강 제조업자들이 제공한 해법은 강성 철판(high strength steel), 표면처리 패널, 그리고 여타의 혁신적인 최종 제품 등이다.

강성 철판은 안전기준을 침해하지 않고도 철판을 더 얇게 만들 수 있으며, BH 철강(bake hardenable steel), DP 철강(dual-phase steel), TRIP철강(low alloy transformation induced plasticity steel)과 340MPa에서 100MPa까지의 광범위한 강성을 가져, 여러 다양한 분야에 적용될 수 있는 UHSS철강(ultra-high strength steel) 등과 같은 제품을 모두 포함한다. 표면처리된 철강은 주로 GA 철강(galvaninealed steel)과 비합금 핫딥(hot-dip) 도금(GI) 철판을 일컫는데, 이들은 표면이 아주 뛰어나며 철판을 아연으로 코팅함으로써 생기는 가형성(formability)을 보유하고 있다.

일본의 철강업자들은 지난 20여 년간 최고 품질의 특수 제품을 만드는데 있어서의 경쟁 우위를 가지고 있다. 반면 포스코는 열간압연강(hot-rolled)과 냉간압연강(cold-rolled)과 같이 상대적으로 일반적인 목적을 가진 제품을 만드는 일본의 생산업자들에 대해서 순이익 마진이 두 배에 달함에도 불구하고, 일본 철강산업 전체에 대해서 여전히 추격단계에 있다고 하겠다. 그렇다면 어떻게 서로 다른 나라들의 서로 다른 회사들 간에 생긴 이러한 수평적 분화를 설명할 수 있는가? 다음에서 우리는 서로 다른 자동차의 부품에 사용되는 철강제품을 만드는 데 있어서 생기는 제조상의 특징을 묘사하는 '공정 아키텍처(process architecture)'라는 개념 틀을 제안하고자 한다. 그러한 후에, '공정 아키텍처'의 특징과 각 회사에서 구축한 조직적 능력에 부합하는 방향으로 철강 생산 분화의 기반이 이루어진다고 설명할 것이다. 특별히, 자동차의 외장형 패널에 사용되는 BH 철판과 표면처리 강판에 사용될 두 가지 종류의 강판의 특성을 살펴봄으로써 우리의 제안을 보다 심층적으로 설명하고자 한다.

II. 분석틀: 공정 아키텍처와 조직력

'공정 아키텍처(process architecture)'라는 말은 아직 조립되지 않은 상품의 서로 다른 제조 과정 간의 상호작용을 반영하기 위해서 새로 조작된 개념인데, 생산품 아키텍처라는 말의 유사어라고 보아도 무방하다. 생산품 아키텍처는, 공학 설계분야의 가장 핵심적인 개념 중 하나로, 최근 경영 과학에서 주목받고 있다. "생산품의 기능이 물리적 부분에 배분되고, 서로 다른 부품이 상호작용하게끔 하는 계획(Ulrich, 1995)"으로 정의되는 이 개념은 디자인 사고 및 전략에 대해서 기업 간, 국가 간에서 나타나는 분업과 조정 패턴을 관찰할 수 있는 새로운 관점(Langlois and Robertson, 1992; Baldwin and Clark 2000; Fujimoto, Takeishi and Aoshima, 2001; Aoki and Ando, 2002)을 제공한다.

이는 일반적인 디자인 과정을 반영하는데, 주로 세 가지 요소가 상품 아키텍처에 포함된다. 첫째, 디자인될 상품의 기능적 요구사항이 구조 내에 배열되어야 한다(종종 위계적 질서의 형태로). 둘째, 이러한 기능적 요소를 획득하는 방법은 가시적이고 물리적인 기본원칙(building blocks)을 디자인함으로써 활용된다. 이를 이전의 용어로 표현하자면, 이것이 기능 구조에서 물리적 부분을 배열하는 과정이다(Ulrich, 1995). 셋째, 서로 상호작용하는 물리적 기본원칙 간의 경계면이 명시되어야 한다(Ulrich and Eppinger, 1995). 이 개념을 보다 구체적으로 나타내기 위해서 모듈 방식과 인티그럴(integral) 방식의 아키텍처, 두 가지의 극단적인 분류들을 살펴보는 것이 좋겠다. 모듈 아키텍처는 기능부분의 구조와 요소 간의 분리된 경계 간에 1:1 의 관계가 있는 것을 특징으로 하는 반면, 인티그럴 아키텍처는 요구되는 기능을 달성하기 위해서 각각의 요소들이 서로 상호작용하는 것이 그 특징이다.

상품 아키텍처에 관한 문헌들은 분명히 전체 구조를 만들기 위한 부품이나 제품들을 조립하는 데 초점을 두고 있다. 그러나 공정 산업의 제품들은 그렇게 나누어질 수 있는 특징을 가지고 있지 않고, 일반적으로 물리적으로나 화학적으로 물질을 변화시킬 수 있는 많은 양의 열과 에너지를 소모하여 만들어진다. 따라서 공정 산업에서의 상품은 기능적 요소를 물리적 제품의 요소에 적합하게 만드는 것 대신, 기능적 요구사항에서부터 재료, 도구, 작동방법들이 목표되는 가공 지표를 달성할 수 있도록 한꺼번에 조정되는 다단계의 가공과정을 적합하게 만드는 것이 중요하다. 같은 방식으로 인터페이스(interface)의 개념은 조립되지 않은 제품의 경우에 주로 서로 다른 단계에서 통제될 수 있는 지표들 간의 상호작용을 가리킨다. 따라서 공정 아키텍처는 조립되지 않은 상품의 기능이 가공 과정의 일련의 과정 속에서 통제되는 지표들에 맞게 배열되고 서로 다른 단계의 이러한 지표들이 상호작용하는 일련의 과정으로 정의될 수 있다. 공정 아키텍처를 분류하는 것 역시 가능하다.

전형적인 모듈러 공정 아키텍처는 요구되는 과정이 각 단계의 독립적인 지표를 갖는 과정의 특징에 의해 실현될 수 있다. 이와 대조적으로, 인티그럴 공정 아키텍처에서는 서로 다른 단계의 지표들을 모두 적용 및 융합시키는 기능을 요구하는 것이 달성되어야 한다.

따라서 공정 아키텍처는 위계적인 다이어그램과 행렬로 표시될 수 있다. 공정 아키텍처가 수평적인 방향성을 띠는 물질 변환 과정에 초점을 맞추고 있기 때문에, 행렬이 기능적 요구사항과 가공 지표 간의 관계를 서로 일치시키는 것과 서로 다른 가공 과정상의 지표들 사이에 나타나는 상호작용 모두를 묘사하는 데 더 좋은 방법으로 간주되고 있다(Fujimoto, 2003).[1)]

앞서 논의한 공정 아키텍처의 공식화를 통해 공정 산업에 참가하는 기업들의 역량을 분석하면 더 연구가 촉진될 수 있다. 공정 아키텍처의 요소들에 부합하기 위해서는 기업들의 조직적 능력이 여러 개의 관찰 가능한 지표로 분해되어야 하는데, 이를 테면 기능적 요구사항들을 물질의 화학적 구성으로 바꾸는 능력, 기능적 요소들을 통제 지표로 해석하는 능력, 지표를 적절한 공정과정에 대응하는 능력, 전 과정에 걸쳐 지표를 관리하는 능력 등이 그것이 될 것이다.

공정 아키텍처는 또한 회사들이 선택할 수 있는 전략적인 변수가 될 수 있다. 아키텍처가 서로 다를 때, 각 회사가 그들의 조직적 능력을 축적시키는 방법은 다르게 나타날 수 있다. 이런 뜻에서 우리는 이 보고서에서, 용도가 각각 다른 자동차 부품을 생산할 때 서로 다른 공정 아키텍처를 선택하는 것이 동아시아 철강 생산업자들의 비교우위를 결정짓는 매우 중요한 요소가 될 수 있다는 점을 제안하고자 한다.

다음 절에서는 철강 생산의 일반적 과정을 묘사한 후에, 소부경화현강판과 표면처리된 철판의 경우를 예로 들어 공정 아키텍처와 조직적 능력 간의 상호관계를 보이도록 하겠다.

---

1) 공간 부족으로 인하여, 행렬 표시 방법은 이 보고서에서는 나타나지 않는다. 더 자세한 정보를 보기 위해서는 Fujimoto(2003)을 참고하시오.

III. 사례 연구: 자동차 외장 패널에 사용되는 철강

1. 철강 생산의 일반적 과정

철강 생산의 일반적 과정은 철 생산, 철판 생산, 열간압연(hot rolling)을 포함하는 일련의 과정과 이에서 더 나아가서는 냉간압연(cold rolling), 풀림(annealing)이나 더 고차원적인 요구조건이 충족될 수 있는 평면 철판 제품을 생산하는 데 필요한 아연 코팅 과정과 같은 과정을 모두 포함한다. 철 생산 과정 중에는 철광석이나 석탄, 석회암과 같은 원석이 이들을 녹이기 위한 뜨거운 공기가 끊임없이 뿜어지고 있는 뜨거운 용광로에 모아진다. 이 과정의 산물을 선철(pig iron)이라고 하는데, 높은 양의 탄소 물질을 함유하고 있기 때문에 철판이 너무 부서지기 쉬워서 정제되어야 할 필요가 있다.

이후 철판 제조과정은 전환기, 2차 정제 그리고 계속되는 주조과정으로 이루어지는데, 이 과정에서 탄소와 다른 불순물들이 더 깨끗이 제거된다. 처음에는 파쇠(scrap iron) 용광로에서 나오는 액체 철이 뒤이어 나오는 전환기에 채워진다. 이 용광로에 계속 주입되는 산소는 산화과정을 통해 탄소와 그 밖의 다른 불순 물질과 결합하게 된다. 서로 다른 목적을 위한 물질들의 화학적 구성은 또한 합금물질을 더함으로써 조정될 수 있다. 제2차 정제 과정에서 녹은 철은 전환기에서 진공탈가스설비(Vacuum Degasser)로 이동되는데, 이곳에서는 수소와 대기 및 불완전한 불순물질이 더 많이 제거된다. 자동차에 쓰이는 것과 같은 높은 수준의 철판이 만들어지려면, 그 속에 함유된 탄소의 수준은 최저 수준이 되는 것이 매우 중요하다. 계속되는 주조과정에서 녹은 철이 주조 기계의 가장 위에 있는 저장소에 부어진다. 그리고 나서는 그 철이 물로 냉각시키는 틀 속을 통제된 속도로 통과하게 되는데, 여기에서 철판의 외장 껍데기가 경화된다. 기계의 마지막 부분에서 경화된 철은 곧게 펴지고 특정 길이로 잘린다. 이렇게 슬랩(slab), 블룸(blooms), 빌랫(billet)과 같은 반정도 완성된 물질들 중에서,

슬랩이 편평한 모양으로 펴진 제품에 사용된다.

계속해서 이어지는 뜨거운 압연기에서 슬랩은 1,400도 정도로 다시 달구어진다. 그리고 나서 그들은 규정에 매우 근접한 모양과 규격으로 재구성되기 위해서 가공대 위에 놓여진다. 그리고 나서 슬랩은 더 가늘고 길게 만들어지기 위해서 계속해서 압연시키는 일련의 완성단계에 들어가게 된다. 마지막으로 긴 철강 끈이 둘둘 말려서 식혀진다. 식히는 과정에서 식히는 속도는 철의 기계적 속성에 영향을 줄 것이기 때문에, 정확한 속도가 요구된다.

열간압연이 끝나면 철판의 두께를 줄이고 최종 사용에 적합한 특질을 확보하기 위해서 마지막 가공과정이 필요하다. 식히는 압연과정에서 철판 줄이 처음으로 다시 풀려서 압연기를 다시 통과하게 되는데, 이때 두께는 1밀리미터 이하로 줄어들게 된다. 식히는 압연과정이 물질의 경성을 매우 크게 늘이기 때문에, 그 줄은 유연성을 기르기 위해서 가열냉각된다. 일본의 철강 생산업자가 지난 1970년대에 이 연속가열냉각라인(continuous annealing line, CAL)을 도입한 이후, 정화, 가열냉각, 그리고 조정 롤링의 일련의 과정을 통해서 생산성이 매우 급격하게 상승했다. 일괄열간압연(Batch hot rolling)의 방식과는 다르게 CAL은 리드(lead)타임을 3일에서 5에서 10분으로 급격하게 줄였다.

마지막으로 부식저항도를 늘이고 최종사용자의 제조가능성을 더욱 높일 수 있는 코팅 과정에도 여러 방식이 있다. 아연 코팅의 경우, 대개 자동차 철판에 사용되는데, 여러 가공 방법이 가능하다. 우선, 전기 분해 용액 안에 들어있는 금속에 아연을 입히기 위해서 전기를 사용하는 것이다. 이러한 전기 아연도금은 지속적인 가열냉각 이후에 냉연강판(cold rolled strip)의 방식을 사용하고, 이 산품은 EG로 단축되어 나타낸다. 또 다른 아연 코팅의 방식은 차갑게 구부러진 조약을 녹은 아연 용액에다 가열 냉각시키지 않고 푹 잠그는 것이다. 철강이 나타나면서, 아연 코팅의 두께를 정하고 조절하는 데 여러가지 방식이 사용되어 왔다. 이러한 공정으로 탄생한 제품을 GI라고 부른다. 철판이 부가적인 가열냉각 단계를 거치게 되면, 그 결과는 GA라고 불리우는 완벽하게 합금된 아연철이 된다. 높은 부식방지도의 특성과 가격 우수성을 보이는 아연 코팅 철강, 특히 GA는 일본에서 자동차 외장 패널에 많이 쓰이는 가장 주된 제품이 되고 있다.

위의 일반적 과정은 철강산업에 있어서 가장 주요한 디자인이다. 따라서 여러 다른 응용을 위한 제품은 화학적 구성의 디자인과 각각의 단계에서 통제되는 가공 요인을 통해서 제조될 수 있다. 자동차 생산업체와 같은 최종 사용자가 요구하는 기능적 품질 요건은 매우 다측면적이며, 엄밀할 때 공정은 복잡해질 수밖에 없고 이는 결국 철강 생산의 상부와 하부 과정의 상호작용을 낳을 수밖에 없으며 철강 생산자들의 통합적 능력을 요구한다. 다음의 두 가지 사례는 이러한 관점에서 비교우위를 가지는 예들이라고 할 수 있다.

2. BH(Bake Hardenable) 철강

후드, 차문, 차체와 펜더와 같은 자동차의 외장 패널은 돌에 튕겨도 잘 구부러지지 않을 정도의 내성을 가져야 하고, 마지막 공정 과정에서 지문 자국이 남지 않을 정도의 저항성을 가져야 하며, 그 복잡한 모형은 인장(deep drawing)과 스트래칭(stretching)과 같은 가공 방식에 잘 견디는 성격을 가지는 물질을 요구한다. 이러한 다중의 기능적 요구조건은 상충하는 성질을 가지고 있다. 구부러짐에 대한 저항성은 높은 항복강도를 요구하는 반면, 압축기에서 모양 뒤틀림을 방지하기 위한 표면 품질에는 240Mpa 이하의 항복 강도가 필요하다(Takahashi, 2003). 구부러짐에 대한 저항성이 항복강도와 두께의 함수라고 한다면, 연료 효율성을 증진시키기 위해서 차체의 무게를 감소시키려 하다 보면 내구성이 높은 물질보다는 후자의 비중을 줄이게 된다. 이때 BH 철강이 제조 이전에는 계속해서 "유연하면서도", 그러나 프레스 스탬핑과 베이킹 도료 작업을 거치면 강한 항복강도를 보이는 "견성의" 특징을 지니게 되는 성질을 보이기 때문에 이러한 모든 요구조건들을 다 만족시키게 된다. 1980년대 초반에 일본 철강업자들에 의해 발명된 BH철강은 전세계의 자동차 생산업자들에게 채택되었다.

이렇게 서로 모순되는 요구조건을 동시적으로는 아니더라도, 순차적으로 모두 충족시키는 BH 철강의 특징 뒤에 있는 기제는 실제로 야금술에서 변형시료(strain aging)로 알려진 현상을 활용하는 것인데, 이는 탄소 원자와 철 결정구조에서 일어나는 전위(dislocation) 현상 간의 상호 반응을 반영한 것이다. 전위란 단순히 한 층에서 몇몇 원자가 빠져버린 격자 모양의 수정 구조에서 나타나는 이탈 현상을 이른다. 전위의 구조적 불안정성으로 말미암아, 외부의 힘을 받았을 때 움직이는 것이 매우 쉬워진다. 이 움직임은 원자의 대다수에는 영향을 미치지 않고 구조의 각 층에서 거대한 규모의 운동을 요구하지도 않는다. 금속 물질의 모양을 변형시키는 것이 바로 이 전위 현상의 움직임이다. 전위 현상의 움직임이 쉬워지면 쉬워질수록, 금속은 더 쉽게 두들겨 펼 수 있는 연성의 물질이 된다. 한편 철의 수정 구조에서 전위 이동이 어려워지게 되면, 철강 물질은 더 경직되고 딱딱해 진다. 전위 이동을 가로막는 한 가지 요인은 외부의 힘에 의한 변형 과정에서 나타난 전위의 축적 현상 때문이다.

전위의 수나 밀도가 증가할 때 이들 전위 현상이 서로 상호작용하여 얽히게 되면, 더 이상의 전위 이동이 일어나기 어렵게 된다. 또 다른 요인은 탄소나 질소가 전위 현상 주변에 뭉쳐서 작용하고 고온과 지속 시간과 같은 조건하에서 비워진 자리를 메우려는 특징이 있다는 것과 관련되어 있는데, 이는 결과적으로 수정체 구조의 안정성을 가져온다. 변형시효의 현상은 전위를 고착화하는 과정을 가리킨다. 따라서 BH 효과는 압연(stamping) 전위 현상을 안정화시키는 것이 아니라, 페인트 도료 과정에서 전위를 촉진시키도록 하는 철강 내 탄소와 질소의 적절한 비율을 유지했을 때 달성될 수 있다. 탄소 용액의 농도가 너무 낮으면 BH 효과를 저지할 수 있고, 농도가 너무 높아지면 철강이 실내온도 하에서는 경직될 여지가 있다. 소위 실내온도 노화로 불리는 이 노화현상으로 인해, 철판이 압연과정 중에 부서질 수도 있다.

실제로 BH 철판을 만드는데 약 10ppm정도의 탄소 용액이 유지되어야 한다. 그러나 애닐링과정(annealin g process)에서는 탄소 용해 용액의 농도가 아주 작더라도, 인장과정에서 가형성(formability)을 악화시킬 수 있다. 이러한 상쇄(trade-off)의 성질을 가지고 있는 문제를 해결하기 위한 한 가지 대안으로 니오브(niobium)를 첨가하여 애닐링 과정 전에 화합물 형태의 탄화 니오브를 추출하는 것이다. 이 탄화 니오브 원자 비율은 조정을 위한 또 하나의 중요한 기준이 되는데, 왜냐하면 이 원자가 애닐링 온도, 철강 물질의 경화성(bake-hardenability) 및 가형성과 밀접하게 관련되어 있기 때문이다.[2)] 원자의 비율을 1.0 정도로 유지하고 애닐링 온도를 850도 이상으로 유지했을 때, BH(bake-hardenability)와 가형성을 달성할 수 있는 것으로 나타났다(Sato et al., 1991).[3)]

따라서 BH 철강의 제련과정은 탄화 니오브 비율이 1.0정도이며 탄소의 비중이 매우 낮은 물질로 시작되어, 탄소와 질소가 탄화수소 및 AIN에서 축출되는 열간압연기(hot rollin g mill)를 통과하게 된다. 냉간압연(Cold rolling)과 750이 넘는 가열을 거치고 나면, 철판은 이 온도 즈음에서 Nbc와 AIN 기준을 만족하는 재결정 조직 특징(recrystalization texture)을 보유하게 된다. 그러나 온도가 계속해서 850도 이상으로 상승하게 되면 Nbc는 녹을 것인데, 탄소 용해 용액이 필요하게 된다. 철판 조직이 그 정도의 온도 수준에서는 매우 안정적이기 때문에 탄소 용해 용액은 이에 어떠한 영향도 미치지 않게 된다. 게다가 AIN 역시 그 결속 온도 가 더 높기 때문에 900도가 넘는 온도에서는 안정적이다. 마지막으로 제품에 탄소 용액을 남기기 위해서, 매우 결정적인 단계는 1초당 평균 40도 정도로 철판을 매우 빨리 냉각시키는 것이다. 냉각 과정을 천천히 진행하면, 탄소 용액을 니오브와 다시 결합시킬 수도 있다.

이를 공정의 과정에 적용시켜보면, BH 철강을 제조하는 과정은 다음

---

2) 이 탄화수소 원자 비율은 애닐링 온도와는 양의 관계를 가지고 있다. 애닐링 온도가 일정할 때, 탄화수소의 비율이 낮을수록, 더 낮을 BH 효과를 가져올 수 있다.

3) 이어지는 묘사는 JFE 기업의 자료에서 뽑은 것인데, 데이터는 단순 참고용이다.

과 같이 요약될 수 있다. 우선, 뒤틀림과 패임에 대한 저항성을 높게 유지하면서 동시에 가형성도 높인다는, 서로 충돌하는 두 가지의 목표를 동시에 달성하기 위한 기제는 변형 시효 기제의 활용으로 이해될 수 있으며, 더 나아가서는 철강 물질 내에 있는 탄소 용해 용액의 수준을 적절하게 유지하는 것으로 이해될 수 있다. 둘째로, 탄소 용해 용액의 수준을 적절하게 유지하기 위한 기준은 전체 공정 과정에 분배되어 있다. 2차 정제의 상류 진공가스 제거기는 탄소 내용물을 약 10ppm정도로 실현할 수 있지만, 이러한 직접적인 방법은 하류의 애닐링 과정에서 요구하는 품질을 달성할 수 없게 한다.

이 문제를 풀기 위해서, 노디움과 같은 부가적 첨가물이 애닐링 이정에 탄소 원자와 결합할 수 있도록 첨가된다. 이 탄화노디움의 비율은 애닐링 온도와 양의 상관관계를 가진다. 게다가 애닐링 온도가 일정하게 유지되면 탄화 노디움의 비율이 낮으면 낮을수록, 더 낮은 정도의 BH효과를 달성할 수 있다. 닫힌 인과관계 고리를 형성하는 이러한 원칙을 기본으로 하여, 탄화노디움의 비율, 가열 롤링의 온도 및 애닐링, 그리고 애닐링 과정에서의 쿨링의 속도 등은 매우 정확하게 통제되어야 한다. 따라서, 공정의 여러 과정에서 나타나는 이러한 변수들 간에 나타나는 상관관계는 BH 철강의 아키텍처 과정이 매우 핵심적이라는 것을 나타낸다.

이미 20여 년 전에 발명되었지만 다른 생산업자들은 이 방법을 여태껏 거의 도입하지 않았음에도 불구하고, 이렇게 BH 철강 생산은 일본 차 생산업자들에게 있어서 매우 경쟁력이 있는 분야이다. 비용에 있어서 경쟁력을 확보할 수 있도록 항복 강도를 매우 높게 유지하는 데에 더하여, 일본의 자동차 생산업자들은 특히 노화 현상이 덜한 제품을 만드는데 있어서 전문 지식을 갖고 있다. 철판에 잔존해있는 탄소 원자가 철 수정 구조 내의 전위 현상을 확산시키는 경향이 있기 때문에, 철판은 일정 기간 이상 저장된 이후에는 실내온도 하에만 있어도 더욱 단단해지게(노화) 된다. 이 과정을 통합시키는 일본 자동차 생산업자들의 노하우는 결국 이 물질들이 3달 가량 정도 노화되지 않게 했는데, 이는 해외에서의 일본 철판의 수요를 늘리는 데 기여했다.

3. 표면처리된 철강: Galvannealed 제품(GA)의 사례

표면처리는 철강 생산 전반적인 과정을 소개할 때 도입된 것과 같이, 냉각 과정 이후에 철판 양쪽 측면에 아연 코팅을 하는 것을 의미한다. 부식 저항도는 결국 표면처리의 한 함수 중 하나인데, 아연이 부식 물질에 대해 장애물이 되어 코팅 부분이 철강 대신 상하기 때문이다.[4] 표면처리된 철강은 특히 자동차의 외부 차체에 적당한데, 이는 부식 저항도 때문만이 아니라 외부적 모양이 심미적으로도 보기 좋아야 하기 때문이다. 일본에서 GA 철강을 생산하는 용융합금(hot dip galvanneal) 코팅법은 주된 방법이 되어왔다.[5] 철판을 코팅 용액에 통과시키고 난 이후에 아연욕조(in-line) 처리법이 실시되는데 이 방법을 통해서 용융(molten) 아연 코팅이, 철이 높은 온도에서 철강에서 코팅으로 이동하기 때문에 아연-철강 합금으로 전환된다.

부식 저항도는 코팅의 두께와 비례하기 때문에 철강의 코팅이 두꺼울수록, 부식이 심한 대기 환경에서는 더 좋은 결과를 가져올 수 있다. 그저 두꺼운 코팅을 입히는 기술은 그다지 어렵지 않지만, 정작 자동차 생산업자들은 가형성(formability), 용접성(weldability), 그리고 도료성(paintability)과 같은 제조상이 특질도 고려해야 한다는 것이 어려운 일이다. 아연-철 합금 표면처리는 실제로 기본적인 철강보다 더 견고하며, 코팅의 높은 전기

4) 아연의 부식속도는 공기중의 철 물질에 비해 한참 낮다. 따라서, 아연은 철판과 외부 환경 사이에서 장애물로 작용할 수 있다. 이러한 아연 코팅의 "희생적 성격"은 사실, 아연이 손상될 때, 아연이 철강을 보호하기 위해서, 부식 과정에서 대신 부식된다는 것을 의미한다.

5) GA가 일본에서 주된 방법이 되었다는 것은 이것이 GI나 EG보다 더 좋은 물질의 성격을 지녔다는 것을 의미하는 것은 아니다. 일본에서 이는 단지 제조상의 장애물(경제적, 환경적 고려)을 고려한 만족할만한 해답이었다.

적 저항성과 높은 견고함 그리고 녹는점이 더 낮은 상황에서도 좋은 용접을 가능하게 하기 때문에, GA가 지점 용접성을 증진시킬 수 있다. GA의 또 하나 주된 특징은 그 코팅의 접착성이 더 좋다는 것과 도료가 훨씬 더 쉽다는 것이다. GA 표면의 어두운 회색은 페인트를 매우 쉽게 받아들일 뿐만 아니라, GA는 페인트가 칠해진 이후에는 합금 표면과 페인트 간의 양립가능성이 매우 높기 때문에 페인트와 시너지 작용을 일으켜 오히려 그 성능이 좋아진다. 합금 표면의 견고성은 또한 핸들링과정이나 다른 제조상의 손상 중에 생길 수 있는 흠집에 대한 저항성을 제공해준다.

그럼에도 불구하고, G A 합금 표면이 더 견고하고 상대적으로 부서지기 쉬우면 쉬울수록 GQ은 가형성과 관련하여 문제를 야기할 수 있다. 딥 드로임에 의해서 복잡한 형태로 형성되었을 때, 코팅은 복합적인 녹의 결과로 인해 철강에서 벗겨져 나올 수 있다. 코팅 물질과 염색체 사이의 마찰적 저항성은 이러한 파우더링 현상을 야기한다. 코팅이 두꺼우면 두꺼울수록, 더많은 파우더링이 보일 수 있다. 따라서 BH 철강의 경우에서 보였던 비슷한 상쇄(trade-off)의 상황이 여기에서도 보이는 것이다.

코팅의 접착성과 가형성 간에 생길 수 있는 균형을 맞추기 위해서, 합금 반작용에 대한 적절한 통제가 필요하다. 높은 온도 하에서, 철강 내에 있는 철이 아연으로 퍼져나가 합금의 수정 모양을 만들기 때문에 철강과 가까운 측면에서는 철의 집중도가 매우 높고, 코팅의 표면에서는 철의 집중도가 낮다. 가열 정도가 부족할 때는 합금 내에서의 철의 집중도가 낮아서, 결국 코팅과 염색체 사이에서의 마찰적 저항성을 야기할 수 있다. 반대로 열이 너무 많이 주어지면, 철의 집중도가 너무 높고 코팅이 너무 쉽게 부서질 가능성이 있어서 파우더링 현상이 생길 수 있다. 이러한 방식으로 만약 핫 딥 아연 코팅이 계속해서 가열되면, 이것은 98퍼센트의 철과 2퍼센트의 아연으로 구성된 안정된 상태에 이르게 된다. 이렇게 적절한 합금을 만들게 되었을 때, 이 과정은 안정상태에 달하는 것보다 훨씬 더 일찍 중단될 수 있다. 따라서 시간과 온도 조건(가열 온도와 속도)을 적절하게 유지하는 것이, 합금 코팅에서의 철과 아연의 적절한 비율을 구축하는 데 있어서 가장 필수적인 것이다.

가열 조건 통제의 요건 외에, 합금 반작용은 또한 철의 화학적 구성과 철과 아연의 반작용 시간을 통제하는, 코팅 용액의 알루미늄 밀도에도 달려있다. GA 철강의 기능은 이러한 조건이 변하면 매우 달라질 것이기 때문에 핫 딥 코팅과 재열처리 과정뿐만 아니라, 금속의 재질이 결정되는 제강, 압연 과정도 변수가 될 수 있다.

오히려 더 복잡한 과정은 경과특성(bake hardenablity)을 가진 도금 철강(galvanized steel)을 생산하는 것이다. BH 철강을 만드는 상호작용하는 지표들 간의 연결되어 있는 문제를 해결하는 것 외에도, GA가 제공하는 부가적인 기능은 이 공정의 과정을 더욱 확대시킬 것이며, 통제에 있어서 새로운 기준을 더할 것이다. BH 효과가 철강 내에 있는 탄소 용액의 양에 달려있기 때문에 BH-GA철강을 만드는 효과적인 방법은 계속되는 갤버닐링(galvannealing) 과정에서의 재열처리 과정에서 나타나는, 노디움과 철의 반응으로부터 생기는 탄소용액의 양을 적절하게 유지하는 것이다. 온도를 정확하게 유지하는 것이 이 과정에서 매우 필수적이다. 850도 가량에서 450도 가량까지 온도를 급속하게 냉각시킨 후에, 400~600도 정도로 철강 및 아연합금으로 다시 열처리 된 steel stripe는 탄소 용액 내에서 별 변화를 보이지 않는다. 이와는 대조적으로, 물질이 750도 혹은 300도 정도의 온도로 냉각되었을 때 BH 효과는 악화된다(Sato, et al., 1991). 게다가 철 원자가 용해된 탄소 원자와 결합하는 것을 막기 위해서, 500도에서 200도 가량으로 급속하게 냉각시키는 것은 합금 반작용 이후에 있어서 중요한 과정이라고 할 수 있다.

따라서 GA 철강의 공정 아키텍처는 다면적인 특성을 가지고 있는 기능적 요구사항들이 불가피하게 상충될 수 밖에 없는 제약조건을 야기하며, 동시에 공정 과정의 상류 및 하류의 과정을 조정하는 통합적인 접근방법이 매우 필수적이라는 점에서 BH 상품의 공정과 매우 비슷하다. 특히 GA가 자동차의 외장 패널에 사용될 때 심미적 외양과 같은 특징들은 기술적 기준에 의해서 명백하게 정의되어 묘사될 수 있는 것이 아니기 때문에 결국, 그 성공 여부는 소비자의 감각적 평가에 달려있다고 할 수 있다. 이러한 딱히 뭐라고 규정지을 수 없고, 암묵적으로 나타나는 평가의 성격은 통합적 제조과정의 노하우와 더불어서, 일본이 20년 이상의 기간 동안 철강업자들 가운데에서 경쟁적 우위를 유지할 수 있었던 가장 핵심적인 요소로 간주된다.

4. 논의

BH(bake hardenable) 철강과 갤버닐드(galvannealed) 강은, 인티그럴 공정 아키텍처의 특징을 잘 보여주는 두 가지 예라고 할 수 있다. 소비자나 자동차 생산업자들이 요구하는 다측면적인 기능적 요구사항은, 몇몇 요소들과 그들 간의 상호작용이 여러 측면에서 통제될 필요가 있다는 점에서 공정과정의 복잡성을 증가시킨다. 이처럼 증대된 복잡성은 철강 제조 과정에서 조화와 통합의 보다 정교화된 능력을 요구하는데, 유체 흐름의 빠른 속도를 온도로 통제하는 것, 롤링 과정을 기계를 이용해 통제하는 것과 24시간 동안 지속되는 안정적인 품질 검증 과정에서의 노하우가 바로 그것이며, 이러한 노하우는 오랜 시간에 걸쳐서 축적되었다.

조직적 배경에 배태되어 있는 다양한 노하우는 관습적인 특징을 가져온다. 일본의 철강생산업자들은 종신근로제(life long employment)의 관행과 직장내 훈련(on the job training), 순환근무 등을 통해서 이러한 조직적 차원의 통합적 능력을 갖추는 데에 성공했다. 우리의 사례 연구에서 보여진 바와 같이, 인티그럴 공정 아키텍처의 특징과 생산 노하우의 암묵적인 성격으로 인해서 BH 철강이나 GA 철강과 같은 고품질의 최종 생산물을 생산함에 있어서 일본의 철강업자들이 가지고 있는 경쟁적 우위가 외부에서 모방하거나 기술이 이전되는 데에 있어 상당한 장애 요인이 존재한다는 것을 알 수 있다. 이는 조직적 능력의 특징이 공정 아키텍처와 상당한 연관성이 있기 때문에 한 회사의 경쟁력에 지대하게 영향을 미칠 것이라는 우리 연구의 명제와도 일맥상통하는 것이라 하겠다.

이 점은 포스코의 역량 불균형(capability disparity)의 문제를 간략하게 검토만 해보아도 더 분명하게 나타난다. 비록 포스코가 일반적으로 사용될 수 있는 상품을 대량생산하는데 있어서 가장 수익을 많이 내는 생산업자라고 할지라도, 여전히 고품질의 최종 생산물을 제조하는데 있어서 이 회사는 추격단계(catch-up stage)에 머무르고 있다. 더 흥미로운 것은 1970년대의 포항 공장의 건설이 일본 그룹(주 니폰 철강회사와 NKK로 이루어진)과 완성 인도 방식 즉, 턴키(turnkey) 계약을 통해 이루어졌다는 점이다. 이 공장의 외양은 당시 일본 생산업자들이 사용했던 형태의 가장 진보된 모양의 복제품이나 다름이 없었을 뿐만 아니라, 이때 일본식의 경영 기법도 한국에 도입되었다. 포스코의 두 번째 공장인 광양 제철소 역시, 일본과 유럽에서 수입해온 최첨단 기계류를 수입해왔고 일본의 제철소가 그러하듯이 해안가에 지어졌다. 여기에서 의문점이 생기는 것이다. 이처럼 초기의 조건이 일본과 그토록 비슷했음에도 불구하고 어떻게 포스코는 일본 기업과 그처럼 다른 발전의 과정을 경험할 수 있었던 것일까?

그 이유는 바로 공정 아키텍처의 성격과 포스코의 포지셔닝 전략에 달려 있다. 장비 활용을 가장 주요한 전략적 목표로 두면서도, 이 회사는 선박제조와 건설업에서 요구하는 수요를 맞추기 위해서 제작된 상품을 생산하는데 집중하기로 결정을 내렸다. 이러한 사용의 요구하는 기능적인 특징은 자동차 외장 패널에 사용되는 철강과 비교했을 때 그렇게 복잡하고 엄격하지 않기 때문에, 포스코는 정규적인 원칙에만 입각하여도 해답을 찾아낼 수 있었다. 게다가 제품의 품질 개선 문제는 철강 생산의 여타 단계와 굳이 조정되지 않아도되는 특정 공정 과정을 찾아내 그 정확성이 증진되면 해결될 수 있었다. 진공탈가스설비가 혁신적으로 철강 물질을 정화시키고 탄소 물질을 20ppm보다 낮은 수준으로 저하시켰던 것은 이러한 한 가지 예라고 할 수 있다.

롤링 기술을 업그레이드시킴으로써 제품의 정확성을 증진시킬 수 있다고 보는 것은 또 다른 문제이다. 디지털 통제 기술의 발전은 이러한 측면의 기술 구축을 더 촉진시켰다. 업계의 용어를 빌려 말하자면, 이러한 정밀한(pinpoint) 업그레이드를 통해 품질을 향상시키는 것은 모듈러 공정 아키텍처의 특징으로 볼 수 있다. 그 결과, 규모의 경제를 달성하는데 필요한 몇몇 아이템을 선정함으로써 포스코는 가장 효율적인 생산 과정과 동시에 놀라운 가격 경쟁력을 달성할 수 있었다. 포스코가 특정 분야에 사용될 수 있는 자동차 관련 철강을 생산할 수 있는 능력은 되지만, 반대로 기능적 요구조건이 그렇게 까다롭지는 않지만 가격 구조가 더욱 강조되는 특정 제품에 관해서, 수출용으로 제작되는 자동차의 외장 패널을 제작하는데 사용되는 고품질의 최종 생산물을 제작할 수 있을 만큼 충분히 경쟁력있는 조직적 능력을 축적하지는 못했다.

중국의 철강산업의 경우, 생산능력을 구축해나가는 과정이 한국의 생산업자들이 밟았던 과정과 매우 비슷하다. 중국에서 생산하는 철강제품의 70퍼센트 이상이 건설업과 같은 저차원 목적으로 위해 사용되며, 자동차와 관련된 철판은 심각하게 수입에 의존하고 있다. 중국만이 가지고 있는 특징적인 역사적 경로와 제도적 환경은 또한 중국이 해결해야 하는 특별한 문제를 만들어냈는데, 예를 들면 산업의 집중도가 극도로 낮다거나 회사가 전국적으로 산재해서 불규칙적으로 자리잡고 있는 문제 등이 그것이다.

따라서 동아시아의 회사들이 어떤 위치에 어떻게 자리잡는가 하는 것과 관련된 포지셔닝 전략은, 상품에 따라 각각 다르게 필요한 공정 아키텍쳐 과정과 부합하는 역량을 축적하는데 있어 나타나는 서로 다른 경로를 이끌어냈다. 이 종류의 특화과정은 또한 기업 내의 기술 협동과 역내 교역과 관련한 미시적 기초를 구축하였다.

자동차 시장이 급격하게 팽창하면서, 한국과 중국 양국의 철강 생산업자들은 또한 자동차의 사용에 특별하게 맞춤생산된 고도의 최종생산물과 관련된 경쟁력을 강화하기 위해서 특별한 노력을 기울이기 시작했다. 포스코는 자동차 철강을 그 회사의 가장 중요한 4개의 전략적 제품의 하나로 삼았고 바오스틸 주식회사(Bao Steel Corporation)와 닛폰 철강 주식회사(Nippon Steel Corporation), 광저우 철강 주식회사(Guangzhou Steel Corporation)

와 JFE는 중국에서 조인트 벤처를 구축하여 자동차 외장 패널에 사용되는 표면처리된 철강을 생산하기로 했다. 이는 일본의 생산업자들이 국내 기업이 아닌 해외 기업에 합금화용융아연도금(galvanized and galvannealed)하는 기술을 이전하기로 했다는 점에서 매우 연대기적인 의미를 가지고 있다. 이들 기업들의 동적인 발전 경로는 수렴 현상을 보여줄지도 모르지만, 경로의존성의 효과와 조직적 역량을 축적하고 통합시켜 가는데 있어서 내재되어 있는 논리의 효과가 이들 철강 생산업자들의 특징을 각각 구별시키는 면이 될 것이다.

IV. 결론

공정 아키텍처의 개념을 공식화하고 나서, 우리는 그 틀을 사용하여 동아시아에서 생산되는 자동차체에 필요한 철강 생산과 관련된 수평적 분업구조를 설명하기 위해서 노력했다. 특별히 소부경화형(bake hardenable) 철강과 표면처리된 철강 생산과 관련된 전문성에 대한 사례 연구를 통해, 일본의 생산업자들이 인티그럴 공정 아키텍처와 부합하는 조직적 역량을 보유하고 있다는 것을 알 수 있었다. 반면, 포스코와 몇몇 중국의 기업들은 상대적으로 모듈러 공정 아키텍처를 통해 일반적 목적을 가진 제품들을 생산하는데 초점을 맞추고 있지만, 최신식의 기계를 도입함으로써 기본적인 기술적 역량은 상대적으로 짧은 시간 안에 상승할 것으로 생각된다. 따라서 공정 아키텍처에서 나타나는 차이점과 조직적 역량을 축적하는 경로는 결과적으로 동아시아의 역내에 위치하고 있는 기업들이 서로 다르게 자리를 잡아가는 과정에 영향을 미치고 있는 것이다.

포스코와 중국의 생산업자들이 최근 철강과 관련하여 고품질의 최종 생산물을 생산하는데 참여하기 시작한 것은, 제품의 범위가 점진적으로 오버랩되기 시작하면서 기업들의 발전 경로가 서로 수렴하게 될지도 모른다는 것을 보여준다. 한편, 자동차 생산업자들이 필요한 물품을 전 지구적으로 조달하는 것은 철강 생산업자들 간의 경쟁이 점차로 더 심해진다는 것을 의미한다. 그럼에도 불구하고 자동차 생산이 매우 안정적으로 이어지고, 사용되는 철강의 종류가 매우 다양한 것은 여전히 기업내부적 협동의 여지를 제공할 것이며, 기업들은 여기에서 각각 다른 위치에서 그에 걸맞은 역할을 찾을 것이다. 기업들이 비교우위를 가진 분야에서 전문화되는 동안에는 상호 성장과 발전을 성취할 수 있을 것이다. 공정 아키텍처의 관점에서 자동차 철판생산과 관련된 몇몇 생산업자들을 연구했보았더니, 거의 200여 년 전에 데이비드 리카도(David Ricardo)가 그린 밝고 아름다운 그림이 우리 마음속에 다시 떠오른다는 것을 알 수 있었다.

|참고문헌|

Aoki, A., and Ando, H. 2002. *Modularity — the Nature of New Industrial Architecture.* Toyo Keizai Shinhosya (in Japanese).

Baldwin, C. Y. and Clark, K. B. 2000. *Design Rules. Volume 1: The Power of Modularity.* Cambridge, MA: MIT Press.

Fujimoto, T., Takeishi A., and Aoshima, S. 2001. *Business Architecture: Strategic Design of Product, Organization and Process.* Youhigaku (in Japanese).

Fujimoto, T. 2003. "Essay on the feasibility of formalizing Japanese-style Process industry — Process architecture and competitiveness." Manufacturing Management Research Center Discussion Paper No. 1.

Langlois, R. N., and P. L. Robertson. 1992. "Networks and innovation in a modular system: Lessons from the microcomputer and stereo component industries." *Research Policy,* 21, pp.297-313.

Sato, S., Okada, S., Kato, T., Hashimoto, O., Hanazawa, T., and Tsunekawa, H. 1991. "Development of bake-hardening high strength cold-rolled sheet steels for automobile exposed panels." Kawasaki Steel Technical Report, Vol. 23, No. 4, pp.293-299.

Takahashi, M. 2003. "Development of high strength steels for automobiles." Nippon Steel Technical Report, No. 88, July.

Ulrich, K. 1995. "The role of product architecture in the manufacturing firm." *Research Policy.* Vol. 24, pp.419-440.

Ulrich, K., and S.D. Eppinger. 1995. *Product design and development.* New York: McGraw-Hill.

동아시아 자동차 산업의 경쟁적 리더십을 위한 협력

김진국
|건양대학교 교수

I. 도입

국가들이 특정 산업에서 경쟁적 리더십을 점유하기 위한 협력의 방법으로는 자유무역 협정, 정부 지원 공동 연구·개발 등 다양한 방법이 존재한다. 또한 사기업 간에도 생산, 마케팅, 유통망 등에서 전략적 제휴와 공동 연구개발과 같은 협력이 존재한다. 미국 자동차 업체들은 자동차 산업은 구산업이자 사양산업으로 인지하고 있으나, 일본, 한국, 심지어 중국에 있어 자동차 산업은 고용, 국내 총생산 기여도, 시가총액의 면에서뿐 아니라 기술 지배력(technology leadership)에 있어 국가의 간판산업이라 할 수 있다.

따라서, 일본, 한국, 중국 정부는 타경쟁자에 대한 경쟁우위 유지에 상당한 관심을 가지고 있으며, 현재 자동차 산업이 생산과 가치사슬(value-chain)에 있어 패러다임의 급격한 변화를 맞이하고 있음을 고려하면 이러한 관심은 더욱 두드러지는 것이다. 무엇보다, 석유자원의 고갈과 오염문제로 인해 새로운 재생가능 에너지 자원에 대한 연구가 매우 활발히 진행되고 있으며, 수십 년 내로 오염없는 전지연료 자동차가 상용화될 것으로 기대된다. 그러나 이는 매우 위험성이 높은 사업이어서, 각 정부와 대형 자동차 업체들은 이 분야 연구·개발의 적극적 투자를 꺼리고 있지만, 현 시점은 자동차와 가치사슬(value-chain)의 전통적 개념을 바꿀 때라고 할 수 있다.

본고는 세계 자동차 시장에서 동북아시아 자동차 산업이 경쟁적 리더십을 확보하기 위한 협력전략을 고려하려 한다. 이의 분석을 위해서 II, III절에서 자동차 산업의 현 상황과 미래 전망을 살펴보고, IV절에서 세계 자동차 시장에서 경쟁력 우위(competitive leadership)를 확보하기 위해 세 나라가 무엇을 함께 할 수 있는지 분석해 보겠다.

II. 세계 자동차 산업의 현 주소

1. 개관

스파즈와 누네캄프(Spatz and Nunnekamp, 2002)는 논문 "자동차 산업의 세계화 압력하의 전통적 지위?"라는 논문에서 자동차 산업이 비록 기술적으로 진보하였으나, 저소득 국가들이 세계 분업 구조에 편입됨에 따라 기존 자동차 생산국에 경쟁의 압력이 가해지게 되었다고 분석한다. 아시아, 라틴 아메리카, 중·남부 유럽에서 새로운 완성차 업체가 등장하였을 뿐 아니라 이러한 세계화의 과정에서 기존 자동차 생산국의 미숙련 노동자들과 노동집약적 유관산업의 종사자들이 임금과 고용에 있어 피해를 입었다고 주장하였다. 또한 이들은 치열한 경쟁적 환경하의 구조조정이 독일, 일본, 미국에서 각기 다른 형태로 나타났으며, 미국의 경우 노조의 강력한 반발로 거의 이루어지지 않았다고 주장하였다.

스파즈와 누네캄프의 분석은 세계 자동차 시장이 선진국뿐 아니라 저임금과 국내시장 성장의 덕을 보는 개발도상국으로 확대되는 등 세계화되고 있음을 보여준다. 세계 자동차 산업의 생산량은 6,000만대의 승용차와 트럭을 생산하며 수 백 만 명을 고용하고 있다. 자동차는 세계 석유소비의 절반가량을 차지하며 세계 고무생산의 50%, 유리의 25%, 15%의 철강 소비 점유율을 보이고 있다. 이러한 점을 고려할 때, 선진국 중 자동차 산업이 국내 총생산의 10%를 차지하는 경우도 있는 것은 결코 놀라운 일이 아니다.

그러나 20세기 자본주의를 개척하고 조형해 온 100년 역사를 자랑하는 자동차 산업은 현재고전을 면치 못하고 있다. 평균 수익률은 초창기인 1920년 20%에서 60년대 10%, 현재 5%로 떨어져 있는 상태이며 몇몇 제조업체는 적자를 기록하고 있을 뿐 아니라, 현대 경제에서 차지하는 중요성에도 불구하고 주식시장에서의 중요도는 거의 상실한 상태에 있다. "자동차 산업은 전반적으로 사양산업이 되어가고 있으며, 고용·정치적 영향력과 같은 사회적 영향력에 반하여 자산의 측면에서는 이미 사양산업이 되었다"고 맥스톤(Maxton)과 워멀드(Wormald)는 신간 *Time for Model Change*에서 자동차 산업의 현주소를 진단하고 있다.

2004년 9월 2일 이코노미스트지는 유럽 주식시장 자본총액에서 자동차 산업이 차지하는 비율이 1.6%, 미국 주식시장의 경우 0.6%에 불과하여, 20년 전 각각 3.6%, 4%에 비해 현격히 감소하였다는 2년 전 독일중앙은행(Deutsche Bank)의 보고서를 실었다. 비록 포드와 같은 기업이 회사채시장에 지배적 영향력을 행사하기는 하였으나, 자동차 기업의 부채는 정크본드에 근접할 정도로 심각한 상태에 있어 이에 따른 값비싼 비용을 지불해야 했다. 그러나 일본의 경우 세계 최강의 생산 업체인 도요타의 성공과 르노-닛산의 회복에 힘입어 미국과는 다른 상황하에 있다. 오늘날 자동차 산업은 몇몇 세계적 브랜드를 가진 대량 생산, 대량 마케팅, 대량 소비의 전형이라 할 수 있다.

이코노미스트지는 자동차 산업을 바꾸는 강력한 힘이 작동하고 있다

〈표 1〉 세계 유수 자동차 업체 (2003)

	Global vehicle units sold, m	Sales $bn	Market cap $bn, Latest
General Motors	8.59	185.5	23.3
Toyota	6.78	153.1*	136.4
Ford	6.54	164.2	24.8
Volkswagen	5.02	98.4	12.2
DaimlerChrysler	4.36	171.9	41.8
PSA/Peugeot Citroen	3.29	61.2	14.3
Hyundai Automotive	3.05	38.9	9.0
Nissan	2.97	65.8*	47.1
Honda	2.91	77.2*	46.4
Renault	2.39	42.4	22.1

는 중요한 사실을 지적하였는데, 그 첫째는 시장의 분화에 따른 생산비 감소이고, 둘째는 주문이 아닌 재고를 고려한 생산을 함에 따라 야기되는 높은 비용에 대한 불만이며, 셋째는 특히 유럽과 미국 업체들이 즐겨 사용하는 방법으로써 부품 공급자가 보다 많은 부품을 조립·완성하는 혁신 모듈구조이다. 마지막으로 기계적 통제장치가 아닌 전기적 통제장치와 전기를 연료로 하는 전기 자동차로의 전환이다.

그러나 현재 변화의 가장 큰 원동력은 중·대형차 산업이 붕괴되어 조정을 필요로 한다는 것이다. 미국, 유럽, 일본 등 승용차·트럭 구매의 80%를 차지하는 시장이 성장을 멈추었으며, 유럽, 일본, 한국산 자동차의 미국시장 진출은 과잉공급을 낳았다. 더욱이, 미국 기업들이 경쟁에 대응하기 위해 생산성 향상을 도모함에 따라, 생산량도 3%증가하는 추세에 있다.

독일과 프랑스의 경우, 르노가 좋은 선례를 남기고 포드 유럽과 GM 유럽이 이를 따라하려는 움직임이 있으나 경직된 노동법이 중복 생산라인의 폐쇄를 촉진하였다. '게이레츠(系列, keiretsu)'로 명명되는 긴밀한 산업 협력이 몇몇 제조업에는 지나치게 경직된 구조임이 증명되었다. 도요타와 혼다만이 일본시장에서 선전하고 있으며, 이보다 규모가 작은 업체들은 일본 국내에서 적은 이윤 혹은 아예 이윤을 내지 못하여 유럽시장 진출에 골몰하고 있다. 대기업들마저 미국시장에 이윤 증대의 가장 큰 희망을 걸고 있는 실정이다.

여타 다른 세계는 혼재된 양상을 띠고 있다. 1997년 외환 위기는 한국 자동차 산업에 큰 타격을 가져다주어 현재 현대만이 독립적 기업으로 살아남았다. 브라질, 아르헨티나를 비롯한 남미 국가들의 경제 붕괴는 이들 국가의 자동차 산업 확장의 중단을 가져와 피아트와 같은 해외 투자가들의 시장 철수를 불어왔다.

중국의 활황은 모두를 흥분하게 하였으나 이 또한 관망할 필요가 있다고 보여진다. 비율의 엄청난 증가에도 불구하고 아직 중국시장의 연간 자동차 판매 액수는 세계시장의 1개월분에 해당하는 것일 뿐이다. 그러나, 정부의 자동차 수요 조정방침에도 불구하고 수요가 꾸준히 증가하고 있는 것은 고무적인 일이다. 과잉생산과 치열한 경쟁 상황하에서 모든 자동차 기업들은 스스로 보다 많은 노력을 기울여야만 경쟁사를 제치고 성장을 달성할 수 있다고 생각한다.

2. 미국시장에서 일본 자동차메이커들의 성공요인: 미국 자동차 기업의 문제와 변화

미국시장에서 자동차 판매는 1990년 이래 호황이 지속되었다. 통상 자동차 기업은 호황기 충분한 수익을 올렸다가 판매가 부진하기 시작하면 위축되는 양상을 보인다. 그러나 최근 판매가 지속적으로 높은 수준으로 유지되어 호-불황 사이클의 통상적 규칙의 실현 기간이 보다 확대된 것으로 보인다.

고정 비용이 높은 산업에서 자금 유동성의 유지를 위해 저가판매를 감수하는 경향을 보이는데, 9·11이후 GM이 그러한 전략을 취하였고 현재도 많은 기업이 이러한 전략을 취하고 있다. 그러나 수입 브랜드는 디트로이트 공장이 감내할 수 있는 할인가의 절반에도 끄덕없어 보이는데, 가격전쟁의 효과가 미국시장에 비대칭적으로 불리하게 형성되는 것은 몇 가지 이유에서이다. BMW, 메르세데츠, 볼보, 심지어 폭스바겐과 같은 브랜드도 자사 모델이 스타일리쉬하다는 이유로 고가정책을 취한 바 있다. 일본 제품 역시 딜러들 사이에서 안정성과 품질면에서 우수한 제품으로 인식되고 있다. 더욱이, 이러한 기업들은 고품질과 고생산성을 자랑하는 신규 공장을 미국 현지에 보유하고 있으며, 미국 기업들이 골머리를 앓는 고연금·의료보험료의 유산에 시달리지 않아도 된다.

그러나 최근 미국 자동차 시장에 일어난 가장 큰 일은 메르세데스, BMW와 같은 유럽 업체, 최근 현대의 선전과 함께 일본 기업의 점유율 확대라 할 수 있다. 1990년대 전반에 걸쳐 일본 기업들은 미국 자동차 시장 직접투자에 있어 31억 달러를 차지하였으며, 연간 110만대 생산, 1만 4,400명의 고용효과를 가치는 공장을 건설하였다. 북미 자유무역지대의 자동차 산업 투자를 연구한 캐나다 칼레톤(Carlenton) 대학의 멀롯(Molot)에 따르면, 이러한 투자는 공장이 건설되는 주정부로부터 약 8천만 달러에서 1억 달러에 달하는 보조금 지급을 유도하였다. 도요타, 혼다, 닛산과 같은 일본 자동차 기업의 효율성과 생산 리더십의 저변에는 보다 높은 생산성을 자랑하는 노동력과 시장에 더하여 미국 주정부의 투자 유인이 있었던 것이다.[1)]

---

1) 부가적으로 설명하자면, 자동차 산업에의 투자는 일본의 대미 투자가 붐을 이루었던 80년대에 이루어진 것이었기 때문에 가능한 것이었다. 당시 일본 자동차 업계의 대미 투자는 340억 달러에 달하여 연간 150만대 생산, 1만 8,700여명의 고용 유발 효과가 있었다. 이러한 투자 유인은 5천만~1억 달러

미국의 자동차 기업들은 나름대로 대일 투자를 확대해 나갔는데 포드의 투자는 마쯔다를 구했으며, 다임러-크라이슬러는 미쓰비시에 생명선을 제공했을 뿐 아니라, GM은 수백만 달러를 이스즈, 스즈키, 후지에 쏟아 부어 기술·자금적 지원을 제공하였다. GM의 미국 국내 시장 점유는 30년 전의 절반 수준인 30% 이하로 떨어졌으나, 이러한 대일 투자와 피아트·대우 주식 보유와 같은 세계적 족적은 세계 자동차 총생산의 4분의 1을 담당한다.

여기서 우리는 매우 흥미로운 결과를 볼 수 있다. 미국 자동차 산업을 대표하는 GM, 포드는 기업 인수·합병·전략적 제휴를 통하여 확장에 몰두한 반면,[2] 비용효율과 제품개발의 측면에서 산업전반을 주도하는 도요타와 혼다는 가격 경쟁력과 품질 리더십을 통하여 시장 수요에 부응하는 방향으로 독자적 확장에 주력하였다는 점이다.

3. 유럽 자동차 산업의 재편

기업 합병과 빅딜은 유럽 자동차 산업이 놀라울 정도로 건강한 상태를 유지할 수 있도록 하였다. 10년 전 유럽의 자동차 산업은 고전을 면치 못하고 메르세데스, BMW와 같은 프리미엄 모델은 아직 세계적 모델로 성장하지 못한 상태에 머물러 있었다. 폭스바겐은 스페인 기업 시트 인수와 독일 국내에서의 생산비용 증가로 쇠락하였으며, 르노의 볼보 인수 시도

의 가치가 있는 것으로 생각되며, 미국에서 생산되는 일본 혹은 유럽 메이커의 자동차 한대가 평균 1,000달러의 투자 유치효과를 가지는 것으로 보인다. 이들 기업들이 중서부 산업 지대의 오래된 공장에서 생산된 차들을 이동하는데 3,000달러 정도의 인센티브 혹은 할인을 제공해야 하는 미국 기업의 절반 수준의 혜택만을 제공하고서도 경쟁력을 유지할 수 있었던 것은 결코 놀라운 일이 아니다. 이러한 해외 기업의 생산은 연간 3백만 대에 육박하고 있으며, 이는 미국 국내 기업 생산의 5분의 1에 해당하는 것이다.

2) 이러한 협력과 제휴의 패턴은 지난 10년 동안 상당히 진척되었고, 많은 기업들이 많은 난관이 노정된 통합보다 합리적 방법으로 선호하고 있다.

〈표 2〉 유럽 자동차 시장 지표 (2004년 1월~6월, %)

Companies	Market Share
VW Group	17.5
PSA Group	14.4
일본	13.4
Ford Group	11.5
Renault	10.4
GM Group	9.7
Flat Group	7.7
Daimler Chrysler	5.1
BMW	4.4
Others	4.9

는 스웨덴의 저지로 무산되었다. PSA, 푸조, 시트로엥은 유럽에서 살아남기에 지나치게 작고 제약되어 있었다.

현재 BMW와 메르세데스는 세계시장에서 앞서나가기 시작하였으며, 폭스바겐은 수많은 문제에 직면하였음에도 불구하고 미국과 중국시장에서 장족의 발전을 이루었다. 푸조 역시 신장세가 뚜렷하였고, 프랑스 의존도도 상당부분 줄어들었다. 르노는 닛산과의 합작을 통해 산업의 전반적 지형을 바꾸어 놓았다. 종합하면, 피아트를 제외하면 유럽 산업은 놀라울 정도로 좋은 상태에 있다고 평가할 수 있다. 대서양을 넘어 크라이슬러와 합작한 다임러-벤츠의 야심찬 계획도 성과를 거두고 있는 것으로 보인다. 오직 피아트만이 손실을 기록하고 있다.[3)]

3) 피아트의 시장 점유는 2004년의 경우, 이탈리아 국내 시장에서도 30% 미만

III. 소비자 수요와 경영 시스템의 변화: 유연한 경영 시스템과 제품개발

모든 자동차 업체들이 자동차 1대당 조립 시간의 경우, 18~20 man-hours가 가능한 노동의 질을 보유한다면 적은 생산량이 큰 문제가 되지는 않는다. 모든 업체들이 해야 할 일은 생산 공장을 보다 유연하게 가동하여 소비자가 원하고 잘 팔리는 모델을 만드는 일이다. 이러한 구상은 상품개발, 마케팅, 생산공정을 보다 긴밀하게 묶는 것이다.

현 시점에서 경쟁력의 중점은 상품 개발에 주어져 있다. 개별 기업은 모든 시장에서 경쟁하고 있으며 틈새시장을 공략하는 모델을 개발하여 특정 선호를 가진 소비자를 끌려 노력하고 있다. 이는 시장의 분화를 가져왔고, 이는 1장에서 설명한 바와 같이 산업전반을 바꾸어 놓는 중대한 힘이라 할 수 있다.

자동차는 50년대 60년대 그러했던 것처럼 보다 최신 유행에 민감해지고 있으며, 소비자들이 자동차 구매를 통해 스스로를 표현하려는 것이 하나의 경향이라 할 수 있다. 자동차는 소비 단계에서 하나의 소비재이지만 엔지니어링의 소산일 뿐 아니라 패션의 산물이 되어 디자인이 차지하는 중요성이 보다 증가하고 있다. 또한 최근 몇 년 브랜드도 다른 분야보다 중요해졌다고 할 수 있다. 최근 모든 업체들이 소비자들이 자신의 차를 먼 거리에서도 알아볼 수 있도록 패밀리룩을 추구하고 있다.

2004년 9월 2일 이코노미스트지에 따르면, 투자은행 골드만삭스는 세계의 17대 자동차 기업 중 절반만이 투자액보다 많은 수익을 올리고 있는 것으로 평가하였다. 이러한 수익을 올리고 있는 기업으로는 포르쉐, 메르세데스, 다임러-크라이슬러, BMW, 아시아에서는 도요타, 닛산으로 나타났다. 혼다, 현대, 기아는 수익률 감소를 보였으며 GM, 포드, 크라이슬러 등 미국 3사는 르노, 피아트, 마쯔다, 미쓰비시, 폭스바겐과 함께 적

을 기록하였다.

〈표 3〉 10대 자동차 기업의 수익률

(십만 달러)

	Margin (%)
Toyota	6.7
Nissan	6.8
Honda	5.7
GM	1.9
Ford	2.4
Renault	6.7
Hyundai Automotive Group**	6.6
PSA Peugeot Citroen	2.8
VW Group	1.3
DaimlerChrysler	0.3

** 기아자동차 포함

자기업으로 분류되었다.4)

많은 경제학자들은 이윤감소의 결정적 이유는 미국·유럽 시장의 포화에 따른 공급과잉으로 보고 있다. 그러나 문제는 공급총량의 문제라기보다는 시설 양극화(facility divide)라고 할 수 있는데, 미국과 유럽의 낙후된 공장 대 최신식 장비를 갖춘 일본, 유럽, 한국 기업들의 미국, 유럽, 중국 내 공장의 구도가 형성된 것이다. 이러한 시설 양극화는 생산 개발 능력 양극화에 더해 비용효율의 양극화를 가져왔다.

유럽과 일본에서 자동차의 중요한 분류기준은 전통적으로 그 규모에 있었다. 소형차를 기본으로 포드 코르티나(Cortina)로 대표되는 중형모델

4) 보다 자세한 사항은 『이코노미스트지』, 9월 2일 기사 참조.

과 그 이하로 세분된 것이다. 현재 소형차들은 세련된 외관과 자동 창문 에어컨 등이 장착됨에 따라 피아트의 판다, 르노의 로간 등 아주 새로운 유형의 틈새시장이 형성되고 있다.[5] 이러한 모델의 확산과 다변화는 산업 전반을 너무 복잡하고 고비용 구조로 몰아가고 있다.[6]

현재 자동차 기업들이 제공할 수 있는 모델의 광범위성을 고려할 때, 유동적 수요를 맞추기 위해 한 모델에서 다른 모델로 빠르게 전환할 수 있는 생산라인의 유연화 전략이 요구된다 할 수 있다. 혼다는 이의 추구에 있어 선도적 역할을 하였으며 세계 곳곳에 산재해 있는 공장들로 하여금 설비 재배치로 인한 조금의 지연 후 원하는 어떠한 모델도 만들 수 있게 하였다. 최근에는 포드가 유사한 마인드에서 유럽공장의 설비를 개선하였다.

이러한 점에서 도요타와 혼다는 이러한 경향에 대한 준비가 잘 되어 있다고 할 수 있으며, 일본기업이 주도하는 삼국 간 협력의 여지가 있다 할 수 있다. 최근 몇 년 간, 자동차 업체들은 전면적 디자인교체, 엔지니어링, 설비교체 없이 생산을 포괄할 수 있는 공동의 플랫폼을 사용하였다. 이에 의하여 같은 구조, 같은 로봇을 공유하는 모델이 만들어질 수 있는 것이다. 이러한 플랫폼 공유는 폭스바겐의 전 최고경영자였던 피아치(Piech)에 의하여 더욱 확대되었으나, 후임 피첏스트리더(Pischetstrider)는 이러한 공정이 지나친 정도로 진행되었다고 결론지었다. 이에 따라, 체코에서 제조된 스코다(Skoda)는 같은 플랫폼을 사용한 독일산 골프에 도전하는 형국이 되었다. 현재, 폭스바겐은 부품을 공유하나 다른 브랜드가 똑같이 보이는 정도에는 이르지 않는 모듈방식에 집중하고 있다. 이러한

5) 이러한 시장 상황과 이에 따른 제품개발 능력은 중국과 같이 저가 제품에 의존하는 신규 진입자가 세계적 업체, 심지어 한국 기업과 경쟁하는 데도 어려움에 처하게 할 수 있다.

6) Maxton과 Wormald 는 저서, *Time for a Model Change*에서 몇몇 기종의 경우 스타일과 성능의 조합되는 방식이 수십억 개에 달할 것으로 보나, 다른 이들은 모델의 다양한 범위에 대해 보다 낙관적 견해를 피력한다. 2004년 9월 2일.

속임수는 서로 다른 모델의 나쁜 부분을 공유하지 않고 배터리나 발전기, 창문 스위치와 같이 소비자가 볼 수 없는 부분을 공유하는 데 그 핵심이 있다.

이 외에 자동차 업계가 경쟁력 제고를 위해 할 수 있는 일은 무엇인가? 2004년 9월 2일 이코노미스트지에 따르면, 컨설팅 그룹인 A.T 커니의 스티브 영(Steve Young)이 주도한 팀에서 흥미로운 아이디어를 착상한 바, 이는 현재 항공산업에서 번창중인 저가 항공사와 같은 신세대 자동차 기업과 같은 것이다. 이들이 착상한 것은 '가상기업'으로써, 이 기업은 공급네트워크에서부터 제도, 디자인, 배송, 서비스에 이르기까지 모든 것을 아웃소싱한다는 것이다. 제조는 각 국가의 국내 시장의 소규모 공장에서 이루어져 소비자와의 긴밀한 관계를 유지하는데 주안점을 둔다. 부품은 저임금 국가의 공장간 네트워크에 의해 만들어지는 바, 이는 현재 자동차 산업에서 보이는 시스템의 확장이라 할 수 있다.

가상기업의 개념은 최근 중국 사기업에 의해 시행되고 있는 공개 모듈 생산 구조와 상당한 유사점을 지니는 것이다. 리, 후지모토와 첸(Lee, Fujimoto and Chen)은 '공개 구조(open architecture)'를 다른 기업 간 소통이 산업적 수준에서 표준화된 모듈 타입의 하나라고 정의하였다. 이러한 분석은 우리에게 매우 흥미로운 결과를 보여주는 바, 다음에서 이를 간략히 소개한다.

중국 제조산업을 이러한 "제품구조 이론"의 관점에서 보면, 중국기업들이 "부품의 복제와 리모델링"을 통하여 제품을 개선할 능력이 있음을 보게 된다." 예를 들어, 이러한 패턴은 텔레비전, 가전제품, 오토바이, 트랙터, 소형 트럭에서 반복적으로 나타난다. 특히, 세계 최대의 시장으로 부상한 중국 오토바이 산업은 "구조의 수정(modification of architecture)"이 나타나는 대표적 경우라고 볼 수 있다. 중국 오토바이 산업은 (1)해외 제품 복제, (2)사후적으로 정부의 승인을 받아 국내 생산 확대, (3)공통적으로 사용되는 부품을 사용하여 수백 개의 제조라인 설립, (4)과잉공급과 과다경쟁으로 인한 수익성 악화로 인해 일본기업 타격, (5)이러한 경쟁에서 살아남은 중국기업의 부상의 전형적 과정을 거쳤다고 할 수 있다.

따라서, 중국의 산업경쟁을 논함에 있어서 핵심적 개념은 자동차, 가전, 오토바이 등 일본에서 핵심 모델로 발전한 것을 반복된 모방과 리모델링을 통해 일반부품을 조합, "가상 공개 모듈타입(pseudo open modular type)"으로 변모시키는 "구조의 수정(modification of architecture)"이라고 할 수 있다.

표면적으로 모방제품의 확산, 정부의 사후적 허가, 지적재산권의 무시 등이 지적되기도 하지만 그 이면에 숨어있는 "구조 수정 매커니즘(mechanism of architecture)"은 중국 제조업 발전의 중요한 원동력이다. 이러한 맥락에서, 사기업인 길리(Geely)는 중국의 자동차 산업이 공개 구조(open architecture)를 가지는데 선구적 역할을 하였다. 길리는 엔진과 트랜스미션을 해외기업으로부터 구매하는 공개 구조(open architecture)에 가까운 자동 생산 방식을 채택하였다. 연간 생산은 2만 대 가량에 불과하나 길리는 중국시장에서 가장 저가의 상품을 공급할 수 있었다. 그러나, 종종 차량의 품질 문제가 지적되었고, 이 경우 길리는 새로운 모델의 공급자로서 국내외의 관심을 끌려 노력하였다.

가전과 오토바이 산업에서 길리의 성공을 고려할 때, "부품 조합을 통한 저가전략(low-priced strategy by scratch combination)"은 매우 합리적이며 경로의존적인 면모를 보여준다. 임금격차와 지역격차를 고려한다면 저소득 도시민, 농민 등의 수요층에 어필하는 저가자동차가 살아남을 수 있는 여지가 충분히 있다고 볼 수 있다. 이에 더하여, 길리는 중국 가전·오토바이 산업에서 보이는 "구조 수정(modification architecture)" 전략이라는 자동차 산업의 역사에 남을 대담한 생산전략을 취하였다. 환언하자면, 길리는 자동차 생산에 있어 자동차 생산에 있어 "필수적 타입(integral type)" 방식에서 "공개 모듈(open module)"방식으로의 전환을 통하여 성공을 거두었다. 가전과 오토바이 산업에서 시작하여 경로종속적 힘과 이 사업에서의 성공을 바탕으로 자동차 산업에 같은 방식을 확대적용, 성공을 거둔 것이다.

그럼에도 불구하고 현재까지 자동차 산업의 경험과 발전을 보았을 때, 자동차는 수많은 부품에 최적화된 디자인을 채택하였을 때만 최고의 성능을 자랑한다. 그러므로 모듈에 의한 생산에는 한계가 있는 것이다. 반면, 일본 산업의 필수품목이었던 오토바이는 반복 복제와 리모델링을 통하여 일반적으로 사용되는 부품을 조합하는 "psedo open modular type"으로 개량되었다. 중국기업들이 이렇게 부품 복제와 리모델링을 통하여 상품구조(product architecture)를 개량하는 능력이 있음을 보여주었기 때문에 이와 유사한 형태로 새로운 산업이 등장할 가능성을 배제할 수 없다. 오히려 더욱 관심을 가져야 하는 문제는 중국기업들이 어떻게 스스로 기술개발 능력을 가져 복제와 리모델링에 따른 제약을 극복하는 단계에 이르는가 하는 것이다. 어떤 경우에도 중국 제조업의 성장은 아시아에서 경쟁자를 찾아볼 수 없었던 일본 제조산업에 좋은 자극제가 될 것이다. 이에 더하여, 중국기업의 세계화는 아시아 국가들 간 "생산방식"의 제고와 재편을 촉진시켰다고 할 수 있다.

리, 후지모토, 첸(Lee, Fujimoto, Chen)은 공개 모듈 구조(open modular architecture)의 제약과 전망을 다음과 같이 분석하였다. 만약 이것이 중국에서 실현되고 하이브리드 자동차나 전지연료 자동차에 적용될 수 있다면 자동차 산업과 자동차 기업의 가치사슬(value-chain)을 바꾸어 놓을 것이다. 즉, 연료전지가 자동차에 장착되면 전통적 개념의 자동차는 변모할 것이고 부품산업 역시 중대한 변화에 직면할 것이며, 전기 자동차는 공개 모듈 구조(open modular product architecture)의 사용을 촉진시키기도 할 것이다. 그러나 연료전지 개발은 큰 위험성이 내재된 사업이며 수소연료 전지 자동차를 상용화하는 데는 10년 이상의 시간이 걸릴 것이다. 이에 따르는 막대한 투자를 감당하고 신형 자동차의 표준을 수립하며 경쟁 리더십을 유지하기 위해서 삼국이 일본이 기술우위를 가지는 하이브리드와 같은 연료전지 자동차를 개발하기 위한 컨소시엄을 지원할 필요가 있다.

IV. 기술변화와 새로운 형태의 자동차 산업: 동북아시아 자동차 산업을 위한 기회

지난 10년 동안 자동차 산업의 두 가지 중요한 변화는 전기와 엔진에 있다. 전기는 자동차 조작에 있어 점점 많은 비중을 차지하게 되었고 자동차와 운전자뿐 아니라 운전자와 바깥세상을 연결하는데 적극 활용하게 되었다. 이와 동시에 이산화탄소를 비롯한 유해가스 배출 감소에 대한 수요는 자동차 내부의 변화를 촉진하고 있다. 그러나 당분간 이러한 기술은 일렉트리컬(electrical) 하다기 보다는 일렉트로닉(electronic)하다. 전파를 통해 컴퓨터와 다른 기기를 연결하는 텔레메틱스는 매우 오랫동안 논의되어 왔으나 그 도약에는 생각보다 많은 시간이 걸리고 있다.

지금은 매우 특수한 시기라 할 수 있어, 제조업체들은 디자인, 스피드, 승차감을 다시금 강조하게 되었으나 전자기기가 차지하는 중요성은 더욱 높아지고 있는 것이다. 현대적 자동차는 100만 개의 코드를 가져 작은 컴퓨터라고 할 수 있는 80여 개의 전자통제 부품이 장착되어 있어 전자 시스템이 신경망과 같이 현대의 자동차를 바꾸어 놓고있다 할 수 있다. 승차감과 운전시 특성은 운전, 버팀대 등에 관한 소프트웨어 설정의 변경만으로도 바뀔 수 있게 되었다.

텔레메틱스의 사용은 커다란 진척 중에 있으며 텔레메틱스는 자동차와 바깥세상, 다른 자동차와 연결하는 수단이 되고 있다. 몇몇 분석가는 3년 내로 미국에서 생산되는 자동차 3대중 2대가 텔레메틱스 시스템을 장착하여 20대중 1대만이 이러한 장치를 갖춘 2000년에 비해 큰 발전을 이룰 것으로 보고 있다. 같은 기간 동안 위성 네비게이션 사용자도 백만에서 3천만 명으로 늘어날 것으로 보인다.[7)]

환경론자들의 관심사는 지구 온난화의 주범으로 지목되고 있는 이산화

7) 텔레메틱은 일본, 한국, 중국에 큰 시장을 제공해 줌에 따라 협력을 통한 표준 설정의 기회를 가져다준다.

탄소 배출에 맞추어져 있다. 현재 유일한 무공해 자동차(Zero Emission Vehicle)는 전지를 장착한 전기 자동차인데, 연료전지는 수소와 산소를 결합하여 물을 만드는 과정에서 자동차를 움직일 수 있는 전류를 만들어낸다. 혼다는 무공해 자동차(Zero Emission Vehicle)의 시장 출시에 가장 근접한 기업이며 다른 모든 기업들도 독자 모델을 개발 중에 있다. 그러나 연료전지는 여전히 내연엔진보다 10배 이상 비싸며 비용, 기술, 안전 문제 등 수소연료를 자동차에 장착하는 데에는 많은 어려움들이 가로놓여 있다.

대부분의 기업들이 이미 20만 대의 판매량을 기록한 도요타 프리우스를 모방하여 하이브리드 자동차를 내놓고 있다. 하이브리드는 작은 석유 혹은 디젤 엔진과 전기 모터, 저장 배터리를 동시에 장착한 자동차로써 저속이나 출발-정지 시에는 전기 모터를, 고속도로에서 일정속도 이상 주행시에는 보통의 엔진을 사용한다. 배터리는 또한 가속에 여분의 힘을 제공하며 보통의 엔진과 브레이크 작동시 생성되는 에너지에 의해 충전된다. 이와 동시에 하이브리드 자동차는 향후 20년 간 이산화탄소 배출을 줄일 최선의 방법으로 보인다. 이코노미스트는 2004년 12월 4일자 기술 섹션에서 하이브리드 자동차를 유해가스 배출을 줄이는 가장 깨끗한 교통수단으로 소개하였다. 그러나, 대중성과 많은 기업들이 기울이는 노력에도 불구하고 연료전지 자동차는 이른 시간 내에 많은 양이 생산될 것으로 보이지는 않는다. 미국 국립학술원(America's National Academy of Science)은 수소의 생산, 저장, 배분 시스템의 구축과 같은 많은 난관들을 고려할 때 수소 경제로의 전환에는 수십 년이 걸릴 것으로 전망하였다.

그러나 이 기사는 동시에, 하이브리드 자동차는 전지연료 자동차의 많은 이점들을 가지고 있으며, 이는 현재 사용가능하다는 점에서 더욱 두드러진다고 말하고 있다. 더욱이, 프리우스의 성공이 보여주듯이 소비자들은 하이브리드 자동차를 실제로 구매할 것이며 일반 석유자동차와 같은 구조를 가지고 있어 운전습관을 바꿀 필요가 없다는 또 다른 매력을 가지고 있는 것으로 보았다. 따라서, 하이브리드 자동차는 미래 수소자동차로의 단순한 과도기적 모델이 아니라 향후 수 년 동안 나름의 수요를 유지할 것으로 보았다. 더욱이, 수소자동차가 개발되더라도 하이브리드 자동차를 완전히 대체하는 것이 아니라 많은 부품을 공유한다는 점을 고려할 때 이로부터 많은 유산을 물려받을 것으로 보았다. 이 기사는 "하이브리드 자동차는 미래 친환경 자동차들의 진화에 있어 하나의 원형이 될 것"이라는 버지니아 알링톤(Arlington)에 위치한 비영리 기관인 '에너지 환경문제 해결센터(Center for Energy & Climate Solution)'의 소장인 조셉 롬(Joseph Romm)의 말로 끝맺고 있다.

만약 이코노미스트의 예측이 실현된다면 석유자동차 시장에서 가격과 품질 면에서 리더십을 유지하는 도요타와 혼다가 미래 수소연료 자동차 시장도 주도해 갈 것이다. 도요타와 혼다의 미래 자동차 시장 리더십 장악 가능성은 신개념 자동차의 제조뿐 아니라 품질·기술 개발에 있어 한·중·일 삼국의 동북아시아 자동차 산업에 또 다른 리더십의 기회를 제공해 주는 것이다.

만약 소비자들이 자동차 선택에 있어 보다 넓은 선택을 요구한다면 총 생산규모가 적은 형태로 탈바꿈해야 하며, 자동차 기업들은 이미 이러한 경향에 맞추고 있다. 이는 보다 유연한 제조 방법의 매력을 높이고 있으며, 많은 기업들은 공개적으로 밝히지는 않으나 이러한 생산방식에 특화하는 방법들을 연구 중에 있다. 생산방법의 변화는 앞서 소개한 친환경 엔진과 같이 자동차에 접목되는 기술의 발전으로 촉진될 수 있다. 향후 20년간 하이브리드와 전지연료 자동차 시장은 10%정도 성장할 것으로 예상된다.

산업 품목 자체가 변화함에 따라 이의 제조방식 역시 변화할 것이다. 이 시점에 이르면 지금과 같이 대형의 자본집약적 공장의 필요성이 줄어들어 진입장벽이 상당히 낮아질 것이다. 신규 기업들은 기존의 전통 기업들의 영역을 상당부분 잠식할 것이며 현재 민간 항공산업에서와 같이 저가 공세를 하는 기업들 역시 시장진입을 할 것이다.

V. 동아시아 자동차 산업 간 경쟁과 협력을 통한 경쟁 리더십

전술하였듯이, 리, 후지모토, 첸(Lee, Fujimoto, Chen)은 공개 모듈러 구조(open modular architecture)의 한계와 전망을 분석하였으나, 이것이 중국에 적용되거나 하이브리드나 연료전지 자동차에 적용될 수 있다면 자동차 산업과 자동차 생산의 개념, 나아가 가치사슬 자체를 바꾸어 놓을 것이다. 일단 연료전지가 자동차에 장착된다면 전통적인 자동차의 개념은 바뀔 것이며 부품·기계 산업은 심각한 문제에 직면할 것이다. 그러나 한편으로 전자 시스템에 기반한 자동차 제조방식은 공개 모듈러 구조의 적용을 촉진시킬 것이다.

그러나 연료전지 자동차의 개발은 고도의 위험이 따르는 사업이다. 수소자동차를 상용화하는 데에는 적어도 10년 정도가 걸릴 것이며 연료전지 자동차 개발에 소요되는 막대한 비용과 위험을 최소화하기 위해 삼국 정부가 하이브리드 엔진에 기술우위를 보유하고 일본이 주도하는 콘소시엄을 설립할 필요가 있다. 따라서, 삼국이 협력한다면 삼국 모두에 엄청난 이익이 될 것이다. 현재 한-일, 중-일 간 외교적 긴장관계가 존재하나 이러한 협력 사업은 콘소시엄을 통한 기술 리더십을 제공하여 긴장완화에 큰 도움을 줄 것이다. 이제 이 세 국가가 협력할 수 있는 잠재성에 대해 살펴보자.

GM과 포드가 지속적 수익을 올리지 않는 이상, GM, 포드, 폭스바겐, 여타 프랑스 업체들은 자동차 산업을 재편하거나 자동차 제조업체의 개념 자체를 바꾸려 할 것으로 예상되는 반면, 도요타, 혼다, 닛산이 이끄는 일본 기업과 현대, 기아가 이끄는 한국, 중국기업들은 제품개발과 제조에 몰두할 것으로 보인다. 시장이 이런 식으로 전개된다면 GM과 포드는 소비자 R&D와 디자인에 더하여 소비자 구매지원 등에 집중할 것이며, 이들 기업들이 제조-판매에서 충분한 수익을 올리지 못한다면 II장에서 언급한 가상기업과 같은 새로운 형태의 자동차 산업을 만들 것이다. 이러한 배경을 바탕으로, 이제 일본·한국·중국 자동차 산업이 어떠한 방향으로 움직이고 있으며 이들이 어떠한 문제에 직면하여 어떠한 대응을 전개하고 있는지 살펴보자.

1. 일본, 한국, 중국 자동차 기업의 문제와 전망

일본 기업들은 환율변동과 생산변동에 대처할 수 있는 매우 유연한 경영 시스템을 개발해 왔다. 한마디로 일본 경영 시스템은 환경변화에 대처 능력을 가지고 있다고 볼 수 있다(Oshika, 2005). 오시카에 따르면, 엔화 평가절하와 세계적 가격경쟁은 일본기업이 일본 국내생산보다 해외생산을 선호하게 하는 요인으로 작용하였다. 이 과정에서 세계적 수익 구조를 달성하였고 생산성 향상과 생산가 절감도 동시에 향상되었다. 이러한 발전으로 말미암아 특히 도요타와 혼다같은 일본 자동차기업은 환율 변동과 생산량 변화에 긴밀하게 대처할 수 있게 되었다. 이에 따라, 국제 가격 경쟁력이 확고해져 국내생산량을 유지할 수 있게 만들어 주었고, 중국 혹은 동남아 국가로의 공동화 현상을 막을 수 있게끔 해 주었다. 그러나 일본 기업 역시 문제는 안고 있다. 비록 일본 자동차 메이커들은 유연한 경영 시스템에 의해 생산력을 유지할 수 있었으나, 이제는 생산 혹은 제품 개발뿐 아니라 소비자 구매, 보험과 같은 에프터 서비스를 중심으로 한 자본 경영에까지 나설 때라고 할 수 있다.

이에 반해, 한국의 자동차 제조업체들은 지난 5년 동안 수출 경쟁력을 갖추어 현대와 기아의 세계시장 점유율은 제품의 세계화와 더불어 점차 증가하였다. 현재 인도, 중국, 미국 현지공장과 내년 설립될 슬로바키아 공장 등은 도요타가 80년 이후 생산성 향상과 비용절감을 통하여 엄청난 성과를 이룬 것과 같이 세계적 제품의 개발과 마케팅 전략이 요구된다고 할 수 있다.

중국의 자동차 메이커들은 국영기업, 민영기업 모두 현재 국내수요에만 초점을 맞추고 있다. 최근 중국 자동차 산업의 증가에 기반하여, 중국의 자동차 메이커들은 수출 경쟁력을 향상시키기 위해 분투하고 있다. 현재 중국기업들은 수출경쟁력은 갖추고 있지 않으나 중국의 경제 성장, 소득증가, 20년 이내로 2,000만 대 규모에 달할 것으로 예상되는 자동차 수요증가는 이들 기업의 엄청난 잠재자산이라고 할 수 있다. 이러한 거대한 국내시장을 고려하면, 중국기업이 일단 수출 경쟁력을 확보한다면, 특히 한국과 일본 자동차 시장에서 엄청난 영향력을 발휘할 것으로 보인다. 이상에서 본 것과 같이 세 나라 모두 각기 고유한 문제점을 지니고 있다. 그렇다면 이 세 나라간 협력이 이러한 문제를 해결할 것인가? 필자는 그렇다고 본다. 이제 이 세 나라가 어떻게 경쟁·협력하며 이것이 자동차 산업에 가지는 잠재성이 무엇인지에 대해 살펴보겠다.

2. 중국, 일본, 한국 세 나라 경제력의 합산이 세계 경제에서 차지하는 비중

수직적으로 세 국가의 기술·생산·시장은, 상호보완적이나 수평적으

〈표 4〉 세 나라가 세계 경제에서의 위치

	Population (million)	GDP ($billion)	GDP by PPP ($billion)	GDPper capita ($)	GDP per capita ($) by PPP
중국	1,287 (20.8%)	1,409.9 (2.7%)	6,353.8 (12.6%)	1,087.2	4,899.9
한국	48 (0.8%)	605.4 (1.2%)	836.9 (1.7%)	12,499.3	17,280.4
일본	127 (2.0%)	4,301.8 (8.5%)	3,517.8 (7.0%)	33,719.7	27,574.2
동북아시아	1,462 (23.6%)	6,316.7 (12.4%)	10,708.5 (29.3%)	4,320.6	7,324.
세계	6,200 (100%)	50,431.3 (100%)	36,237.7 (100%)	8,134.	5,844.8

〈표 5〉 세 경제 블록이 세계 경제에서 차지하는 비중(2003)

	중국·한국·일본	EU	NAFTA
Population (million)	1,462 (23.6%)	380 (6.2%)	410 (6.8%)
Territory (10,000 km^2)	1,007 (7.5%)	324 (2.4%)	2,174 (16.3%)
GDP ($trillion) GDP-PPP	6.3 (18.6%) 10.7 (29.3%)	7.9 (25.2%) 6.3 (20.2%)	11.5 (36.7%)
Trade Volume ($trillion)	1.7 (12.6%)	2.4 (18.3%)	2.7 (20.8%)

로 이들 국가는 무역, 주요 부품 기술개발의 측면에서 매우 치열한 경쟁을 전개해 나가고 있다. 세 국가의 지리는 매우 근접해 있으며 유사한 문화적·철학적·종교적 배경을 공유하고 있다. 20세기 후반 대부분 기간을 걸쳐, 비록 한-일 간 긴밀한 경제협력에도 불구하고 이 세 국가는 상호간 긴밀한 관계를 유지하지 못하였다고 할 수 있다. 그러나 90년대 이후 한국과 일본은 무역과 해외 직접투자를 통하여 중국과 매우 활발한 경제적 협력을 모색해 가고 있다. 무역과 해외 직접투자를 통하여 세 국가 간 산업 분화와 협력은 활발히 전개되고 있으며 가치사슬의 각기 다른 단계에서 분업과 협력은 생산기술 이전, 제품 자체, 디자인, 유통망에서도 활발히 진행되고 있다.

요소투입과 부가가치 과정에서 분업과 협력은 세 국가 자동차 산업, 특히 가치사슬에 파급효과를 가져왔다. 이러한 파급효과는 각국 산업의 구조조정을 가져왔고 이에 따른 파장은 한국 자동차 산업에 가장 큰 영향을 미쳐, 현대와 기아로 대표되는 한국 자동차 산업은 인도, 중국, 미국, 슬로바키아를 포괄하는 글로벌 전략을 전개하고 있다. 따라서 정치인, 저널리스트, 경제학자를 비롯한 많은 한국인들은 한국 자동차 산업과 관련 기계 산업의 공동화 현상을 우려하고 있다.

〈표 6〉 자동차 생산량 순위

	1997	2000	2004	2007*
1	미국	미국	미국	미국
2	일본	일본	일본	일본
3	독일	독일	독일	중국
4	한국	프랑스	중국	독일
5	프랑스	한국	프랑스	한국
6	캐나다	스페인	한국	프랑스
7	스페인	캐나다	스페인	캐나다
8	영국	멕시코	캐나다	스페인
9	브라질	영국	영국	브라질
10	이탈리아	이탈리아	브라질	영국
11	멕시코	중국	멕시코	멕시코
12	중국	브라질	이탈리아	이탈리아

〈표 7〉 5개국의 생산량

	미국	일본	독일	중국	한국
순위	1	2	3	4	6
생산(백 만)	12.07	10.28	5.5	4.44	3.17
시장점유율(%)	20.9	17.8	9.5	7.7	5.5

〈표 8〉 자동차 생산대수

Year	한국	중국	일본	미국
1970	-	87	5,289	8,284
1975	-	140	6,942	8,987
1980	123	222	11,043	8,101
1985	378	443	12,271	11,653
1990	1,322	509	13,487	9,783
1995	2,526	1,398	10,196	11,985
2000	3,115	2,222	10,145	12,771
2001	2,946	2,334	9,777	11,425
2002	3,148	3,251	10,257	12,280
2003	3,178	4,444	10,286	12,078

그러나 한국 자동차 산업의 공동화는 자동차 산업의 구조조정을 촉진하여 제품혁신, 공정혁신, 새로운 서비스 시장창출 등 고부가가치로의 산업전환이 일어나게끔 하는 중요한 계기로 작용할 수 있다. 서울대학교의 조동성 교수는 일본, 중국, 한국 자동차 산업이 공생·발전할 수 있다고 주장하였다. 그는 모든 산업이 일본의 사양산업이 한국으로 이전되고, 다시 중국으로 이전되는 경로의존적 특징을 보인다고 주장하였다. 60, 70년대에 몇몇 일본 기업들이 한국에 진출하였고, 90년대 이후로는 한국 기업들이 중국의 값싼 노동력을 이용하기 위해 중국시장에 진출하였다. 경로종속적 과정뿐 아니라 시장경쟁을 통해서 기업은 그 능력을 구축할 수 있다.

그러나 이러한 능력 구축은 상당한 시간을 요하는 것이며 선진국은 산업 구조조정을 하는 동안 이를 따라 잡으려는 후진국은 나름의 노력을

〈표 9〉 차량 소유(2003)

Country	승용차 (000)	차량소유자 /1,000명당	전체 (000)	차량소유자 /1,000명당
미국	129,907	451.6	221,027	768,3
일본	54,540	429.2	72,254	568.6
독일	44,657	542.3	48,225	585.6
프랑스	29,160	486.6	5,984	586.5
이탈리아	33,779	583.1	37,742	651.5
한국	9,737	203.0	13,949	290.8
중국	12,024	9.4	20,146	15.7
인도	6,945	6.7	10,480	10.1
브라질	16,021	89.0	20,094	111.7
러시아	22,100	154.4	27,315	188.4

〈표 10〉 수입차 관세율(중국)

	2000	2001	2002	2003	2004	2005	2006	2007
>3.01ℓ	100%	80%	50.70%	43.00%	37.60%	30.00%	28.00%	25.00%
<3.01ℓ	80%	70%	43.80%	38.20%	34.20%	30.00%	28.00%	25.00%

기울일 수 있다. 이들은 기술, 투자에서 리더와 도전자의 구조 속에 연계되어 있지만 한국과 일본이 미국과 유럽시장에서 경쟁하고 한국과 중국이 자동차 부품시장에서 세계시장에서 경쟁하는 양상도 나타나고 있다. 중국의 자동차 제조업체는 곧 저가상품을 중심으로 대미수출 능력을 갖출 것으로 보여지며 이 경우 한국 기업들이 거센 도전에 직면할 뿐 아니

〈표 11〉 자동차 수요와 소유 예측

(단위: 1,000)

	2005	2010	2015	2020
승용차 수요	294	589	1,030	1,727
개인차량소비	188	453	904	1,570
전체소유대수	2,810	5,092	8,584	13,341
승용차 소유대수	1,059	2,245	4,431	8,061
일반차량 소유대수	545	1,466	3,489	7,200

〈표 12〉 중국 자동차 산업 데이터

	1996	1997	1998	1999	2000	2001	2002	2003
전체차량생산 (000)	1,475	1,582	1,629	1,830	2,069	2,348	3,289	4,444
승용차 (000)	391	488	507	656	605	704	1,102	2,019
전체차량판매 (000)	1,600	1,733	1,753	1,896	2,164	2,376	3,271	4,391
승용차량판매 (000)	479	589	600	607	666	721	1,125	1,972
차량소유 (000)	11,000	12,190	13,093	14,529	16,089	18,020	20,582	
승용차량 (000)	4,880	5,807	6,448	7,402	8,537	9,940	12,023	
산업차량 (000)	2,858	3,545	4,227	5,328	6,242	7,688	9,689	
차량소유 / 1000 / 인	9	10	11	12	13	15	16	
차량소유 / 1000 / 세대 (도시)		2	3	3	5	6	9	
GDP ($)	683	745	779	809	852	908	963	1,050
운전면허 (%)	1.70%	2.10%	2.40%	2.70%	3.00%	3.50%	3.80%	

라 일본 기업들 역시 중국기업들의 저가공세로 인해 가격경쟁에 노출될 것이다. 이 경우, 세 국가 간 경쟁은 불가피하다 할 수 있다. 그러나 이 경우에도 세 국가 정부, 자동차업체, 부품 업체간 협력의 여지는 충분히 있다. 일본과 한국 사이에는 기술혁신을 위한 협력의 여지가 존재하며 일본과 중국 사이에는 합작투자의 형태로 생산량 증대, 기술 이전, 유통망 증진 등을 모색할 수 있다.

세 국가는 새로운 형태의 생산구조와 새 모델 개발에 있어서도 협력할 수 있다. 후지모토는 저가 자동차에 적용되었던 생산구조의 새로운 타입인 공개 모듈구조(open module architect) 개발의 가능성을 분석하였다. 이러한 개발이 성공할 경우 고부가가치 자동차에도 적용될 수 있을 것이다. 최근 같은 연구에서 조동성 교수는 한국 자동차 업체들이 저가, 효율성 경쟁 전략을 버리고 선진국 자동차 기업등과 경쟁 전략을 취하는 동시에 개발도상국 국가 업체와는 전략적 제휴를 맺어야 한다고 주장하였다. 그의 주장은 개발도상국가의 저가모델과의 직접 경쟁을 피하고 선진국의 고부가가치 모델과 경쟁하는 계기가 될 수 있다는 점에서 타당성을 지닌다. 그러나 품질향상이 꼭 자동차의 경쟁력으로 이어지는 것은 아니다. 현재 한국 자동차는 생산성 향상과 비용절감, 제품개발에 보다 전력투구해야 할 시점이라고 보여진다. 일단 경쟁이 치열한 상황에서 가격 리더십은 중요성을 지니며, 생산 리더십은 그 다음 문제라고 할 수 있다.

현재 이 세 국가들이 가지고 있는 협력을 위한 잠재성은 무엇인가? 기본적으로, 각 기업들은 생산성 향상을 모색하고 경쟁시장에서 점유율 향상을 모색해야 한다. 그러나 기업 간 R&D나 유럽의 에어버스와 같은 형태의 합작투자 영역에서 협력의 여지가 충분히 있다고 볼 수 있다. 이제 연료전지 기술이 세 나라를 위해 어떻게 작용할 수 있는지를 보자. 도요타와 혼다는 하이브리드 자동차 분야에 있어 주도기업이라 할 수 있다. 2004년 12월 2일 이코노미스트지에 의하면 수소연료 자동차는 유해 가스 배출이 전혀 없는 청정 교통수단이라고 한다. 그러나 그 대중성과 자동차 기업들이 쏟고 있는 노력에도 불구하고 연료전지 자동차가 단기간 내에 상용화되기는 힘들 것으로 보인다.

그러나, 이 기사는 동시에 하이브리드 자동차는 전지연료 자동차의 많은 이점들을 가지고 있으며, 이는 현재 사용가능하다는 점에서 더욱 두드러진다고 말하고 있다. 더욱이, 프리우스의 성공이 보여주듯이 소비자들은 하이브리드 자동차를 실제로 구매할 것이며 일반 석유자동차와 같은 구조를 가지고 있어 운전습관을 바꿀 필요가 없다는 또 다른 매력을 가지고 있는 것으로 보았다. 따라서, 하이브리드 자동차는 미래 수소자동차로의 단순한 과도기적 모델이 아니라 향후 수 년 동안 나름의 수요를 유지할 것으로 보인다. 더욱이, 수소자동차가 개발 되더라도 하이브리드 자동차를 완전히 대체하는 것이 아니라 많은 부품을 공유한다는 점을 고려할 때 이로부터 많은 유산을 물려받을 것으로 보았다. 또한 이 기사는 "하이브리드 자동차는 미래 친환경 자동차들의 진화에 있어 하나의 원형이 될 것"이라는 버지니아 알링톤(Arlirgton)에 위치한 비영리 기관인 '에너지 환경문제 해결센터(Center for Energy & Climate Solution)의 소장인 조셉 롬(Joseph Romm)의 말로 끝맺고 있다.

따라서, 도요타나 혼다와 같은 일본 기업들의 기술우위는 세 국가들이 하이브리드 기술을 이용하여 완전한 연료전지 기술로 진화시키는데 협력의 여지를 제공한다. 일본은 이러한 콘소시엄에서 기술을 제공을 통해 리더십을 장악할 수 있으며, 에어버스의 사례와 같이 세 국가가 콘소시엄을 구성하여 연료전지 기술과 표준설정을 모색해 간다면 동아시아 자동차 산업은 2020년 이후 세계 자동차 산업을 선도해 나갈 수 있을 것이다.

|참고문헌|

Spatz, Julius, and Peter Nunnekamp. 2002. "Globalization of the Automobile Industry — Traditional Locations under Pressure?"

Lee, Chunli, Fujimoto, Takahiro, and Jin Chen. 2003. "Trends of Product Architecture and Internationalization of Private Companies in the Chinese Automobile Industry."

Cho, Dongsung. "A Proposal for the Competition and Cooperation for the Korean, Chinese and Japanese Automobile Industry"(in Korean).

Sako, Mari. "Modularity and Outsourcing: The Nature of Eo-Evolution of Product Architecture and Organization Architecture in the Global Automotive Industry."

아시안 하이웨이: 꿈이 아닌 현실

마단 레그미(Madan REGMI)
|유엔아태경제사회이사회(UNESCAP)

I. 도입

아시안 하이웨이 계획은 국제도로교통의 발전과 아시아의 관광 및 국제무역을 용이하게 하기위하여 1959년 처음으로 개념화되었다. 그러나 아시아안 하이웨이의 계획 초기 별다르게 진전되지 못했고 남아시아에 집중했다. 1992년 아시아육지교통기반개발계획(Asian Land Transport Infrasturure Development)이 발족하면서, 아시안 하이웨이 계획이 그 시금석으로 포함되었는데, 이는 UNESCAP지역 회원국가들의 상상력을 반영한 것이다.

아시안 하이웨이와 밀접한 연관이 있는 아시아육지교통기반개발계획(이하 ALTID)하에서, 이 사업을 다시 활성화하기 위한 노력이 기울여지고 있다. 역내에서 매우 큰 중요성을 가지는 육상교통 하부시설을 건설하기 위한 노력을 기울이고 있는 회원국들을 보조하는 가장 중요한 이유는, 사업이 매우 중요하기 때문이기도 하지만, 이를 통해서 역내의 경제 및 사회적 국가협력을 돕고, 국제무역과 관광에 있어서 새로운 가능성을 열기 위해서다.

아시안 하이웨이 네트워크와 관련된 정부간 협정을 통해서 아시안 하이웨이가 정식으로 발족될 것인데, 그 협정은 2005년 7월 4일에 발효될 예정이며 이를 통해 하이웨이 사업은 신기원으로 접어들게 되어, 역내의 국제 및 양자 무역협력 관계와 관광을 촉진시키고 역내의 경제 및 사회 발전에 도움이 될 것이다.

II. 아시안 하이웨이 네트워크의 발전

1. 개념

국제적 하이웨이 네트워크를 개발하는 것은 막대한 비용과 함께 오랜 시간이 소요된다. 산악지대에서부터 사막, 강과 산림을 모두 포함하는 서로 다른 성질의 영토에서 모두 적용될 수 있는 일반적인 도로 기준을 만드는 것이다. 많은 ESCAP회원국들이 이렇게 복잡한 네트워크를 구축하는데 들어가는 높은 비용을 감당할 만한 경제적 능력이 되지 않기 때문에, 아시안 하이웨이를 건설하는 것이 회원국들이 보유한 기존의 고속도로들을 발전시키고 업그레이드시켜 서로 연결하는 것에 합의가 이미 이루어졌다.

이러한 관점에서, 참가 국가들은 참가국들의 주요 도로를 포함하고 기존의 도로를 최대한 활용하되 하이웨이가 끊겨진 부분을 건설하는 것을 제외하고는 새로 고속도로를 건설하지 않는 것을 아시안 하이웨이 네트워크 운영에 있어서 가장 기본이 되는 원칙으로 합의했다.

게다가 아시안 하이웨이 네트워크는 아시아 국가들 내에서 국제적 중요성을 갖는 고속도로로 이루어져 있으며, 이웃 지역들을 서로 연결하여, (a)자본, (b)주요 공장 및 산업 지역, (c)핵심 항만 및 강둑, (d)주요 컨테이너 터미널, (e)주요 관광지에 대한 접근성을 제공하게 될 것이다.

2. 아시안 하이웨이 네트워크 구성

아시안 하이웨이에 포함될 수 있는 각국 도로에 대한 연구는 이미 지난 1950년대에 이미 시작되었다. 그러나 이 사업이 UNESCO에 의해 공식적으로 인정된 1992년 이후가 되어서야 연구가 비로소 본격적으로 추진되기 시작했다. UNESCO 사무국은 회원국가 간의 협의를 촉진시켜 아시안 하이웨이 네트워크를 발전시키는 다소 까다로운 업무를 수행하는 임무를 배정받았다. 따라서 일본정부의 재정적 지원을 받아 사무국은 일련의 조사를 실시하였는데, 그 첫 번째 연구물이 1995년에 발간되었다. 이 연구에서는 29개의 아시안 하이웨이의 가능한 경로를 지정하였으며, 이는 총 69,000km에 달한다.

1996년에 중앙아시아와 남 카프카스(Caucasus)를 포함하는 아시안 하이웨이 네트워크에 관한 연구가 완성되었는데 이 연구에서 총 21,000km에 달하는 13개의 새로운 경로가 추가적으로 도입하였으며, 여기에 더해 1999년의 연구에서는 터키의 경로 3,200km가 아시안 하이웨이에 추가되었다.

ALTID 이행 전략은 아시아 전역을 모두 포함할 수 있는 아시안 하이웨이 네트워크의 구축 필요성과 중요성을 강조하고 있다. 이 모멘텀을 이어받아 2001년에 한국정부가 세 번째 연구에 대해 재정적 지원을 했는데 이 연구를 통해 중국, 카자흐스탄, 몽골, 러시아 연방 그리고 한반도를 모두 통과하는 아시안 하이웨이 경로가 지정됐다. 이 경로는 아시안 하이웨이의 북부의 복도와도 같은 역할을 하는데, 이를 통해 동북아시아와 중앙아시아, 카프카스 산맥 지역과 유럽까지 효과적으로 연계되게 될 것이다. 이 연구에서 약 40,000km에 달하는 도로 네트워크가 이 아시안 하이웨이 네트워크에 새로 포함되었다.

2001년과 2002년에 아시안 하이웨이 네트워크는 그루지아 지역과 부

〈그림 1〉 아시안 하이웨이 네트워크

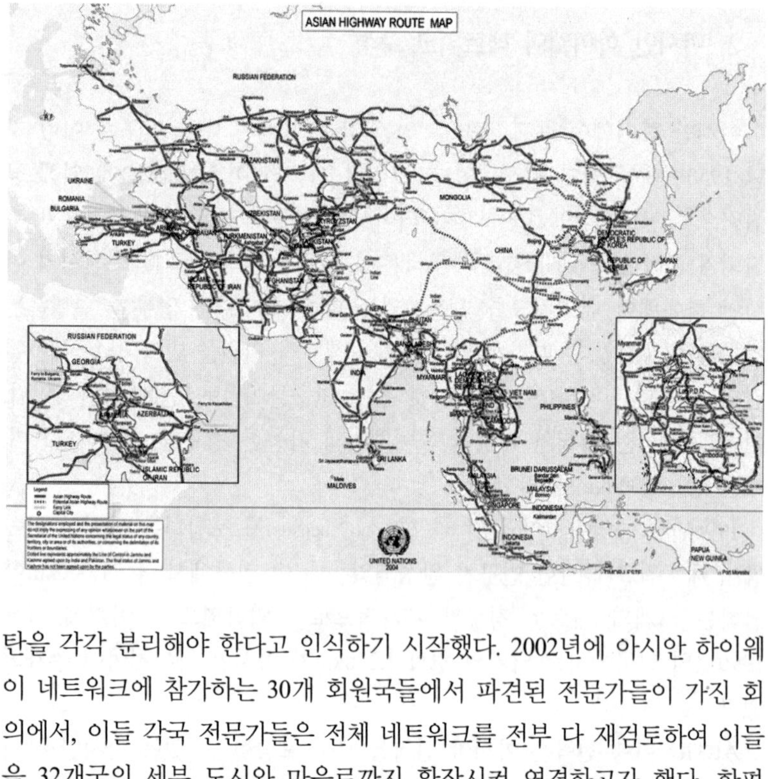

탄을 각각 분리해야 한다고 인식하기 시작했다. 2002년에 아시안 하이웨이 네트워크에 참가하는 30개 회원국들에서 파견된 전문가들이 가진 회의에서, 이들 각국 전문가들은 전체 네트워크를 전부 다 재검토하여 이들을 32개국의 세부 도시와 마을로까지 확장시켜 연결하고자 했다. 한편 2003년에 일본이 도쿄-후쿠오카 구역을 전체 네트워크에 추가함으로써, 이 아시안 하이웨이 사업에 합류했다. 최근에 부르나이(Brunei Darussalam)가 이 네트워크에 동참할 의사를 보이고 있다.

<그림 1>의 아시안 하이웨이 네트워크에 관한 지도는 총 32개국을 포함하며 141,000 km 에 달하는 아시안 하이웨이의 현황을 보여주고 있다.

3. 아시안 하이웨이 네트워크에 관한 정부간 협정을 통한 정상화

아시안 하이웨이 프로젝트는 각국의 정부가 맺은 정부간 아시안 하이웨이 협정(Intergovernmental Agreement on the Asian Highway Network)[1]이 2005년 7월 4일부로 발효되기 시작하면서 현재 새로운 국면에 접어들고 있다. 이 협정은 아제르바이젠(Azerbaijan), 캄보디아, 중국, 일본, 미얀마, 한국, 스리랑카, 우즈베키스탄, 베트남의 용인이나 승인을 받았다. 이 협정은 2004년 4월 중국 상하이에서 열린 제 60회 ESCAP 회의에서 각국은 이에 대한 동의절차를 밟을 것인데, 현재까지 27개 국가가 협정에 조인했다. 각국은 이 협정에 대한 동의절차를 2005년 12월 31일까지 뉴욕의 유엔 본부에서 진행할 수 있다.

이 협정은 아시안 하이웨이에 관한 실무자 그룹(Working Group)에 의해서 작성되어 2003년 11월에 열린 정부간 회담에서 채택되었는데, 이는 사실 2001년에 서울에서 열린 사회적 하부구조에 관한 장관급 회담(the Ministerial Conference on Infrastructure)에서 추천된 것이다.

이 협정은 전문(Main Body), 부칙 1: (경로), 부칙 2: (디자인 기준), 부칙 3: (육로 표지판)으로 구성되어 있다. 이 협정은 또 아시안 하이웨이에 관한 실무자 그룹을 구축하여 협정에서 언급한 사안들의 이행과정 및 부가적인 회담에서 제안된 각종 개선사항의 실행과정에 대해 고려했다. 실무자들은 또한, 역내의 국제적 육로수송 발전과 관련된 정책 및 이슈들을 논의할 수 있는 국제적 포럼의 기회를 제공하였다.

협정에 참가한 계약 당사자들의 주된 의무는 다음과 같다.

(i) 아시안 하이웨이가 국제적 중요성을 가진 고속도로로서 발전할 수 있도록 "아시안 하이웨이 네트워크"를 각국의 의견이 조정된 계획

1) 이 협정의 전문을 보려면 http://www.unescap.org/ttdw/common/TIS/AH-Agreement-E.pdf로 가시오.

(coordinated plan)으로서 발전시킨다.

(ii) 네트워크가 아시안 하이웨이의 분류와 디자인 기준에 적합하도록 한다.

(iii) 아시안 하이웨이 내에서의 교통흐름이 원활하도록 아시안 하이웨이에 적절한 표지판을 설치한다.

동북아시아 아시안 하이웨이의 핵심경로

아시안 하이웨이 경로의 상세 여정에 대해서는 협정에 자세히 기록되어 있다.[2] 동북아시아와 연관된 이 경로들은 <표 1>에서 다시 볼 수 있다.

동북아시아에서 중요한 몇몇의 주요 아시안 하이웨이 경로는 다음과 같다.

- AH1: 도쿄-부산-서울-평양-선양-베이징
- AH1/AH6: 도쿄-부산-경주-원산-청진-하산(Hasan)-블라디보스토크
- AH32: 손봉-원종-훈춘-창천-섬버(Sumber)-초이발산 -울란바토르
- AH6: 나홋카(-블라디보스토크)-Suifenhe-하얼빈-Manzhouli
- AH3: 탕구-베이징-Zamin Uud-울란바토르-울란-우드

이 경로들은 매우 중요한데, 이 경로를 통해서 몽골을 포함한 동북아시아의 내륙국가들이 이용할 수 있는 당구, 나호드카, 블라디보스토크, 부산, 나진과 같은 항구로의 접근이 가능하기 때문이다. 또한 이 경로는 역내의 여타 하부지역(subregion)에 대해서도 연계되어 있는데, 특별히 이 경로를 통해서 중앙아시아, 동남아시아와 남아시아와 같은 거대 시장에의 접근이 용이하게 될 것이다.

---

2) 상세 내용을 보려면 http://www.unescap.org/ttdw/common/TIS/AH-Agreement-E.pdf 을 참조하시오.

아시안 하이웨이 분류와 디자인 기준

아시안 하이웨이의 각 경로는 건설, 개선 및 유지보수의 관점에서 적어도 가장 최소한의 분류 및 디자인 기준은 만족시킬 수 있어야 한다. 한편, 이러한 기준은 품질기준을 확보하고 사용자들의 인식수준을 증진 시키는 목적으로 만들어져야 한다. 협정에 참가한 회원국가들은 새로운 경로를 건설하고, 기존의 경로를 현대화시키는 과정에서 이러한 최소 기준들을 만족시키기 위해 가능한 노력은 다 기울일 것이라고 협의한 적이 있다. 아시안 하이웨이는 크게 네 가지 타입으로 구분할 수 있는데, 최우등(4차선 이상, 접근 통제), 1등급(4차선 이상), 2등급(2차선), 3 등급(2차선)이 그것이다. 이들 분류의 핵심 조건 및 디자인 기준은 부칙 2에 나타나 있다.

도로 번호와 표지판

아시안 하이웨이 경로에는 지도에서 보다 쉽게 찾아질 수 있도록 각각의 도로에 번호를 부여했을 뿐만 아니라, 육로에 그들 자체에서 부여한 신호체계가 있다. 이들에 경로 번호를 부여하는데 있어서 사용된 몇 가지 원칙이 다음과 같다.

- 1에서 9까지의 한 자리의 경로 번호는 실질적으로 하나 이상의 역내 하부지역을 통과하는 아시안 하이웨이 경로에 부여되었다.
- 둘 혹은 셋 이상의 자릿수를 가진 경로 번호는 역내 하부지역 내에서의 경로를 나타내며, 인접하고 있는 지역에 연결되는 경로까지 포함한다. 회원국가들 내부에서의 하이웨이 경로는 다음과 같이 표시된다.
    - □ 10에서 29까지의, 100~299까지의 경로 번호는 동남아시아 지역에 할당되었다.
    - □ 10~39, 300~399까지의 경로 번호는 동아시아 및 동북아시아에 할당되었는데, 이는 중국, 북한, 일본, 몽고, 남한 그리고 러시아

연방(극동) 지역[3])을 포함한다.

□ 40~59, 그리고 400~599까지의 경로 번호는 남아시아에 할당되었다.

□ 60~89, 그리고 600~899까지의 경로 번호는 북아시아, 중앙아시아, 서남아시아 지역에 할당되었다.

III. 아시안 하이웨이의 상태와 투자 필요처의 우선순위

1. 아시안 하이웨이의 현재 상태

아시안 하이웨이 네트워크의 현재 상태에 대한 정보는 각 국에 의해서 네 가지로 분류되는데 <표 1>에 요약되어 있다.

약 22,000킬로미터(전체의 16퍼센트)가 3등급 이하의 등급으로 분류되어 있어서, 네트워크에서 규정하는 최소수준에 이르게 하기 위해서는 더많은 투자가 요구되는 바이다. 현재 회원국들은 이러한 부분의 문제점들을 해결하기 위해 상당한 노력을 기울이고 있고 이는 종종 외부의 자금 조달청과의 협력을 전제로 한다.

동북아시아 역내 지역은 현재 약 50,400km의 아시안 하이웨이를 확보하고 있는데, 여기에서 중국과 러시아에 분포 해 있는 하이웨이가 가장 넓다. 이렇게 서로 다른 지역 내에서의 아시안 하이웨이의 상태는 <표 2>에 나타나있으며, 동북아시아에서의 아시안 하이웨이의 상태는 <표 3>에 나타나있다.

이제 초점은 협정에서 체결한대로 아시안 하이웨이 네트워크가 국제

---

3) 러시아연방은, 그 지리적 광대함으로 말미암아 경로 번호를 부여함에 있어서 두 개의 하부지역으로 나누었다.

4) 아시안 하이웨이의 각 부분은 서로 다른 상태를 보이는데, 이 보고서에서 이 상태는 가장 낮은 기준에 따라서 분류되었다. 따라서, 이 관측치는 네트워크의 실제적 상태보다 저평가된 것이다. 분류와 기준에 대한 더 상세한 설명은

〈표 1〉 국가별 아시안 하이웨이의 상태, 2004[4] (kms)

Country	Primary	Class I	Class II	Class III	Below III	Other	Total
Afghanistan	0	0	621	77	3,548	0	4,246
Armenia	0	142	377	479	0	0	998
Azerbaijan	0	82	1,012	348	0	228	1,670
Bangladesh	0	20	441	476	868	0	1,805
Bhutan	0	0	0	1	0	0	1
Cambodia	0	0	398	743	199	0	1,340
China	4140	189	2749	2008	1443	15,400(a)	25,929
DPR Korea	0	0	0	0	0	1,320	1,320
Georgia	0	8	788	358	0	0	1,154
India	0	484	0	10869	105	0	11,458
Indonesia	335	18	1600	1965	0	34	3,952
Islamic Rep. of Iran	752	1,067	9,334	0	0	0	11,153
Japan	1,111	0	0	0	0	0	1,111
Kazakhstan	0	72	767	10,004	2,346	0	13,189
Kyrgyzstan	0	0	464	511	720	0	1,695
Laos	0	0	0	2,335	40	3	2,378
Malaysia	795	67	733	0	0	0	1,595
Mongolia	0	0	440	345	3,501	0	4,286

부칙 II에 포함되어 있다.

Country	Primary	Class I	Class II	Class III	Below III	Other	Total
Myanmar	0	147	144	983	1,729	0	3,003
Nepal	0	0	311	988	27	0	1,326
Pakistan	358	1,116	160	2,569	1,174	0	5,377
Philippines	0	17	27	2,872	451	150	3,517
Republic of Korea	466	197	244	0	0	0	907
Russian Federation	0	1,147	8,334	3,210	4,178	0	16,869
Singapore	11	8	0	0	0	0	19
Sri Lanka	0	0	269	190	191	0	650
Tajikistan	0	0	289	603	1,032	0	1,924
Thailand	182	2,572	1,226	1,128	0	4	5,112
Turkey	1,212	155	1,219	2,685	0	0	5,271
Turkmenistan	0	0	0	2,180	24	0	2,204
Uzbekistan	0	255	765	1,618	328	0	2,966
Vietnam	0	408	1,915	104	251	0	2,678
Total	9,362	8,171	34,627	49,649	22,155	17,139	141,103
percentage	*6.6%*	*5.8%*	*24.5%*	*35.2%*	*15.7%*	*12.1%*	*100.0%*

적 교통수단으로서 갖추어야 할 핵심 요건들을 맞추기 위해 취해야 하는 방법은 무엇이 있는가를 연구하는 쪽으로 맞추어져야 한다. 특히, 네트워크 연결에 있어서 빠진 부분들을 채우고 최소 3등급 수준으로 그 특정 부분들의 질을 개선시키는 것 등이 이에 해당하는 것이라 하겠다. <그림 2>는 동북아시아의 네트워크의 상황을 보여준다.

〈표 2〉 소 구역별 아시안 하이웨이의 상태, 2004(kms)

	Primary	Class I	Class II	Class III	Below III	Other	Totals
Central and South-West Asia	1,964	1,781	15,636	18,863	7,998	228	46,470
South Asia	358	1,620	1,181	15,093	2,365	-	20,617
Southeast Asia	1,323	3,237	6,043	10,130	2,670	191	23,594
Northeast Asia	5,717	1,533	11,767	5,563	9,122	16,720	50,422
Total	9,362	8,171	34,627	49,649	22,155	17,139	141,103
percentage	*6.6%*	*5.8%*	*24.5%*	*35.2%*	*15.7%*	*12.1%*	*100.0%*

〈표 3〉 동북아시아의 아시안 하이웨이의 상태(kms)

	Primary	Class I	Class II	Class III	Below III	Other	Totals
China	4,140	189	2,749	2,008	1,443	15,400	25,929
DPR Korea	0	0	0	0	0	1,320	1,320
Japan	1,111	0	0	0	0	0	1,111
Mongolia	0	0	440	345	3,501	0	4,286
Republic of Korea	466	197	244	0	0	0	907
Russian Federation	0	1,147	8,334	3,210	4,178	0	16,869
Total	5,717	1,533	11,767	5,563	9,122	16,720	50,422
percentage	*11.3%*	*3.0%*	*23.3%*	*11.0%*	*18.1%*	*33.2%*	*100.0%*

〈그림 2〉 동북아시아의 아시안 하이웨이의 상황

2. 투자 필요처

정부 간 협약을 맺은 회원국가들이 가지는 또 하나의 의무사항은 이들이 각국에 있는 고속도로 경로들을 적어도 최소수준까지 발전시키는 것이다. 앞서 언급한 바와 같이, 현재 아시안 하이웨이에는 3등급에도 미치지 못하는 구역이 26,000km에 달하고, 동북아시아 지역에만 9,000km의 구역이 있다. 따라서 각국은 연결이 이어지지 않는 부분을 채우고, 3등급 이하의 기준에 달하지 못하는 구간의 품질을 상향 조정하는데 가장 많은 노력을 기울여야 할 것이다.

또한 개선 작업을 진행시키는 과정이 필요하고 이미 최소한의 디자인 기준을 만족시키기는 하지만, 여전히 상태가 안 좋거나 더많은 교통 수송량을 감당해야 하는 구역에 대해서는 도로품질을 상향조정하려는 노력이 필요하다.

제60회 ESCAP 회의에서 채택된 60/4에서는 아시안 하이웨이 네트워크의 개발 및 이에 관련된 사회간접시설의 건설을 위해 금융 및 기술적 지원을 제공할 금융기관 및 다자·양자간 기부자들을 끌어들이고 있다. 이 조처는 특별히 내륙 지방에 위치한 개발도상국의 투자 요구를 반영한 것이다.

회원국들, 다자·양자간의 기부자들, 국제금융기구는 현재 아시안 하이웨이 네트워크의 개발과 품질 승격을 위한 자원을 동원하고 있다. 최근 종료된 사전평가와 현재 진행되고 있는 진행 사업에 따르면, 260억 달러가 각국의 아시안 하이웨이 경로 36,000km를 개선시키기 위해서 투자되고 있다고 한다.

한편, 회원국들이 상정한 추천 기준에 달하지 못하는 아시안 하이웨이 네트워크 26,000km의 품질을 개선시키기 위해서 180억 달러 정도의 투자가 더 필요하다고 추산된다.

몇몇 국가들이 각 국에 있는 아시안 하이웨이 경로를 개발하고 발전시키기 위한 충분한 자원을 동원할 수 있는 능력이 되긴 하지만, 다른 국가들은 국제금융기구뿐만 아니라 다자간 혹은 양자적 형태의 기부를 요청하게 될 것이다.

이러한 배경에서, UNESCAP은 회원국들과 협력하여 각국의 투자 필요성을 밝히고 아시안 하이웨이 네트워크 및 연관된 협동 일관 수송 체계의 개발을 위한 우선순위를 찾고 있다. 세 개의 하부지역의 전문가 회의가 조직되어 개최되었는데, 남아시아를 대표하는 이슬라마바드의 회의, 북부아시아를 대표하는 테헤란 회의, 그리고 동남아시아를 대표하는 방콕 회의가 그것이다. 이들 회담은 참가국들 간의 대화를 촉진시키고, 회원국과 기부기관들이 투자와 우선순위를 논의할 수 있는 기회를 부여해 줄 것이다.

동북아시아에서는 약 32억 달러가 중국, 몽골, 러시아 연맹에 분포해있는 6,500km에 달하는 아시안 하이웨이를 건설하고 개보수하는데 필요하다고 추산된다. 또한 일본과 한국에 있는 아시안 하이웨이는 Primary등급이거나 1등급이다. 동북아시아에서 필요한 투자들의 세부 사항은 부칙 III에 나와 있다. 이에 더해, 북한에 있는 아시안 하이웨이의 경로들은 품질 개선의 측면에서 개선이 필요하다.

- AH 1: 판문점-평양-신의주(405km)
- AH 6: 고성-원산-손봉-가산(855km)
- AH 32: 손봉-원중(60km)

AH 32번의 나진-원중 구간을 개선시키는 것은 약 7,000만 달러가 필요하다. 다른 구간의 투자 규모를 측정하는 것은 현재 가능하지 않다.

IV. 교통 수송시설

아시안 하이웨이 경로는, 사람들과 화물이 각 지역에서 가능한 한 효율적으로 이동할 수 있도록 하기 위해서 부가적인 개선 노력을 요구한다. 이 지역에서의 교통촉진에 대한 주요 목적은, 비물리적 병목현상을 없애고 국가 간 교통 시설을 조화시키는 한편, 서로 다른 나라의 각기 다른 체계의 교통 및 물류시설을 조화시키는 것이 이에 해당한다.

국경 간에 상품, 사람, 그리고 교통시설 간의 흐름을 촉진시키기 위해서 ESCAP 사무국은 국가 및 국제 육로수송 촉진에 관한 7차례의 국제회의를 개최했는데, 이는 1992년 4월 23일에 채택된 육로 및 철도 수송에 관한 결의문 48/11에서 추천된 것이다. 이 회의들은

- 육로교통에 관한 협약(비엔나, 1968년 11월 8일)
- 육로 표지판과 신호 체계에 관한 협약(비엔나, 1968년 11월 8일)

- TIR 협약 하에서의 상품의 국제 이동에 관한 관습 및 협약(제네바 1975년 11월 14일)
- 상업적 육로교통수단의 임시 이동에 관한 관습 및 협약(제네바, 1956년 5월 18일)
- 컨테이너에 관한 관습 및 협약(제네바, 1972년 12월 2일)
- 상품의 국경 통제 조화에 관한 국제 협약(제네바, 1982년 10월 21일)
- 육로를 통한 상품의 국제 수송에 관련된 계약에 관한 협약(CMR) (제네바, 1956년 5월 19일)

교통촉진의 중요성을 인식한 UNESCAP과 상하이협력기구(Shanghai Cooperation Organization, SCO)[5] 그리고 아시아개발은행(Asian Development Bank, ADB)은, 서로 협력 하에 육상교통의 촉진을 위한 정부 간 협정을 계발하고 있다. 아시안 하이웨이는 여기에서 국제적 육로교통의 가장 기본을 형성하고 있는데, 이 협정은 SCO 회원국가들 뿐만 아니라, 이 협정에 조인할 수 있는 자격이 되는 인접국가들에 대하여 육로교통의 효율성을 증진시킬 것이다.

UNESCAP은 또한 교통협력을 위한 실행 프로그램 및 알마티 실행프로그램(Almaty Programme of Action)을 추진하고 있는 중앙아시아 국가경제를 위한 특별 프로그램(Special Programme for the Economies of Central Asia)을 보조하는 한편, 교통 및 국경 이동에 관한 실무자 그룹 사업(Project Working Group on Transport and Border Crossing)을 지원하고 있다.

---

5) 중국, 카자흐스탄, 키르기즈스탄, 타지키스탄, 러시아 연맹, 우즈베키스탄이 이에 해당한다.

V. 아시안 하이웨이의 이점

아시안 하이웨이가 추구하는 비전은 유럽이 E-road를 통해서 그러하듯이, 아시아 국가들 사이의 국민과 상품이 자유롭게 제한없이 이동할 수 있게끔 하는 것이다. 아시안 하이웨이 네트워크는 이제 현실이며 여러 곳에서 다른 형태로 존재하고 있다. 일본이나 한국은 네팔, 미얀마, 혹은 캄보디아에 있는 도로를 포장하거나, 몽골의 흙 길을 개선시키고 있다. 약 90km정도의 도로만이 현재 네트워크에서 추가적인 건설이 필요한 "빠진 구간(missing links)"이다. 라오스와 타이를 잇는 AH 13을 건설하기 위한 작업이 이미 진행 중이고, 방글라데시에서의 도로와 다리에 대한 접근이 행해지고 있는데, 따라서 타지키스탄의 AH 구간 일부만이 아직 건설되지 않은 상태로 남아있는 셈이다.

몇 몇의 중요구간은 작동하고 있고, 국가들은 아시안 하이웨이를 국제교통수단으로 사용하고 있다. AH2(싱가포르-타이-말레이시아), AH42(네팔-중국), AH42/AH1(네팔-인도), AH2(인도-파키스탄), AH3/AH12(라오스-중국), AH13(타이-라오스) 등이 그 예이다.

아시안 하이웨이는 철도, 항만, 해상 교통수단과 같은 다른 종류의 교통수단과의 연계를 가능하게 하는 기회를 제공하기 때문에 복합수송의 특징을 지니고 있다고 할 수 있다. 또한, 아시안 하이웨이는 아프가니스탄, 라오스, 네팔, 몽골과 같은 내륙국가가 항구에 보다 용이하게 접근할 수 있도록 더 단축된 육로를 제공한다.

많은 경우에 있어서 아시안 하이웨이가 주요 국제도시의 출발점과 도착지점간의 거리를 급격하게 줄일 수 있기 때문에, 더 단축된 육로수송로를 제공할 수 있다. 따라서, 역내 국가들의 경제가 전반적으로 성장할 수 있도록 하는데 기여하게 될 것이다. 예를 들면, AH 16은 베트남, 라오스, 타이 그리고 미얀마 연결구간을 모두 통과해서 미얀마를 베트남의 동해안 지역을 연결시킨다. 이 연결구간이 완전히 개발되게 되면, 말라카 해협 부근의 복잡한 교통문제에 대한 압력을 줄일 것이며, 동남아시아 지역에서의 교통 시나리오를 급격하게 바꾸어 관련된 국가들에게 많은 이점을 가져다 줄 것이다.

각 국 정부들은 또한 아시안 하이웨이의 육로들이 가지는 잠재성을 인접 국가들과의 교역 가능성에서 찾고 있는데, 이는 해상 교통에 대한 매우 매력적인 대안이 될 것이다.

요약하면, 아시안 하이웨이의 이점은 이처럼 광대하고 역내 국가들의 협력과 상호 이해, 그리고 문화 교류에 대해 크게 공헌할 것이다. 또한 이는 경제·사회 개발에 대해서 직접적인 영향을 미칠 뿐만 아니라, 역내 관광의 발달을 촉진시키는데 기여할 것이다. 아시안 하이웨이를 따라서 관광업을 촉진시키는 사업에 대한 노력은 이미 회원국가들의 우선적인 관심을 받고 있다.

VI. 추진 과제

1. 아시안 하이웨이의 우선적 구간을 개발하라

국가들은 현재 아시안 하이웨이의 최소 기준에 미치지 못하는 구간에 대하여 이를 개발하고, 품질을 개선시키는 것에 우선권을 두어야 한다. 이를 위해서 적절한 형태의 도로 보수를 실행할 필요가 있으며, 국제적 기준의 도로 표지판을 제공하고, 도로변의 시설을 제공하는 것을 모두 포함한다.

2. 촉진 방안을 발전시켜라

아시안 하이웨이의 사용을 증진시키기 위해서는, 정부가 이에 대해 더욱 많은 관심을 기울여 효과적인 육상교통 촉진을 개발하고 발전시킬 방안을 강구하는 것이 필요한데, 이를 위해서는 무엇보다도 각국에서 서로 다르게 통용되는 육상교통 촉진규약을 조화시키고 양자 및 다자간 촉진 협약을 마무리짓는 한편, 국경선 지역에 위치하고 있는 시설을 개선시켜야 한다.

3. 아시안 하이웨이 장려

회원국들과 사업에 연관된 기구들은 반드시 아시안 하이웨이 네트워크 시스템에 대한 인식을 제고하고 그 발전을 촉진시키기 위해 협력해야 한다. 아시안 하이웨이 홈페이지(http://www.unescap.org/ttdw/index.asp), 아시안 하이웨이 데이터베이스, UNESCAP GIS 교통 데이터베이스, 그리고 아시안 하이웨이 관련문서는 아시안 하이웨이의 발전을 촉진시키는데 있어서 매우 중요한 자료가 될 것이다. 발전이 촉진되면서, 미래에는 아시안 하이웨이와 연결되는 2차적인 도로가 아시안 하이웨이 네트워크를 구성하는 중요한 부분이 될 것으로 예측되고 있으며, 이는 농촌 지역에 대한 부가적인 접근통로가 될 것이며, 점진적으로 새로운 시장, 새로운 사업, 새로운 직업을 창출하여, 이 지역에 거주하고 있는 인구들에게 더 나은 삶의 질은 제공할 것이다.

4. 협정의 조인 및 비준을 촉진시켜라

아직 협정에 서명하지 않은 회원국가들은 조인을 서두르고, 협정을 조인한 국가들은 이를 비준해야 할 것이다. 대부분의 동북아시아 국가들은 (중국, 일본, 몽골, 한국, 러시아 연맹) 아시안 하이웨이 네트워크에 관한 정부간 협정에 조인했다. 이제 북한이 협정에 곧 조인하여, 이 지역의 국제적 육로교통이 더욱 발전하고 동북아시아 국가들 사이의 상품 및 인구의 이동이 촉진되기를 바라는 바이다.

VII. 결론

아시안 하이웨이 이니시어티브는 성공을 보장하는 협력적 접근방법이다. 이는 회원국가들 및 금융 기관과 기부자들 간의 협력과 대화를 포함한다. 아시안 하이웨이의 실무자 그룹은 역내 하부지역 내에서 교통 네트워크가 개발되고 그 품질이 더욱더 개선될 수 있도록 회담을 시작하고 촉진시킬 수 있는 포럼을 개최하고 있다.

이러한 노력은 시간이 필요하며 정부가 즉각적으로 사용하기는 힘들지도 모르는 상당한 재원을 요하는 것이다. 하이웨이 개발 프로젝트를 최우선화하는 것은, 더많은 사회 및 경제적 보상을 거두어들일 수 있는 아시안 하이웨이 건설을 위해 필요한 기금을 확보하기 위해 점점 더 필요한 일이 되어가고 있다. 하이웨이 건설을 위해 필요한 투자 자원이 매우 많다는 관점에서 정부 재원에 더해 국가들은 아시안 하이웨이에 필요한 재원과 기술적 지원을 확충할 만한 다른 방법을 찾아야만 한다.

동북아시아 지역의 국가들은 보완적 분야에서 그 능력을 키우기 위한 노력을 계속 기울여야 할 필요가 있는데, 예를 들면 기획, 경제적 평가와 교통 하부시설의 개발, 도로 건설과 유지보수에 필요한 국가적 역량을 발전시키는데 있어서 필요한 제도적 능력이 이에 해당한다.

아시안 하이웨이를 통과하는 국제적 교통량은 이미 증가하고 있고, 하부시설이 제대로 작동하기만 한다면 더욱더 많은 교통량이 아시안 하이웨이가 자리잡고 있는 국가들의 국경선을 넘어서 이동하게 될 것이다. 미래에는 싱가포르, 상하이, 반다 아바스로부터 아시안 하이웨이를 통해 중앙아시아의 국가에 이르기까지 화물이 육로를 통해 이동할 수 있게 될 것이며, 여행자들은 이제 부산, 도쿄, 블라디보스토크나 자카르타에서 유럽에 이르기까지 운전을 해서 이동할 수 있게 될 것이다. 이렇게 아시아 국가에서 유럽까지 이동하는 것이 아시안 하이웨이가 애초에 기획했던 목적 중 하나였다. 따라서, 아시안 하이웨이는 아시아 국가들의 상호협력을 강화시키고 회원국가들 간의 교역과 관광을 증진시킴으로써 이들 간 통합을 촉진시키는 기제가 될 것이다.

아시안 하이웨이 네트워크에 관한 정부간 협정이 효력을 발휘하게 되면, 이는 아시안 하이웨이의 역사에 있어서 아주 중요한 시금석이 될 것이다. 이것은 단지 꿈이었던 계획이 현실로 이루어지는 것을 의미한다. UNESCAP은 동북아시아 국가들이 현재의 모멘텀을 계속해서 유지해 나갈 수 있도록 더많은 지원을 하도록 준비하고 있다.

〈부칙 1〉 동북아시아 아시안 하이웨이 경로

AH route number	Itinerary
AH1	Tokyo - Fukuoka - ferry - Pusan - Gyeongju - Daegu - Daejon - Seoul - Munsan - Gaesong - Pyongyang - Sinuiju - Dandong - Shenyang - Beijing - Shijiazhuang - Zhengzhou - Xinyang - Wuhan - Changsha - Xiangtan - Guangzhou(Shenzhen) - Nanning - Youyiguan - Huu Nghi - Dong Dang - Ha Noi - …… - Ankara — Istanbul - Kapikule Border of Bulgaria
AH3	Ulan-Ude - Kyahta - Altanbulag - Darkhan - Ulaanbaatar - Nalayh - Choir - Saynshand Zamin-Uud - Erenhot - Beijing - Tanggu Shanghai - Hangzhou - Nanchang - Xiangtan - Guiyang - Kunming - Jinghong (- Daluo - Mongla - Kyaing Tong) - Mohan - Boten - Nateuy - Houayxay - Chiang Khong - Chiang Rai
AH4	Novosibirsk - Barnaul - Tashanta - Ulaanbaishint Hovd - Yarantai Urumqi - Kashi - Honqiraf - Khunjerab - …… - Karachi
AH5	Shanghai - Nanjing - Xinyang - Xi'an - Lanzhou - Tulfan - Urumqi - Kuitun - Jinghe - Horgos - Almaty - …… - Border of Bulgaria
AH6	Busan - Gyeongju - Gangneung - Kansong - Kosong - Wonsan (- Pyongyang) - Chongjin - Sonbong - Khasan - Hasan - Razdolnoe - (- Vladivostok - Nahodka) - Ussuriysk - Pogranichny - Suifenhe - Harbin - Qiqihar - Manzhouli - Zabaykalsk - Chita - Ulan-Ude - Irkutsk - Novosibirsk - Omsk - …… - Moscow - Krasnoe - Border of Belarus
AH8	Border of Finland - Torpynovka - Vyborg - St. Petersburg - Moscow - Tambov Borysoglebsk - Volgograd - Astrakhan - Hasavjurt - Mahachkala - Kazmalyarskiy - Samur - Sumgayit - Baku - Alat - Bilasuvar - Astara - Rasht - Qazvin - Tehran - Saveh - Ahvaz - Bandar Emam
AH30	Ussuriysk - Khabarovsk - Belogorsk - Chita
AH31	Belogorsk - Blagoveshchensk - Heihe - Harbin - Changchun - Shenyang - Dalian
AH32	Sonbong - Wonjong - Quanhe - Hunchun - Changchun - Arshan - Numrug - Sumber - Choybalsan - Ondorhaan - Nalayh - Ulaanbaatar - Uliastay - Hovd
AH33	Harbin - Tongjiang
AH34	Lianyungang - Zhengzhou - Xi'an
AH42	Lanzhou - Xining - Golmud - Lhasa - Zhangmu - Kodari - Kathmandu - …… - Barhi

Notes: Routes in parentheses identify branches from the place indicated immediately before the parentheses.
Underlined sections indicate potential Asian Highway routes.
The word "ferry" shall not be construed so as to impose any obligation on the Parties.

〈부칙 2〉 아시안 하이웨이 분류와 디자인 기준

Highway classification		Primary (4 or more lanes)				Class I (4 or more lanes)				Class II (2 lanes)				Class III (2 lanes)			
Terrain classification		L	R	M	S	L	R	M	S	L	R	M	S	L	R	M	S
Design speed (km/h)		120	100	80	60	100	80		50	80	60	50	40	60	50	40	30
Width (m)	Right of way	(50)				(40)				(40)				(30)			
	Lane	3.50				3.50				3.50				3.00 (3.25)			
	Shoulder	3.00		2.50		3.00		2.50		2.50		2.00		1.5(2.0)		0.75 (1.5)	
	Median strip	4.00		3.00		3.00		2.50		N/A		N/A		N/A		N/A	
Min. radii of horizontal curve (m)		520	350	210	115	350	210	80		210	115	80	50	115	80	50	30
Pavement slope (%)		2				2				2				2 - 5			
Shoulder slope (%)		3 - 6				3 - 6				3 - 6				3 - 6			
Type of pavement		Asphalt/cement concrete				Asphalt/cement concrete				Asphalt/cement concrete				Dbl. bituminous treatment			
Max. superelevation (%)		10				10				10				10			
Max. vertical grade (%)		4	5	6	7	4	5	6	7	4	5	6	7	4	5	6	7
Structure loading (minimum)		HS20-44				HS20-44				HS20-44				HS20-44			

Notes: Figures in parentheses are desirable values.
Minimum radii of horizontal curve should be determined in conjunction with super elevation.
The recommended width of the median can be reduced with the proper type of guard fence.
The parties should apply their national standards when constructing structures such as bridges, culverts and tunnels along the Asian Highway.

〈부칙 3〉 동북아시아 아시안 하이웨이의 개발을 위한 투자에 대한 우선권을 갖는 사업[6)]

Country	AH. No	Section	Km	Cost US $m
China	AH3	Jinghong-Mohan	343	1160
	AH3	Jinghong-Daluo	60	60
	AH4	Kashi-Honqiraf	360	70
	AH42	Lhasa-Zhangmu	680	140
		Total	1443	1430
Mongolia	AH4	Ulaanbaishint-Ulgii-Khovd-Bulgan-Yarant	785	114
	AH32	Western Link: Ulaanbaatar-Hovd	1291	188
	AH32	Eastern Link: Baganuur-Ondorhaan-Choibalsan-Sumber-Border of China	1044	152
		Total	3120	454
Russian Federation	AH6/ AH30	Moscow-Khabarovsk-Vladivostok	1400	950
	AH8	Moscow-Tambov-Volgograd-Astrakhan-Mahachkala	390	300
	AH61	Border of Ukraine-Kursk-Voronezh-Saratov-Border of Kazakhstan	50	30
	AH70	Bridge over Kigach river in Astrakhan-Atyrau road section	393m 3km	11
	AH61/ AH7/ AH6	Yekaterinburg-Tumen-Ishim-Omsk	140	60
		Total	1983	1351
		Grand Total for North-East Asia	6546	3235

6) 이 우선적 사업은 2005년 1월 25~27일에 테헤란과 4월 25~26일에 방콕에서 열린 '아시안 하이웨이 네트워크와 복합 수송 간 연결에 관해 투자와 우선권을 명시하기 위한 하부지역별 전문가 회의(Subregional Expert Group Meetings on Identifying Investment and Priorities for the Developmentof the Asian Highway and Intermodal Connection)'에서 규명된 것이다.

• 색인

ㄱ

ㅇ

ㅈ

ㅊ

ㅋ

ㅌ

ㅍ

ㅎ

동북아 공동체:
평화와 번영의 담론

인 쇄: 2006년 7월 24일
발 행: 2006년 7월 30일

편 자: 제주발전연구원, 동아시아재단
발행처: 연세대학교 출판부

주 소: 서울특별시 서대문구 신촌동 134
전 화: 2123-3880~2, 392-6201
팩 스: 393-1421
홈페이지: http//www.Yonsei.ac.kr/press
연세대학교 출판부

등 록: 1955년 10월 13일 제9-60호
인 쇄: 도서출판 오름

ISBN 89-7141-744-7 03340 정가 19,000원